现代职业教育标准体系建设系列丛书

本书是2014年广东省高等教育教学改革项目"中高职衔接专业教学标准建设的理论与实践"（编号：201401003）的研究成果。

# 中高职衔接专业教学标准建设的理论与实践

ZHONGGAOZHI XIANJIE ZHUANYE JIAOXUE BIAOZHUN
JIANSHE DE LILUN YU SHIJIAN

杜怡萍　编著

## 丛书编委会

主　　　任：魏中林
副　主　任：汤贞敏　陈亚林　郑文
编委会成员：（排名不分先后）
　　　　　吴艳玲　吴念香　王魏锋　李海东　杜怡萍
　　　　　邓文辉　吴　晶　黄文伟　万　达

本书编写人员：
　　　　　杜怡萍　郭海龙　夏毓鹏　戴护民　廖荣盛
　　　　　徐　超　丁立刚　钟真宜　赵琼梅　徐承建
　　　　　李　力　陈开源　金松洋　左　锋　林根南
　　　　　刘红燕　杨　军

广东高等教育出版社
Guangdong Higher Education Press

·广州·

#### 图书在版编目（CIP）数据

中高职衔接专业教学标准建设的理论与实践/杜怡萍编著. —广州：广东高等教育出版社，2017.9

（现代职业教育标准体系建设系列丛书）

ISBN 978-7-5361-5992-1

Ⅰ. ①中… Ⅱ. ①杜… Ⅲ. ①职业教育-课程标准-研究-中国 Ⅳ. ①G719.2

中国版本图书馆 CIP 数据核字（2017）第 188254 号

中高职衔接专业教学标准建设的理论与实践
ZHONGGAOZHI XIANJIE ZHUANYE JIAOXUE BIAOZHUN JIANSHE DE LILUN YU SHIJIAN

| | |
|---|---|
| 出版发行 | 广东高等教育出版社 |
| | 地址：广州市天河区林和西横路 |
| | 邮政编码：510500　电话：(020) 87551597　87551163 |
| | http://www.gdgjs.com.cn |
| 印　刷 | 佛山市浩文彩色印刷有限公司 |
| 开　本 | 787 毫米×1 092 毫米　1/16 |
| 印　张 | 20 |
| 字　数 | 465 千 |
| 版　次 | 2017 年 9 月第 1 版 |
| 印　次 | 2017 年 9 月第 1 次印刷 |
| 定　价 | 42.00 元 |

# 序

  2016年12月，教育部部长陈宝生在现代职业教育发展推进会上提出，职业教育要"香""亮""忙""强""活""特"起来，加快推进职业教育现代化。"亮不亮，看质量"，职业教育"亮"起来，更多体现在职业教育质量上，而标准是质量的基础、依据与保证，是确保和提升我国职业教育质量水平所必需的。科学建立现代职业教育系列标准是擦亮职业教育品牌的关键，也是广东实施教育发展"十三五"规划、创建现代职业教育综合改革试点省、加快建设现代职业教育体系的重点领域和关键环节，其中中高职衔接的专业教学标准和课程标准研制更是重中之重。这是由于现代职业教育改革发展的突破口之一在于研制中高职衔接专业教学标准和课程标准，实现相关专业中职、高职、应用型本科在技术技能型、应用型人才培养的目标、课程体系、教材体系、教学安排、评价等方面有机衔接。而标准研制是一项富有挑战性的工作，难度极大。值得欣慰的是，广东职业教育工作者通过长期的学习借鉴和创造实践，形成了"能力核心、系统培养"的理念，按照设计框架、构建标准、分级培养、衔接贯通的思路，找到了中职、高职、应用型本科衔接的可行路径与科学方法。专业教学标准和课程标准作为相关专业中职、高职、应用型本科衔接的教学基本文件，是明确各层次培养目标和规格、加强专业建设、构建课程体系、开发教材和学习资源、组织实施教学和规范教学管理的基本依据，是评估教育教学质量的主要标尺，也成为社会用人单位选用职业院校毕业生的重要参考。基于这样的认识和判断，广东省教育厅一直高度重视这项工作。

  2013年至2015年，广东省教育厅分别启动三批74个中高职衔接、高职本科衔接以及现代学徒制的专业教学标准和课程标准研制，第一批9个专业的中高职衔接专业教学标准和课程标准研制项目已于2015年完成，成果已出版，产生了很好的效果。第二批33个项目，在广东省教育研究院的组织指导下，在中职学校、高职院校、应用型本科院校和行业企业的共同努力下，经过两年的研制，也取得了喜人的工作成绩和丰硕的研制成果，其中30个项目成果于2017年3月通过了省级验收。现在展现在读者面前的是指导中高职衔接标准研制的理论研究及实践研究的系列论文，以及专业教学标准和课程标准的编制指南、框架结构和典型范例。我由衷地为研制标准而付出辛勤劳动、取得显著成绩的各有关方面特别是直接参与研制的全体工作人员点赞。我期望，各职业院校和各行各业能认真学习领会、积极贯彻实施标准成果，在参照执行过程中多提建设性意见和建议，共同完善标准，为推进建立健全广东现代职业教育标准体系做出应有贡献，为创建现代职业教育综合改革试点省添砖加瓦！

是为序。

广东省教育研究院<br>
院长、党委书记<br>
2017年3月

# 前　言

《广东省人民政府关于创建现代职业教育综合改革试点省的意见》（粤府〔2015〕12号）中提出了"建立职业院校标准体系、建立适应产业发展的专业课程标准体系"的要求，为保证标准体系建设工作的顺利开展，专业教学标准建设的理论基础、实践路径和基本规范研究必须先行，2014年广东省教育厅立项了广东省高等教育教学改革项目：中高职衔接专业教学标准建设的理论与实践（项目编号：201401003），针对专业教学标准和核心课程标准建设开展理论研究和实践研究。该项目由广东省教育研究院职业教育研究室副主任杜怡萍研究员牵头，集中了广东开展中高职衔接专业教学标准和课程标准研制项目的骨干成员参与研究，历经两年半的时间，从理论到实践，再从实践上升为理论，形成了中高职衔接专业教学标准建设的理论基础和方法体系，已对广东74个专业教学标准研制乃至全国中高职衔接专业教学标准研制起到了重要的指导作用。

"中高职衔接专业教学标准建设的理论与实践"项目研究主要针对职业教育"中职—高职、高职—本科"层次的衔接，以建立衔接的专业课程体系为重点，在学习借鉴国内外职业教育专业建设和课程改革先进理论与方法的基础上，指导广东中高职衔接的专业教学标准和核心课程标准研制实践，并对广东实践进行总结提炼和提升。首先，确立了"能力核心，系统培养"的中高职衔接专业教学标准建设指导思想，明确了标准建设必须以职业能力标准为基本依据和逻辑起点，从而实现中职、高职、本科分级培养。其次，建立了"政校企研"协同的中高职衔接专业教学标准建设机制，统一了由供需调研、职业能力分析、课程体系建构、标准编制四个基本环节组成的基本路径，规范了专业教学标准和课程标准的基本框架和内容结构。最后，总结了中高职衔接专业教学标准建设的方法体系，包括供需调研方法、"二维四步五解"职业能力分析方法、专业培养目标定位方法、课程体系建构方法、课程内容开发方法、课程实施的方法、课程评价方法，等等。本项目研究已出版《中高职衔接标准建设新视野：从需求到供给》和《中高职衔接标准建设新视野：从能力到课程》两本专著，本书是项目研究的又一成果。

本书收录了标准建设理论指导和实践总结的系列论文、专业教学标准和课程标准的基本框架和编制指南及其编制案例，以及广东专业教学标准建设的系列文件，分为理论探索篇、编制指南篇、标准范例篇、实践总结篇和附录五个部分。全书由杜怡萍统稿，其中"理论探索篇"全部为杜怡萍撰写的论文，"编制指南篇"是广东规范中高职衔接专业教学标准和课程标准的指导文件，"标准范例篇"是由广东交通职业技术学院郭海龙副教授摘录和修订的《中高职衔接专业教学标准和课程标准：汽车运用技术专业》的部分成果，"实践总结篇"选用了夏毓鹏等老师的15篇标准研制实践论文。本书的编辑出版得到了广东省教育研究院职业教育研究室以及中高职衔接各专业教学标准和课程标准研制项目组的大力支持，在此表示衷心的感谢！

由于水平有限，书中难免存在错漏，敬请读者不吝指正。

编者

2017年3月于广州

# 目　录

## 理论探索篇

标准化原理在中高职衔接专业教学标准建设中的运用 …………………… 2
论职业教育专业教学标准建设的标准化 …………………………………… 8
中高职衔接专业培养目标的定位研究 ……………………………………… 16
"二维四步五解"职业能力分析法的实践探索 …………………………… 24
广东职业教育课程改革的现状、问题及对策研究 ………………………… 35

## 编制指南篇

中职—高职衔接、高职—本科衔接、高职本科协同培养专业教学标准
　　编制指南（试行稿） ………………………………………………… 46
中职—高职衔接专业教学标准编制框架（试行稿） ……………………… 57
高职—本科衔接专业教学标准编制框架（试行稿） ……………………… 69
高职本科协同培养专业教学标准编制框架（试行稿） …………………… 81
中职—高职衔接、高职—本科衔接、高职本科协同培养课程标准
　　编制指南（试行稿） ………………………………………………… 88
中职—高职衔接、高职—本科衔接、高职本科协同培养课程标准
　　编制框架（试行稿） ………………………………………………… 92

## 标准范例篇

中高职衔接汽车运用技术专业教学标准 …………………………………… 96
中职学段：汽车发动机机械检修课程标准 ………………………………… 134
高职学段：汽车发动机电控系统检修课程标准 …………………………… 146
汽车运用技术专业职业能力分析表（节选） ……………………………… 155

## 实践总结篇

我国中高职教育职衔接的政策、模式及实施现状——基于文献调研的
　　归纳分析 ………………………………………………… 夏毓鹏　王寒栋　170
高本衔接模具设计与制造专业教学标准研制方法与实践 ………… 戴护民　179
广告设计与制作专业中高职衔接人才培养标准的研究 ……… 廖荣盛　吕波　185
电子类专业中高职衔接一体化课程体系构建研究
　　………………………… 徐超　徐操喜　丘社权　邬志锋　匡忠辉　胡全华　189
基于能力核心的中高职衔接模具设计与制造专业教学标准的研制
　　………………………………… 丁立刚　王龙　林良颖　邱盛平　吴磊　197
基于绿色发展重构环境工程技术专业中高职衔接一体化课程体系
　　……………………… 钟真宜　李慧颖　钟剑平　张栖　余小玉　夏志新　211
中高本一体化人才培养目标对比分析——以建筑工程技术专业为例 … 赵琼梅　221
"中—高—本"衔接协同创新足球特色人才培养模式的探讨
　　研究 …………………………………………………… 徐承建　许荣广　229
嵌入式技术应用专业专本科衔接专业教学标准的研制与课程
　　内容开发 ………………………………………………… 李力　宋维　236
中高职衔接一体化人才培养方案的研究与实践
　　…………………………………… 陈开源　李柏青　朱秀娟　原红玲　242
以职业能力为本位的高职外科护理课程内容教学的
　　重构 …………………………… 金松洋　冼昶华　蔡艳芳　潘映霞　徐玲丽　248
能力本位国际经济与贸易专业中高职课程衔接设计与实践 ………… 左锋　253
浅谈基于职业能力的学习任务开发——以汽车底盘机械维修教材
　　研发为例 ………………………………………………… 林根南　邱志华　259
对国际商务类专业制定专业标准的思考 ……………………… 刘红燕　楼洁　269
企业对电子商务专业人才需求现状与对策研究 ……………………… 杨军　274

## 附　录

1. 广东省教育厅关于开展中高职衔接专业教学标准和课程标准研制工作的通知 … 285
2. 广东省教育厅关于公布首批中高职衔接专业教学标准和课程标准立项名单的
　　通知 …………………………………………………………………………… 291
3. 广东省教育厅关于公布第二批中高职衔接专业教学标准和课程标准研制立项
　　名单的通知 …………………………………………………………………… 294
4. 广东省教育厅关于公布2014年度广东省高等职业教育教学改革立项项目的
　　通知 …………………………………………………………………………… 298
5. 广东省教育厅关于公布2015年度省高等职业教育专业教学标准立项项目的
　　通知 …………………………………………………………………………… 304

# 理论探索篇

"理论探索篇"以论文的形式，阐述了中高职衔接专业教学标准建设的理论基础、科学路径及有效方法。首先，中高职衔接专业教学标准建设必须遵循标准建设的基本原理，《标准化原理在中高职衔接专业教学标准建设中的运用》一文阐述了标准建设必须遵循的基本原理，包括一致同意原理、最优化原理、简化原理、定期更新原理等。同时，职业教育的专业教学标准建设还必须体现现代职业教育理念，《论职业教育专业教学标准建设的标准化》指出了职业教育专业教学标准建设必须以"能力核心、系统培养"为指导，按照设计框架、构建标准、分级培养、衔接贯通的思路，完成供需调研、职业能力分析、课程体系构建、标准编制四个阶段，形成了专业教学标准建设的标准化路径。其次，《中高职衔接专业培养目标的定位研究》和《"二维四步五解"职业能力分析法的实践探索》两篇论文，从方法层面阐述了如何准确定位人才培养目标这一重要内容，以及如何突破职业能力分析这一关键环节。最后，《广东职业教育课程改革的现状、问题及对策研究》一文，从课程改革的角度反映了广东职业教育课程改革的全貌，概述了广东专业教学标准建设的基本情况。

# 标准化原理在中高职衔接专业教学标准建设中的运用[①]

广东省教育研究院　杜怡萍[②]

标准是为了在一定的范围内获得最佳秩序、经协商一致制定并由公认机构批准、共同使用和重复使用的一种规范性文件。[③] 标准化就是制定标准的活动，1911年，著名管理学家弗雷德里克·泰勒以标准化开创了科学管理的新时代。现代职业教育作为一种教育类型，必须有一套完善的标准体系，标准体系建设是现代职业教育规范化、科学化发展的重要标志。近年来，教育部提出要完善教学标准体系，包括专业目录、专业教学标准、课程标准、顶岗实习标准等，标准体系建设也是广东省创建职业教育综合改革试点省的重要举措，包括学校标准、专业标准、课程标准、职业教育等级证书、评价标准等。标准体系建设是现代职业教育体系建设的重要内容。

毋庸置疑，职业教育标准体系建设必须遵循标准化原理。国际标准化组织即标准化原理研究常设委员会（STACO）1972年出版了桑德斯所著的《标准化的目的与原理》一书，从标准化的目的、作用和方法上提炼了七项标准化原理，包括简化原理、一致同意原理、实施价值原理、选择固定原理、定期更新原理、检验测试原理、强制原理。随着经济的发展，后来又增加了最优化原理。除检验测试原理适用于产品技术标准的制定外，职业教育标准体系建设必须遵循一致同意原理、最优化原理、简化原理、实施价值原理、强制实施原理、选择固定原理、定期更新原理，其中一致同意原理是最为根本的，也是实现难度最大的。本文以广东中高职衔接专业教学标准建设为例，论述职业教育标准体系建设中标准化原理的运用。

## 一、相关方共同参与是一致同意原理的基本要求

一致同意原理要求标准的制定必须建立在全体协商一致的基础上，应该通过所有相关方的相互协作来推动工作。首先，必须明确全体是指谁，对于职业教育标准体系建设而言，全体就是指标准的相关方，也即标准建设的主体。然后，必须考虑如何将这些主体有机地组织起来。

---

① 基金项目：2014年度广东省高等职业教育教学改革项目"中高职衔接专业教学标准建设的理论与实践"（项目编号：201401003）。本文于2016年8月发表在广州番禺职业技术学院学报。

② 杜怡萍，女，广东省教育研究院，副主任、研究员。研究方向：职业教育理论与政策，专业与课程建设。

③ 王敏华. 标准化教程[M]. 2版. 北京：中国计量出版社，2010：22.

### 1. 明确标准建设的主体

中高职衔接专业教学标准是规范中职到高职乃至本科衔接贯通的人才培养专业教学基本文件，是明确一定区域范围内同一专业不同教育层次衔接的人才培养目标和规格、课程体系、组织实施教学、规范教学管理、加强专业建设、开发教材和学习资源的基本依据，是评估教育教学质量的主要标尺，同时也是社会用人单位选用职业院校毕业生的重要参考。显然，教育行政部门是专业教学标准建设的主导方。职业院校是研制和执行标准的主体和主阵地，中职学校、高职院校和本科院校必须共同参与标准建设，他们是平等的主体。实施专业教学标准所培养的人才是为行业企业服务的，行业企业的职业标准、岗位能力要求是专业教学标准制定的依据，因此，行业企业是专业教学标准建设的依据提供方。教科研机构是协助教育行政部门进行过程性跟踪管理，把握标准建设的方向和规范，明确标准建设的理念、路径和方法，保证建设质量的重要指导方。可见，教育行政部门、研究机构、职业院校、行业企业是标准建设的主体。

### 2. 以项目的方式组织标准建设的主体

为充分考虑利益相关方的诉求，广东建立了专业教学标准建设的"政研校企"四方协同机制，坚持"管、办、评、研"分离的原则，立项、实施、试点工作由广东省教育厅负责，过程组织与指导工作由广东省教育研究院负责。采取竞标方式，由本科院校、高职院校、中职学校联合行业企业组成项目组，共同承担研制工作，如中职—高职衔接标准研制项目申报必须由中职学校、高职院校、行业企业三方联合，组成项目组，在广东省教育研究院的指导下，具体开展专业教学标准研制工作。项目验收评审工作由广东省教育厅组织专家组负责。这样，以项目的方式有机地将标准的相关方组织起来，从机制上保证了专业教学标准建设的标准化。

## 二、以统一的建设过程和成果形式实现相互协作

一致同意原理要求标准建设的相关各方相互协作，如何相互协作？对于同类标准的建设，若其研制过程和成果表现形式五花八门，则失去了相互协作的基础。因此，同类标准建设的路径应该是一致的，成果形式应该是统一的。

### 1. 统一标准建设的路径

对于中高职衔接的专业教学标准，由于其涉及各种专业，尽管各种专业的内涵是不同的，但其标准建设的路径是一致的。通过借鉴国内外研究成果以及对以往实践的总结，广东将中高职衔接专业教学标准研制过程划分为供需调研、职业能力分析、课程体系构建、标准编制四个环节（见图1），并形成一个各环节不断反复的循环系统。（1）供需调研环节。由标准研制项目组面向行业企业、职业院校开展供给和需求调研和对比分析，确定各专业的岗位群及职业生涯发展路径，厘清教学存在的问题和面临的挑战，为后续工作打下扎实基础。（2）职业能力分析环节。针对中高职衔接专业所对应的岗位群及其发展路径，依托行业企业专家开展职业能力分析，形成专业所对应的职业能力标准，并确定典型工作任务。（3）课程体系建构环节。以供需调研为基础，以职业能力分析为重要依据，关注学生的认知规律，尤其是职业生涯发展要求，以职业能力培养为目标，将工作领域的能力要求转化为学习领域的课程，使课程与职业能力有机对接，

构建专业课程体系。(4)标准编制环节。根据统一的模板撰写专业教学标准文本。

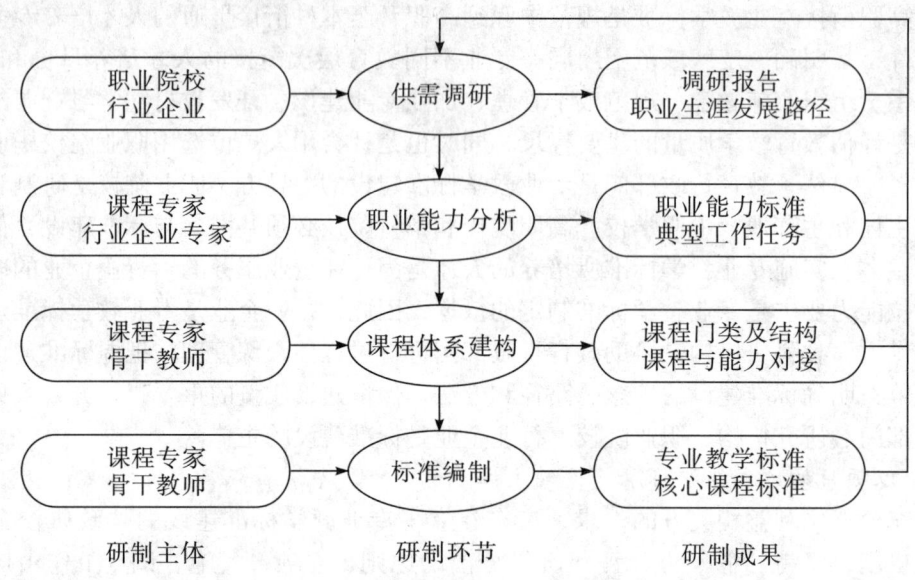

图1 专业教学标准建设的基本路径

2. 制定统一标准文本形式

同类标准在形式结构上必须是一致的,因此,中高职衔接专业教学标准必须制定统一的、规范性的文本模板及编写指南,保证专业教学标准在形式结构上的一致性。专业教学标准内容结构主要包括培养目标、职业范围、人才规格、课程结构、课程内容及要求、教学时间安排、教学基本条件、教学实施建议等内容。

## 三、以广泛的调研和过程的协商促进全体认同

在实际操作中,要做到一致同意原理的"全体协商"难度是非常大的。"全体协商"的结果实质上是全体达成共识,这取决于两个关键点:一是制定标准的主体是否有公信力,二是是否采纳了大多数人的意见。对于第一点前面已述,通过多主体共同参与以及竞争性招标的方式确定和组建标准建设的项目组,可以较好地解决公信力的问题。对于第二点,则必须通过调研的广泛性和过程的协商性来实现。

1. 广泛调研是标准建设的基础

在标准研制中,不能一所职业院校或一家行业企业单打独斗,必须了解区域内开设同一专业的职业院校以及相关联的行业企业的要求,具体表现在样本分布的广泛性和代表性、案例分析的典型性上,才能符合标准建设的一致性原理要求。中高职衔接专业教学标准研制,规定了各种调研方法的运用要求,以企业调研为例,一是要求每个项目组必须访谈企业,了解企业用人需求,收集企业的岗位管理相关制度;二是问卷调查企业相关岗位,每个学段至少30家,中职—高职衔接至少要调查60家企业,调查企业要有区域分布的代表性并与毕业生就业密切相关,由此来保证标准建设中的广泛收集诉求,提高研究的信度和效度。

2. 共同协商是标准质量的根本保证

在标准建设过程中，通过各种途径和形式实现"全体协商"，一是项目组内部的多主体密切沟通，在沟通中协同合作，在协同中推动标准建设。二是开展培训，达成共识，使得同类标准建设在思想、路径、方法等保持一致。三是邀请标准关联方的代表参与标准建设，例如对于中高职衔接专业教学标准研制，在职业能力分析环节，至少邀请24位行业企业专家，分两场次分析岗位典型工作任务和能力要求，在课程体系建构环节，必须邀请在职业教育界有权威性的中职、高职、本科专业教师各6人，参加课程体系建构会，乃至参与后续标准编制工作。四是通过项目的开题、结题论证以及中期检查，专家们进行论证和指导。这样，多途径、多形式地共同协商实现"全体协商"。

## 四、运用科学方法制定最优化的标准

标准化原理中的最优化原理是随着经济的发展而产生的，由于标准化活动涉及的系统日益复杂和庞大，标准化方案只能是最优化的。职业教育的标准体系建设涉及的区域面广，企业的人才要求标准不一且不断变化，职业院校办学条件差异大，学生需求不断变化等复杂问题，只能按照特定的目标，在一定的条件下，对标准系统的构成因素及其关系进行选择、设计或调整，使之达到最理想的效果，实现标准系统的结构优化。因此，标准建设是最优化方案确定的过程，最优化方案有赖于科学方法的运用，定性与定量研究必须相结合。

1. 标准建设的定性研究

在标准建设中，定性研究运用较多的是文献研究法、访谈法、座谈法，以及对研究结果"质"的分析，即运用分析和综合、比较和分类、归纳和演绎等逻辑分析方法。中高职衔接专业教学标准建设的课程体系建构乃至标准撰写环节，就是复杂的定性研究过程，需要对研究所获调研资料、职业能力分析资料进行思维加工。从而认识现象和行为的本质，揭示人才培养的规律及要求，确定人才培养目标定位、人才规格、课程体系、教学条件及评价等内容，并进行解释和论证。

2. 标准建设的定量研究

标准化活动不是凭经验的直观判断，更不是用调和争执、折中不同意见的办法所能做到的，必须借助于数学方法，进行定量研究。例如，中高职衔接的专业教学标准建设，在调研环节对毕业生就业岗位及发展的统计分析，确定各岗位比重及发展年限，可以确定某一专业不同学历层次毕业生不同时期的就业岗位及升迁情况，从而清晰地确定职业生涯发展路径，为中职、高职、本科分级培养提供了重要的依据。

## 五、依循简化原理化繁为简，增强标准的普适性

标准建设面对的是复杂性、多变化的环境，简化原理指出标准化的本质不仅为了减少目前的复杂性，而且也以预防将来产生的复杂性为目的。由于标准将被不同受用对象共同使用和重复使用，因此，标准要有普适性。普适性的文件不能太复杂，应简洁明了，标准建设重在规定最基本的内容。

中高职衔接专业教学标准建设会遇到许多复杂性问题，例如，专业教学标准课程体

系建构时，从各职业院校专业课程体系的模块分析中可见，模块的分类多种多样，且常常分类标准不一，相互交叉，如专业基础课程、专业平台课程、专业核心课程、专业主干课程、专业拓展课程、专业方向课程等，为了突出模块分类的通用性，按课程功能分类是最简洁的分类方法。如图2所示，将一个专业的课程体系划分为文化基础课程模块和专业课程模块。文化基础课程包括必修课程和选修课程。专业课程模块分为专业核心课程模块、专业方向课程模块和专业拓展课程模块。专业核心课程是必修课程，专业方向课程是限定选修课程，专业拓展课程是选修课程。在课程建构时，重在确定必修课程和限定选修的专业方向课程，这样既抓住了基本点，又给予各校建构校本特色课程的空间，使得制定的标准集普适性和灵活性于一体。

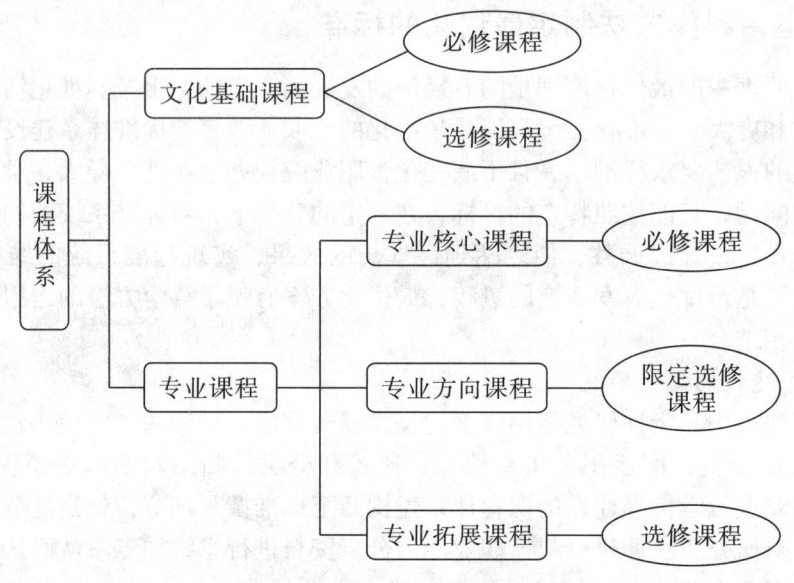

图2　专业课程体系模块化结构

## 六、建立标准建设的长效制度，推动标准发展

实施价值原理和强制实施原理告诉我们，标准制定出版后，必须积极推广应用，如果不实施就没有任何价值，且标准一经颁布就要执行。由于在制定标准时要照顾各方的利益，当各方利益出现冲突时，只能以少数服从多数的方法加以解决。尽管职业教育的标准无须通过法律强制实施，但它均是由教育行政部门组织编制的，将作为评估教育教学质量的主要标尺，因此也具有强制性，即在同一区域内，职业院校必须执行。

标准是作为制度予以实施的，应该在某一时期固定不变，以利于实施，这就是标准化的选择固定原理。与选择固定原理相生并存的是定期更新原理，其要求标准要在规定的时间内复审，必要时，还应进行修订，修订的间隔期不宜过短，也不宜过长。据此，必须建立标准建设的长效机制，确定标准建设的机构以及建设周期。职业教育标准体系建设机构应该以教育行政部门为主导，以项目的方式组织开展标准建设工作。对于不同的标准，固定和更新的周期为3~5年，例如，教育部对专业目录的修订以5年为一个周期；对于专业教学标准，由于知识和技术更新速度较快，一般修订周期最好为3年。长效机制的建立才能推动标准的标准化发展，促进职业教育的规范化、科学化管理。

  标准体系建设是职业教育科学管理的重要标志。职业教育标准体系建设必须遵循标准化原理，走标准化的建设路径，运用科学的建设方法，才能保证标准建设的质量水平和应用效果。标准化原理要求职业教育必须建立标准建设的长效机制，推动标准的实施与推广、更新，推动职业教育健康发展。

**参考文献**

［1］王敏华. 标准化教程［M］. 2版. 北京：中国计量出版社，2010：22，35-36.
［2］李春田. 标准化概论［M］. 6版. 北京：中国人民大学出版社，2014：10.
［3］李海东，杜怡萍. 中高职衔接标准建设新视野：从需求到供给［M］. 广州：广东高等教育出版社，2014：21-23.
［4］杜怡萍，李海东. 中高职衔接标准建设新视野：从能力到课程［M］. 广州：广东高等教育出版社，2015：30-31.

# 论职业教育专业教学标准建设的标准化[①]

广东省教育研究院　杜怡萍

孟子曰："不以规矩，不能成方圆。"标准就是俗称的规矩，是为了在一定的范围内获得最佳秩序，经协商一致制定并由公认机构批准，共同使用和重复使用的一种规范性文件。[②] 标准化是科学管理的重要标志。1911年，泰勒出版《科学管理原理》，把标准化的方法应用于制定工业生产的"标准作业方法"和"标准时间"，开创了科学管理的新时代，标准化管理不仅广泛应用于工业化生产，也广泛应用于服务领域乃至教育领域。

标准是以科学、技术和经验的综合成果为基础，以促进社会效益为目的。现代职业教育作为一种教育类型，要促进其健康发展，首先必须推进规范化管理，需要建立具有职业教育特色的标准体系，其中专业教学标准是现代职业教育标准体系的重要组成部分。近年来，从教育部到各省市，大量开展职业教育专业教学标准研制工作，例如，2012年教育部颁发了19个专业大类412个《高等职业学校专业教学标准》，2015年教育部颁发了19个专业大类230个《中等职业学校专业教学标准》，2015年广东发布了9个中高职衔接专业教学标准和课程标准，还有65个中高职衔接、高职本科衔接、现代学徒制的专业教学标准在研制，湖北、山东、江苏、湖南等地也纷纷研制专业教学标准。毋庸置疑，职业教育专业教学标准建设工作必须遵循标准化理论及要求，不仅最终成果形式结构是统一的，而且其过程也必须是标准化的活动。

## 一、标准化的基本原理和方法

标准化是为在一定范围内获得最佳秩序，对现实问题或者潜在问题制定共同使用和重复使用的条款的活动。[③] 可见，标准化是一个有目的的活动过程，标准是标准化活动的产物。标准化是一个建立"条款"的活动，即制定规范性的文件。标准化活动过程包括制定—实施—修订—再实施标准的过程。国际标准化组织，即标准化原理研究常设委员会（STACO），1972年出版了桑德斯所著的《标准化的目的与原理》一书，从标

---

[①] 基金项目：2014年度广东省高等职业教育教学改革项目"中高职衔接专业教学标准建设的理论与实践"（项目编号：201401003），本文发表在中文核心期刊《中国职业技术教育》2016年第23期。
[②] 王敏华. 标准化教程 [M]. 2版. 北京：中国计量出版社，2010：22.
[③] 李春田. 标准化概论 [M]. 6版. 北京：中国人民大学出版社，2014：10.

准化的目的、作用和方法上提炼了五项标准化原理。①（1）简化原理。标准化的本质不仅为了减少目前的复杂性，而且也以预防将来产生的复杂性为目的。（2）一致同意原理。标准的制定必须建立在全体协商一致的基础上，应该通过所有相关各方的相互协作来推动工作。（3）实施价值原理。标准出版后，如果不实施就没有任何价值。由于在制定标准时要照顾各方利益，当各方利益出现冲突时，只能以少数服从多数的方法加以解决。（4）选择固定原理。标准是作为制度予以实施的，应该在某一时期固定不变，以利于实施。（5）定期更新原理。标准要在规定的时间内复审，必要时，还应进行修订。修订的间隔期不宜过短，也不宜过长，要根据每个标准的具体情况而定。此外，对于产品的技术标准还必须遵循检验测试原理，对于国家标准必须以法律形式强制实施，遵循法律强制原理。

随着经济的发展，标准化活动涉及的系统日益复杂和庞大，标准化方案的最优化问题更加突出，更为重要，因此提出了最优化原理。即按照特定的目标，在一定的限制条件下，对标准系统的构成因素及其关系进行选择、设计或调整，使之达到最理想效果，实现标准系统的结构优化。最优化方案的选择，不是凭经验的直观判断，更不是用调和、争执、折中不同意见的办法所能做到的，而是借助于数学方法进行定量分析。可见，在标准化活动中定量分析非常重要，定性分析与定量分析要有机结合。

## 二、专业教学标准的基本内涵及特征

专业教学标准是开展专业教学的基本文件，是明确培养目标和规格、组织实施教学、规范教学管理、加强专业建设、开发教材和学习资源的基本依据，是评估教育教学质量的主要标尺，同时也是社会用人单位选用职业院校毕业生的重要参考。专业教学标准建设必须遵循简化原理、一致同意原理、实施价值原理、选择固定原理、定期更新原理、最优化原理以及一定的强制实施原理。从结构来看，专业教学标准与专业人才培养方案是一致的，不同之处在于标准的功能特征。概言之，专业教学标准具有指导性、强制性、通用性等特征。

1. 指导性

专业教学标准旨在规范专业教学，保证一定区域范围内同一专业教学的目标规格、管理规范的一致性，是指导职业院校专业人才培养方案制定和专业教学开展的基本文件，因此，指导性是专业教学标准的首要功能。

2. 强制性

尽管专业教学标准无须通过法律强制实施，但它均是由教育行政部门组织编制的，将作为评估教育教学质量的主要标尺。因此专业教学标准也具有强制性，即在同一区域内，开设同一专业的院校必须执行。

3. 通用性

专业教学标准的制定是在同一区域内教育利益关联方共同协商同意的结果，必然是都能满足利益关联方的共同要求，因此，专业教学标准是通用性的。由于同一区域内的

---

① 王敏华. 标准化教程 [M]. 2版. 北京：中国计量出版社，2010：35-36.

专业办学必然存在差异，所以专业教学标准不是最高标准也不是最低标准，应该是基本标准，专业教学标准的通用性也决定了其基础性。

### 三、建立"政研校企"四方协同的专业教学标准建设机制

职业教育专业教学标准建设涉及多个利益关联方，标准建设需要多方协同（见图1），包括教育行政部门、教科研机构、职业院校、行业企业。因此要建立专业教学标准建设的"政研校企"四方协同机制。以广东省专业教学标准建设为例，标准建设开展始终坚持"管、办、评、研"分离的原则，立项、实施、试点工作由广东省教育厅职业教育相关处室负责，过程组织与指导工作由广东省教育研究院负责。采取竞标方式，由本科院校、高职院校、中职学校联合行业企业组成项目组，共同承担研制工作，如中高职衔接标准研制项目申报必须由中职学校、高职院校、行业企业三方联合，组成项目组，具体开展专业教学标准研制工作。项目验收评审工作由广东省教育厅组织专家组负责。这样，从机制上保证了专业教学标准建设的标准化。

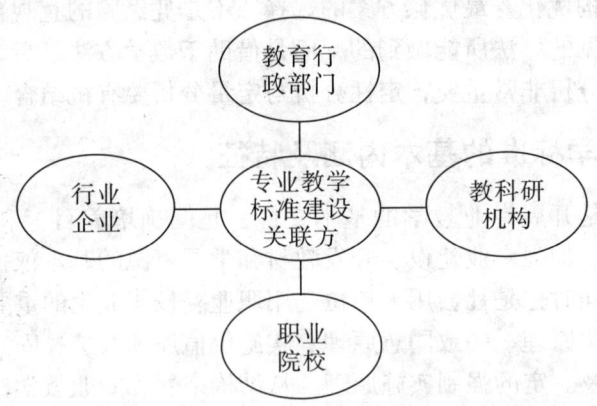

图1 专业教学标准建设的关联方

"政研校企"四方协同机制的有效运行，必须明确各方职责，并在运行中各司其职。教育行政部门是标准制定及组织实施的主管部门，毋庸置疑，教育行政部门是专业教学标准建设的主导方。教科研机构是协助教育行政部门进行过程性跟踪管理，把握标准建设方向和规范，明确标准建设理念、路径、方法，保证建设质量的重要指导方。职业院校是研制和执行标准的主体和主阵地，在标准研制中，不能一所职业院校单打独斗，必须联合区域内开设同一专业的职业院校共同开展研究，具体表现在样本分布的广泛性和代表性、案例分析的典型性、参与专家的权威性等，才能符合标准建设的一致性原理要求，标准才具有通用性。行业企业是标准建设不可或缺的主体，这是职业教育职业属性的使然。因为按照专业教学标准培养的人才是为行业企业服务的，行业企业的职业标准、岗位能力要求是专业教学标准的依据。因此，行业企业是专业教学标准建设的依据提供方。

## 四、遵循规范化的专业教学标准建设路径

无论是全国还是地方,由于职业教育的专业是多样化的,建设专业教学标准不能一个专业一种方式,这样,不能保证专业教学标准建设水平的一致性,因此各种专业的教学标准建设必须遵循相对一致的规范化的建设路径。广东专业教学标准建设起步早,在学习借鉴英国、美国、德国、澳大利亚等发达国家的职业教育成功经验后,根据标准化建设原理要求,结合广东产业发展的实际需要和职业教育发展现状,探索出一条专业教学标准建设的基本路径(见图2)。在"能力核心、系统培养"理念的指导下,按照设计框架、构建标准、分级培养、衔接贯通的思路,将标准研制分解为供需调研、职业能力分析、课程体系建构、标准编制四个环节,并形成一个各环节不断反复的循环系统。

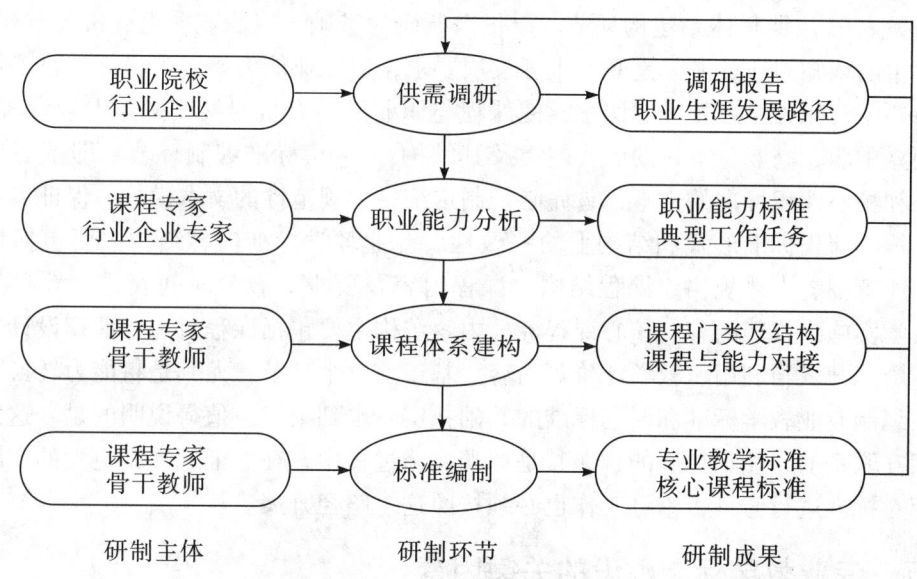

图2 专业教学标准建设的基本路径

1. "能力核心、系统培养"思想内涵①

"能力核心"是指以职业能力为核心,构建工学一体化的课程体系;"系统培养"是指面向学生的职业生涯,培养中—高—本衔接贯通、分级培养的专业人才。在操作层面,"能力核心、系统培养"的关键在于通过岗位的分层实现能力的分级,通过分级的能力定位教育的层次,构建中—高—本有机衔接贯通的课程体系。具体包括四层含义:(1)设计框架。借鉴国内外先进职教经验,如英国的职业资格框架体系,根据对应岗位群的实际,设计覆盖岗位群、能力分级的职业能力框架。(2)构建标准。基于职业能力框架构建中—高—本衔接、一体化的专业教学标准和课程标准。(3)分级培养。在统一标准的基础上,按照分级培养的理念,中职学校、高职院校、应用型本科院校合作,开发工作过程导向的、衔接分层的中职、高职乃至本科课程。(4)衔接贯通。由

---

① 刘越琪. 中高职衔接课程改革理论与实践项目汇报. 广东省中英职业教育合作交流会. 2014 (3).

应用型本科院校、高职院校主导,设计转段、自主招生考核等环节,中职、高职和本科院校分段完成课程教学,通过层次分明、衔接贯通的课程体系,建立现代职业教育体系的纵向联系通道。

2. 专业教学标准建设的基本环节①

(1) 供需调研环节。通过调研对每个专业的供给和需求进行对比,供给情况即规模、教师、课程、教学、评价等情况,需求情况即人才需求、能力要求、资格证书要求、岗位变化等情况,从而确定各专业的岗位群及职业生涯发展路径,厘清教学存在的问题和面临的挑战,为后续的专业建设工作打下扎实的基础。(2) 职业能力分析环节。针对中—高—本衔接专业所对应的岗位群及其发展路径,依托行业企业专家开展职业能力分析,借鉴国内外职业能力研究成果,形成专业所对应的职业能力标准,并确定典型工作任务。(3) 课程体系建构环节。以供需调研为基础,以职业能力分析为重要依据,关注学生的认知规律,尤其是职业生涯发展要求,以职业能力培养为目标,将工作领域的能力要求转化为学习领域的课程,使课程与职业能力有机对接,构建专业课程体系,包括确立中职、高职、本科的课程门类及其结构。(4) 标准编制环节。即撰写专业教学标准和核心课程标准的文本,首先必须制定统一、规范性的文本模板,保证专业教学标准和核心课程标准形式和结构上的一致性。专业教学标准内容结构主要包括培养目标、职业范围、人才规格、课程结构、课程内容及要求、教学时间安排、教学基本条件、教学实施建议等内容。核心课程标准内容结构主要包括课程目标、课程设计、课程结构、资源开发与利用、教学评价等内容。基于前三个环节,尤其是将能力转换为课程之后,编制专业教学标准和课程标准的基础扎实、水到渠成。值得说明的是,这四个环节是相互联系的,循环往复的,尤其是标准实施过程中,在保证标准稳定性的同时,需要定期对标准进行修订,修订工作也必须按照这一路径开展。

## 五、专业教学标准建设的关键因素

1. 以职业能力标准为理论基础和逻辑起点

职业能力是"人们从事一门或若干相近职业所必备的本领,是个体在职业工作、社会和私人情境中科学的思维,对个人和社会负责任行事的热情和能力,是科学工作和学习方法的基础"②。以能力为核心的职业教育,职业能力的培养是专业人才培养目标的指向,也是建构课程体系及开发课程内容的重要依据,同时,职业能力也是行业企业的人才需求。职业教育培养人才的职业能力必须满足行业企业人才的需求,只有这样,职业教育才能实现以服务为宗旨,可见,职业能力是职业教育与行业企业对接的关键点。

---

① 杜怡萍,李海东. 中高职衔接标准建设新视野:从能力到课程 [M]. 广州:广东高等教育出版社,2015:30-31.

② 欧盟 Asia-Link 项目"关于课程开发的课程设计"课题组. 学习领域课程开发手册 [M]. 北京:高等教育出版社,2007:9.

职业能力标准是指对特定岗位或岗位群中职业能力的条目化、系统化、精确化描述与制度化规定，它是职业标准的核心。发达国家的职业标准是职业教育人才培养目标定位的重要依据，例如，美国确定了高度标准化、科学化、规范化的国家职业标准，英国基于国家职业标准的国家职业资格证书制度闻名于世，德国形成了以工商会IHK证书为代表的职业资格证书体系。而我国在国家职业分类和职业资格证书的开发方面尚处于起步阶段，2015年，我国颁布了新修订的职业分类大典，职业资格证书正在清理整顿，科学规范的国家职业资格框架体系和职业标准还正在建设之中，这些给职业教育的开展带来巨大的挑战。在专业教学标准建设工作中，确定各专业对应的岗位及其职业能力标准是一项艰巨的工作，同时又是必需的关键工作。职业能力标准的获取可以借鉴和运用国内外的各种职业能力分析方法，例如北美的DACUM分析法（Developing A Curriculum）、德国的BAG分析法（Berufliche Arbeitsauf Gaben）、澳大利亚的培训包开发方法（Training Package，TP）、英国的功能分析法（Functional Analysis）、世界银行推出的职业和能力分类系统（O*NET），也可运用我国本土化的职业能力分析法，例如"二维四步五解"职业能力分析方法，等等。

2. 以职业生涯发展路径为建设纽带

职业生涯发展路径是专业人才所面向的工作岗位及其进程，包括初次就业岗位，经过一段时期实践后能够升迁到的发展岗位，这些岗位有与所学专业直接相关的，也有间接相关的。确定职业生涯发展路径是专业教学标准第一环节供需调研必须完成的重点工作，需定性分析与定量分析相结合。首先，邀请相关行业企业专家访谈或座谈，将行业企业专家提出的该专业人才可以胜任岗位及升迁路径进行汇总，从而清楚、明确地列出本专业可能面向的岗位。其次，通过毕业生调查，对不同毕业时间的学生就业岗位进行统计，确定毕业生在这些岗位就业的分布比例，以及不同教育层次，如中职、高职、本科的就业岗位分布。最后，根据专业的发展理念，在调查的基础上归纳提炼，绘制职业生涯发展路径图，确定中职、高职乃至本科层次的人才培养目标岗位。如艺术设计（家具）专业人才职业生涯发展路径表所示（见表1），共分为六级三类，其中中职层次艺术设计（家具）专业培养目标岗位定位为第Ⅰ、Ⅱ级的岗位，高职层次艺术设计（家具）专业培养目标岗位定位为第Ⅲ、Ⅳ级的岗位，本科层次艺术设计（家具）专业培养目标岗位定位为第Ⅳ、Ⅴ、Ⅵ级的岗位。对这些岗位进行职业能力分析，即第二环节工作，就可以获得分层分级的岗位职业能力要求，这些能力就成为各层级职业教育目标定位、人才规格、课程体系、课程内容建构的重要依据，可以顺利开展第三、第四环节工作，从而使"能力核心、分级培养"的理念落到实处。可见，职业生涯发展路径是专业教学标准建设的纽带，它将各环节工作有机地联系起来，并形成严密的逻辑关系。

表 1　艺术设计（家具）专业人才职业生涯发展路径表①

| 发展层级 | 就业岗位 | | | 职业资格证书 | 学历层次 | 发展年限/年 | | |
|---|---|---|---|---|---|---|---|---|
| | 生产类岗位 | 营销类岗位 | 设计类岗位 | | | 中职 | 高职 | 本科 |
| Ⅵ | | | 设计总监 | 高级技师 | 本科 | ≥12 | ≥9 | ≥5 |
| Ⅴ | 生产总监 | 营销总监 | 设计主管 | 高级技师 | 本科 | ≥9 | ≥7 | ≥3 |
| Ⅳ | 生产主管 | 销售主管 | 设计师 | 技师 | 高职/本科 | ≥7 | ≥5 | ≥1 |
| Ⅲ | 放样师 | 业务员 | 绘图员 | 高级工 | 高职 | ≥5 | ≥3 | |
| Ⅱ | 工艺员 | 店长 | 助理设计师 | 中级工 | 中职 | ≥3 | ≥1 | |
| Ⅰ | 机加工 | 导购员 | | 初级工 | 中职 | ≥1 | 0 | |

3. 运用科学方法保证建设质量

专业教学标准建设的过程及成果的质量保证不仅取决于理念和路径，也取决于完成各项工作的方法。细节决定成败，这个细节就是科学方法。广东在专业教学标准建设过程中，形成了基于"能力核心，系统培养"的理论和方法体系，提炼了供需调研方法、"二维四步五解"职业能力分析方法、课程与能力对接的方法、"宽专结合"的课程体系建构方法等。这些理论和方法正不断推广，不仅对专业教学标准建设，而且对职业教育教学改革与实践起到了积极的指导作用。例如，"二维四步五解"职业能力分析法②，就是借鉴国内外职业能力分析法的基本思想，结合广东省职业教育标准研制的具体要求，总结提炼出的一种本土化的职业能力分析方法，它从专业能力和职业素养两个维度，通过专业对接职业岗位、职业岗位细分为工作项目、工作项目细分为工作任务、工作任务细分为职业能力四个步骤，最后从完成工作任务应具备的技能、工具、方法、要求、知识五个方面解析职业能力。通过能力分解，有效地将行业企业对人才能力要求显性化，不仅描述了专业能力，而且具体化了职业素养，为后续的课程体系建构、课程标准编制及课程内容开发奠定基础。再如，课程与能力对接的方法，有序地将职业能力转换到课程之中，或将课程与职业能力有机对接，从而将工作领域的典型工作任务转化为学习领域的课程，这些课程有基于工作过程的项目课程、学习领域课程、技能训练课程和综合实践课程，也有学科课程，解决了以往课程内容开发与职业能力分析脱节的问题。科学方法的运用，是专业教学标准建设标准化的重要特征，也是专业教学标准成果的质量保证。

4. 经费投入是重要保障条件

专业教学标准建设绝不可以闭门造车，需要广泛地调研，需要召开各种研讨会等，有大量的工作要完成，经费投入是重要的保障条件。以广东省一个专业的中高职衔接标准建设为例，其工作量如下：在供需调研环节，至少要调查60家行业企业以及企业的

---

① 广东省教育厅，广东省教育研究院. 中高职衔接专业教学标准和课程标准：艺术设计（家具）专业 [M]. 广州：广东高等教育出版社，2015.

② 杜怡萍. "二维四步五解"职业能力分析法的实践探索 [J]. 职教论坛，2015（9）：8-14.

相关岗位，中高职院校至少各 10 所，中高职在校生各 300 人以上，中高职毕业生各 300～500 人，且样本必须覆盖全省。在职业能力分析环节，至少召开两场次行业专家分析会，每场次邀请 10～14 位专家。在课程体系建构环节，召开一场教育专家研讨会，至少邀请中高职专家各 6 人共 12 人。在标准编制环节，要完成一个中高职衔接的专业教学标准，10 门以上的核心课程标准，这些工作必须要有资金保证。目前，全国各地对于每一个专业教学标准的经费投入额度不一，有 10 万元、15 万元、20 万元乃至 40 万元，根据以上建设工作事项估算，一个学段的专业教学标准建设一般需要 10 万～15 万元，如编制中职层次的专业教学标准、高职层次的专业教学标准、现代学徒制的专业教学标准。两个学段衔接的专业教学标准一般需要 25 万～30 万元，如中高职衔接的专业教学标准、高本衔接的专业教学标准。

综上所述，专业教学标准建设是现代职业教育体系建设的重要内容，对接职业能力标准是职业教育专业教学标准建设的理论基础和逻辑起点。专业教学标准建设必须遵循标准化的建设原理，走标准化的建设路径，运用科学化的建设方法，才能保证专业教学标准的质量水平和应用效果。

**参考文献**

[1] 王敏华. 标准化教程 [M]. 2 版. 北京：中国计量出版社，2010：22，35－36.
[2] 李春田. 标准化概论 [M]. 6 版. 北京：中国人民大学出版社，2014：10.
[3] 欧盟 Asia-Link 项目 "关于课程开发的课程设计" 课题组. 学习领域课程开发手册 [M]. 北京：高等教育出版社，2007：9.
[4] 杜怡萍，李海东. 中高职衔接标准建设新视野：从能力到课程 [M]. 广州：广东高等教育出版社，2015：30－31.
[5] 广东省教育厅，广东省教育研究院. 中高职衔接专业教学标准和课程标准：艺术设计（家具）专业 [M]. 广州：广东高等教育出版社，2015：2.
[6] 杜怡萍. 中高职衔接专业培养目标的定位研究 [J]. 中国职业技术教育，2014（32）：56－60.
[7] 杜怡萍. "二维四步五解"职业能力分析法的实践探索 [J]. 职教论坛，2015（9）：8－14.
[8] 刘越琪. 中高职衔接课程改革理论与实践项目汇报. 广东省中英职业教育合作交流会. 2014（3）.

# 中高职衔接专业培养目标的定位研究[①]

广东省教育研究院　杜怡萍

职业教育专业培养目标蕴含着人才规格和质量标准，反映着专业的本质特征和内在要求，科学合理地定位培养目标是职业教育教学活动的起始点。职业教育作为培养高素质劳动者和技能型人才的一种教育类型，其内部各层次职业教育必须有机衔接。中高职衔接是构建我国现代职业教育体系的重要内容，要实现中高职衔接，首先中职和高职的专业培养目标必须衔接，才能保证和导向中职、高职的课程衔接，才能实现中高职的内涵衔接。

准确定位中高职衔接专业培养目标是急需解决的问题。随着中高职衔接工作的快速推进，原有中高职课程难以衔接的矛盾日益凸显，其根本原因是目标的定位不清和层次不分明。广东是经济强省和职业教育大省，现代职业教育体系正快速建立，中高职衔接专业教学标准研制正深入开展，对中高职衔接专业培养目标的定位做了深入研究与实践。

## 一、中高等职业教育目标定位的现状分析

对广东中高职院校数控技术等9个专业的117个高职培养目标和110个中职培养目标分析显示，专业培养目标表述结构多样，详细程度不一，差异性非常大，且中高职培养目标高度重叠，缺乏层次。

### （一）中高等职业教育培养目标表述多样化

对大量专业培养目标的表述进行分析和归类，主要有以下五种情形。

1."整体宽泛"型

例如某中职学校的汽车运用与维修专业培养目标为：拥护党的基本路线，身心健康，德、智、体、美、劳全面发展；面向汽车售后服务机电维修领域，具有与本专业相适应的文化水平和良好的职业道德，掌握本专业的基本知识、基本技能，具有较强的实际工作能力；了解相关企业生产过程和组织状况，能在汽车机电维修工作中解决综合性的专业问题，并具有本专业职业生涯发展基础的中等应用型技能人才。这种表述与我国

---

[①] 基金项目：2013年度广东省高等职业教育教学改革项目：高等职业教育人才培养目标定位研究与实践（项目编号：20130101002），本文发表在中文核心期刊《中国职业技术教育》2014年第32期。

职业教育的总体目标保持高度一致，强调全面，概括性强，抽象度高，不足之处就是缺乏专业特性。

2."行业企业"型

如某高职院校的模具设计与制造专业培养目标为：培养适应模具设计与制造、机械产品设计与制造等领域第一线需要，掌握机械设计、机械制造、塑料成型、冲压等生产所需的基本知识，具有较强的模具设计与制造的专业技能，有较强的模具设计软件的应用能力，具备"一技之长+综合素质"的高素质技术应用型模具设计与制造人才。这种表述强调了专业面向的行业企业，就业领域清晰。

3."行业企业+岗位"型

如某高职院校的学前教育专业培养目标为：适应现代幼教发展需要，培养学前教育专业知识，能在托幼机构从事保教工作的教师、学前教育行政人员以及其他有关机构的教学、管理实用性人才。这种表述既强调了专业面向的行业企业，又明确指出主要的岗位或岗位群，使得就业领域及工作方向更加清晰。

4."职业能力侧重"型

如某高职院校的艺术设计（家具）专业培养目标为：培养面向家具企业从事家具设计、家具制作、绘图员等相关工作，具有良好职业道德、尊重知识产权和环境保护意识，具备基本的家具设计技能、能够熟练操作家具机械、能够绘制家具工艺文件的诚信做人、踏实做事、人格健全的技能型人才。这种表述强调对职业能力的表述，从知识、技能和态度三个维度进行了描述。

5."行业企业+岗位+职业能力"型

这种表述集第三种和第四种描述结构于一体，既明确了专业面向的行业企业及岗位群，又从专业的角度概述了职业能力。如某中职学校的计算机网络技术专业培养目标为：主要面向计算机产业、制造业、国家机关等企事业单位的计算机网络维护与管理、计算机网站建设与维护等岗位，从事计算机网络规划与组建、网络综合布线、网络管理与维护、网站规划与建设等工作，具有良好的职业道德和素养，掌握必要的文化基础知识、计算机网络专业知识和比较熟练的计算机网络职业技能，在生产、服务和管理一线工作的高素质劳动者和中等应用型技能人才。毋庸置疑，这种表述方式最为具体，结构最完整，既与我国职业教育总目标保持一致，又能凸显专业特色。

（二）专业培养目标定位的问题分析

通过调查分析，目前无论是中等职业学校还是高等职业院校，同一专业的目标定位存在以下问题。

1. 培养目标描述随意性大，导致人才培养质量差异性大

从以上归纳的五种目标表述的类型就可以看出，目标表述五花八门，有的表述空泛，如第一、第二种培养目标表述类型，不能凸显专业特色，难以发挥目标的导向性和统领作用；培养目标表述详略不一，缺乏基本规范，导致课程设置混乱等问题。尽管各职业院校专业培养目标应该保留其特色，但培养目标制定的随意性，标准不一，必然导致不同职业院校同一专业培养出来的人才能力差异大。旅游管理专业的调查显示，

38.7%的用人单位认为不同院校培养出来的毕业生在能力素质方面存在较大的校际差异。

2. 中高职培养目标重叠性大，层次不清

以旅游管理专业为例，中职的培养目标为：培养面向旅行社、景区景点等企事业单位，在导游、讲解员以及外联销售、计调、前台、文员等岗位工作，具有必需的文化知识，良好的综合职业能力，在旅游行业第一线工作的高素质劳动者和实用型技能人才。高职的培养目标为：培养面向旅行社、旅游景区及其他旅游企事业单位等领域，在导游、讲解员以及外联销售、计调、基层管理等岗位工作，具有扎实的基础知识，良好的职业道德，较高的旅游服务技能和管理能力，满足旅游工作一线需要的高素质、高技能人才。可见无论是工作领域和岗位，还是应具备的能力，中高职培养目标重复性大，难以区分。诚然，这是由于中高职衔接并未全面推广以及中职学校录取的是初中毕业生，高职院校录取的是高中毕业生，对于专业而言，都是零技能基础。所以，中高职的专业培养目标定位必须随着中高职衔接而深入研究。

## 二、定位职业教育专业培养目标的关键要素

专业培养目标是指职业教育目标在各专业中的具体化，既要与我国职业教育总体目标保持一致，又要在就业领域、岗位工作、职业能力、人才层次等方面使得目标具体化，且目标表述文字要精炼，不宜过长，在200字以内。职业教育专业培养目标定位应明确的关键要素包括以下方面。

1. 就业领域

即明确该专业培养人才就业面向行业领域或企事业单位类型。一般通过企业调查、毕业调查就可获得专业面向的行业或企事业单位信息。表述时，要避免行业或企事业单位的类型交叉，如对于会计专业培养目标表述为"主要面向中小企业、商业银行、行政事业单位、会计中介机构等单位"，就出现了行业企业之间的交叉，这是不妥的。应该参照我国关于行业、企业分类的国家规定，例如，《国民经济行业分类》（GB/T 4754—2017）等，准确描述行业、企事业单位类型。

2. 目标岗位

即明确该专业培养人才能从事的职业岗位名称，通过企业调查和毕业生调查能够比较全面地获得专业对应职业岗位群信息。调查显示，由于多种原因，职业院校毕业生的就业岗位是多种多样的，岗位定位必须解决三个问题：一是不同毕业时间的就业岗位虽然相近，但岗位会发生变化，应以毕业多少年的岗位为目标岗位？二是毕业生就业的岗位很多，专业培养应针对几个岗位？三是不同企业对同一岗位内涵的名称不一，如何统一？通过实践分析，我们认为：以毕业3年左右的就业岗位作为目标岗位，一个专业对应的职业岗位一般不超过6个，4个左右为宜，应采取通用的、概括性强的岗位名称。如图1所示，中高职汽车运用技术专业毕业3~5年的就业岗位有10个，按照与专业的相关性和适量性原则，确定机电工、钣金工、美容喷漆工、服务顾问、保险勘验定损员、备件管理员6个岗位为目标岗位，覆盖率达89%。

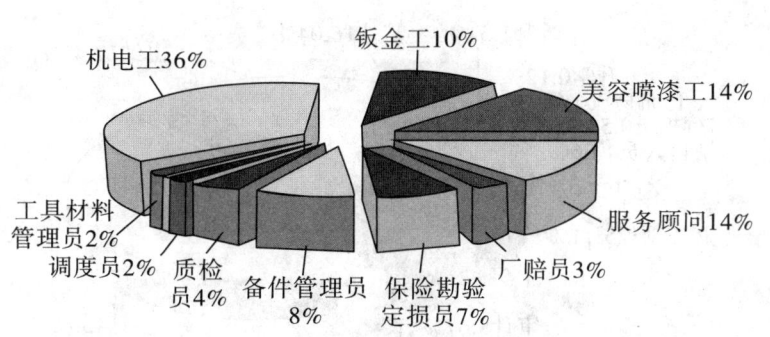

图 1 汽车运用技术专业毕业生就业去向

3. 职业能力

职业能力是指人们从事一门或若干相近职业必备的本领,以及在工作生活中所表现出的科学思维和为人处事的态度。通过职业能力调查与分析,每个专业可以确定应培养的职业能力。培养目标中的职业能力描述一是要注意层次性,二是要高度概括。为突出层次性,可以对职业能力从知识、技能、态度三个维度概述,也可从职业素养和专业能力两个维度概述。例如,前述艺术设计(家具)专业培养目标中对职业能力的描述,较有层次且又高度概括了该专业人才应具备的职业能力。

## 三、区分中高职衔接培养目标的层次

根据调查,目前中高职院校的专业培养目标最大的问题就是重叠性大,难以区分,实质上就是未能凸显中等、高等职业教育的层次性。从理论上讲,中高职培养目标的衔接就是预期的工作岗位的层次衔接,通过实践研究,我们认为中职、高职专业培养目标也可以从以下三方面区分。

1. 通过就业领域、目标岗位及发展速度区分

一般而言,同一专业中职、高职的就业领域基本相同,但也有一些差距,例如,受学历层次的影响,中职毕业生不能直接进入银行企业。当然,主要的区分手段在于目标岗位,如前述汽车运用技术专业将高职目标岗位定位为:机电维修、服务顾问、汽车保险理赔,中职目标岗位定位为:机电维修、备件管理、汽车装潢。又如,图 2 和图 3 分别是会计专业高职和中职毕业生的就业岗位群,可见,高职毕业生就业岗位与会计专业的联系性更加紧密,如会计、出纳、审计、财务管理岗位占比超过 70%,中职毕业生就业岗位较为分散,会计、出纳、收银岗位占 30%,财经文员岗位占 24%,与会计专业的联系不如高职紧密。因此,中职会计专业的目标岗位以操作型的文员、出纳、收银、仓管和会计为主,高职会计专业的目标岗位以偏策略型的会计、出纳、审计、财务管理为主。

但是不少专业尤其是工科类的专业,中高职毕业生就业的岗位基本相同,以数控技术专业为例,中高职毕业生都要从机床操作学徒做起,但是,如表 1 所示,大专生的发展速度要比中职学生快,以毕业 3 年左右的岗位确定为目标岗位为原则,中职主要以培养操作技术工人、绘图员为主,而高职主要以培养工艺编程员、班组长和车间主任为主。

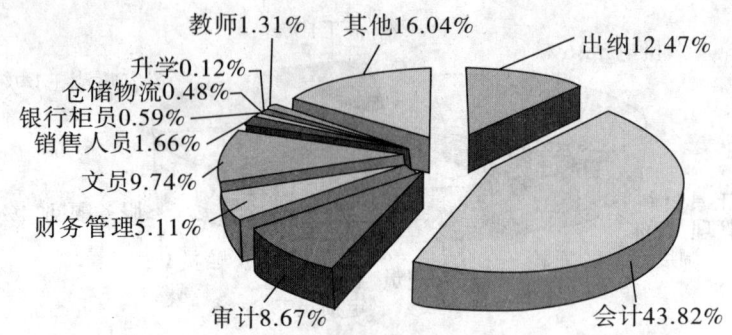

图 2　高职会计专业毕业生就业岗位分布

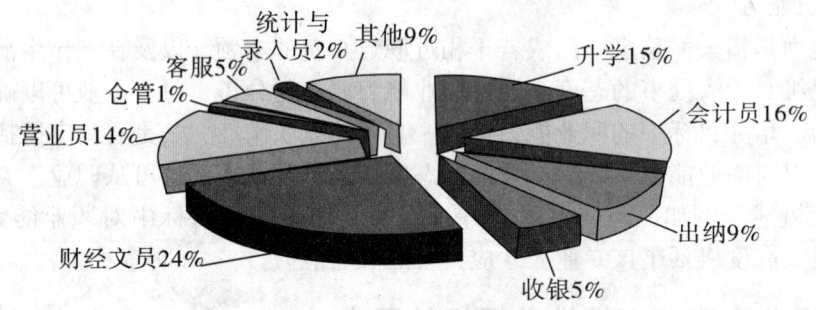

图 3　中职会计专业毕业生就业岗位分布

表 1　数控技术专业职业生涯发展路径

| 操作岗位 | 技术岗位 | 管理岗位 | 发展年限/年（参考时间） | |
|---|---|---|---|---|
| | | | 中职学生 | 大专生 |
| | 企业总工程师 | 公司总经理 | 12~15 | 10~15 |
| 数控高级技师 | 高级工程师<br>工艺高级工程师 | 生产总监<br>技术总监 | 10~15 | 6~10 |
| 数控技师 | 生产工程师<br>设计工程师 | 车间主任<br>工程部经理 | 6~10 | 3~5 |
| 数控师傅 | 车间生产技术员<br>（工艺编程员） | 生产组长<br>生产调度 | 4~5 | 2~3 |
| 操作技术工人 | 绘图员 | — | 2~3 | 2 |
| 机床操作工 | — | — | 1~2 | 1 |
| 机床操作学徒工 | — | — | 1 | 0.5 |

2. 通过职业能力区分

由于中高职同一专业分别对应不同的岗位群，其职业能力要求及内容也应该不同，即使中高职对应相同的岗位，但其职业能力的水平层次也应该不同。如表 2 所示，中高职汽车运用技术专业培养目标中的职业能力表述是有内容区别和层次区别的，主要是由于其对应的岗位不同，即使都对应机电维修工，其能力要求的程度也应有所区别，中职要求的是汽车维护和常见故障检修，而高职要求的是总成检修以及故障诊断与排除。由此才能显示出中高职培养目标的层次性。

表2　中高职汽车运用技术专业培养目标的职业能力区分

| 对比 | 中职 | 高职 |
| --- | --- | --- |
| 职业岗位 | 机电维修、备件管理、汽车装潢 | 机电维修、服务顾问、汽车保险理赔 |
| 职业能力 | 具备汽车维护、汽车总成零部件拆装检修、汽车简单常见故障的诊断与排除专业能力 | 具备汽车总成检修、汽车综合故障诊断与排除、汽车维修企业管理专业能力 |
| | 拓展汽车钣金喷漆、汽车配件管理、汽车美容及精品加装专业能力 | 拓展新能源汽车维修、前台业务接待、汽车查勘定损与理赔专业能力 |
| | 具有良好的沟通、团队协作能力、较强的服务意识、良好的职业道德 | 具有良好的职业道德和团队精神、较强的实际动手能力和创新能力 |

3. 通过职业层级及资格区分

按照人才培养层级，中职学校以培养中等技能型人才为主，高职院校以培养高级技术技能型人才为主，如何区别"中"和"高"？借鉴英国的资格与学分框架（QCF）的分级思想，通过建立各专业的职业生涯发展路径图来明确岗位层级和学历层次，如对旅游管理专业，通过企业调研将该专业对应的职业岗位群分层级，再结合中职、高职毕业生就业岗位群调研，确定中职、高职对应的层级，如表3所示，中职层次主要对应第Ⅰ、Ⅱ级，高职层次主要对应第Ⅲ、Ⅳ级。此外，在定位中职、高职岗位群的同时，也可以定位其相应的职业资格，如中职旅游管理专业学生学习侧重于取得初级导游证、助理计调师、助理咨询师证，即初级技能型人才；高职旅游管理专业学生学习侧重于取得中级导游证、领队证、计调师证、咨询师证，即中级技能型人才，从而进一步明确中高职培养目标的层次性。

表3　旅游管理专业的职业生涯发展路径

| 发展层级 | 岗位类别 | | | | 学历层次 | 发展年限/年（参考时间） | |
| --- | --- | --- | --- | --- | --- | --- | --- |
| | 客服类 | 导游类 | 销售类 | 计调类 | | 中职 | 高职 |
| Ⅵ | 行业专家、企业高管 | | | | — | 13年以上 | 12年以上 |
| Ⅴ | — | — | 销售总监区域经理 | | | 11~13 | 10~12 |

续上表

| 发展层级 | 岗位类别 | | | | 学历层次 | 发展年限/年（参考时间） | |
|---|---|---|---|---|---|---|---|
| | 客服类 | 导游类 | 销售类 | 计调类 | | 中职 | 高职 |
| Ⅳ | 客服经理 | 导游经理 资深领队 | 销售经理 店长 | 计调经理 资深计调 | 高职 | 7~11 | 6~10 |
| Ⅲ | 客服主管 | 导游主管 领队 资深导游 | 销售主管 资深销售 | 计调主管 | 高职 | 3~7 | 2~6 |
| Ⅱ | 客服员 | 初级导游 | 销售员 | 计调员 | 中职 | 1~3 | 0.5~2 |
| Ⅰ | 客服助理 | 实习导游 | 销售助理 | 计调助理 | 中职 | 0~1 | 0~0.5 |

## 四、中高等职业教育专业培养目标的表述

中高职衔接的目标表述应遵循三个原则：一是要与国家对中高等职业教育人才培养定位保持一致；二是要能够区分中职、高职培养目标的层次性，三是要突出其衔接性。中高职衔接的专业培养目标由总体培养目标、中职学段培养目标、高职学段培养目标组成，采取"行业企业+岗位+职业能力"的方式表述。

1. 中高职衔接专业的总体培养目标

党的十八届三中全会通过的《关于全面深化改革若干重大问题的决定》明确要求："加快现代职业教育体系建设，深化产教融合、校企合作，培养高素质劳动者和技能型人才"。可见，培养高素质劳动者和技能型人才是职业教育的总体目标。由此，对中高职衔接的专业总体培养目标表述格式为：本专业培养与我国社会主义现代化建设要求相适应，德、智、体、美全面发展，具有综合职业能力，面向×××等行业（企业），从事××××（岗位）等生产、建设、服务、管理一线工作的高素质劳动者和技能型人才。例如：汽车运用技术专业总培养目标：本专业培养与我国社会主义现代化建设要求相适应，德、智、体、美全面发展，具有综合职业能力，面向汽车售后服务行业，从事汽车机电维修、服务顾问、保险理赔等岗位生产、服务、管理一线工作的高素质劳动者和技能型人才。

2. 中职学段的培养目标

《教育部办公厅关于制订中等职业学校专业教学标准的意见》（教职成厅〔2012〕5号）指出：中等职业学校培养与我国社会主义现代化建设要求相适应，德、智、体、美全面发展，具有综合职业能力，在生产、服务一线工作的高素质劳动者和技能型人才……中职学段培养目标表述既要与国家目标和总体培养目标保持一致，又要突出专业特色，还要体现中高职培养目标的区分与衔接。中职学段培养目标表述格式为：本专业培养面向××××等行业（企业），能从事××××（岗位）等工作，具备××××（专业能力和职业素养）职业能力，以及继续学习能力，在生产、建设、服务、管理第

一线的××××（层级）高素质劳动者和技能型人才。如汽车运用技术专业中职学段培养目标为：本专业培养面向汽车售后服务行业，能从事汽车机电维修、备件管理、汽车装潢等岗位工作，具备汽车维护、汽车总成零部件拆装检修、汽车简单常见故障的诊断与排除专业能力，拓展汽车钣金喷漆、汽车配件管理、汽车美容及精品加装专业能力，具有良好的沟通、团队协作能力、较强的服务意识、良好的职业道德，具有继续学习能力的生产、服务一线中等应用型高素质劳动者和技能型人才。

3. 高职学段的培养目标

教育部在《关于推进高等职业教育改革创新 引领职业教育科学发展的若干意见》（教职成〔2011〕12号）指出：高等职业教育具有高等教育和职业教育的双重属性，以培养生产、建设、服务、管理第一线的高端技能型专门人才为主要任务。2012年《国家教育事业发展第十二个五年规划》提出：高等职业教育重点培养产业转型升级和企业技术创新需要的发展型、复合型和创新型的技术技能人才。因此，高职学段培养目标表述格式为：本专业培养面向××××等行业（企业），从事××××（岗位）等工作，具备××××（专业能力和职业素养）职业能力，以及自主学习能力，在生产、建设、服务、管理第一线的××××（层级）发展型、复合型和创新型的技术技能人才。如汽车运用技术专业高职学段的培养目标为：本专业培养面向汽车售后服务行业，从事汽车机电维修、服务顾问、汽车保险理赔等岗位工作，具备汽车总成检修、汽车综合故障诊断与排除、汽车维修企业管理专业能力，拓展新能源汽车维修、前台业务接待、汽车查勘定损与理赔专业能力，具有良好的职业道德和团队精神、较强的实际动手能力和创新能力，能够自主学习，在生产、服务、管理一线的发展型、复合型高级技术技能人才。

综上所述，把握专业培养目标的三个关键要素：就业领域、目标岗位、职业能力，能够较为清晰地定位职业教育专业培养目标，通过就业领域、目标岗位、发展速度、职业能力、职业层级及资格等内容，不仅可以区分中高职专业培养目标，而且能够促进中高职培养目标的有机衔接。只有将中高职衔接专业培养目标科学定位，才能有效发挥目标的导向作用，才能促进中高职课程及教学的有机衔接，才能实现中高职协调发展，从而建设现代职业教育体系。

**参考文献**

[1] 李海东，杜怡萍. 中高职衔接标准建设新视野：从需求到供给［M］. 广州：广东高等教育出版社，2014：74 - 80.

[2] 刘育锋，等. 中高职课程衔接的理论与实践：英国的经验与我国的借鉴［M］. 北京：北京理工大学出版社，2012：63 - 80.

[3] 广东省教育厅，广东省教育研究院. 广东中高职衔接专业教学标准研制：调查与分析［M］. 广州：广东高等教育出版社，2014：11，34，117.

[4] 杜怡萍. 财经商贸专业项目课程开发的实践［J］. 职业技术教育，2007（35）：13 - 15.

[5] 邵元君，匡瑛. 国家职业标准：中高职衔接中培养目标定位的重要依据［J］. 职教论坛，2012（28）：51 - 54.

# "二维四步五解"职业能力分析法的实践探索

广东省教育研究院　杜怡萍

职业能力是指人们从事一门或若干相近职业必备的本领,以及在工作生活中所表现出的科学思维和为人处世的态度,又称为"综合职业能力"。我国职业教育培养的是高素质劳动者和技能型人才,其核心就是要培养学生的综合职业能力。确定和表达专业所对应的职业能力,是职业院校进行专业设置、专业建设、课程开发以及课程实施与评价的基础和关键。因而,运用科学的职业能力分析方法,显得尤为重要。笔者借鉴国内外各种职业能力分析法,通过长期的实践,探索出了一套较为规范的、操作性强的、行之有效的职业能力分析方法,即"二维四步五解"职业能力分析法。

## 一、国外职业能力分析法的比较与借鉴

众所周知,美国确定了高度标准化、科学化、规范化的国家职业标准,英国有著名的基于国家职业标准的国家职业资格证书制度,德国形成了以工商会 IHK 证书为代表的职业资格证书体系,澳大利亚有基于能力标准、国家资格和鉴定指南的培训包,等等,这些发达国家的职业标准是职业教育人才培养目标定位、课程开发的重要依据。职业标准是以能力分析为基础的,由此,这些国家也产生了相应的职业能力分析方法,有北美的 DACUM 分析法(Developing A Curriculum)、德国的 BAG 分析法(Berufliche Arbeitsauf Gaben)、英国的功能分析法(Functional Analysis)、澳大利亚的技术领域分析法。DACUM 分析法最初是一种课程开发方法,后来被运用于企业、政府和军事部门的人力资源开发管理,如美国联合航空公司、供应建筑中心,等等。英国行业技能委员会运用功能分析法开发国家职业标准。德国的 BAG 分析法重在获取企业实践专家不同发展阶段的典型工作任务。这些职业能力分析方法在我国各地都有不同程度的运用,比较国内外各种职业能力分析法,有以下三点启示。

(1)谁是职业能力分析的主体?不同的职业能力分析方法对分析主体有不同的称谓,如行业企业专家、企业实践专家、优秀的工作人员、雇主、技术人员等,可见,尽管称谓不同,但其共同点是职业能力必须源自于行业企业对人才要求的客观反映,而不是职业教育教师自我的主观臆断。

---

① 基金项目:2014 年度广东省高等职业教育教学改革项目:中高职衔接专业教学标准建设的理论与实践(项目编号:201401003),本文发表在中文核心期刊《职教论坛》2015 年第 9 期。

（2）如何描述职业能力？能力是直接影响活动的效率和使活动顺利进行的个性心理特征，它虽然是一种内化的个体品质，但能够在相关的职业活动中得到外化，是在现实的职业工作中体现出的知识、技能和态度的整合。各种职业能力分析法都是通过职业活动这一能力外化的载体来描述职业能力，并运用职业能力图表反映。各种职业能力分析法的图表结构略有所不同，如DACUM分析法的职业能力图表包括岗位名称、能力领域、单项能力和能力评定等级四项内容；功能分析法的职业能力图表由主要目标、主要功能、可能的标准组成；BAG分析法的职业能力图表由发展阶段、代表性工作任务及其对象、工具、方法、组织、要求组成；技术领域分析法的职业能力图表包括技术领域、能力领域、能力单元、能力要素和行为标准。

（3）如何获得职业能力？一般有头脑风暴法、查阅资料、咨询专家和参观企业等方法途径获取职业能力，其中召开职业能力分析会是重要的途径。通过职业能力分析会确定职业能力的基本结构框架，再通过文献法、咨询法等途径不断丰富职业能力，这样获得的职业能力更为准确、完整。

## 二、"二维四步五解"职业能力分析法的内涵

### 1. 开展职业能力分析的目的

开展职业能力分析的目的是实现职业教育的"五对接"。职业能力既是行业企业用人的要求和标准，也是职业教育人才培养的目标，是职业院校与行业企业有机联系的重要纽带。以产教深度融合为重要特征的现代职业教育，其专业设置要与职业岗位对接、课程内容要与职业标准对接、教学过程要与生产过程对接、毕业证书要与职业证书对接、职业教育要与终身教育对接，实现与体现这"五对接"的关键因素就是职业能力。发达国家的国家职业标准很健全，对职业能力描述非常具体，职业院校就可以依据职业标准建立课程标准、开发课程内容，等等。我国在国家职业分类和职业资格证书的开发方面尚处于起步阶段，职业分类的合理性、职业标准的覆盖率、权威性、实时性都有待进一步提高，这一源头性的资源缺失，使得职业能力分析成为我国职业教育专业建设必不可少的工作。只有系统、清晰、准确地描述职业能力，才能真正建构职业教育特色的课程体系，才能培养出具有综合职业能力的人才。开展职业能力分析的具体目标如下。

（1）确定专业应培养的职业能力。职业能力是专业人才培养目标、课程教学目标的重要内容，是明确人才培养规格的重要依据。通过职业能力分析，有层次、清晰地表达职业能力，而且这些能力是可评可测的。既提高了职业教育人才培养目标的可操作性和导向性，也使得目标成为专业评估评价的重要依据。

（2）确定职业岗位的典型工作任务。职业教育培养的是应用型人才，职业教育课程不仅要关注让学生获得哪些职业知识，而且要关注学生以什么形式来获得这些知识，毋庸置疑，课程结构是影响学生职业能力形成的重要变量。职业教育的课程结构要与工作的结构有机对应起来，由此，基于工作过程的课程开发孕育而生。开发基于工作过程的课程，必须确定职业岗位的典型工作任务，因为职业活动中的典型工作任务是形成职业能力，使能力构成的知识、技能、态度三要素结构化的重要载体。

通过职业能力分析，找寻典型工作项目、任务，获得胜任工作的职业能力，可以明

确职业岗位对知识、技能和态度的要求，为课程体系建构和课程内容开发奠定扎实的基础。

2. "二维四步五解"职业能力分析法的基本内容

"二维四步五解"职业能力分析是通过头脑风暴、文献查询、个案分析等多种途径，从专业能力和职业素养两个维度，通过专业对接职业岗位、职业岗位细化为工作项目、工作项目细化为工作任务、工作任务细化为职业能力四个步骤，再从完成工作任务应具备的技能、工具、方法、要求和知识五个方面分解分析职业能力的一种分析方法。"二维四步五解"职业能力分析法的内容结构如图1所示。

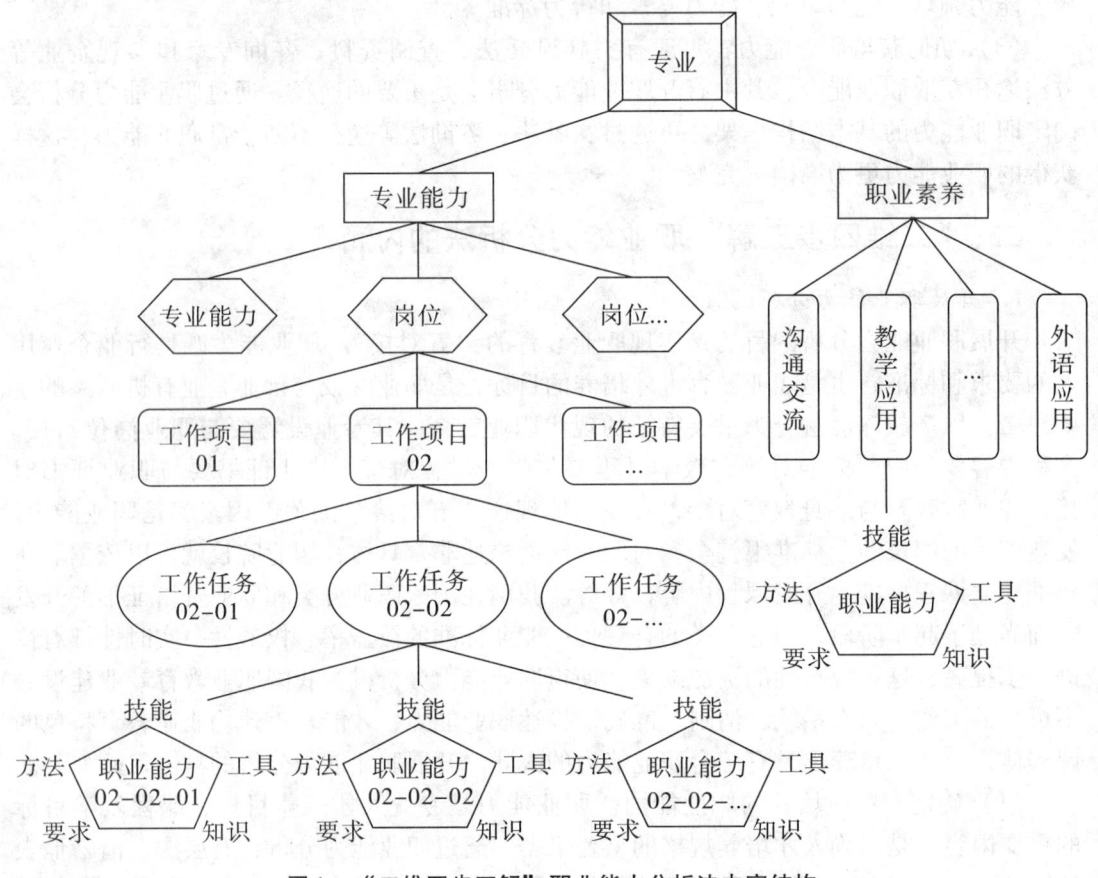

图1 "二维四步五解"职业能力分析法内容结构

（1）"二维"是指从专业能力和职业素养两个维度表述职业能力。专业能力是人们从事一门或若干相近职业所必备的本领，包括能力构成中的技能和知识要素，是人们赖以生存的能力，如一名会计人员"能够做账"，就是指专业能力。职业素养是能力构成中的态度要素，是与纯粹的职业技能和知识无直接关系的能力，当劳动组织发生变化或者当职业发生变更的时候，这种能力依然存在，而且能够促进人们重新获得新的知识和新的技能。如"严谨认真的工作作风"不仅是一名会计人员的素养要求，而且这一素养也促进会计人员不断发展，以及很好地适应新的岗位要求。在职业能力分析过程中，先分析专业能力，最后分析各岗位共同的职业素养。

（2）"四步"是指职业能力分析的四个步骤。第一步，确定专业所对应的职业岗位，一般一个专业对应 4~6 个职业岗位。第二步，每个职业岗位的工作领域分解成若干个工作项目，一般每个岗位有 5 个左右的工作项目。第三步，将每个工作项目按其工作步骤或内容事项细化成若干个工作任务，一般每个工作项目分为 5 个左右的工作任务。第四步，确定完成某一任务需具备的具体能力要求。专业能力的分析需要以上四个步骤，由于职业素养是各岗位通用的能力，职业素养的分析只需两个步骤。第一步是借鉴各国对职业素养的不同表述，如德国所指的关键能力，英国所指的核心技能或软技能，本方法从沟通交流、数字应用、革新创新、自主学习、团队合作、解决问题、信息处理、责任（安全）意识、外语应用、其他十个方面细化职业素养。第二步是对每个职业素养在具体工作中的表现、要求进一步细化为职业能力点。

（3）"五解"是指从五个方面解析完成工作任务需要具备的职业能力。在上述职业能力分析的第四步骤以及职业素养分析的第二步骤中，根据要完成的工作任务或要达到的素质要求，从需具备的技能、需使用的工具、能运用的方法、注意的工作要求、具备的理论知识五个方面分解分析职业能力。由于能力的内隐性特征，在分析时，必须尽可能外显化表述。一般采取动宾结构的简短用语来表达职业能力，如"能填制原始凭证和记账凭证""使用高压水枪清洗全车外部大块泥沙""知道一般打蜡器材功用及操作守则""能及时准确传达客户要求到相关部门"，等等。

## 三、职业能力分析会的组织

"二维四步五解"职业能力分析法首先要运用头脑风暴法召开职业能力分析会，确定岗位职业能力的模型；然后通过比较分析法，丰富职业能力；最后形成正式的专业职业能力分析表。

### （一）职业能力分析会的准备

#### 1. 确定专业对应的岗位

确定专业对应的岗位，可以通过企业的个案分析、问卷调查、访谈或座谈，以及毕业生的问卷调查、访谈、座谈等多种途径，能够比较完整地获得专业职业岗位群信息。由于多种原因职业院校毕业生的就业岗位是多种多样的，如图 2 中职会计专业毕业生就业去向和图 3 高职汽车运用技术专业毕业生就业去向所示。要确定专业对应的目标岗位，需要依据三个原则：关联性、就业比重、适量性，即与专业有关的岗位，就业比重比较高的岗位，一般一个专业对应 4~6 个岗位。据此，中职会计专业的目标岗位群为：会计、出纳员、财经文员、收银员、业务员、仓管员，其岗位覆盖率达 74%。高职汽车运用专业的目标岗位群为：机电工、钣金工、美容喷漆工、服务顾问、保险理赔员、备件管理员，其岗位覆盖率达 94%。

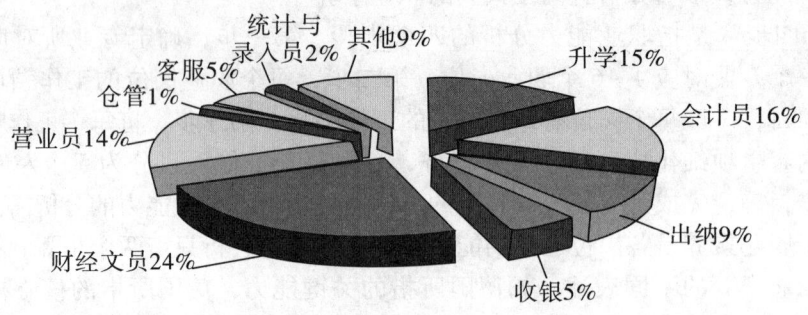

图 2　中职会计专业毕业生就业岗位分布

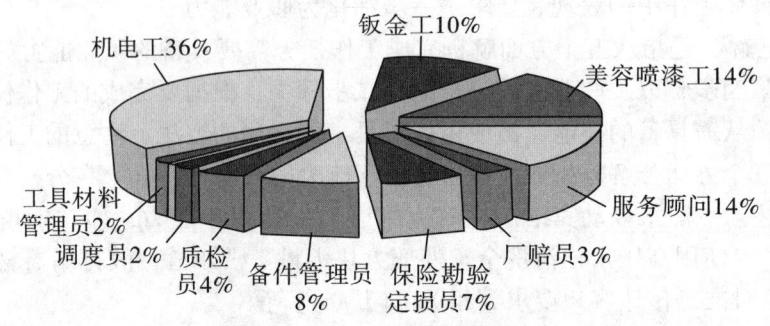

图 3　高职汽车运用技术专业毕业生就业去向

**2. 邀请行业企业专家**

参与职业能力分析会的专家必须是来自行业企业相应岗位的优秀员工代表。应注意：（1）邀请具有该岗位丰富的直接工作经验（至少有 3 年工作经历）的实践专家。（2）专家应具有较好的语言表达能力，最好是主管一级的人员。（3）每一岗位至少有 2 位来自不同类型企业的实践专家，这样分析结果才更具有代表性。（4）一场职业能力分析会最好邀请 10~14 位专家参加，这样更有利于营造较热烈的会议氛围。例如中职会计专业的 6 个岗位邀请 14 位专家召开一次职业能力分析会，高职汽车应用技术专业的 6 个岗位分两次，每次 3 个岗位邀请 10 位专家召开职业能力分析会。

**3. 职业能力分析工具**

首先，按岗位分析职业能力，使用的分析工具如表 1 所示，该表体现了"二维四步五解"的专业能力和职业素养两个维度，体现了岗位、工作项目、工作任务、职业能力四个步骤，还体现了职业能力的技能、工具、方法、要求、知识五个解析方面。通过 Excel 软件将该表用于分析会的现场记录。其次，当将专业对应的所有岗位的职业能力分析完毕时，将所有岗位的职业能力分析表合为一张表，表格结构与表 1 相同，表的名称为"××专业职业能力分析表"。

表1 ××岗位职业能力分析表

| 工作项目/<br>职业素养项目 | 工作任务/<br>职业素养分类 | 职业能力<br>(知识、技能、方法、工具、要求) |
|---|---|---|
| | | |
| | | |
| …… | …… | |
| 职业素养 | 沟通交流 | |
| | 数字应用 | |
| | 革新创新 | |
| | 自主学习 | |
| | 团队合作 | |
| | 解决问题 | |
| | 信息处理 | |
| | 责任(安全)意识 | |
| | 外语应用 | |
| | 其他 | |

**4. 布置会场**

职业能力分析会一般采取 U 字形的会场布置形式,如图 4 所示,会场必须配备电脑、投影仪、打印机等设备,便于现场及时记录和修改。值得一提的是,职业能力分析会尽管行业企业专家是主角,但职业能力分析会也是师资培训的最好途径之一。作为该专业的教师必须列席会议,才能充分了解、理解行业企业专家所述,才能够为后续开展整理工作,乃至课程开发工作打下扎实的基础。当然,列席人员不参与会议讨论,并保持良好的会场秩序。

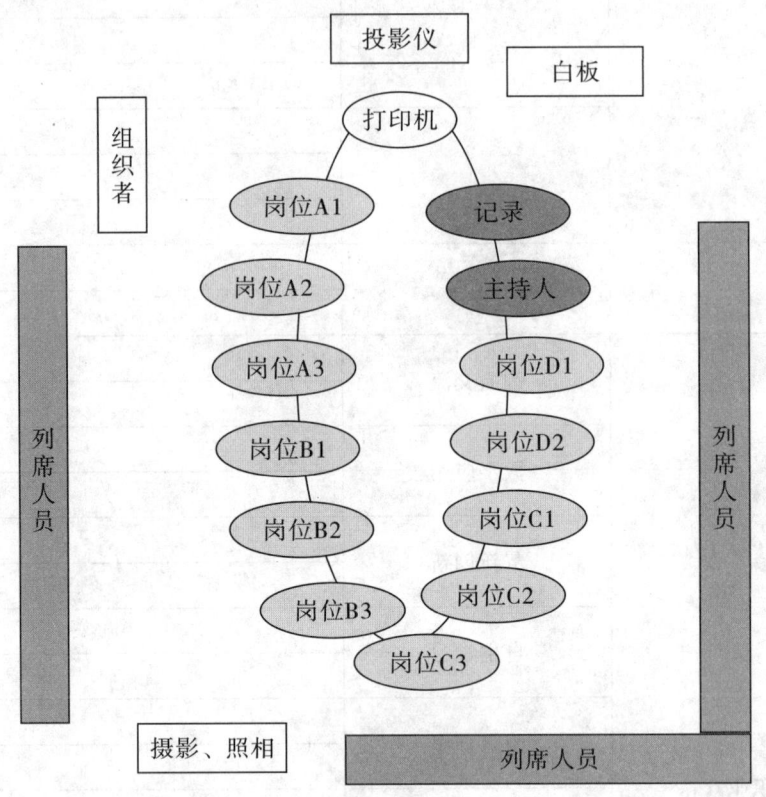

图4 职业能力分析会的会场布置

### (二)职业能力分析会的召开

职业能力分析会采取头脑风暴法,即主持人以明确的方式向所有参与者阐明问题,采用没有拘束的规则,尽力创造融洽轻松的会议气氛,专家们"自由"提出尽可能多的意见和见解。分析会的基本步骤就是"二维四步五解"的内容,包括以下步骤:(1)列出各岗位的主要工作项目,即分割岗位工作的领域或划分岗位工作的职责。(2)将每一项工作项目细化为五个左右的工作任务,即完成每个工作项目的步骤或事项内容。(3)从技能、工具、方法、要求、知识五个方面,分解分析完成每一步骤或事项应具备的职业能力。(4)从沟通交流、数字应用等十个方面分析岗位的通用能力,即职业素养的具体表现。(5)对每项工作项目和每项职业能力的完成(达到)程度进行评定。

"二维四步五解"职业能力分析法的有效运用,必须具备以下两个条件:(1)必须要有一个精干的主持人。主持人必须具备四个特质:一是专业,主持人不仅要非常熟悉职业能力分析法,而且要有深厚的课程开发功底;二是热情,能够创造轻松而紧张的研讨氛围，激发每一个参与者积极发言；三是灵活，具备非常强的引导、归纳和调控能力；四是耐劳，主持人几乎要同步地将行业专家对工作的描述转述为动宾结构的精练语句，一天超过8小时几乎不停地讲，是非常辛苦的工作。（2）必须要有技艺娴熟的电脑记录员。电脑记录员除了具备与主持人相同的"专业"和"耐劳"的特质外，尤其是要非常熟悉Excel软件的使用和具备快速的打字速度，能够将主持人的表述按要求迅速地记录下来，并能做出必要的修正，还要配合主持人做好打印等其他工作。

## 四、职业能力分析表的形成

职业能力分析会是获得职业能力的重要途径之一，其主要优势在于通过确定工作的典型项目和任务来完成这些项目和任务的能力表现，对专业所对应的特定岗位群职业能力进行条目化分析。但毕竟一两场职业能力分析会获得的信息是有限的，为了获得系统化、精确化的职业能力描述，还必须进一步对职业能力描述进行整理和丰富。包括：（1）对表述不当的用语进行修改。（2）对没有分析完整的工作内容请行业专家补充。（3）参照国内外的相关职业能力资料，修正、补充、完善，常采取的方法包括：文献查询法、个案分析法、比较分析法，如图5所示，利用多种渠道获得职业能力信息，吸收有更高质量要求或更能体现人才培养水平的职业能力描述。（4）形成正式的职业能力分析表，将所有岗位的职业能力分析合并在一张表中，对于不同岗位相同的工作项目、工作任务、职业能力进行归并，选择更为准确、科学、详细的描述，将表头改为"××专业职业能力分析表"。最后对专业职业能力分析的工作项目、工作任务与职业能力转为正式的职业能力分析表格，并进行编码。表2 会计专业职业能力分析表（节选）和表3 汽车运用技术专业职业能力分析表（节选1），所表述的主要是专业能力，表4 汽车运用技术专业职业能力分析表（节选2）是对职业素养的描述。

➢搜集职业能力信息的途径：

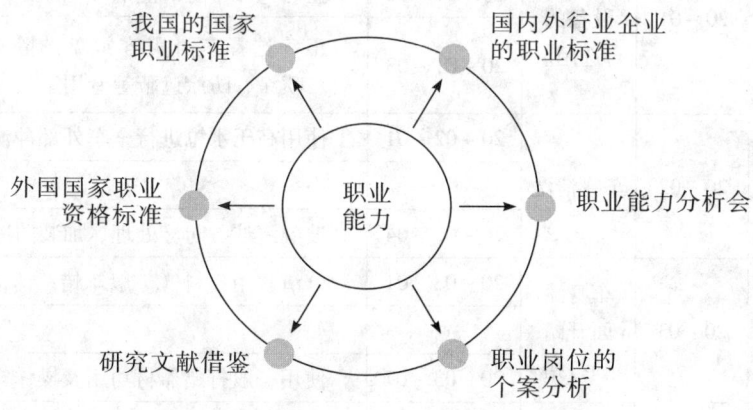

图5 获得职业能力描述的途径

表2　会计专业职业能力分析表（节选）

| 工作项目/职业素养 | 工作任务/职业素养 | | 职业能力（知识、技能、方法、工具、要求） | |
|---|---|---|---|---|
| 01<br>办理现金收付 | 01-01 | 收款 | 01-01-01 | 收款（根据收款单据） |
| | | | 01-01-02 | 按规范方法熟练点钞，会鉴别人民币伪钞 |
| | | | 01-01-03 | 能熟练使用多功能防伪点钞机 |
| | | | 01-01-04 | 能对现金收入开具现金收据/发票 |
| | | | 01-01-05 | 能熟练按面值整理现钞纸币，挑拣残币 |
| | | | 01-01-06 | 了解收入现金后及时送存开户银行、不得作为储蓄存款存储、不得套取现金等规定 |
| | 01-02 | 付款 | 01-02-01 | 了解现金支出的规定（不可擅自坐支现金等） |
| | | | …… | …… |
| | | | 01-02-04 | 点钞、付款、签收，并加盖"现金付讫"章 |
| | 01-03 | 补充/送存库存现金 | 01-03-01 | 了解本企业库存现金限额管理规定 |
| | | | …… | …… |
| | | | 01-03-05 | 填制现金送款单 |

表3　汽车运用技术专业职业能力分析表（节选1）

| 工作项目/职业素养 | 工作任务/职业素养 | | 职业能力（知识、技能、方法、工具、要求） | |
|---|---|---|---|---|
| 20<br>汽车外部美容 | 20-01 | 工具及设备的选用 | 20-01-01 | 正确、有效使用常见的车身清洁工具 |
| | | | 20-01-02 | 正确选择车身清洗剂 |
| | | | 20-01-03 | 正确选择车身美容常见的除锈、刮涂、打磨、喷涂、防涂遮蔽等专用工具 |
| | 20-02 | 车身清洗 | 20-02-01 | 使用高压水枪进行全车外部冲洗大块泥沙 |
| | | | …… | …… |
| | | | 20-02-04 | 玻璃清洁、防雾处理、加装防冻清洁剂 |
| | 20-03 | 车身漆面开蜡和打蜡 | 20-03-01 | 分清常用物料（一般车蜡、清洁剂） |
| | | | …… | …… |
| | | | 20-03-07 | 使用一般打蜡器材功用及操作守则 |
| | 20-04 | 研磨抛光 | 20-04-01 | 正确辨别车身漆面划痕及漆面状况 |
| | | | 20-04-02 | 根据漆面情况，选择合适的抛光盘和抛光剂 |
| | | | 20-04-03 | 正确操控抛光机对漆面进行抛光处理 |

续上表

| 工作项目/职业素养 | 工作任务/职业素养 | 职业能力（知识、技能、方法、工具、要求） | |
|---|---|---|---|
| 20 汽车外部美容 | 20-05 车身漆面护理 | 20-05-01 | 使用中性洗车液清洗全车漆面 |
| | | …… | …… |
| | | 20-05-05 | 无尘打磨处理 |

表4 汽车运用技术专业职业能力分析表（节选2）

| 工作项目/职业素养 | 工作任务/职业素养 | 职业能力（知识、技能、方法、工具、要求） | |
|---|---|---|---|
| 75 职业素养 | 75-01 沟通交流 | 75-01-01 | 明白上级意图 |
| | | 75-01-02 | 认真听取客户诉求 |
| | | 75-01-03 | 能及时准确传达客户要求到相关部门 |
| | | 75-01-04 | 良好的沟通能力，善于发现问题，表达清晰 |
| | | 75-01-05 | 掌握沟通技巧（5S、2W、封闭式提问、引导式提问） |
| | | 75-01-06 | 遇到问题及时反馈 |
| | | 75-01-07 | 能够与同事沟通，增强信任感 |
| | …… | …… | …… |
| | 75-8 责任（安全）意识 | 75-08-01 | 安全防护意识 |
| | | 75-08-02 | 注意驾驶安全 |
| | | 75-08-03 | 能够使用防护工具 |
| | | 75-08-04 | 消防安全 |
| | | 75-08-05 | "三废"处理 |
| | | 75-08-06 | 知道危险品处理方法 |
| | | 75-08-07 | 轻取轻放物品 |
| | | 75-08-08 | 正确使用维修设备 |
| | …… | …… | …… |
| | 75-11 吃苦耐劳 | 75-11-01 | 有牺牲精神（时间、精力） |
| | | 75-11-02 | 能够接受加班 |
| | | 75-11-03 | 任劳任怨、不怕辛劳 |
| | | 75-11-04 | 忍得住寂寞 |
| | | 75-11-05 | 爱岗敬业 |
| | …… | …… | |

"二维四步五解"职业能力分析法吸收了国内外职业能力分析法的思路,形成于广东职业教育专业建设与实践。在广东中高职衔接的专业教学标准研制,以及中职和高职院校的人才培养方案制订过程中不断完善和修正,历经了20多个专业30多场次的职业能力分析实践,该分析方法的思想、内容、步骤、要领才逐步清晰,得以定型。同时,这一方法也对广东省职业教育的专业建设发挥了重要的作用,为专业建设打下了扎实基础,如中职会计专业职业能力分析表包括39个工作项目、123个工作任务、526个职业能力点和69个职业素养点;汽车运用技术专业有74个工作项目、314项工作任务、1 716个职业能力点、58个职业素养点;等等。这些专业的职业能力分析表,成为课程体系建构、课程内容开发、组织教学、质量评价、师资培训的重要依据。

## 参考文献

［1］邓泽民,郑予捷. 现代职业分析手册［M］. 北京:中国铁道出版社,2009:3 - 8,207 - 215,221 - 230.

［2］刘育锋. 中高职课程衔接的理论与实践:英国的经验与我国的借鉴［M］. 北京:北京理工大学出版社,2012:87 - 89.

［3］鲍洁,高林,赵楠. 高职课程开发中职业分析方法研究与实践［J］. 职教论坛,2010(27):5.

［4］杜怡萍. 财经商贸专业项目课程开发的实践［J］. 职业技术教育,2007(35):13.

［5］广东省教育厅,广东省教育研究院. 广东中高职衔接专业教学标准研制:调查与分析［M］. 广州:广东高等教育出版社,2014:11,117.

［6］上海市教育委员会. 职业教育国际水平专业教学标准开发的研究与实践:上［M］. 上海:华东师范大学出版社,2012:35.

［7］黄泽钧. 工作任务与职业能力分析会工作流程与技巧［J］. 职业教育研究,2012(8):66.

# 广东职业教育课程改革的现状、问题及对策研究[①]

广东省教育研究院  杜怡萍

课程是实现职业教育目标的重要载体，是职业院校办学内涵建设的重要组成部分。广义上的课程是指对育人目标、教学内容、教学活动方式的规划和设计，是课程方案、课程标准和教材全部内容及其实施过程的总和。狭义上的课程是指某一门课程（学科）。从区域层次看，职业教育课程包括国家课程、地方课程和校本课程，本文重点就广东省省级层面的课程体系建设、课程开发等方面情况进行分析和反思。

广东是职业教育大省，截至2015年年底，全省共有职业院校725所，其中高职院校81所，中职学校（含技工学校，下同）644所。职业院校在校生257.63万人，其中高职院校在校生81.56万人，中职学校在校生176.07万人。广东是中国改革开放的前沿，发达的产业体系为职业教育改革发展提供了肥沃的土壤，约占全国1/10的职业教育在校生规模为现代产业体系建设提供了巨大的高素质劳动力。在新的历史时期，广东正在建设与产业体系相匹配的具有广东特色、符合国家需求、达到国际水平的现代职业教育体系。课程建设是现代职业教育体系建设的重要内容，《广东省人民政府关于创建现代职业教育综合改革试点省的意见》（粤府〔2015〕12号）指出：建立适应产业发展的专业课程标准体系……建立中职—专科高职—应用本科衔接互通的标准框架体系及专业课程教学标准，开发相关的示范课程及教学资源库，研制现代职业教育体系规划教材。《广东省现代职业教育体系建设规划（2015—2020年）》指出：实施职业教育专业课程体系建设工程。以提高学生综合职业能力和服务终身发展为宗旨，以职业能力分析为基础，调整课程结构，更新课程内容，开发立体化课程资源。建立各层次职业教育大类专业的核心课程资源库，鼓励职业院校开发具有区域及职业特色的校本课程。到2020年，在50个专业试点中高职衔接专业标准和课程标准，开发500门中高职衔接的示范课程及资源库，编写1 000本现代职业教育体系规划教材。

## 一、"能力核心、系统培养"的职教课程改革思想

广东职业教育课程改革与广东经济改革一样活跃，为了培养能满足社会需求和产业

---

[①] 本文是教育部职业技术教育中心研究所公益基金课题"职业教育课程的现状、问题和适应产业发展的课程开发对策研究"（课题编号：ZG201604）的子课题，子课题名称为"广东省职业教育课程的现状、问题和适应产业发展的课题开发对策研究"（子课题编号：GY002）的研究报告。2016年11月，发表在《广东教育》杂志。

发展相适应的技术技能人才，广东职教人经过不懈的努力，通过十多年的实践探索，逐步形成了具有广东特色的职业教育专业建设和课程改革思想。在"2014年广东中英职业教育交流会"上正式提出了"能力核心、系统培养"专业建设和课程改革思想。"能力核心"是指以职业能力为核心，构建工学一体化的课程体系；"系统培养"是指面向学生的职业生涯，培养中—高—本衔接贯通、分级培养的专业人才。在操作层面，"能力核心，系统培养"的关键在于通过岗位的分层实现能力的分级，通过分级的能力，定位教育的层次，即中—高—本教育层次的有机衔接，建构衔接贯通的课程体系。具体包括以下四层含义。

1. 设计框架

借鉴国内外先进职教经验，如英国的职业资格框架体系，根据对应岗位群的实际，设计覆盖岗位群、能力分级的职业能力框架。

2. 构建标准

基于职业能力框架构建中—高—本衔接、一体化的专业教学标准和课程标准。

3. 分级培养

在统一标准的基础上，按照分级培养的理念，中职学校、高职院校、应用型本科院校合作，开发工作过程导向的、衔接分层的中职、高职乃至本科课程。

4. 衔接贯通

由应用型本科院校、高职院校主导，设计转段、自主招生考核等环节，中职、高职和本科院校分段完成课程教学，各层次课程体系是层次分明、衔接贯通的，形成了纵向有机联系的系统。

## 二、广东职业教育课程改革实践经验

1. 建立分层分级的衔接贯通课程体系

课程体系构建是一个系统工程，建设纵向贯通的现代职业教育体系，课程体系衔接是关键。广东省开展的课程体系建构工程的特征是建立中职—高职—应用型本科衔接的分层分级衔接贯通课程体系。首先，坚持以职业能力标准为课程体系建构的理论基础和逻辑起点。行业企业的人才需求内容表现在职业标准之中，它的核心是对职业能力的描述和规定。发达国家的职业标准是职业教育人才培养目标定位的重要依据，例如，美国确定了高度标准化、科学化、规范化的国家职业标准，英国基于国家职业标准的国家职业资格证书制度闻名于世，德国形成了以工商会IHK证书为代表的职业资格证书体系。而我国在国家职业分类和职业资格证书的开发方面尚处于起步阶段，2015年，新修订的职业分类大典出台，职业资格证书正在清理整顿，科学规范的国家职业资格框架体系和职业标准还正在建设之中。由此，给职业教育的课程开发带来巨大的挑战，广东借鉴国内外的职业能力分析方法，探索实践总结出了具有广东特色的"二维四步五解"职业能力分析方法，在各专业课程体系建构中，分析该专业的职业能力是关键环节。其次，以职业生涯发展路径为建设纽带，实现课程体系的分层分级及衔接。职业生涯发展路径是专业人才所面向的工作岗位及其进程，通过企业调研和毕业生就业岗位的统计分析归纳提炼而成。如表1所示，艺术设计（家具）专业人才职业生涯发展路径表，共分为六级三类岗位，其中中职层次艺术设计（家具）专业培养目标岗位定位为第Ⅰ、Ⅱ级的岗位，高职层次艺术设计（家具）专业培养目标岗位定位为第Ⅲ、Ⅳ级的岗位，本科层次艺术设计（家具）专业培养目标岗位定位为第Ⅳ、Ⅴ、Ⅵ级的岗位。对这些岗位进行职业能力分析，就可以获得分层分级的岗位职业能力要求。基于岗位及能力的分层分级，一是实现了中职、高职、应用型本科的目标定位、人才规格衔接与区分，避免了目标定位不清；二是对接分层分级的能力就可构建分层分级、衔接贯通的课程体系，避免课程重叠，这样"能力核心、分级培养"的理念才能落到实处。

表1 艺术设计（家具）专业人才职业生涯发展路径表

| 发展层级 | 就业岗位 | | | 职业资格证书 | 学历层次 | 发展年限/年（参考时间） | | |
|---|---|---|---|---|---|---|---|---|
| | 生产类岗位 | 营销类岗位 | 设计类岗位 | | | 中职 | 高职 | 本科 |
| Ⅵ | — | — | 设计总监 | 高级技师 | 本科 | ≥12 | ≥9 | ≥5 |
| Ⅴ | 生产总监 | 营销总监 | 设计主管 | 高级技师 | 本科 | ≥9 | ≥7 | ≥3 |
| Ⅳ | 生产主管 | 销售主管 | 设计师 | 技师 | 高职/本科 | ≥7 | ≥5 | ≥1 |
| Ⅲ | 放样师 | 业务员 | 绘图员 | 高级工 | 高职 | ≥5 | ≥3 | — |
| Ⅱ | 工艺员 | 店长 | 助理设计师 | 中级工 | 中职 | ≥3 | ≥1 | — |
| Ⅰ | 机加工 | 导购员 | — | 初级工 | 中职 | ≥1 | 0 | — |

2. 以标准建设引领课程改革

2008年，广东省教育厅在全国率先探索开展"中高职衔接三二分段对口自主招生"试点工作。在中高职衔接实践中，发现中等职业教育与高等职业教育在培养目标、专业设置、课程与教材、教学与评价等方面难以很好地实现衔接，根本原因在于中、高等职业教育在专业教学标准和课程标准上缺乏衔接。为了解决这一突出问题，2012年广东省教育厅成立以厅领导为组长的中高职衔接专业教学标准和课程标准研制项目领导小组，决定开展中高职衔接专业教学标准和课程标准研制工作。项目的开展始终坚持"管、办、评、研"分离的原则：立项、实施、试点工作由省教育厅高中与中职教育处、高等教育处负责，过程组织与指导工作由广东省教育研究院负责，项目研制工作由项目组负责，评审工作由省教育厅组织的专家组负责。在学习借鉴英国、美国、德国、澳大利亚等职业教育发达的国家的成功经验后，结合广东产业发展的实际需要和职业教育阶段性特征，最终确立在"能力核心、系统培养"理念指导下，按照设计框架、构建标准、分级培养、衔接贯通的思路，将项目研制分解为供需调研、职业能力分析、课程体系构建、标准编制四个阶段，通过采取竞标方式，由本科院校、高职院校、中职学校联合行业企业组成项目组，共同承担研制工作。广东省自2013年启动标准研制项目以来，先后有74个专业开展现代职业教育标准研制工作，包括中高职衔接项目、高职本科衔接项目、中职—高职—本科衔接项目、现代学徒制标准研制项目、国际化标准研制项目、IHK证书本土化项目等。参与项目的各级各类职业院校和本科学校共137所、企业80家、行业协会20家，教师和行业企业专家超过1 000人，项目投入研制经费近

2 000万元。围绕项目研制工作，截至目前，省教育研究院统一组织培训交流会43场，各项目组自行组织的研讨会280多场。项目组调研行业协会185家，调研企业4 699家，调研企业岗位1 890个，调研企业工作人员28 757人；调研高职院校62所，教师1 847人，高职院校在校生37 484人、毕业生26 837人；调研中职学校256所，教师956人，中职学校在校生19 273人、毕业生11 109人；调研本科院校38所，教师538人，本科院校在校生13 920人、毕业生10 224人；调研参考文献9 745篇，形成调研成果342篇。有参与企业认为，这种合作方式是真正意义上的校企合作，开发出来的专业课程企业认可度高，培养出来的人才在企业的适用性强。职业能力分析是当前我国职业教育中最为缺乏也最为薄弱的环节，其形成的职业能力分析表是编制专业教学标准和课程标准的重要依据。具有广东特色的现代职业教育标准体系建设已率先在全国取得阶段性研究和实践成果，其中已出版理论研究专著3本，研究过程性编著4本，实践过程成果1本，专业标准9本，共17本；已完成的9个中高职衔接专业教学标准和课程标准，将在252所职业院校实施，让近35万名学生受益。预计到2016年年底将完成81个中高衔接、高本衔接、现代学徒制、国际化的专业教学标准和1 100门专业核心课程标准（目前已完成47个中高、高本衔接的专业教学标准和700门课程标准的研制）。

3. 建构模块化的课程体系结构

职业教育课程不仅要关注让学生获得哪些职业知识，而且要关注学生以什么结构来获得这些知识，课程结构是影响学生职业能力形成的重要变量。职业教育培养的是应用型人才，因此必须基于工作的结构和体系来建立课程的结构和体系。课程体系结构是专业课程方案的重要组成部分，是教学安排的重要依据。建立"宽专结合"的模块化课程结构，且这些模块是目前职业教育课程体系的基本形式。

（1）基于课程功能的模块化。这里所指的模块化与MES课程模式所指的针对职业岗位范围的就业技能模块组合有很大不同。首先，模块化是基于实现专业培养目标的课程功能划分的。通过对各职业院校专业课程体系的模块分析可以看到，模块的分类多种多样，且常常分类标准不一，相互交叉，为了突出模块分类的通用性，按课程功能分类是最简洁的分类方法。如图1所示，将一个专业的课程体系划分为文化基础课程模块和专业课程模块，专业课程模块又分为专业核心课程模块、专业方向课程模块和专业拓展课程模块。文化基础课程包括必修课程和选修课程。专业核心课程是必修课程，专业方向课程是限定选修课程，专业拓展课程是选修课程。

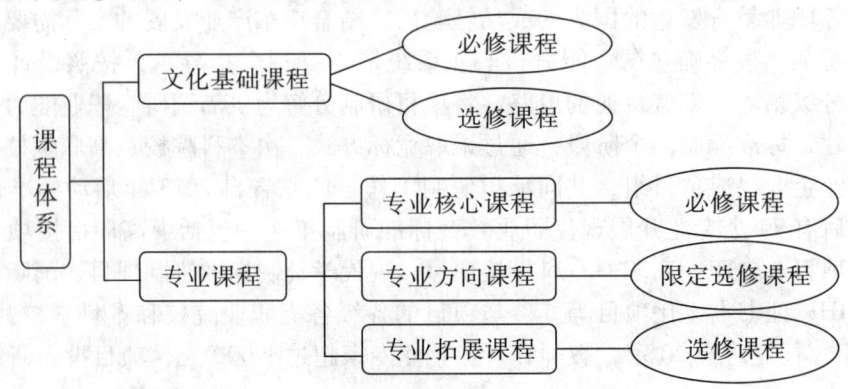

图1 专业课程体系模块化结构

（2）课程模块的"宽专结合"。"宽专结合"的"宽",一是指课程要适应"宽职业群"的能力需要,体现在专业培养目标面向的行业企业领域、岗位群和职业能力;二是指课程还要为学生的可持续发展打下"较宽基础",体现在文化基础课程模块和专业核心课程模块所涵盖的知识、技能和态度的边界要宽,这也符合企业管理日趋扁平化对复合型人才的要求。可见,"宽专结合"的"宽"更多地体现在服务于行业企业对人才的需要,以及服务于学生的职业生涯发展。宽专结合的"专"更多地体现在服务于学生的就业需要,职业教育必须坚持就业导向,因此,"专"是指课程必须指向职业岗位方向的深化,这体现在专业方向课程模块,不仅要"专"还要"活",每个专业应提供不止一个专业方向供学生选择,每个专业方向课程模块呈并列关系,由于学习时间有限,专业方向课程为限定选修课程,一般一个专业有两个或两个以上的专业方向课程模块。值得一提的是,基于工作的结构建立起来的课程体系,其课程类型不应单一化,其原因是不同的课程类型实现的功能不一样,应倡导课程体系由多种课程形态融合。这些课程类型包括学科课程、项目课程、学习领域课程、技能训练课程、综合实践课程等。综上所述,"宽专结合"的模块化课程体系如图2所示。

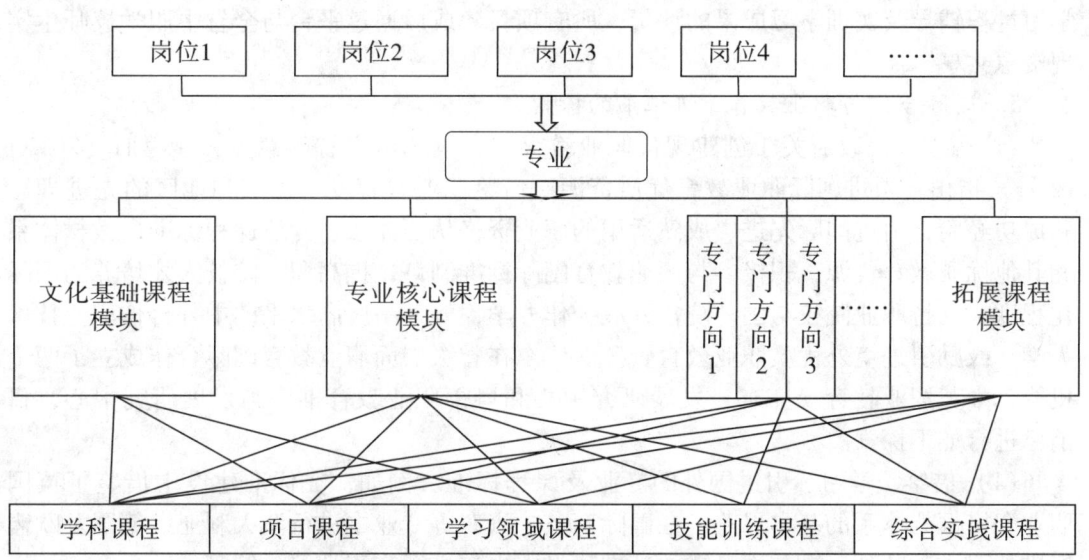

图2 "宽专结合"的模块化课程体系

4. 以信息化为手段开发资源

课程标准是课程资源开发的依据,也是课程评价的依据。随着信息技术的迅猛发展,课程资源开发已由传统的教材编写走向了立体化资源建设,立体化资源广泛运用的基础是信息化平台建设,广东在信息化资源建设和平台建设两方面双管齐下。《广东省人民政府关于创建现代职业教育综合改革试点省的意见》（粤府〔2015〕12号）指出:大力推进职业教育信息化。加大职业院校信息化基础设施投入,推动智慧校园和数字化实习实训教室建设,构建利用信息化手段扩大优质职业教育资源覆盖面的有效机制,建立面向人人、满足自主学习的网络学习平台和信息化考试平台,促进学校管理的信息化和规范化。推进教师和学生网络学习空间应用，实施职业技能和通识课程在线共享。支持与专业课程配套的虚拟仿真实训软件开发与应用。《广东省现代职业教育体系建设规划（2015—2020年）》指出：实施职业教育信息化工程。开发职业教育信息化教学资源。用信息化改造和发展职业教育，采用计算机仿真、模拟实训等技术，提高教师应用信息技术水平。开发网络学习课程和学分银行，为职业继续教育提供技术支撑，促进职业教育优质资源共享，提高职业教育办学水平。到2020年，建设1 000门优质网络课程，开发100套虚拟仿真实训实验系统，开发15个省级职业教育数字化资源公共服务平台。目前，在专业教学标准和课程标准建设的基础上，结合信息技术，开发课程资源。一是通过省级精品课程和资源库的建设，建设信息化的课程资源，近三年高职共建设了530门省级精品开放课程，2016年启动了10个省级专业教学资源库建设；二是建立省级数字化资源平台，推动信息化教学及资源共享，建设了"广东省中职教育教学资源平台"，省财政投入专项资金先后资助58个"中等职业教育数字化课程教学资源"和30个"一体化实训室数字化课程学习系统"项目立项，全省近3万名学生实现了在实训室借助信息化手段完成技能学习任务，教师借助学习平台开展教学、对每个学生的学习过程辅导及实训学习成果的评价，所有项目建成后通过平台与全省中职学校师生实现资源共享。

5. 国际合作与职业教育等级证书的探索

《广东省人民政府关于创建现代职业教育综合改革试点省的意见》（粤府〔2015〕12号）指出：引进国际职业教育优质资源。借鉴职业教育发达国家和地区的先进理念和成功经验，引进国际先进、成熟适用的职业资格认证体系、专业课程标准、教材体系和其他优质教育资源，积极参与职业教育国际标准制订，提高职业院校人才培养的国际化程度。支持职业院校与国外院校开展合作办学，筹办一所高水平的中外合作职业技术大学，鼓励引进境外优质职业教育资源。广东在省级层面职业教育国际合作成立了两个机构，中英职业教育（广东）发展研究中心和粤德职业教育推广与发展研究中心，目前已进行如下探索。

（1）借鉴、学习、引进国外的专业及课程标准。例如，在标准建设中借鉴了英国职业资格框架体系的基本思路，在国际商务、汽车等专业中进行澳大利亚、德国及欧盟标准的引入，此外，在前面已述的标准建设中也在进行交流学习，等等。

（2）通过国际交流合作探索职业教育等级证书。职业教育等级证书制度是各国衡量劳动者实际工作能力和技能不断提高的情况，促进劳动者对自身素质和技能水平提高所建立的劳动就业制度和教育制度的重要内容。在我国，开展职业教育等级证书制度试点是构建现代职业教育体系、打通技能人才成长通道的重要举措；是建立适应现代产业体系要求的职业教育证书框架体系的关键环节，对构建行业企业深度参与的第三方评价体系、倒逼职业教育人才培养模式改革、更好对接学分银行具有重要意义。2012年6月，教育部批复同意在广东率先试点职业教育等级证书制度，通过建立以能力为基础的职业标准体系，构建以实际工作表现为依据的考评体系，形成基于能力核心的第三方人才培养质量评价体系。目前在数控技术专业和汽车专业中进行试验探索。广东省开发职业教育等级证书体系的基本思路如图3所示，可以看出，教育层次从中职到博士，共分为7级，依托这7级，建立了学历学位证书、职业教育等级证书、职业资格培训证书3种证书路径。其中学历证书从中职到博士分为5级，学位证书从本科到博士分为4级，职业教育等级证书从中级到专家级分为5级，职业培训体系中的职业资格培训从初级工到高级技师分为5个等级。

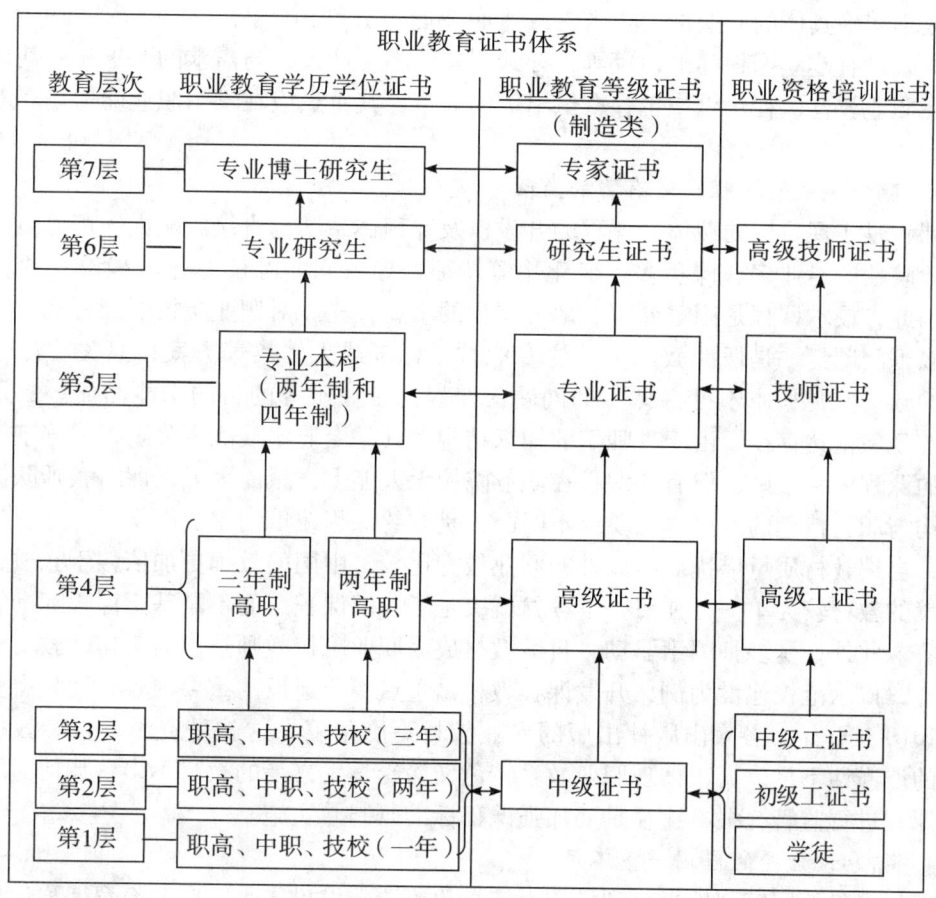

图3　职业教育等级证书体系

## 三、职业教育课程改革的问题反思

### 1. 课程体系不衔接是中高职难以衔接的关键

据调查，中高职衔接存在以下问题：一是职业教育人才供给量不能满足经济社会人才的需求量。二是职业教育人才培养质量尤其是职业素养与企业要求仍有差距。三是中高职目标定位不清，难以区分层次，导致人才培养质量差异性大。以旅游管理专业为例，根据调查显示，有38.7%的用人单位认为不同院校培养出来的毕业生在能力素质方面存在较大的校际差异。四是中高职课程体系未能有效衔接，课程名称重复，课程内容重叠。五是中高职职业资格证书混乱，缺乏公信力。六是实践能力偏低的师资队伍难以培养出高技能水平的学生。其中第二、三、四、五点问题，集中反映为中高职课程体系不衔接，中职、高职院校本位主义严重，缺乏课程的系统化考虑。

**2. 课程开发未能深度实现校企合作**

在课程层面，不少职业院校校企合作方式主要是毕业实习，或是企业专家参与某门课程的教材编写等，更多的是注重形式或有形层面的合作。广义上，校企合作就是供给和需求的匹配，匹配的衡量标准是职业标准。纵观职业院校的课程教学大纲、课程标准，或不明确具体的职业能力要求，或将职业能力分割为知识、技能、态度单独培养，或根本就没有建立课程标准，等等，导致课程的随意性大，与需求的要求相差甚远。因此，在职业教育课程建设中也存在供给侧的改革，其重点应在学生职业能力培养上深化校企合作。

**3. 职业院校的课程缺乏有力的监管**

课程是实现目标的载体，课程的开设以及课程体系结构直接影响人才培养质量。由于职业院校的专业多、课程多、变化快等特征，导致职业院校专业课程设置的灵活度大，因此，校本课程是国家课程、地方课程的重要补充。对职业院校的课程调查中发现存在以下问题：一是任课教师不关注专业教学标准或人才培养方案，只关注任教的课程，导致"只见树木不见森林"的问题，课程为专业服务的目的未能凸显。二是因人设课的现象依然存在，由于教师们的知识结构尤其是专业实践能力欠缺，尽管基于工作体系的课程体系很好，但有的课程在职业院校无人能上，只能因人设课。教师队伍的能力结构与职教特色的课程体系要求不匹配，是制约课程改革的主要因素。三是以教材定课程，自编教材质量堪忧。与国外的职业教育比较，中国的教师更加依赖于教材，而且所依赖的教材较为单一，往往一本教材就决定了一门课程，而不是基于课程标准组织教学内容。此外，受多种因素驱动，自编教材成为职业院校教师热衷的工作，教材质量良莠不齐，以示范校建设为例，开发课程教材是重点专业建设的重要内容，而且有资金保证，2010年开始，各大出版社出版的专业教材高度重复，这就是资源浪费。教材专业知识的严谨性不足，真正体现职业教育特色又深受学生喜爱的教材不多。如何对职业院校的课程进行监管，根本途径是要加强课程标准研制并实施。

**4. 信息化资源的应用严重不足**

近年来，从国家到地方再到学校，信息化资源建设投入大，职业教育课程信息化资源建设"十二五"期间较"十一五"期间有了很大的飞跃，精品课程的建设就是重要的标志。这些资源建设耗费了大量的人力、物力、财力，非常遗憾的是产出的效益不显著，即应用不广泛。究其原因有三：一是宣传缺失。很多教师需要使用的信息化资源无从找到，存在建设和应用两个层面信息不畅的问题。二是应用积极性不高。职业院校的教师普遍授课任务重，满足于PPT辅助教学，导致无暇广泛、深入地筛选、应用已有的信息化资源。三是信息技术发展速度快于资源建设速度。信息化资源的在线学习平台不多，不能满足学生在线学习的需求，此外，信息更新发展速度快于资源建设速度，例如，满足于学生随时学习需求的APP学习资源不多。

**5. 课程评价与职业能力目标偏离**

评价是对目标实现程度的检测。职业教育专业培养目标是培养学生的综合职业能力，包括专业能力、方法能力和社会能力，或专业能力和职业素养。毋庸置疑，课程评价必须针对课程所对应的职业能力培养进行考量。由于能力是内隐的心理特征，只有在相应的职业活动中才能外显，因此，对于职业能力的测评必须依托职业活动。例如，"汽车维修质量检修"课程评价的重点应在于胜任工作的能力评价，即针对已完成修理进入质量检验的汽车，通过"查询汽车初始故障—自检—互检—质检—总检"五个步骤工作的完成质量来评价学生是否达到该课程的培养目标，但实际上课程评价往往还仅停留于纸笔测验，以及考勤、期中和期末考试的综合。对于职业教育的专业课程评价普遍没有在职业活动的完成中测评职业能力。究其原因，一是已有的课程没有有机地与职业能力对接，无法找到相应的典型工作任务即职业活动去测评能力；二是评价的内容、方法、手段受传统教学观念的约束，重知识轻能力，重局部轻整体。

6. 标准建设的长效机制没有建立

目前从国家到地方乃至学校，都在建立专业教学标准和课程标准，例如教育部《关于做好中等职业学校教学诊断与改进工作的通知》（教职成司函〔2016〕37号）的诊断点就有专业教学标准和课程标准，这对推动职业教育规范化管理有着积极的作用。但是，标准制定后如何推广、执行、检查、督导，目前还没有形成制度化的管理措施。通过标准化研究，我们认为职业教育标准体系建设必须遵循一致同意原理、最优化原理、简化原理、实施价值原理、强制实施原理、选择固定原理、定期更新原理。实施价值原理和强制执行原理告诉我们，标准制定出版后，必须积极推广应用，如果不实施就没有任何价值，且标准一经颁布就要执行。由于在制定标准时要照顾各方的利益，当各方利益出现冲突时，只能以少数服从多数的方法加以解决。尽管职业教育的标准无须通过法律强制实施，但它均是由教育行政部门组织编制的，将作为评估教育教学质量的主要标尺，因此也具有强制性，即在同一区域内，职业院校必须执行。标准是作为制度予以实施的，应该在某一时期固定不变，以利于实施，这就是标准化的固定原理。与固定原理相生并存的是定期更新原理，其要求标准要在规定的时间内复审，必要时，还应进行修订，修订的间隔期不能过短，也不宜过长。目前，职业教育标准建设处于研发期，标准的推广、执行，以及更新还未实现标准化，其长效机制尚未引起高度关注。

## 四、职业教育课程改革及发展建议

1. 以系统化思想建构国家及省市级课程

系统化体现在纵向的中职、高职、应用本科的衔接贯通，横向的校企合作以及职业教育与职业培训相结合。对于职业院校个体是难以从系统化来建构课程的，这一使命是国家层面和省市级层面必须肩负的。国家课程和省市级课程必须体现中职、高职、应用型本科课程的分层分级，体现工学结合。其重要基础和依据是职业资格框架体系的建立和职业标准的健全。这一工作既任重道远，又势在必行。以标准建设为例，必须建立标准建设的长效机制，确定标准建设的机构以及建设周期。不同的标准固定和更新的周期为3~5年，教育部对专业目录的修订以5年为一个周期；对于专业教学标准，由于知识和技术更新速度较快，一般修订周期最好为3年。长效机制的建立才能推动标准的标准化发展，促进职业教育的规范化、科学化管理。

### 2. 坚持对接职业标准的课程开发理念

职业标准就是职业能力的条目化、系统化、精确化描述与制度化规定。行业企业的人才需求也即是职业院校的人才供给，只有当供给与需求匹配时，职业教育才真正实现了服务宗旨。诚然，我国的职业标准还非常不健全，还未建立起国家职业资格框架，导致职业教育课程长期以来没有标准可循。但各专业课程建设过程中，是可以通过各种科学方法获得职业能力要求乃至职业标准的。因此，在职业教育课程开发中必须坚持对接职业标准的理念，确定典型工作任务及能力要求，将工作领域的能力转化为学习领域的课程，实现课程与能力的有机对接，保证职业能力成为课程目标、内容制定的重要依据，进而开发课程教材及立体化资源。

### 3. 以职业能力测评为抓手调控教学质量

职业教育的课程内容必须与职业标准对接，职业能力标准是课程目标确定、课程内容开发的重要依据，同样也是课程评价的重要依据。实质上，职业教育的课程内容、教学过程是难以统一管理的，职业能力是监控、指导职业教育课程开发、教学及评价的关键点。职业能力是职业教育课程教学的起始点，通过职业能力确定职业教育目标，通过职业能力测评监控职业教育结果。因此，通过抓两头放过程来实现对职业教育的质量监控。职业能力测评的内容包括专业能力和职业素养，不能忽略职业意识、职业习惯、职业精神、职业道德的评价。评价主体可以是教师，更可以引入企业的专家。评价场地必须是生产环境，评价过程基于职业活动。职业能力测评应成为调控职业教育质量的重要抓手。

## 参考文献

[1] 杜怡萍，李海东. 中高职衔接标准建设新视野：从能力到课程［M］. 广州：广东高等教育出版社，2015.

[2] 李海东，杜怡萍. 中高职衔接标准建设新视野：从需求到供给［M］. 广州：广东高等教育出版社，2014.

[3] 杜怡萍. 论职业教育专业教学标准建设的标准化［J］. 中国职业技术教育，2016（23）.

[4] 广东省教育厅，广东省教育研究院. 中高职衔接专业教学标准和课程标准：艺术设计（家具）专业［M］. 广州：广东高等教育出版社，2015.

[5] 王敏华. 标准化教程［M］. 2版. 北京：中国计量出版社，2010.

[6] 李春田. 标准化概论［M］. 6版. 北京：中国人民大学出版社，2014.

[7] 石伟平，徐国庆. 职业教育课程开发技术［M］. 上海：上海教育出版社，2006.

[8] 欧盟 Asia-Link 项目"关于课程开发的课程设计"课题组. 学习领域课程开发手册［M］. 北京：高等教育出版社，2007.

# 编制指南篇

标准化意味着从形式上看,各个专业教学标准必须具有统一的文本格式。尽管各专业特点不一样,但同属于专业教学标准,或同属于课程标准,同类标准在形式结构上必须是一致的。因此,中高职衔接专业教学标准必须制定统一的、规范性的文本模板及编写指南,保证专业教学标准在形式结构上的一致性。"编制指南篇"不仅规定了中职—高职、高职—本科、高职本科协同培养三种专业教学标准的编制框架,并对每一结构内容如何编写进行了指导,提供了专业教学标准的编写指南。此外,还提供了课程标准框架及编写指南,这些是广东开展中高职衔接专业教学标准建设及其系列课程标准建设的基本规范性文件,是标准的"标准",对于标准建设起到重要的指导和规范作用。

# 中职—高职衔接、高职—本科衔接、高职本科协同培养专业教学标准编制指南

## （试行稿）

专业教学标准是开展中高职衔接专业教学的基本文件，是明确培养目标和规格、组织实施教学、规范教学管理、加强专业建设、开发教材和学习资源的基本依据，是评估教育教学质量的主要标尺，同时是社会用人单位选用职业院校毕业生的重要参考。根据广东省教育厅有关专业教学标准研制的文件精神，各中职—高职衔接、高职—本科衔接、高职本科协同培养专业教学标准的编制必须以扎实的调查研究和职业能力分析为基础，同时参照《中等职业学校专业目录（2010年修订）》《普通高等学校高等职业教育（专科）专业目录（2015年）》《普通高等学校本科专业目录（2012年）》等教育部颁发的相关专业教学标准，以及我省已有的专业教学指导方案。为统一文本格式，现提出《中职—高职衔接专业教学标准参考框架》《高职—本科衔接专业教学标准参考框架》《高职本科协同培养专业教学标准参考框架》，指导专业教学标准的编写。现就参考框架每一部分编写内容说明如下。

## 一、专业名称及代码

按照广东省教育厅关于专业教学标准研制立项的有关文件规定的专业名称及代码，按新专业目录修改。例如，中职学段：数控技术应用（051400）；高职学段：数控技术（560103）；本科学段：机械设计制造及其自动化（80202）。

## 二、招生对象

### （一）中职—高职衔接

中职学段：初中毕业生及同等学力者。
高职学段：转段考核合格的中职学校××专业等相应专业的正式学籍学生。

### （二）高职—本科衔接

高职学段：高中毕业生、中职毕业生及同等学力者。
本科学段：转段考核合格的高职学校××专业等相应专业的正式学籍学生。

### （三）高职本科协同培养

由本科院校招生，招收高中毕业生及同等学力者。

## 三、基本学制与学历、学位

### （一）中职—高职衔接

1. 学制

中高职衔接（"3+2"学制）：中职学段三年，高职学段两年。

2. 学历

中职学段学习合格取得中职教育学历，高职学段学习合格取得专科学历。

### （二）高职—本科衔接

1. 学制

高职—本科衔接（"3+2"学制）：高职学段三年，本科学段两年。

2. 学历及学位

高职学段学习合格取得专科学历，本科学段学习合格取得本科学历，授予××学士学位。

### （三）高职本科协同培养

1. 学制

四年。在高职院校和本科院校中共同完成。

2. 学历及学位

学习合格取得本科学历，授予××学士学位。

## 四、培养目标

### （一）中职—高职衔接

中职学段培养目标和高职学段培养目标分别表述，既要与国家目标保持一致，又要突出专业特色，还要体现中高职目标的区分与衔接。采取"行业（企业）+岗位+职业能力"的表述形式。中职学段培养目标表述为：本专业培养与我国社会主义现代化建设要求相适应，德、智、体、美全面发展，面向××××等行业（企业），能从事××××（岗位）等工作，具备××××（专业能力和职业素养）职业能力，以及继续学习能力，在生产、建设、服务、管理第一线的××××（层级）高素质劳动者和技能型人才。高职学段培养目标表述为：本专业培养与我国社会主义现代化建设要求相适应，德、智、体、美全面发展，面向××××等行业（企业），从事××××（岗位）等工作，具备××××（专业能力和职业素养）职业能力，以及自主学习能力，在生产、建设、服务、管理第一线的××××（层级）发展型、复合型和创新型的技术技能人才。

### （二）高职—本科衔接

高职学段培养目标和本科学段培养目标分别表述，既要与国家目标保持一致，又要突出专业特色，还要体现高职—本科目标的区分与衔接。采取"行业（企业）+岗位+职业能力"的表述形式。高职学段培养目标表述为：本专业培养与我国社会主义现代化建设要求相适应，德、智、体、美全面发展，面向××××等行业（企业），从事××××（岗位）等工作，具备××××（专业能力和职业素养）职业能力，以及自主学习能力，在生产、建设、服务、管理第一线的高级（发展型、复合型、创新型）技术技能人才。本科学段培养目标表述为：本专业培养与我国社会主义现代化建设要求相适应，德、智、体、美全面发展，面向××××等行业（企业），从事××××（岗位）等工作，具备××××（理论知识、专业能力和职业素养）职业能力，以及自主学习能力，在生产、建设、服务、管理第一线的××××（层级）高素质的应用型（复合型、创新型）人才。专业培养目标应突出理论知识的培养，其文字表述可以更概括一些。

### （三）高职本科协同培养

培养目标既要与国家目标保持一致，又要突出专业特色。采取"行业（企业）+岗位+职业能力"的表述形式。培养目标表述为：本专业培养与我国社会主义现代化建设要求相适应，德、智、体、美全面发展，面向××××等行业（企业），从事××××（岗位）等工作，具备××××（理论知识、专业能力和职业素养）职业能力，以及自主学习能力，在生产、建设、服务、管理第一线的××××（层级）高素质的应用型（复合型、创新型）人才。专业培养目标应突出理论知识的培养，其文字表述可以更概括一些。

### （四）有关用词内涵说明

1. 对于"行业（企业）"

要明确该专业毕业生就业的行业或企业类型。要避免行业（企业）类型的交叉，建议参照我国关于行业、企业分类的国家规定，例如：《国民经济行业分类》（GB/T 4754—2017）等。

2. 对于"岗位"

是指行业企业中实际存在的岗位。由于各企业的同一岗位内涵的名称不一，应采取通用的、概括性强的岗位名称。参照2015年版《中华人民共和国职业分类大典》。

3. 对于"职业能力"

每个专业通过职业能力调查与分析，可以确定职业能力。培养目标中的职业能力要根据职业能力的不同分类描述，且高度概括。可以从知识、技能、态度三个维度概述，也可从专业能力和职业素养两个维度概述。

4. 中职、高职、本科培养目标衔接与区分

专业教学标准首先要体现在培养目标的衔接，根据调研，目前中职、高职、本科专业培养目标最大的问题是重叠过多，难以区分。因此，中职、高职、本科培养目标首先要区分，然后要衔接。经过研究，目标的区分与衔接有以下三种途径。

（1）就业领域、岗位及发展速度。根据调研，同一专业中职、高职、本科的就业

领域及岗位有所不同，或各有侧重，或尽管基本相同，但中职、高职、本科毕业生的发展速度不同。以学生毕业3年左右的主要就业岗位确定目标定位的岗位群，即目标岗位群。每个专业目标岗位群的岗位数不超过6个。

（2）职业能力水平。不同的岗位及岗位群有不同的职业能力要求，不同岗位存在职业能力内容的不同，或存在相同的职业能力但水平层次不同。根据职业能力分析，确定中职、高职层次的职业能力范围，进行高度提炼与综合，在培养目标中表达出来。

（3）职业资格的层次。一般而言，中等职业教育培养中级职业资格水平的人才，高等职业教育培养高级职业资格水平的人才。中职、高职培养的技能型人才层次是紧密相连的。每一个中高职衔接的专业，根据其职业生涯发展路径，不仅可以定位中职、高职的岗位群，也可以定位其相应的职业资格层次。如中职旅游管理专业学生的学习侧重于取得初级导游证、助理计调师、助理咨询师证，即初级技能型人才；高职旅游管理专业学生的学习侧重于取得中级导游证、领队证、计调师证、咨询师证，即中级技能型人才，从而进一步明确中高职的培养目标的层次性。

（4）其他。各项目组根据专业特点找寻其他衔接与区分的依据，如企业规模类型，等等。

## 五、职业范围

### （一）职业生涯发展路径

以表格的方式列示，以供需调研确定的各专业的职业生涯发展路径为依据。其中，特别说明发展年限是参考时间。

### （二）中职学段面向职业范围

以表格的方式列示，列举中职学段对应的职业岗位、专业（技能）方向、职业资格证书，并对具体的职业岗位内涵进行界定。职业岗位应与职业生涯发展路径一致。

### （三）高职学段面向职业范围

以表格的方式列示，列举高职学段对应的职业岗位、专业方向、职业资格证书，并对具体的职业岗位内涵进行界定。职业岗位应与职业生涯发展路径一致。

### （四）本科学段面向职业范围

以表格的方式列示，列举本科学段对应的职业岗位、职业资格证书，并对具体的职业岗位内涵进行界定。职业岗位应与职业生涯发展路径一致。

## 六、人才规格

分别确定中职学段、高职学段、本科学段人才规格。参照国家行业职业标准，根据各专业的职业能力分析表，从职业素养、专业能力两个方面高度概述。

1. 描述职业素养

应体现产业文化、行（企）业主流价值观和专业特色，特别是体现对应岗位群在职业道德、产业（企业）文化素养、态度与行为规范等方面的要求，如沟通合作、安全生产、节能环保、解决问题、信息处理、责任意识、遵守操作规程等，结合职业能力分析表中的职业素养分析高度概括，一般3～5条。

2. 描述专业能力

必须结合职业能力分析表，不仅要高度概述专业能力（知识、技能）的内容，而且要明确专业能力（知识、技能）的学习要求，此外，还应体现理论实践一体化。采取动宾结构描述，如能编制车工程序，基本格式为"动词+规范、标准"，可以在动词前加上"能（会）"。一般10～15条。

## 七、典型工作任务及职业能力分析

概述本专业职业能力分析工作的依据、方法，例如，运用"二维四步五解"、头脑风暴、文献研究、咨询专家、问卷调查、案例研究等方法，说明本专业所获得工作项目、工作任务和职业能力的数量，以"见附件"的方式列示职业能力分析表。由于职业能力分析表较长，一般以附件的形式附在专业教学标准正文之后。

## 八、课程结构

### （一）课程模块分类

分别确定中职学段、高职学段、本科学段课程结构。各学段课程结构分为公共基础课程和专业课程两个模块，中职学段专业课程分为专业核心课程和专业（技能）方向课程两类；高职学段专业课程分为专业基础课程、专业核心课程和专业方向课程三类，也可以不单列专业基础课程，分为专业核心课程和专业方向课程两类；本科学段专业课程分为学科基础课程、专业主干课程和专业拓展课程三类。〔注：由于专业课程分类有多种，现将实习实训课程归入专业核心（主干）课程，其中实习实训课程包括校内外实训、项目实习、顶岗实习等多种形式。〕为给予各校一定的自主安排课程的空间，各学段课程结构重点在于确定必修课的中职、高职的公共基础课程和中职的专业核心课程、高职的专业基础课程、高职的专业核心课程、本科的学科基础课程、本科的专业主干课程，以及限定选修的中职的专业（技能）方向课程、高职的专业方向课程、本科的专业拓展课程。

特别说明：按《关于开展2013年职业院校对口自主招生三二分段试点工作的通知》（粤教职函〔2013〕5号）的精神，高职学段的转段招生选拔考核原则上在中职学段的第四学期至第五学期进行。因此，中职学段的第三学年主要安排专业（技能）方向课程和项目实习，项目实习由中高职对口院校共同商讨实习内容、形式和时间。

1. 公共基础课程设置

重在培养学生的文化基础知识和人文素养。中职—高职衔接的公共基础课程分别按照教育部的中职、高职的公共基础课程教学大纲及有关规定安排。高职—本科衔接的公共基础课程分别按照教育部的高职公共基础课程教学大纲及有关规定安排，本科学段的公共基础课程以选修课的形式由学校自行安排。高职本科协同培养的公共基础课程分别按照教育部的本科公共基础课程教学大纲及有关规定。

2. 专业课程设置

专业课程的设置应考虑六个因素：一是要按照相应职业岗位（群）的能力要求，紧密联系生产劳动实际，突出应用性和实践性，每个专业要建立课程与能力的对接关系；二是要结合学生职业生涯发展；三是要考虑学生的认知规律；四是考虑中职、高职、本科课程的延续性与衔接性，同类课程的层次性，避免中职与高职、高职与本科课程的重复；五是要注意与相关职业资格考核要求相结合；六是要具有普适性，项目组应站在全省的高度，抓住核心，要给予各校自主安排课程的空间。

（1）专业基础课程（学科基础课程）。为专业课学习奠定必要基础的课程，是学生掌握专业知识技能必修的重要课程。不同的专业有各自的一门或多门专业基础课，同一门课程也可能成为多个专业的专业基础课。专业基础课程往往是一个专业群通用的、基础性的平台课程。

（2）专业核心课程（专业主干课程）。是针对职业岗位（群）共同需要职业能力所设置的课程，这些能力是最重要的核心要求，是不同专业方向必备的专业基础知识和技能。专业核心课程可依据工作过程即工作任务的活动水平或重要性程度进行设置，也可依据专业知识体系即基本理论与技能进行设置。一般一个专业的核心课程为3~5门。

（3）专业（技能）方向课程（专业拓展课程）。是指根据不同职业岗位将某一专业分为若干就业方向而设置的课程，学生可以选择同一专业不同就业方向的课程学习。为了给予学校更多空间自主安排课程，一般一个专业不宜确定太多专业方向。如果专业对应的职业岗位针对性较强，也可以不设专业方向。对于本科学段的专业拓展课程，可以确定若干选修模块，也可以确定主要选修课程。

（4）衔接课程。衔接课程是一组课程，中职与高职、高职与本科的衔接课程是指各学段课程在知识、技能和能力要求等方面有着密切的联系，但其程度（深度、广度）在中职学段相对要浅、窄，高职学段的课程组相对要深、宽，或高职学段的课程组相对要浅、窄，而本科学段的课程组相对要深、宽。

## （二）课程模块学时和学分

1. 中职—高职衔接

中职学段：三年总学时3 000~3 300学时，公共基础课必修不低于1/3，其余专业课约2 000学时，专业课程任意选修10%，则专业核心课程和专业（技能）方向课程学时约占1 800学时，专业核心课程一般为6~9门课程（含项目实习）（占1 400~1 500学时，其中项目实习540学时）。中职每个专业（技能）方向为2~4门课程（占300~400学时）。中职学段专业核心课程中属于与高职核心课程的衔接课程的，以"*"标示。

高职学段：两年总学时约2 000学时，选修10%，必修课约1 800学时，公共基础课占20%~30%，则专业核心课程和专业方向课程学时占1 200~1 400学时，专业核心课程一般为5~7门课程（占1 000~1 100学时，其中顶岗实习500学时）。高职每个专业方向为2~4门课程（占200~300学时）。高职学段专业核心课程中属于与中职学段核心课程的衔接课程的，以"*"标示。

2．高职—本科衔接

高职学段：三年的总学分不低于120学分，总学时2 500~2 700学时。任意选修课10%~15%，必修课约2 100学时，国家规定的公共基础课占500~600学时，则专业课（不含任意选修课）占1 500~1 600学时，专业基础和核心课程一般为6~9门课程（含项目实习）（占1 100~1 200学时，其中项目实习500学时）。高职每个专业方向为2~4门课程（占300~400学时）。高职学段专业基础课程、专业核心课程中属于与本科学段学科基础课程、专业主干课程的衔接课程的，以"*"标示。

本科学段：两年的总学分不低于75学分，总学时1 200~1 500学时。任意选修课约20%，必修课约1 000学时，如果公共基础课程以任意选修课程开设，则专业课占约1 000学时（不含任意选修课）。学科基础课程和专业主干课程一般为5~7门课程［除毕业实习、毕业论文（设计）］，占320~350学时，毕业论文（设计）8~10学分（8~10周）、毕业实习10学分（10周），约合500学时；专业拓展课程150~180学时。本科学段学科基础课程、专业主干课程中属于与高职学段专业基础课程、专业核心课程的衔接课程的，以"*"标示。

3．高职本科协同培养

四年的总学分不低于160学分，总学时约2 900学时。任意选修课约20%，必修课约2 300学时，国家规定的公共基础课约占800学时（约50学分），则专业课（不含任意选修课）约占1 500学时。学科基础课程和专业主干课程一般为6~9门课程［除毕业实习、毕业论文（设计）］，占700~800学时，毕业论文（设计）8~10学分（8~10周）、毕业实习10学分（10周），约合500学时；专业拓展课程2~4门，占200~300学时。本科与高职的衔接课程以"*"标示。

## 九、课程内容及要求

分别说明中职学段、高职学段、本科学段课程结构中设置的课程内容及要求。公共基础课程内容及要求应与教育部的中职、高职、本科的公共基础课程教学大纲及有关规定保持一致，但要注意相同（同类）公共基础课程的内容和要求的递进性，如中职学段、高职学段均有英语、计算机应用基础等课程，应避免课程内容重复。专业课程一是要说明该课程与哪些职业能力对接，列出这些职业能力的编码，学科课程除外；二是要概述"主要教学内容和要求"，可以根据课程对应的职业能力概述，采取清晰的、便于理解和操作性强的行为动词描述教学内容，一般不超过150字。这也是该课程教学目标及内容的概述。建议采用以课程为主语或以学生为主语的方式表述，避免使用"通过……使……"的病句。

### （一）中职—高职衔接

中职学段三年采取"2.5+0.5"的方式安排教学，最后一个学期安排"项目实习"，中职学段"项目实习"由中高职对口院校共同商讨实习内容、形式和时间，对于项目实习工科专业可采取项目工厂实习的方式，文科专业可以采用工作室实习的方式。

### （二）高职—本科衔接

高职学段三年采取"2.5+0.5"的方式安排教学，最后一个学期安排"项目实习"，高职学段"项目实习"由高职本科对口院校共同商讨实习内容、形式和时间。例如，工科专业可采取项目工厂实习的方式，文科专业可以采取工作室实习的方式，也可以到社会顶岗实习。

### （三）高职本科协同培养

高职本科协同培养四年采取"3.5+0.5"的方式安排教学，最后一个学期安排"毕业实习、毕业论文（设计）"。

## 十、教学安排

分别说明中职学段、高职学段、本科学段教学时间安排。教学安排应遵循教学规律，按照循序渐进的原则，合理安排课程进度。

### （一）中职—高职衔接

（1）中职学段：每学年为52周，其中教学时间40周（含复习考试、机动各1周），累计假期12周。1周一般为28学时。项目实习（顶岗实习）一般按每周30小时（1小时折1学时）安排。三年总学时数为3 000~3 300学时。

（2）高职学段：每学年为52周，其中教学时间36周（含复习考试、机动各1周），累计假期16周。1周一般为24~26学时。顶岗实习一般按每周28小时（1小时折1学时）安排。两年总学时数约为2 000学时。

（3）学分制计算，一般按16~18学时为1学分，学分值采取二舍八入、三七作五计算方法。中职三年制总学分不得少于170学分，高职两年制总学分不得少于90学分。军训及入学教育、社会实践、毕业教育等活动，以1周为1学分，共4学分。

（4）中职学段公共基础课程学时一般不低于总学时的1/3，对文化基础要求较高或对职业技能要求较高的专业，可根据需要对学时比例做适当的调整。中职学段和高职学段主要安排必修课程和专业（技能）方向的限定选修课程，也可以安排少量或不安排选修课程，即总学时、周学时不必足量安排，给予各院校更多的灵活执行空间，使得教学安排既有指导性又有灵活性。

（5）根据实际需要安排实训实习，校内实训、综合实训、项目实习和顶岗实习学时，均包含在专业核心课程学时中。根据教育部、财政部关于《中等职业学校学生实习管理办法》和教育部《职业学校学生顶岗实习管理规定（试行）》（征求意见稿）的规定和要求组织实习实训。中职学段的项目实习由中高职对口院校共同商讨实习内容、形式和时间，包括项目工厂实习、工作室实习等多种形式，原则上安排在第六学期进行。高职学段的顶岗实习包括毕业实习、毕业设计等多种形式，原则上安排在第四学期进行。

### （二）高职—本科衔接

（1）高职学段：每学年为 52 周，其中教学时间 40 周（含复习考试、机动各 1 周），累计假期 12 周。1 周一般为 22~26 学时。顶岗实习一般按每周 1 学分计算。三年总学时数为 2 500~2 700 学时。

（2）本科学段：每学年为 48 周，其中教学时间 36 周（含复习考试、机动各 1 周），累计假期 12 周。1 周一般为 22~26 学时。毕业实习、毕业论文（设计）按每周 1 学分计算。两年总学时数为 1 200~1 500 学时。

（3）学分制计算，一般按 16~18 学时为 1 学分，学分值采取二舍八入、三七作五计算方法。高职学段三年制总学分不得少于 120 学分。本科学段两年制总学分不得少于 75 学分。

（4）高职学段和本科学段主要安排必修课程和限定选修课程，即公共基础课程、专业基础课程（学科基础课程）、专业核心课程（专业主干课程）和专业方向课程（专业拓展课程）。也可以安排少量或不安排选修课程，即总学时、周学时不必足量安排，给予各院校更多的灵活执行空间，使得教学安排既有指导性又有灵活性。

（5）根据实际需要安排实训实习，校内实训、综合实训、项目实习和毕业论文（设计）、毕业实习学时，均包含在专业核心课程（专业主干课程）学时中。根据教育部《职业学校学生顶岗实习管理规定（试行）》（征求意见稿）的规定和要求组织实习实训。高职学段的项目实习由高职、本科对口院校共同商讨实习内容、形式和时间，包括项目工厂实习、工作室实习等多种形式，原则上安排在第六学期进行。本科学段有毕业实习、毕业论文（设计）等多种形式，原则上安排在第四学期进行。

### （三）高职本科协同培养

（1）每学年为 52 周，其中教学时间 40 周（含复习考试、机动各 1 周），累计假期 12 周。1 周一般为 22~26 学时。毕业实习、毕业论文（设计）按每周 1 学分计算。四年总学时数约为 2 900 学时。

（2）主要安排必修课程和限定选修课程，即公共基础课程、学科基础课程、专业主干课程和专业拓展课程。也可以安排少量或不安排选修课程，即总学时、周学时不必足量安排，给予各院校更多的灵活执行空间，使得教学安排既有指导性又有灵活性。

（3）根据实际需要安排实训实习，校内实训、综合实训、项目实习和毕业论文（设计）、毕业实习学时，均包含在专业主干课程学时中。根据教育部《职业学校学生顶岗实习管理规定（试行）》（征求意见稿）的规定和要求组织实习实训。毕业实习、毕业论文（设计）原则上安排在第四学期进行。

（4）每门课程应标明是由高职院校还是本科院校承担。在"承担院校"栏表明"高职""本科"字样。

（5）学分制计算，一般按 16~18 学时为 1 学分，学分值采取二舍八入、三七作五计算方法。四年制总学分不得少于 160 学分。

## （四）教学安排表填写要求

特别注意基本格式"注"，教学安排中"已安排课程"根据实际安排课程的学分、学时填写数据，"小计"表示该模块安排课程的学分、学时的上限数，使用"……"是为了给予各职业院校自行安排课程的空间。学分、学时的计算不得有误。单元格中没有数据的不填"0"或"—"。

## 十一、教学基本条件（1 000字以内）

主要说明本专业教学的师资条件和实训实习条件。

### 1. 师资条件

一是分别描述中职、高职、本科本专业教师规模、资格和能力等要求，如满足专业教学要求的专业教师人数、队伍结构和任职资格等，专任教师应具有对应专业或相关专业本科以上学历，并具有中（高）等职业学校教师资格证书、中级以上专业技术资格所要求的业务能力。二是提出教师队伍建设的建议，参照《中等职业学校专业教学标准》和有关高职院校教师队伍建设要求，建立"双师型"专业教师团队，培养业务水平较高的专业带头人，并聘请行业企业技术骨干担任兼职教师。教师应具备良好的师德和终身学习能力，适应产业行业发展需求，熟悉企业情况，积极开展课程教学改革。

### 2. 实训实习条件

一是列出开设本专业中职、高职、本科必须具备的校内实训实习室，每个实训实习室列出主要的工具和设施设备的配备要求。中职学段参阅省教育厅颁发的中职专业实训中心建设参考方案。生均台套用分数表示。二是说明本专业校外实训基地的要求。

## 十二、教学实施建议（1 000字以内）

综合描述专业教学标准实施在教学要求、教学评价、教学管理等方面的原则性要求，应突出专业特色。

### 1. 教学要求

公共基础课教学要符合教育部有关教育教学基本要求，按照培养学生基本科学文化素养、服务学生专业学习和终身发展的功能来定位，重在教学方法、教学组织形式的改革，教学手段、教学模式的创新，调动学生学习积极性，为学生综合素质的提高、职业能力的形成和可持续发展奠定基础。专业课按照相应职业岗位（群）的能力要求，强化理论实践一体化，突出"做中学、做中教"的职业教育教学特色（各种形式的教学做应统一成带双引号的"教、学、做"），提倡项目教学、案例教学、任务教学、角色扮演、情境教学等方法，利用校内外实训基地，将学生的自主学习、合作学习和教师引导教学等教学组织形式有机结合。提倡数字化资源、仿真资源等教学资源的开发与利用。

### 2. 教学评价

根据本专业培养目标和人才理念，建立科学的评价标准。教学评价应体现评价主体、评价方式、评价手段的多元化，注意吸收家长、行业企业参与，校内校外评价结合，职业技能鉴定与学业考核结合，教师评价、学生互评与自我评价结合，过程性评价与结果性评价结合，不仅要关注学生对知识的理解和技能的掌握，更要关注知识在实践中的运用与解决实际问题的能力水平，重视规范操作、安全文明生产等职业素质的形成，以及节约能源、爱护生产设备、保护环境等意识与观念的树立。

3. 教学管理

要更新观念，改变传统的教学管理方式，教学管理要有一定的规范性和灵活性，合理调配教师、实训室和实训场地等教学资源，为课程的实施创造条件；要加强对教学过程的质量监控，改革教学评价的标准和方法，促进教师教学能力的提升，保证教学质量。

## 十三、其他

其他需要说明的问题，如没有，此项可不写。

附录：开发团队。

按实际参与情况说明参与开发的行业技术专家团队和参与开发的学校教师团队的人员、单位和职称、职务。

**（广东省教育研究院　研制）**

# 中职—高职衔接专业教学标准编制框架

## （试行稿）

## "××专业—××专业"中职—高职衔接专业教学标准

### 一、专业名称及代码

中职学段：××××（×××××）
高职学段：××××（×××××）

### 二、招生对象

中职学段：初中毕业生及同等学力者。
高职学段：转段考核合格的中职学校××专业等相应专业的正式学籍学生。

### 三、基本学制与学历

#### （一）学制

中高职衔接（"3+2"学制）：中职学段三年，高职学段两年。

#### （二）学历

中职学段学习合格取得中职教育学历，高职学段学习合格取得专科学历。

### 四、培养目标

#### （一）中职学段培养目标

本专业培养与我国社会主义现代化建设要求相适应，德、智、体、美全面发展，面向××××等行业（企业），能从事××××（岗位）等工作，具备××××（专业能力和职业素养）职业能力，以及继续学习能力，在生产、建设、服务、管理第一线的××××（层级）高素质劳动者和技能型人才。

#### （二）高职学段培养目标

本专业培养与我国社会主义现代化建设要求相适应，德、智、体、美全面发展，面向××××等行业（企业），从事××××（岗位）等工作，具备××××（专业能力和职业素养）职业能力，以及自主学习能力，在生产、建设、服务、管理第一线的××××（层级）发展型、复合型和创新型的技术技能人才。

## 五、职业范围

### （一）职业生涯发展路径

表1 _____专业职业生涯发展路径（参考格式）

| 发展阶段 | 就业岗位 | | | 学历层次 | 发展年限（参考时间） | |
|---|---|---|---|---|---|---|
| | 操作岗位 | 技术岗位 | 管理岗位 | | 中职 | 高职 |
| …… | | | | | | |
| Ⅴ | | | | | | |
| Ⅳ | | | | | | |
| Ⅲ | | | | | | |
| Ⅱ | | | | | | |
| Ⅰ | | | | | | |

注：(1)"发展阶段"应依据国家、行业企业的有关规定以及调查分析确定，将职业发展分为若干个阶段，阶段数量因各专业的具体情况而不同。
　　(2)"就业岗位"的分类仅供参考，各专业可以自行分类。
　　(3)"学历层次"只是要明确中职、高职对应的层次。

### （二）中职学段面向职业范围

表2

| 序号 | 对应职业（岗位） | 专业（技能）方向 | 职业资格证书举例 |
|---|---|---|---|
| 1 | | | |
| 2 | | | |
| …… | …… | …… | |

1. ××××岗位
2. ××××岗位
　……

## （三）高职学段面向职业范围

表3

| 序号 | 对应职业（岗位） | 专业方向 | 职业资格证书举例 |
|---|---|---|---|
| 1 | | | |
| 2 | | | |
| …… | …… | …… | …… |

1. ××××岗位
2. ××××岗位
……

# 六、人才规格

## （一）中职学段人才规格

1. 职业素养

（1）

（2）

……

（5）

2. 专业能力

（1）

（2）

……

（15）

## （二）高职学段人才规格

1. 职业素养

（1）

（2）

……

（5）

2. 专业能力

（1）

（2）

……

（15）

## 七、典型工作任务及职业能力分析

针对本专业中职、高职的××××目标岗位,面向行业企业,运用××××等方法开展职业能力分析,获得××××工作项目,××××工作任务,××××条职业能力点及××××条职业素养点,详见附件。

## 八、课程结构

### (一)中职学段课程结构

表4

| 课程模块 | | 课程名称 | 课程性质 |
|---|---|---|---|
| 公共基础课程 | | 职业生涯规划 | 必修课 |
| | | 职业道德与法律 | 必修课 |
| | | 经济政治与社会 | 必修课 |
| | | 哲学与人生 | 必修课 |
| | | 语文 | 必修课 |
| | | 数学 | 必修课 |
| | | 英语 | 必修课 |
| | | 计算机应用基础 | 必修课 |
| | | 体育与健康 | 必修课 |
| | | 公共艺术 | 必修课 |
| | | 历史 | 必修课 |
| 专业课程 | 专业核心课程 | | 必修课 |
| | | | 必修课 |
| | | | 必修课 |
| | | | 必修课 |
| | | | 必修课 |
| | | | 必修课 |
| | | | 必修课 |
| | | | 必修课 |
| | | 项目实习 | 必修课 |
| | ××××专业(技能)方向课程 | | 限选课 |
| | | | 限选课 |
| | | | 限选课 |
| | | | 限选课 |
| | | | 限选课 |
| | ××××专业(技能)方向课程 | | 限选课 |
| | | | 限选课 |
| | | | 限选课 |

注:"*"表示中高职的衔接课程。

## （二）高职学段课程结构

表 5

| 课程模块 | | 课程名称 | 课程性质 |
|---|---|---|---|
| 公共基础课程 | | 思想品德修养与法律基础 | 必修课 |
| | | 毛泽东思想和中国特色社会主义理论体系概论 | 必修课 |
| | | 形势与政策 | 必修课 |
| | | 数学 | 必修课 |
| | | 英语 | 必修课 |
| | | 计算机应用基础 | 必修课 |
| | | 体育 | 必修课 |
| | | 就业指导与职业生涯设计 | 必修课 |
| | | 创新创业基础 | 必修课 |
| 专业课程 | 专业核心课程 | | 必修课 |
| | | | 必修课 |
| | | | 必修课 |
| | | | 必修课 |
| | | | 必修课 |
| | | | 必修课 |
| | | 顶岗实习 | 必修课 |
| | ×××专业方向课程 | | 限选课 |
| | | | 限选课 |
| | | | 限选课 |
| | | | 限选课 |
| | ×××专业方向课程 | | 限选课 |
| | | | 限选课 |
| | | | 限选课 |
| | | | 限选课 |

注："＊"表示中高职的衔接课程。

# 九、课程内容及要求

## （一）中职学段课程内容及要求

### 1. 公共基础课程

表 6

| 序号 | 课程名称 | 主要教学内容和要求 | 参考学时 |
|---|---|---|---|
| 1 | 职业生涯规划 | | |
| 2 | 职业道德与法律 | | |

续上表

| 序号 | 课程名称 | 主要教学内容和要求 | 参考学时 |
|---|---|---|---|
| 3 | 经济政治与社会 | | |
| 4 | 哲学与人生 | | |
| 5 | 语文 | | |
| 6 | 数学 | | |
| 7 | 英语 | | |
| 8 | 计算机应用基础 | | |
| 9 | 体育与健康 | | |
| 10 | 公共艺术 | | |
| 11 | 历史 | | |

2. 专业核心课程

表7

| 序号 | 课程名称 | 对接职业能力 | 主要教学内容和要求 | 参考学时 |
|---|---|---|---|---|
| | | | | |
| | | | | |
| | | | | |
| | | | | |
| | | | | |
| | 项目实习 | | | |

注：（1）"对接职业能力"填写职业能力编码，编码与附件一的职业能力分析表对应，学科课程除外。（2）"*"表示中高职的衔接课程。

3. ××××专业（技能）方向课程

表8

| 序号 | 课程名称 | 对接职业能力 | 主要教学内容和要求 | 参考学时 |
|---|---|---|---|---|
| | | | | |
| | | | | |
| | | | | |
| | | | | |

注："对接职业能力"填写职业能力编码，编码与附件一的职业能力分析表对应，学科课程除外。

4. ×××专业（技能）方向课程

表9

| 序号 | 课程名称 | 对接职业能力 | 主要教学内容和要求 | 参考学时 |
|---|---|---|---|---|
|  |  |  |  |  |
|  |  |  |  |  |
|  |  |  |  |  |

注："对接职业能力"填写职业能力编码，编码与附件一的职业能力分析表对应，学科课程除外。

## （二）高职学段课程内容及要求

1. 公共基础课程

表10

| 序号 | 课程名称 | 主要教学内容和要求 | 参考学时 |
|---|---|---|---|
| 1 | 思想品德修养与法律基础 |  |  |
| 2 | 毛泽东思想和中国特色社会主义理论体系概论 |  |  |
| 3 | 形势与政策 |  |  |
| 4 | 数学 |  |  |
| 5 | 英语 |  |  |
| 6 | 计算机应用基础 |  |  |
| 7 | 体育 |  |  |
| 8 | 就业指导与职业生涯设计 |  |  |
| 9 | 创新创业基础 |  |  |

2. 专业核心课程

表11

| 序号 | 课程名称 | 对接职业能力 | 主要教学内容和要求 | 参考学时 |
|---|---|---|---|---|
|  |  |  |  |  |
|  |  |  |  |  |
|  |  |  |  |  |
|  |  |  |  |  |
|  | 顶岗实习 |  |  |  |

注：(1)"对接职业能力"填写职业能力编码，编码与附件一的职业能力分析表对应，学科课程除外。(2)"＊"表示中高职的衔接课程。

3. ××××专业方向课程

表 12

| 序号 | 课程名称 | 对接职业能力 | 主要教学内容和要求 | 参考学时 |
|---|---|---|---|---|
|  |  |  |  |  |
|  |  |  |  |  |
|  |  |  |  |  |

注:"对接职业能力"填写职业能力编码,编码与附件一的职业能力分析表对应,学科课程除外。

4. ××××专业方向课程

表 13

| 序号 | 课程名称 | 对接职业能力 | 主要教学内容和要求 | 参考学时 |
|---|---|---|---|---|
|  |  |  |  |  |
|  |  |  |  |  |
|  |  |  |  |  |

注:"对接职业能力"填写职业能力编码,编码与附件一的职业能力分析表对应,学科课程除外。

## 十、教学安排

### (一)中职学段教学安排

表 14

| 课程类别 | | 课程名称 | 学分 | 总学时 | 各学期周数、学时分配 | | | | | |
|---|---|---|---|---|---|---|---|---|---|---|
| | | | | | 1 | 2 | 3 | 4 | 5 | 6 |
| | | | | | 18 | 18 | 18 | 18 | 18 | 18 |
| 公共基础课程 | 必修课 | 职业生涯规划 | 2 | 36 | 2 | | | | | |
| | | 职业道德与法律 | 2 | 36 | | 2 | | | | |
| | | 经济政治与社会 | 2 | 36 | | | 2 | | | |
| | | 哲学与人生 | 2 | 36 | | | | 2 | | |
| | | 语文 | 9 | 162 | 4 | 2 | | | 3 | |
| | | 数学 | 9 | 162 | 4 | 2 | | | 3 | |
| | | 英语 | 9 | 162 | 4 | 2 | | | 3 | |
| | | 计算机应用基础 | 5 | 90 | 3 | 2 | | | | |
| | | 体育与健康 | 8 | 144 | 2 | 2 | 2 | 2 | | |
| | | 公共艺术 | 2 | 36 | | | | | | |
| | | 历史 | 2 | 36 | | | | 2 | | |
| | | 已安排课程小计 | 52 | 936 | 16 | 15 | 8 | 4 | 9 | |
| | 任选课 | …… | | …… | …… | | | | | |
| | | 小计 | | 1 100 | | | | | | |

续上表

| 课程类别 | | 课程名称 | 学分 | 总学时 | 各学期周数、学时分配 | | | | | |
|---|---|---|---|---|---|---|---|---|---|---|
| | | | | | 1 | 2 | 3 | 4 | 5 | 6 |
| | | | | | 18 | 18 | 18 | 18 | 18 | 18 |
| 专业课程 | 专业核心课程（必修课） | 项目实习 | 18 | 540 | | | | | | 30 |
| | | 已安排课程小计 | | | | | | | | |
| | | …… | | …… | …… | …… | …… | …… | …… | …… |
| | | 小计 | | 1 500 | | | | | | |
| | ××××专业（技能）方向课程 | | | | | | | | | |
| | | 已安排课程小计 | | | | | | | | |
| | | …… | | …… | …… | …… | …… | …… | …… | …… |
| | | 小计 | | 400 | | | | | | |
| | ××××专业（技能）方向课程 | | | | | | | | | |
| | | 已安排课程小计 | | | | | | | | |
| | | …… | | …… | …… | …… | …… | …… | …… | …… |
| | | 小计 | | 400 | | | | | | |
| | 任选课 | …… | | 200 | | | | | | |
| | | 已安排课程合计 | | | | | | | | |
| | | …… | | …… | …… | …… | …… | …… | …… | …… |
| | | 合计 | | 3 200 | 28 | 28 | 28 | 28 | 28 | 30 |

注：各校在此基础上，结合学校实际情况，将课程体系设计完整后，（1）中职学段总学时数为3 000~3 300学时，其中公共基础课学时不少于1/3，专业核心课程占1 400~1 500学时，专业（技能）方向课程占300~400学时。（2）"*"表示中高职的衔接课程。（3）"项目实习"由中高职对口院校共同商讨实习内容、形式和时间，包括项目工厂实习、工作室实习等多种形式，原则上安排在第六学期进行。（4）总学分不少于170学分。（5）"……"表示由各院校自行安排的必修课程、选修课程。

## （二）高职学段教学安排

表 15

| 课程类别 | | 课程名称 | 学分 | 总学时 | 各学期周数、学时分配 | | | |
|---|---|---|---|---|---|---|---|---|
| | | | | | 1 | 2 | 3 | 4 |
| | | | | | 18 | 18 | 18 | 18 |
| 公共基础课程 | 必修课 | 思想品德修养与法律基础 | 4 | 72 | 2 | 2 | | |
| | | 毛泽东思想和中国特色社会主义理论体系概论 | 4 | 72 | | | 4 | |
| | | 形势与政策 | 2 | 36 | 1 | 1 | | |
| | | 数学 | 4 | 72 | 4 | | | |
| | | 英语 | 8 | 144 | 4 | 4 | | |
| | | 计算机应用基础 | 4 | 72 | 4 | | | |
| | | 体育 | 4 | 72 | 2 | 2 | | |
| | | 就业指导与职业生涯设计 | 2 | 36 | 1 | | 1 | |
| | | 创新创业基础 | 2 | 36 | 2 | | | |
| | | 已安排课程小计 | 34 | 612 | 16 | 13 | 5 | |
| | | …… | …… | …… | …… | …… | …… | …… |
| | | 小计 | | 650 | | | | |
| 专业课程 | 专业核心课程（必修课） | | | | | | | |
| | | | | | | | | |
| | | | | | | | | |
| | | | | | | | | |
| | | | | | | | | |
| | | 顶岗实习 | 18 | 500 | | | | 28 |
| | | 已安排课程小计 | | | | | | |
| | | …… | …… | …… | …… | …… | …… | …… |
| | | 小计 | | 1 100 | | | | |
| | ××××专业方向课程 | 已安排课程小计 | | | | | | |
| | | …… | …… | …… | …… | …… | …… | …… |
| | | 小计 | | 300 | | | | |
| | ××××专业方向课程 | 已安排课程小计 | | | | | | |
| | | …… | …… | …… | …… | …… | …… | …… |
| | | 小计 | | 300 | | | | |

续上表

| 课程类别 | 课程名称 | 学分 | 总学时 | 各学期周数、学时分配 | | | |
|---|---|---|---|---|---|---|---|
| | | | | 1 | 2 | 3 | 4 |
| | | | | 18 | 18 | 18 | 18 |
| 已安排课程合计 | | | | | | | |
| 任选课 | …… | | 150~200 | …… | …… | …… | …… |
| 合计 | | ≥90 | 2 000~2 200 | 22~26 | 22~26 | 22~26 | 22~26 |

注：各校在此基础上，结合学校的实际情况，将课程体系设计完整后，(1) 高职学段总学时数为 2 000~2200 学时，公共基础课程占其 20%~30% 学时，专业核心课程占 1 000~1 100 学时，专业方向课程占 200~300 学时。(2) "*" 表示中高职的衔接课程。(3) "顶岗实习" 包括毕业实习、毕业设计等多种形式，原则上安排在第四学期进行。(4) 总学分不少于 90 学分，含军训及入学教育、社会实践、毕业教育等活动的学分。(5) "……" 表示由各院校自行安排的必修课程、选修课程。

## 十一、教学基本条件（1 000 字以内）

### （一）师资条件

1. 中职学段
……

2. 高职学段
……

### （二）实训实习条件

本专业应配备校内实训实习室和校外实训基地。

1. 校内实训室

校内实训实习必须具备×××、×××等实训室，主要设施设备及数量见表 16。

表 16

| 序号 | 学段 | 实训室名称 | 主要工具和设施设备 | | |
|---|---|---|---|---|---|
| | | | 名称 | 规格 | 数量（生均台套） |
| 1 | 中职 | | | | |
| 2 | 高职 | | | | |
| …… | | | | | |

2. 校外实训基地

校外实训基地……

## 十二、教学实施建议（1 000 字以内）

### （一）教学要求

### （二）教学评价

### （三）教学管理

## 十三、其他

### 附录：开发团队

1. 参与开发的行业技术专家团队

表 17

| 序号 | 姓名 | 工作单位 | 职称、职务 |
|---|---|---|---|
|  |  |  |  |
|  |  |  |  |
|  |  |  |  |

2. 参与开发的学校教师团队

表 18

| 序号 | 姓名 | 工作单位 | 职称、职务 |
|---|---|---|---|
|  |  |  |  |
|  |  |  |  |
|  |  |  |  |

（广东省教育研究院　研制）

# 高职—本科衔接专业教学标准编制框架

## （试行稿）

## "××专业—××专业"高职—本科衔接专业教学标准

### 一、专业名称及代码

高职学段：××××（×××××）
本科学段：××××（×××××）

### 二、招生对象

高职学段：高中毕业生、中职毕业生及同等学力者。
本科学段：转段考核合格的高职学校××××专业等相关专业的正式学籍学生。

### 三、基本学制与学历、学位

#### （一）学制

高职—本科衔接（"3+2"学制）：高职学段三年，本科学段两年。

#### （二）学历及学位

高职学段学习合格取得专科学历，本科学段学习合格取得本科学历，授予××××学学士学位。

### 四、培养目标

#### （一）高职学段培养目标

本专业培养与我国社会主义现代化建设要求相适应，德、智、体、美全面发展，面向××××等行业（企业），从事××××（岗位）等工作，具备××××（专业能力和职业素养）职业能力，以及自主学习能力，在生产、建设、服务、管理第一线的高级（发展型、复合型、创新型）技术技能人才。

#### （二）本科学段培养目标

本专业培养与我国社会主义现代化建设要求相适应，德、智、体、美全面发展，面向××××等行业（企业），从事××××（岗位）等工作，具备××××（理论知识、专业能力和职业素养）职业能力，以及自主学习能力，在生产、建设、服务、管理第一线的××××（层级）高素质的应用型（复合型、创新型）人才。

## 五、职业范围

### （一）职业生涯发展路径

表1　　　　　专业职业生涯发展路径（参考格式）

| 发展阶段 | 就业岗位 | | | 学历层次 | 发展年限（参考时间） | |
| --- | --- | --- | --- | --- | --- | --- |
| | 操作岗位 | 技术岗位 | 管理岗位 | | 高职 | 本科 |
| …… | | | | | | |
| Ⅴ | | | | | | |
| Ⅳ | | | | | | |
| Ⅲ | | | | | | |
| Ⅱ | | | | | | |
| Ⅰ | | | | | | |

注：（1）"发展阶段"应依据国家、行业企业的有关规定以及调查分析确定，将职业发展分为若干个阶段，阶段数量因各专业的具体情况而不同。
　　（2）"就业岗位"的分类仅供参考，各专业可以自行分类。
　　（3）"学历层次"只是要明确高职、本科对应的层次。

### （二）高职学段面向职业范围

表2

| 序号 | 对应职业（岗位） | 专业方向 | 职业资格证书举例 |
| --- | --- | --- | --- |
| 1 | | | |
| 2 | | | |
| …… | …… | …… | |

1. ××××岗位
2. ××××岗位
……

## （三）本科学段面向职业范围

表3

| 序号 | 对应职业（岗位） | 职业资格证书举例 |
| --- | --- | --- |
| 1 |  |  |
| 2 |  |  |
| …… | …… |  |

1. ××××岗位
2. ××××岗位
……

# 六、人才规格

## （一）高职学段人才规格

1. 职业素养

（1）

（2）

……

（5）

2. 专业能力

（1）

（2）

……

（15）

## （二）本科学段人才规格

1. 职业素养

（1）

（2）

……

（5）

2. 专业能力

（1）

（2）

……

（15）

## 七、典型工作任务及职业能力分析

针对本专业高职、本科的××××目标岗位，面向行业企业，运用××××等方法开展职业能力分析，获得××××工作项目、××××工作任务、××××条职业能力点及××××条职业素养点，详见附件。

## 八、课程结构

### （一）高职学段课程结构

表 4

| 课程模块 | | 课程名称 | 课程性质 |
| --- | --- | --- | --- |
| 公共基础课程 | | 思想品德修养与法律基础 | 必修课 |
| | | 毛泽东思想和中国特色社会主义理论体系概论 | 必修课 |
| | | 形势与政策 | 必修课 |
| | | 数学 | 必修课 |
| | | 英语 | 必修课 |
| | | 计算机应用基础 | 必修课 |
| | | 体育 | 必修课 |
| | | 就业指导与职业生涯设计 | 必修课 |
| | | 创新创业基础 | 必修课 |
| 专业课程 | 专业基础课程 | | 必修课 |
| | | | 必修课 |
| | | | 必修课 |
| | 专业核心课程 | | 必修课 |
| | | | 必修课 |
| | | | 必修课 |
| | | | 必修课 |
| | | 项目实习 | 必修课 |
| | ××××专业方向课程 | | 限选课 |
| | | | 限选课 |
| | | | 限选课 |
| | | | 限选课 |
| | ××××专业方向课程 | | 限选课 |
| | | | 限选课 |
| | | | 限选课 |
| | | | 限选课 |

注："*"表示高职—本科的衔接课程。

## （二）本科学段课程结构

表 5

| 课程模块 | | 课程名称 | 课程性质 |
|---|---|---|---|
| 专业课程 | 学科基础课程 | | 必修课 |
| | | | 必修课 |
| | | | 必修课 |
| | 专业主干课程 | | 必修课 |
| | | | 必修课 |
| | | | 必修课 |
| | | 毕业论文（设计） | 必修课 |
| | | 毕业实习 | 必修课 |
| | 专业拓展课程 | | 限选课 |
| | | | 限选课 |
| | | | 限选课 |
| | | | 限选课 |
| | | | 限选课 |

注："＊"表示高职—本科的衔接课程。本科的公共基础课程以任选课的方式开设。

## 九、课程内容及要求

### （一）高职学段课程内容及要求

1. 公共基础课程

表 6

| 序号 | 课程名称 | 主要教学内容和要求 | 参考学时 |
|---|---|---|---|
| 1 | 思想品德修养与法律基础 | | |
| 2 | 毛泽东思想和中国特色社会主义理论体系概论 | | |
| 3 | 形势与政策 | | |
| 4 | 数学 | | |
| 5 | 英语 | | |
| 6 | 计算机应用基础 | | |
| 7 | 体育 | | |
| 8 | 就业指导与职业生涯设计 | | |
| 9 | 创新创业基础 | | |

2. 专业基础课程

表7

| 序号 | 课程名称 | 对接职业能力 | 主要教学内容和要求 | 参考学时 |
|---|---|---|---|---|
|  |  |  |  |  |
|  |  |  |  |  |
|  |  |  |  |  |

注：(1)"对接职业能力"填写职业能力编码，编码与附件一的职业能力分析表对应，学科课程除外。(2)"＊"表示高职—本科的衔接课程。

3. 专业核心课程

表8

| 序号 | 课程名称 | 对接职业能力 | 主要教学内容和要求 | 参考学时 |
|---|---|---|---|---|
|  |  |  |  |  |
|  |  |  |  |  |
|  | 项目实习 |  |  |  |

注：(1)"对接职业能力"填写职业能力编码，编码与附件一的职业能力分析表对应，学科课程除外。(2)"＊"表示高职—本科的衔接课程。

4. ××××专业方向课程

表9

| 序号 | 课程名称 | 对接职业能力 | 主要教学内容和要求 | 参考学时 |
|---|---|---|---|---|
|  |  |  |  |  |
|  |  |  |  |  |
|  |  |  |  |  |

注："对接职业能力"填写职业能力编码，编码与附件一的职业能力分析表对应，学科课程除外。

5. ××××专业方向课程

表10

| 序号 | 课程名称 | 对接职业能力 | 主要教学内容和要求 | 参考学时 |
|---|---|---|---|---|
|  |  |  |  |  |
|  |  |  |  |  |
|  |  |  |  |  |

注："对接职业能力"填写职业能力编码，编码与附件一的职业能力分析表对应，学科课程除外。

## （二）本科学段课程内容及要求

### 1. 学科基础课程

表 11

| 序号 | 课程名称 | 主要教学内容和要求 | 参考学时 |
| --- | --- | --- | --- |
|  |  |  |  |
|  |  |  |  |
|  |  |  |  |
|  |  |  |  |

### 2. 专业主干课程

表 12

| 序号 | 课程名称 | 对接职业能力 | 主要教学内容和要求 | 参考学时 |
| --- | --- | --- | --- | --- |
|  |  |  |  |  |
|  |  |  |  |  |
|  |  |  |  |  |
|  | 毕业论文（设计） |  |  |  |
|  | 毕业实习 |  |  |  |

注：（1）"对接职业能力"填写职业能力编码，编码与附件一的职业能力分析表对应，学科课程除外。（2）"＊"表示高职—本科的衔接课程。

### 3. 专业拓展课程

表 13

| 序号 | 课程名称 | 对接职业能力 | 主要教学内容和要求 | 参考学时 |
| --- | --- | --- | --- | --- |
|  |  |  |  |  |
|  |  |  |  |  |
|  |  |  |  |  |
|  |  |  |  |  |
|  |  |  |  |  |
|  |  |  |  |  |

注："对接职业能力"填写职业能力编码，编码与附件一的职业能力分析表对应，学科课程除外。

## 十、教学安排

### （一）高职学段教学安排

表 14

| 课程类别 | | 课程名称 | 学分 | 总学时 | 各学期周数、学时分配 | | | | | |
|---|---|---|---|---|---|---|---|---|---|---|
| | | | | | 1 | 2 | 3 | 4 | 5 | 6 |
| | | | | | 18 | 18 | 18 | 18 | 18 | 18 |
| 公共基础课程 | 必修课 | 思想品德修养与法律基础 | 4 | 72 | 2 | 2 | | | | |
| | | 毛泽东思想和中国特色社会主义理论体系概论 | 4 | 72 | | | 4 | | | |
| | | 形势与政策 | 2 | 36 | 1 | 1 | | | | |
| | | 数学 | 4 | 72 | 4 | | | | | |
| | | 英语 | 8 | 144 | 4 | 4 | | | | |
| | | 计算机应用基础 | 4 | 72 | | | 4 | | | |
| | | 体育 | 4 | 72 | 2 | 2 | | | | |
| | | 就业指导与职业生涯设计 | 2 | 36 | 1 | | | 1 | | |
| | | 创新创业基础 | 2 | 36 | 2 | | | | | |
| | | 已安排课程小计 | 34 | 612 | 16 | 13 | 5 | | | |
| | | …… | | | | | | | | |
| | | 小计 | | 650 | | | | | | |
| 专业课程 | 专业基础课程 | | | | | | | | | |
| | 专业核心课程 | | | | | | | | | |
| | | 项目实习 | 18 | 500 | | | | | | 28 |
| | | 已安排课程小计 | | | | | | | | |
| | | …… | | | | | | | | |
| | | 小计 | | 1 200 | | | | | | |

续上表

| 课程类别 | | 课程名称 | 学分 | 总学时 | 各学期周数、学时分配 | | | | | |
|---|---|---|---|---|---|---|---|---|---|---|
| | | | | | 1 | 2 | 3 | 4 | 5 | 6 |
| | | | | | 18 | 18 | 18 | 18 | 18 | 18 |
| 专业课程 | ××××专业方向课程 | 已安排课程小计 | | | | | | | | |
| | | …… | | | | | | | | |
| | | 小计 | | 400 | | | | | | |
| | ××××专业方向课程 | 已安排课程小计 | | | | | | | | |
| | | …… | | | | | | | | |
| | | 小计 | | 400 | | | | | | |
| | | 已安排课程合计 | | | | | | | | |
| 任意选修课 | | …… | | 300~500 | | | | | | |
| 合计 | | | 不低于120 | 2 500~2 700 | 22~26 | 22~26 | 22~26 | 22~26 | 22~26 | 28 |

注：（1）高职学段总学时数为 2 500~2 700 学时，专业基础课程和专业核心课程占 1 100~1 200 学时，专业方向课程占 300~400 学时。（2）"﹡"表示高职—本科的衔接课程。（3）"项目实习"由高职、本科对口院校共同商讨实习内容、形式和时间，包括项目工厂实习、工作室实习等多种形式，原则上安排在第六学期进行。（4）总学分不低于 120 学分，含军训及入学教育、社会实践、毕业教育等活动的学分。（5）"……"表示由各院校自行安排的必修课程、选修课程。

## （二）本科学段教学安排

表 15

| 课程类别 | | 课程名称 | 学分 | 总学时 | 各学期周数、学时分配 | | | |
|---|---|---|---|---|---|---|---|---|
| | | | | | 1 | 2 | 3 | 4 |
| | | | | | 16 | 16 | 16 | 16 |
| 专业课程 | 必修课 | 学科基础课程 | | | | | | |
| | | | | | | | | |
| | | | | | | | | |

续上表

| 课程类别 | | | 课程名称 | 学分 | 总学时 | 各学期周数、学时分配 | | | |
|---|---|---|---|---|---|---|---|---|---|
| | | | | | | 1 | 2 | 3 | 4 |
| | | | | | | 16 | 16 | 16 | 16 |
| 专业课程 | 必修课 | 专业主干课程 | | | | | | | |
| | | | 毕业论文 | 8~10 | 约500 | | | | |
| | | | 毕业实习 | 10 | | | | | |
| | | | 已安排课程小计 | | | | | | |
| | | | …… | | | | | | |
| | | | 小计 | | 830~850 | | | | |
| | 专业拓展课程（限定选修课） | | | | | | | | |
| | | | 已安排课程小计 | | | | | | |
| | | | …… | | | | | | |
| | | | 小计 | | 150~180 | | | | |
| | | | 已安排课程合计 | | | | | | |
| 任意选修课 | | | …… | | 240~300 | | | | |
| 合计 | | | | ≥75 | 1 200~1 500 | 22~26 | 22~26 | 22~26 | 22~26 |

注：（1）本科学段总学时数为1 200~1 500学时，学科基础课程和专业主干课程占830~850时，专业拓展课程占150~180学时。（2）"﹡"表示高职—本科的衔接课程。（3）毕业实习、毕业论文（设计）原则上安排在第四学期进行。（4）总学分不少于75学分。

## 十一、教学基本条件（1 000字以内）

### （一）师资条件

1. 高职学段
……

2. 本科学段
……

## （二）实训实习条件

本专业应配备校内实训实习室和校外实训基地。

1. 校内实训室

校内实训实习必须具备×××、×××等实训室，主要设施设备及数量见表16。

表 16

| 序号 | 学段 | 实训室名称 | 主要工具和设施设备 | | |
|---|---|---|---|---|---|
| | | | 名称 | 规格 | 数量（生均台套） |
| 1 | 高职 | | | | |
| | | | | | |
| | | | | | |
| 2 | | | | | |
| | 本科 | | | | |
| …… | | | | | |

2. 校外实训基地

校外实训基地……

## 十二、教学实施建议（1 000 字以内）

### （一）教学要求

### （二）教学评价

### （三）教学管理

## 十三、其他

附录：开发团队

1. 参与开发的行业技术专家团队

表 17

| 序号 | 姓名 | 工作单位 | 职称、职务 |
|---|---|---|---|
|  |  |  |  |
|  |  |  |  |

2. 参与开发的学校教师团队

表 18

| 序号 | 姓名 | 工作单位 | 职称、职务 |
|---|---|---|---|
|  |  |  |  |
|  |  |  |  |

(广东省教育研究院　研制)

# 高职本科协同培养专业教学标准编制框架

## （试行稿）

## 高职本科协同培养×××专业教学标准

（注：以本科学段的专业名称命名）

### 一、专业名称及代码

本科学段：××××（×××××）

### 二、招生对象

高中毕业生及同等学力者。

### 三、基本学制与学历、学位

#### （一）学制

四年，其中在高职（本科）学习两年，在本科（高职）学习两年。

#### （二）学历及学位

学习合格取得本科学历，授予××××学学士学位。

### 四、培养目标

本专业培养与我国社会主义现代化建设要求相适应，德、智、体、美全面发展，面向××××等行业（企业），从事××××（岗位）等工作，具备××××（理论知识、专业能力和职业素养）职业能力，以及自主学习能力，在生产、建设、服务、管理第一线的××××（层级）高素质的应用型（复合型、创新型）人才。

## 五、职业范围

### （一）职业生涯发展路径

表1 _____专业职业生涯发展路径（参考格式）

| 发展阶段 | 就业岗位 | | | 学历层次 | 发展年限（参考时间） | |
|---|---|---|---|---|---|---|
| | 操作岗位 | 技术岗位 | 管理岗位 | | 高职 | 本科 |
| …… | | | | | | |
| Ⅴ | | | | | | |
| Ⅳ | | | | | | |
| Ⅲ | | | | | | |
| Ⅱ | | | | | | |
| Ⅰ | | | | | | |

注：（1）"发展阶段"应依据国家、行业企业的有关规定以及调查分析确定，将职业发展分为若干个阶段，阶段数量因各专业的具体情况而不同。
（2）"就业岗位"的分类仅供参考，各专业可以自行分类。
（3）"学历层次"只是要明确高职、本科对应的层次。

### （二）面向职业范围

表2

| 序号 | 对应职业（岗位） | 职业资格证书举例 |
|---|---|---|
| 1 | | |
| 2 | | |
| …… | …… | |

1. ××××岗位
2. ××××岗位
……

## 六、人才规格

1. 职业素养

（1）
（2）
……

2. 专业能力
（1）
（2）
……
（15）

## 七、典型工作任务及职业能力分析

针对本专业高职、本科的××××目标岗位，面向行业企业，运用××××等方法开展职业能力分析，获得××××工作项目，××××工作任务，××××条职业能力点及××××条职业素养点，详见附件。

## 八、课程结构

表3

| 课程模块 | | 课程名称 | 课程性质 |
|---|---|---|---|
| 公共基础课程 | | | 必修课 |
| | | | 必修课 |
| | | | 必修课 |
| | | | 必修课 |
| | | | 必修课 |
| | | | 必修课 |
| | | | 必修课 |
| | | | 必修课 |
| 专业课程 | 学科基础课程 | | 必修课 |
| | | | 必修课 |
| | | | 必修课 |
| | 专业主干课程 | | 必修课 |
| | | | 必修课 |
| | | | 必修课 |
| | | | 必修课 |
| | | 毕业论文（设计） | 必修课 |
| | | 毕业实习 | 必修课 |
| | 专业拓展课程 | | 限选课 |
| | | | 限选课 |
| | | | 限选课 |
| | | | 限选课 |

## 九、课程内容及要求

1. 公共基础课程

表4

| 序号 | 课程名称 | 主要教学内容和要求 | 参考学时 |
|---|---|---|---|
| 1 | | | |
| 2 | | | |
| 3 | | | |
| 4 | | | |
| 5 | | | |
| 6 | | | |
| 7 | | | |
| 8 | | | |

2. 学科基础课程

表5

| 序号 | 课程名称 | 主要教学内容和要求 | 参考学时 |
|---|---|---|---|
| | | | |
| | | | |

3. 专业主干课程

表6

| 序号 | 课程名称 | 对接职业能力 | 主要教学内容和要求 | 参考学时 |
|---|---|---|---|---|
| | | | | |
| | | | | |
| | | 毕业论文（设计） | | |
| | | 毕业实习 | | |

注：（1）"对接职业能力"填写职业能力编码，编码与附件一的职业能力分析表对应，学科课程除外。（2）"＊"表示高职—本科的衔接课程。

4. 专业拓展课程

表7

| 序号 | 课程名称 | 对接职业能力 | 主要教学内容和要求 | 参考学时 |
|---|---|---|---|---|
| | | | | |
| | | | | |

注："对接职业能力"填写职业能力编码，编码与附件一的职业能力分析表对应，学科课程除外。

## 十、教学安排

表8

| 课程类别 | | 课程名称 | 承担院校 | 学分 | 总学时 | 各学期周数、学时分配 | | | | | | | | 承担院校（举例） | |
|---|---|---|---|---|---|---|---|---|---|---|---|---|---|---|---|
| | | | | | | 1 | 2 | 3 | 4 | 5 | 6 | 7 | 8 | 高职 | 本科 |
| | | | | | | 16 | 16 | 16 | 16 | 16 | 16 | 16 | 16 | | |
| 公共基础课程 | 必修课 | | | | | | | | | | | | | | |
| | | | | | | | | | | | | | | | |
| | | | | | | | | | | | | | | | |
| | | | | | | | | | | | | | | | |
| | | | | | | | | | | | | | | | |
| | | 已安排课程小计 | | | | | | | | | | | | | |
| | | …… | | | | | | | | | | | | | |
| | | 小计 | | | 800 | | | | | | | | | | |
| 专业课程 | 必修课 | 学科基础课程 | | | | | | | | | | | | | |
| | | | | | | | | | | | | | | | |
| | | | | | | | | | | | | | | | |
| | | | | | | | | | | | | | | | |
| | | 专业主干课程 | | | | | | | | | | | | | |
| | | | 毕业论文（设计） | | 8~10 | 约500 | | | | | | | | | |
| | | | 毕业实习 | | 10 | | | | | | | | | | |
| | | 已安排课程小计 | | | | | | | | | | | | | |
| | | …… | | | | | | | | | | | | | |
| | | 小计 | | | 1 300 | | | | | | | | | | |
| | 专业拓展课程（限定选修课） | | | | | | | | | | | | | | |
| | | | | | | | | | | | | | | | |
| | | 已安排课程小计 | | | | | | | | | | | | | |
| | | …… | | | | | | | | | | | | | |
| | | 小计 | | | 300 | | | | | | | | | | |

续上表

| 课程类别 | 课程名称 | 承担院校 | 学分 | 总学时 | 各学期周数、学时分配 ||||||| 承担院校（举例） ||
|---|---|---|---|---|---|---|---|---|---|---|---|---|---|
| | | | | | 1 | 2 | 3 | 4 | 5 | 6 | 7 | 高职 | 本科 |
| | | | | | 16 | 16 | 16 | 16 | 16 | 16 | 16 | | |
| 已安排课程合计 | | | | | | | | | | | | | |
| 任意选修课 | …… | | | 500 | | | | | | | | | |
| 合计 | | | ≥160 | 约2 900 | 22~26 | 22~26 | 22~26 | 22~26 | 22~26 | 22~26 | 22~26 | | |

注：(1) 总学时数为2 900学时，学科基础课程和专业主干课程占1 200~1 300学时，专业拓展课程占200~300学时。(2) "＊"表示高职—本科的衔接课程。(3) 总学分不少于160学分。(4) 每门课程应标明是由"高职"还是"本科"院校承担。

## 十一、教学基本条件（1 000字以内）

### （一）师资条件

### （二）实训实习条件

本专业应配备校内实训实习室和校外实训基地。

1. 校内实训室

校内实训实习必须具备×××、×××等实训室，主要设施设备及数量见表9。

表9

| 序号 | 学段 | 实训室名称 | 主要工具和设施设备 |||
|---|---|---|---|---|---|
| | | | 名称 | 规格 | 数量（生均台套） |
| 1 | 高职 | | | | |
| 2 | 本科 | | | | |
| …… | | | | | |

2. 校外实训基地

校外实训基地……

## 十二、教学实施建议（1 000字以内）

### （一）教学要求

### （二）教学评价

### （三）教学管理

## 十三、其他

### 附录：开发团队

1. 参与开发的行业技术专家团队

表 10

| 序号 | 姓名 | 工作单位 | 职称、职务 |
|---|---|---|---|
|  |  |  |  |
|  |  |  |  |
|  |  |  |  |

2. 参与开发的学校教师团队

表 11

| 序号 | 姓名 | 工作单位 | 职称、职务 |
|---|---|---|---|
|  |  |  |  |
|  |  |  |  |
|  |  |  |  |

（广东省教育研究院　研制）

# 中职—高职衔接、高职—本科衔接、高职本科协同培养课程标准编制指南

## （试行稿）

课程标准是衔接专业教学标准和教学组织实施的重要指导性文件，是课程内容及教材开发的依据，也是教学实施及评价的依据。根据广东省教育厅有关专业教学标准研制的精神，现提出《中职—高职衔接课程标准框架》《高职—本科衔接课程标准框架》《高职本科协同培养课程标准框架》，统一文本格式，指导专业核心课程标准（含专业基础课程、学科基础课程、专业主干课程，下同）的编写［注：中职—高职衔接的中职顶岗实习、高职顶岗实习，高职—本科衔接的高职顶岗实习、本科毕业实习及毕业论文（设计）可以不写课程标准］。为进一步提高编写质量，就每一编写内容说明如下。

### 一、课程名称

课程名称与专业教学标准中的课程设置名称保持一致。

### 二、适用专业

一般这些核心课程即可适用于升学，也可适用于就业，因此将课程适用范围扩大，如数控技术专业的某门高职课程，既可以适用于中高职衔接的数控技术专业，还可以适用于高职的数控技术专业（甚至也可以适用于高职的模具制造专业）。因此，适用专业由各位专业教师判断，尽可能扩大适用面。

### 三、课程性质

说明课程的类型及重要性，如专业基础课程、学科基础课程、专业核心课程、专业主干课程，必修课程等。

### 四、课程设计

专业核心课程可依据工作过程即工作任务的活动水平或重要性程度进行设置，也可依据专业知识体系即基本理论与技能进行设置。它们是学生进入专业所面向的基本岗位前必须学习的课程。如按工作过程来设计课程结构，应列出基于工作过程的设计思路；如按知识体系来设计课程结构，应列出基于知识学习过程的设计思路。核心课程设计要注意核心课程各个环节之间的逻辑联系，要改变以知识为依据设置课程的传统方法，依据工作领域（过程、任务）进行课程设置，在课程内容与工作任务、职业能力之间建立清晰的联系。

## 五、课程教学目标

　　课程教学目标是指预期的学习结果,即期望学生学习某门课程后能达到的职业能力水平。职业教育课程的主要目标是培养职业能力,因而应突出对工作知识、技能、态度的学习。制定目标时应注意:①课程目标是指学习结果而不是教学活动。②课程目标的达成主体是学生而不是教师。③课程目标既要依据职业岗位对职业能力的要求,又要考虑学生学习能力及认知规律。④课程目标的制定不能只是把职业能力分析中的职业能力简单相加而成,而是要对职业能力从专业能力、方法能力、社会能力三个维度,或知识、技能、态度三个维度,或专业能力、职业素养两个维度进行归纳、概括。⑤目标采取动宾结构描述,如能编制车工程序,基本格式为"动词+规范、标准",可以在动词前加上"能(会)"。

　　特别提示:应该以学生为主语(可以省略),用动宾结构表述,语句要精练。目标表述目前有两种分类方式。第一种:专业能力目标、方法能力目标、社会能力目标;第二种:认知目标、能力目标、情感目标。如果按第一种方式,其实难以将方法能力和社会能力分开,第二种方式是我们在专业教学设计中常用的分类方法。由各项目组统一全部课程教学目标的表述方式。

## 六、参考学时与学分

　　该课程学时和学分与专业教学标准中的"教学安排表"中的相关内容保持一致。

## 七、课程结构

### 1. 确定课程结构

　　专业核心课程除必要的学科课程外,要尽可能基于工作过程(任务)来设计,要根据该课程对应的工作过程设计若干学习任务(单元、模块),列出每个学习任务对应的职业能力(只要求写职业能力编号)。

### 2. 分析课程内容

　　课程内容分析指具体分析每条或多条职业能力(甚至一个工作任务、工作项目)形成需要学习的知识、技能和态度。分析工具可利用"鱼骨图"(见图1)进行分析。分析时,应先分析技能,然后逐条根据技能形成要求分析知识。即先确定要求学生会做什么,然后根据会做什么确定要求学生知道什么。技能确定时除了尽可能地防止遗漏外,还应特别注意表达出工作及学习结果。

　　课程内容从达到每条或多条(甚至一个工作任务、工作项目)职业能力学生应学习的知识、技能以及应养成的态度三个维度描述。应当仔细地列出每条知识内容,并根据技能形成要求、教育层次和学时容量认真甄选每条知识。不能用"相关知识""基础知识"等概念来表达知识内容。不仅要描述知识、技能的内容,而且要描述知识、技能的学习要求。可采取定量描述,也可采取定性描述。对知识要求的应用层次可以体现在技能中,即知识和技能融为一体表述,如"能按规范的指法要求快速准确进行文字录入,达到每分钟正确击键150次以上"。描述格式一般为"能(会)+动作+规范+

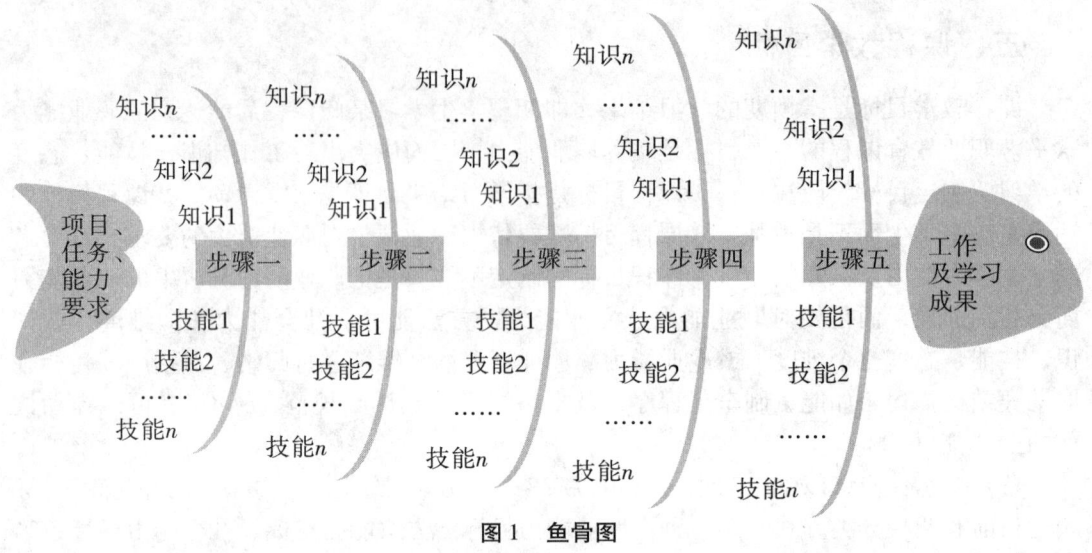

图 1　鱼骨图

操作对象 + 表现程度"。

特别提示：基于工作过程设计的课程一般要求有鱼骨图，鱼骨图统一作为附录放在每门课程标准的最后。鱼骨图的"鱼骨"像素不应太低，否则会出现明显的锯齿状毛边。

3．设计教学活动

采取将"学习任务"分解成若干个"教学活动"的方式，分解的方式有三种：第一种，按任务完成的过程步骤（环节）分解成若干个教学活动。例如会计工作中的"经济业务核算"是一个学习任务，可设计"处理筹资业务""处理采购业务""处理生产经营业务""处理销售业务""处理经营成果业务"五个活动。再如，塑料成型工艺与模具设计课程标准中的学习任务：按键注射成型工艺与模具设计。其教学活动设计均为：①分析产品结构、材料特性及其成型工艺；②拟定模具结构方案；③处理产品成型尺寸；④设计模具成型零件；⑤添加模架；⑥设计模具其他结构；⑦绘制模具总装配图；⑧拆画模具零部件。第二种，设计一组（三个左右）递进式的学习活动。即将"学习任务"设计成同类的但有递进关系的若干个"教学活动"的方式。如：①加工 A 零件；②加工 B 零件；③加工 C 零件。每一个教学活动都要完成该学习任务的全过程，但难度和深度呈递进关系。第三种，按知识的系统性和逻辑关系，分解成若干个教学活动，相当于传统教材的"节"。

4．学时

课程结构表最后都应有"合计"。且必须与课程标准的"六、参考学时与学分"的学时数一致，并与专业教学标准中的相应课程学时一致。

## 八、资源开发与利用（500字以内）

### （一）教材编写与使用

说明教材编写理念、思路、内容、手段等要求，重点在于写出编写和使用教材的原则性意见。可不推荐相关教材，若有很好的教材也可推荐 1~2 本。

### （二）数字化资源开发与利用

说明数字化资源开发的理念、思路、形式、内容等要求。

## 九、教学建议（500字以内）

### （一）教学方法

强化理论实践一体化，突出"做中学、做中教"的职业教育教学特色，提倡项目教学、案例教学、任务教学、角色扮演、情境教学等方法，利用校内外实训基地，将学生的自主学习、合作学习和教师引导教学等教学组织形式有机结合。

### （二）教学条件

说明本课程教学需要的教学环境要求，需要的教学用具、手段、设备等条件支撑。

## 十、教学评价（200字以内）

教学评价应体现评价主体、评价方式、评价过程的多元化，注意邀请家长、行业企业参与，校内校外评价结合，职业技能鉴定与学业考核结合，教师评价、学生互评与自我评价结合，过程性评价与结果性评价结合。突出技能竞赛、产品制造、以证代考。不仅要关注学生对知识的理解和技能的掌握，更要关注知识在实践中的运用与解决实际问题的能力水平，重视规范操作、安全文明生产等职业素质的形成，以及节约能源、爱护生产设备、保护环境等意识与观念的树立。

附注：统一在每门课程标准最后以"（撰稿人：……）"的方式列出单位和姓名，一般一门课程标准的撰稿人不超过 3 人。

（广东省教育研究院　研制）

# 中职—高职衔接、高职—本科衔接、高职本科协同培养课程标准编制框架

## （试行稿）

### ××××课程标准

一、课程名称

××××

二、适用专业

既可适用于中高职衔接的中职×××专业，又可适用于中职×××专业。或，既可适用于中高职衔接的高职×××专业，又可适用于高职×××专业。

（既可适用于高本衔接的高职×××专业，又可适用于高职×××专业。或，既可适用于高本衔接的本科×××专业，又可适用于本科×××专业。）

（既可适用于高本协同培养的高职×××专业，又可适用于高职×××专业。或，既可适用于高本协同培养的本科×××专业，又可适用于本科×××专业。）

三、课程性质

四、课程设计

五、课程教学目标

六、参考学时与学分

## 七、课程结构

表1

| 序号 | 学习任务<br>（单元、模块） | 职业能力 | 知识、技能、态度、要求 | 教学活动设计 | 学时 |
|---|---|---|---|---|---|
| 1 | | 例如：05、04－02、10－08－03… | | | |
| 2 | | …… | | | |
| | …… | | | | |
| 合计 | | | | | |

## 八、资源开发与利用（500字以内）

（一）教材编写与使用

（二）数字化资源开发与利用

## 九、教学建议（500字以内）

（一）教学方法

（二）教学条件

## 十、教学评价（200字以内）

（撰稿人：不超过3人）
（广东省教育研究院　研制）

# 标准范例篇

在"能力核心,系统培养"的理念指导下,按照专业教学标准建设的基本路径,运用标准建设的科学方法,截至 2017 年,广东完成了 74 个专业教学标准及其系列课程标准的建设任务,开发了中职—高职、高职—本科衔接以及现代学徒制专业教学标准 80 个,1 000 门课程标准。"标准范例篇"以广东交通职业技术学院、广州市交通运输职业学校、广州沙河丰田汽车销售服务有限公司三个单位牵头的"汽车运用技术专业中高职衔接教学标准和课程标准研制"项目研究成果为例,呈现《汽车运用技术专业中高职衔接教学标准》,以及中职、高职学段各一个课程标准,并以节选的方式展示了"汽车运用技术专业职业能力分析表",这是专业教学标准和课程标准编制的重要依据,即职业能力标准。通过这一案例反映广东中高职衔接专业教学标准建设的思想、理论、方法及成果。

# 中高职衔接汽车运用技术专业教学标准[①]

根据《广东省教育厅关于开展中高职衔接专业教学标准和课程标准研制工作的通知》（粤教教研函〔2013〕7号）以及《关于开展2013年职业院校对口自主招生三二分段试点工作的通知》（粤教职函〔2013〕5号）的精神，特制定本专业教学标准。本标准适用于中高职对口自主招生三二分段的专业教学，是明确中高职衔接汽车运用技术专业的培养目标和规格、建构课程体系、组织实施教学、规范教学管理、加强专业建设、开发教材和学习资源的基本依据，是评估教育教学质量的主要标尺，同时是社会用人单位选用职业院校毕业生的重要参考。

## 一、专业名称及代码

中职学段：汽车运用与维修（082500）。
高职学段：汽车运用技术（520104）。

## 二、招生对象

中职学段：初中毕业生及同等学力者。
高职学段：转段考核合格的中职学校相应专业的正式学籍学生。

## 三、基本学制与学历

### （一）学制

中高职衔接（"3+2"学制）：中职学段三年，高职学段两年。

### （二）学历

中职学段学习合格取得中职教育学历，高职学段学习合格取得专科学历。

## 四、培养目标

1. 中职学段培养目标

本专业培养面向汽车售后服务行业，能从事汽车机电维修、备件管理、汽车装潢等岗位工作，具备汽车维护、汽车总成零部件拆装小修、汽车简单常见故障的诊断与排除

---

[①] 广东省教育厅，广东省教育研究院. 中高职衔接专业教学标准和课程标准：汽车运用技术专业[M]. 广州：广东高等教育出版社，2015：1-36. 略有改动。

专业能力，拓展汽车钣金喷漆、汽车配件管理、汽车美容及精品加装专业能力，具有良好的沟通、团队协作能力、较强的服务意识、良好的职业道德，具有继续学习能力的生产服务一线中的高素质劳动者和技能型人才。

2. 高职学段培养目标

本专业培养面向汽车售后服务行业，从事汽车机电维修、服务顾问、汽车保险理赔等岗位工作，具备汽车总成检修、汽车综合故障诊断与排除、汽车维修企业管理专业能力，拓展新能源汽车维修、前台业务接待、汽车查勘定损与理赔专业能力，具有良好的职业道德和团队精神、较强的实际动手能力和创新精神，能够自主学习，在生产、服务、管理一线的发展型、复合型高级技术技能人才。

## 五、职业范围

### （一）职业生涯发展路径

表1  汽车运用技术专业职业生涯发展路径

| 发展阶段 | 就业岗位 | | | | | | 学历层次 | 发展年限/年（参考时间） | |
|---|---|---|---|---|---|---|---|---|---|
| | 机电维修 | 钣金 | 喷漆美容 | 配件管理 | 服务顾问 | 保险理赔 | | 中职 | 高职 |
| Ⅵ | 总经理　行业专家 | | | | | | — | | 12年以上 |
| Ⅴ | 售后经理（售后总监） | | | | | | 高职 | 8年以上 | 8~12 |
| Ⅳ | 技术经理（车间主任） | | | 服务经理（前台主任） | | | 高职 | | 5~8 |
| Ⅲ | 班组长 | 班组长 | 班组长 | 配件主管 | 服务主管 | 保险理赔主管 | 高职中职 | 3~7 | 2~5 |
| Ⅱ | 机电工 | 钣金工 | 喷漆美容工 | 配件员 | 服务顾问 | 保险理赔员 | 高职中职 | 1~3 | 0.5~2 |
| Ⅰ | 学徒 | 学徒 | 学徒 | 仓管员 | 服务顾问助理 | 保险理赔助理 | 中职 | 0~1 | 0~0.5 |

注：（1）不同企业因品牌、规模的不同，其岗位略有差异，本发展路径表综合了宝马、别克、丰田、日产、奥迪、奔驰、起亚、奇瑞、现代、通用、雪铁龙等品牌，较为全面地呈现了汽车运用技术专业毕业生的职业生涯发展路径。（2）学历层次为总体水平描述，具体应结合岗位，表中 分别对应中职、高职和中高职重叠的岗位及层级。

## (二) 中职学段面向职业范围

表2

| 序号 | 对应职业（岗位） | 专业（技能）方向 | 职业资格证书举例 |
|---|---|---|---|
| 1 | 汽车机电维修学徒 | 汽车机电维修方向 | 汽车修理工初级<br>汽车维修电工初级 |
| 2 | 汽车机电维修工 | | 汽车修理工中级<br>汽车维修电工中级 |
| 3 | 汽车钣金学徒 | 汽车钣金维修 | 汽车维修钣金工初级 |
| 4 | 汽车钣金操作工 | | 汽车维修钣金工中级 |
| 5 | 汽车钣金班组长 | | 汽车维修钣金工高级 |
| 6 | 汽车喷漆美容学徒 | 汽车喷漆美容 | 汽车美容装潢工初级<br>汽车维修喷漆工初级 |
| 7 | 汽车喷漆美容操作工 | | 汽车美容装潢工中级<br>汽车维修喷漆工中级 |
| 8 | 汽车喷漆美容班组长 | | 汽车美容装潢工高级<br>汽车维修喷漆工高级 |
| 9 | 汽车配件仓管员 | 汽车配件管理 | 汽车配件销售员初级 |
| 10 | 汽车配件管理员 | | 汽车配件销售员中级 |

以上岗位的主要任务和内涵如下。

1. 汽车机电维修学徒岗位

服从班组的工作安排，学习车辆维修作业流程和方法，学习车型知识及故障常识，了解维修过程的注意事项，逐步进行实操练习，进行汽车维修设备简单维护、汽车维护保养、部件拆装更换等工作。

2. 汽车机电维修工岗位

服从班组的工作安排，使用工具（普通、专用）、夹具、量具、仪器仪表及诊断检测设备，负责针对汽车发动机、底盘、电器等机械系统常见故障的维修工作，保障生产安全和生产效率，准时交车，完成汽车维修设备的维护、保养和简单故障排除工作。

3. 汽车钣金学徒岗位

服从班组工作安排，学习车身修复作业流程和工艺，了解修复过程需注意事项，在钣金操作工的指导下，安装调整工艺装备、准备修理工具，对汽车车身及各类钣金件进行检查、更换等。

4. 汽车钣金操作工岗位

服从班组工作安排，使用工具、夹具、量具和仪器、汽车维修钣金专用工具等，进行汽车车身钣金件的修理、钣金构件加工成型、汽车车身相关件修理，能够对汽车车身及各类钣金件进行调整、修理、整饰等，利用各种钣金加工修复工具对单个钣金件进行修复调整等，对相关钣金维修设备工具的保养、维护。

5. 汽车钣金班组长岗位

按照车身修复工作任务总体进度要求，安排报修车辆车况检查、报价、实施修复、钣焊等工作，跟进车辆的维修进度，并对钣金修复质量进行监控、分析评估和提出处理方案，保障维修质量，并能够利用整车矫正设备对整车进行框架矫正，进行班组管理。

6. 汽车喷漆美容学徒岗位

服从班组的工作安排，学习美容喷漆作业流程和工艺，使用专用设备及工具，进行车辆的内、外部进行清洁、保养，能够完成迎客接待、外部清洗、内饰清洗、车体打（开）蜡、美容设备维护保养、喷涂前车身表面预处理、调漆、车身表面喷涂等工作。

7. 汽车喷漆美容操作工岗位

服从班组的工作安排，使用专用设备及工具，对车辆的内、外部进行清洁、保养和装潢，并指导车主正确对车辆的非机械部分进行维护保养。能够完成设备一般故障的排除、漆面研磨与抛光、车身封釉、汽车防护装饰、喷涂质量检验及分析等工作。

8. 汽车喷漆美容班组长岗位

按照车辆喷漆、美容工作任务总体进度要求，进行美容喷漆工作安排，监控工作进度和质量，能够进行复杂设备故障的排除、车体涂层整体翻修、车身与内室装饰、汽车视听装饰、班组管理等工作。

9. 汽车配件仓管员岗位

使用配件管理专用软件和办公软件，进行汽车配件进、销、存、盘点工作，负责季度/半年/年终盘点等工作，能够完成采购到货配件的验收，采购到货物料入库账务处理及实物条码采集，配件的入库上架，库存物料的存储防护及库内、收货区6S，配件的出库检料及交接，缺料反馈及保证账务的准确性。

10. 汽车配件管理员岗位

贯彻厂家及公司的配件管理流程和规定，负责配件计划、报价、进销存工作，协助配件经理、主管规避配件管理风险，为维修前台、车间提供高效高质的配件服务工作。指导仓管员进行配件采购、配件计划、交收及运送零配件、零部件接收和储存的协调、配件入库、配件仓库管理、配件出库、管理仓库设施等工作。

## （三）高职学段面向职业范围

表3

| 序号 | 对应职业（岗位） | 专业方向 | 职业资格证书举例 |
| --- | --- | --- | --- |
| 1 | 汽车机电维修工 | 汽车机电维修 | 汽车修理工中级 |
| 2 | 汽车机电维修班组长 | | 汽车修理工高级 |
| 3 | 技术经理（车间主任） | | 汽车修理工技师 |

续上表

| 序号 | 对应职业（岗位） | 专业方向 | 职业资格证书举例 |
| --- | --- | --- | --- |
| 4 | 服务经理（前台主任） | 汽车维修业务管理 | 汽车修理工高级技师 |
| 5 | 售后经理 | | |
| 6 | 配件主管 | 汽车配件管理 | 汽车配件销售员高级 |
| 7 | 服务顾问助理 | 汽车服务顾问 | 汽车服务顾问初级 |
| 8 | 服务顾问 | | 汽车服务顾问中级 |
| 9 | 服务主管 | | 汽车服务顾问高级 |
| 10 | 保险理赔助理 | 汽车保险理赔 | 汽车估损师初级<br>汽车保险公估师初级 |
| 11 | 保险理赔员 | | 汽车估损师中级<br>汽车保险公估师中级 |
| 12 | 保险理赔主管 | | 汽车估损师高级<br>汽车保险公估师高级 |

以上岗位的主要任务和内涵如下。

1. 汽车机电维修工岗位

服从班组的工作安排，使用工具（普通、专用）、夹具、量具、仪器仪表及诊断检测设备，负责针对汽车发动机、底盘、电器等电控系统常见故障的维修工作，保障生产安全和生产效率，准时交车，完成汽车维修设备的维护、保养和简单故障排除工作。

2. 汽车机电维修班组长岗位

按照汽车机电维修工作任务总体进度要求，安排报修车辆维修工作任务，跟进车辆的维修进度，并对车辆故障维修质量进行监控、分析评估和提出处理方案，保障维修质量，并能够进行汽车发动机、底盘、电器系统综合故障的诊断和排除工作，进行班组管理。

3. 技术经理（车间主任）岗位

使用通用工具和专用设备，能够分析汽车发动机、底盘、电器系统综合故障，并进行技术培训、技术与质量管理及考核工作，制定月度计划、工作报表等工作，对车间各部门进行协调管理。

4. 服务经理（前台主任）岗位

负责售后前台接待与服务的管理工作、业务接待的指导工作、前台与车间及备件等部门的协调工作、索赔业务和保险业务的日常管理工作，完成对本部档案资料的整理、归档和保管工作的指导，妥善处理客户投诉，负责各类营业活动的信息传递、反馈及总结工作，负责保有客户之维系及掌握，设定接车员每月的招揽目标和达成率考核目标。

5. 售后经理岗位

使用通用工具和专用设备，能够诊断分析汽车疑难故障，进行整个企业售后部门的运营管理、市场管理、服务管理、团队管理相关工作，提高售后部门整体运行效率和工作质量。

6. 配件主管岗位

根据企业需求，负责配件订货计划和库位改善，建立合理的备件库存量；负责制定配件的储备上下限定额；负责到货配件的入库；负责新车计划、配件知识的培训工作；负责紧急件的订货管理；负责对新老车型、库存限额制订合理的计划；负责提升部门员工专业能力和现场管理能力；配合财务部进行每月的盘点工作。

7. 服务顾问助理岗位

服从工作安排，学习汽车服务顾问工作流程和注意事项，并在服务顾问的指导下，完成进厂保修车辆的接待工作；做好接待车辆的委托保修工作，确认派工维修；负责出具维修与保养车辆的费用结算单，联系财务完成结账工作。

8. 服务顾问岗位

服从工作安排，完成进厂保修车辆的接待工作；做好接待车辆的委托保修工作，确认派工维修；负责出具维修与保养车辆的费用结算单，联系财务完成结账工作；协助前台主管完成客户投诉处理及客户满意度调查工作；加强对客户接待的沟通技巧，协调车间进行维修作业；负责对厂家旧（备）件的索赔、鉴定工作；负责上级议定之各项招揽进厂目标及精品目标；每月依招揽报表做3DC、7DC招揽回访及分析，并做预约回厂工作安排。

9. 服务主管岗位

按照企业整体工作任务要求，负责业务接待的指导工作，不定期反馈和总结业务经验；负责本部门与车间及备件等部门的工作协调；负责完成对本部档案资料的整理、归档和保管工作的指导；保障业务质量，妥善处理客户投诉，不断提高客户对服务的满意度。

10. 保险理赔助理岗位

服从工作安排，学习保险理赔岗位工作业务流程和业务知识，以及注意事项，并在保险理赔员的指导下，能够进行现场查勘，事故车辆估价，事故车辆客户的回访等常规工作。

11. 保险理赔员岗位

服从工作安排，高效率、高质量地进行现场查勘，事故车辆估价，事故车辆招揽，技术支援，事故车辆客户的回访，提高客户业务的满意度。

12. 保险理赔主管岗位

按照企业整体工作任务要求，指导保险理赔员，高效地进行现场查勘，事故车辆估价、事故车辆招揽、技术支援、事故车辆客户的回访、保险车辆维修索赔程序；保障工作质量，妥善处理客户投诉，提高客户业务的满意度，进行保险理赔业务管理。

## 六、人才规格

### （一）中职学段人才规格

1. 职业素养

（1）具有良好的道德品质、吃苦耐劳、爱岗敬业、遵纪守法。

（2）具有安全生产知识和责任意识，保证工作质量，具有较强的服务意识，提高顾客满意度。

（3）具有良好的团队合作精神和人际交往能力，具备较强的工作执行能力，高效完成工作。

（4）具有良好的节能环保意识，并贯穿工作始终。

2. 专业能力

（1）具备汽车构造与维修（偏机械）、汽车车身修复、汽车美容、汽车精品、汽车喷漆、汽车配件相关专业知识，以及初步的团队管理知识，能够完成岗位工作。

（2）能够阅读简单的汽车维修设备使用说明书和车主手册，能阅读汽车电路图等汽车维修相关技术资料。

（3）能独立规范使用工具、量具、仪器设备，完成汽车维护保养作业。

（4）能按维修规范完成汽车维修零部件检测与更换。

（5）能与同事配合，完成汽车总成小修、部件检验工作。

（6）能运用汽车维修工具，会进行汽车机械系统、电器系统常见简单故障的检修。

（7）能使用工、夹、量具和仪器、汽车维修钣金专用工具等，进行汽车车身修复作业，会对设备和工具进行维护保养，能够进行汽车钣金班组管理。

（8）能使用汽车美容专用设备及工具等，进行汽车美容作业，会对设备和工具进行维护保养。

（9）能使用汽车精品加装工具，加装各类汽车精品，会对设备和工具进行维护保养。

（10）能使用喷漆专用设备及工具，进行汽车美喷漆作业；会对设备和工具进行维护保养，能够进行汽车美容喷漆班组管理。

（11）能使用专业软件，进行汽车零配件仓库管理、汽车零配件管理。

### （二）高职学段人才规格

1. 职业素养

（1）具有良好的道德品质、吃苦耐劳、爱岗敬业、遵纪守法。

（2）具有安全生产知识和责任意识，保证工作质量，具有较强的服务意识，提高顾客满意度。

（3）具有较好的沟通、团队合作与组织管理能力，并通过信息有效处理，具备解决问题的能力。

（4）具有较强的自主学习能力，能够在工作岗位上有所革新和创新。

（5）具有节能环保的意识，并贯穿工作始终。

2．专业能力

（1）具备汽车构造与维修（偏电控）、汽车售后服务业务、维修企业管理、汽车配件及管理、汽车维修接待、汽车结构和保险理赔相关专业知识，以及团队管理知识，能够完成岗位工作。

（2）能够运用汽车维修工具，会进行汽车机械系统、电控系统综合故障诊断与排除工作。

（3）能够运用汽车维修工具，会进行汽车疑难故障诊断与排除工作。

（4）能够进行汽车维修质量的检验工作。

（5）能够进行汽车维修技术管理和培训工作。

（6）能够进行企业运营管理、市场管理、服务管理、团队管理工作，能对班组、车间和售后各部门进行管理。

（7）能够对汽车配件业务进行管理。

（8）能够进行汽车服务接待工作。

（9）能够指导服务顾问工作，并进行服务顾问业务管理工作。

（10）能够进行现场查勘、保险理赔等相关工作。

（11）能够指导保险理赔工作，并进行保险理赔业务的管理工作。

## 七、典型工作任务及职业能力分析

针对本专业中职、高职的汽车维修学徒、机电工、维修班长、车间主管（技术主任）、售后经理、钣金工及班组长、喷漆美容工及班组长、服务顾问及主管、配件管理及主管、保险理赔专员及主管等目标岗位，面向行业企业，运用头脑风暴、文献资料、调研等方法开展"二维四步五解"职业能力分析，获得涵盖汽车后市场的汽车机电维修、钣金工、喷漆美容、服务顾问、配件、保险六大工作领域21个岗位的74个工作项目、309项工作任务、1 721条职业能力点及58条职业素养点，详见附件。

## 八、课程结构

### （一）中职学段课程结构

表4

| 课程模块 | | 课程名称 | 课程性质 |
|---|---|---|---|
| 公共基础课程 | | 语文 | 必修课 |
| | | 英语 | 必修课 |
| | | 数学 | 必修课 |
| | | 计算机应用基础 | 必修课 |
| | | 职业生涯规划 | 必修课 |
| | | 职业道德与法律 | 必修课 |
| | | 经济政治与社会 | 必修课 |
| | | 哲学与人生 | 必修课 |
| | | 公共艺术 | 必修课 |
| | | 体育与健康 | 必修课 |
| | | 历史 | 必修课 |
| 专业课程 | 专业核心课程 | 汽车维护 | 必修课 |
| | | 汽车构造与拆装 | 必修课 |
| | | *汽车发动机机械检修 | 必修课 |
| | | *汽车底盘机械检修 | 必修课 |
| | | *汽车电气设备检修 | 必修课 |
| | | 项目实习 | 必修课 |
| | 车身修复专业方向课程 | 汽车钣金工艺 | 限选课 |
| | | 汽车喷涂工艺 | 限选课 |
| | | 汽车美容与装饰 | 限选课 |
| | 汽车配件管理专业方向课程 | 汽车配件营销与管理 | 限选课 |

注："*"表示中高职的衔接课程。

## （二）高职学段课程结构

表5

| 课程模块 | | 课程名称 | 课程性质 |
| --- | --- | --- | --- |
| 公共基础课程 | | 思想品德修养与法律基础 | 必修课 |
| | | 毛泽东思想和中国特色社会主义理论体系概论 | 必修课 |
| | | 形势与政策 | 必修课 |
| | | 高等应用数学 | 必修课 |
| | | 英语 | 必修课 |
| | | 计算机应用基础 | 必修课 |
| | | 体育 | 必修课 |
| | | 就业指导与职业生涯设计 | 必修课 |
| | | 创新创业基础 | 必修课 |
| 专业课程 | 专业核心课程 | *汽车发动机电控系统检修 | 必修课 |
| | | *汽车底盘电控系统检修 | 必修课 |
| | | *汽车车身电控系统检修 | 必修课 |
| | | 汽车维修质量检验 | 必修课 |
| | | 汽车综合故障诊断 | 必修课 |
| | | 汽车维修企业管理 | 必修课 |
| | | 顶岗实习 | 必修课 |
| | 汽车新技术专业方向课程 | 新能源汽车检修 | 选修课 |
| | 汽车保险与理赔专业方向课程 | 汽车保险与理赔 | 选修课 |
| | | 二手车鉴定与评估 | 选修课 |
| | 汽车服务顾问专业方向课程 | 汽车维修接待 | 选修课 |

注："*"表示中高职的衔接课程。

## 九、课程内容及要求

### （一）中职学段课程内容及要求

1. 公共基础课程

表6

| 序号 | 课程名称 | 主要教学内容和要求 | 参考学时 |
| --- | --- | --- | --- |
| 1 | 语文 | 本课程依据《中等职业学校语文教学大纲》开设，要求学生掌握语文基础知识，掌握日常生活和职业岗位需要的现代文阅读能力、写作能力、口语交际能力，具有初步的文学作品欣赏能力和浅易文言文阅读能力。本课程设置语文综合实践活动，通过创设生活情境和职业情境，提高学生综合运用知识、技能、方法的能力。学生掌握基本的语文学习方法，养成自学和运用语文的良好习惯。加强阅读与鉴赏经典作品的欣赏能力与基础写作能力，为学生的继续发展服务 | 162 |
| 2 | 英语 | 本课程依据《中等职业学校英语教学大纲》开设，以满足各专业学生就业与升学需求为目标，以融合文化素养、职业技能、语言知识为原则，巩固与延续初中基础英语知识，培养学生听、说、读、写技能，并初步形成日常生活和职业场景的英语应用能力。能听懂和说出简单指令；能读懂简单的应用文及进行简单写作；能理解语法项目的形式与意义，并应用于交际任务；能在交流中做到语音、语调基本达意 | 162 |
| 3 | 数学 | 本课程依据《中等职业学校数学教学大纲》开设，要求学生掌握必要的数学基础知识，培养观察能力、空间想象能力、分析与解决问题能力和数学思维能力，为学习专业知识、掌握职业技能、继续学习和终身发展奠定基础。教学内容由基础模块与拓展模块两个部分构成，基础模块包括：集合、不等式、函数、指数函数与对数函数、三角函数、数列、平面向量、直线和圆的方程、立体几何（选学）、概率与统计初步（选学）；拓展模块包括：三角公式及应用、平面解析几何（椭圆、双曲线、抛物线）、概率与统计 | 162 |
| 4 | 计算机应用基础 | 本课程依据《中等职业学校计算机基础教学大纲》开设，要求学生学习计算机基础知识、Windows桌面操作系统的功能及使用、办公软件的使用、计算机网络的基础知识及使用。通过学习，掌握计算机操作的基本技能，具有常用的文字处理能力、常用的数据处理能力和一定的演示文稿处理能力，具有一定的信息获取、整理、加工能力和网上交互能力，为以后的学习和工作打下基础 | 90 |

续上表

| 序号 | 课程名称 | 主要教学内容和要求 | 参考学时 |
|---|---|---|---|
| 5 | 职业生涯规划 | 本课程依据《中等职业学校德育教学大纲》开设，旨在引导学生树立正确的职业理想和职业观念，学生能够根据社会需要和自身特点进行职业生涯规划。课程分成五大模块：职业生涯规划与职业理想；职业生涯发展条件与机遇；职业生涯发展目标与措施；职业生涯发展与就业、创业；职业生涯规划管理与调整。通过课堂体验、活动探索形成生涯规划能力，树立正确的职业观、择业观和成才观 | 36 |
| 6 | 职业道德与法律 | 本课程依据《中等职业学校德育教学大纲》开设，从了解文明礼仪开始，循序渐进地陶冶学生的道德情操，增强职业道德意识和法治观念，指导学生掌握与日常生活和职业活动密切相关的法律常识。教学中注重引导学生合作探究和实践学习，坚持贴近学生、贴近职业、贴近社会，增强德育教育的针对性、主动性和时代感，做到理论与实际相结合，知、信、行相统一 | 36 |
| 7 | 经济政治与社会 | 本课程依据《中等职业学校德育教学大纲》开设，从商品的交换与消费切入，透视企业的生产与经营、个人的收入与理财相关的经济现象；站在社会主义的基本经济制度和社会主义市场经济的立场上，坚持对外开放的基本国策，投身到小康社会的经济建设中；了解我国民主政治的发展道路，拥护社会主义政治制度；做到参与政治生活，依法行使民主权利，履行义务、承担责任，关注改善民生和国际社会、维护国家利益，明白建设和谐社会人人有责 | 36 |
| 8 | 哲学与人生 | 本课程依据《中等职业学校德育教学大纲》开设，旨在运用唯物论原理，鼓励学生坚持从客观实际发展，脚踏实地在人生路上自强不息地行动。学生能用普遍联系、发展变化和矛盾观点辩证看问题，树立积极的人生态度；能坚持认识和实践的统一，懂得透过现象认识本质，提高明辨是非的人生发展能力；能做到顺应历史潮流，在掌握历史规律的基础上，清晰人的本质与利己利他的关系，凭着理想信念与意志责任，在社会劳动奉献中发展自我，创造人生价值，实现人的全面发展与个性自由 | 36 |
| 9 | 公共艺术 | 本课程依据《中等职业学校公共艺术课程教学大纲》开设，以审美教育为核心，通过艺术作品赏析和艺术实践活动，学生了解或掌握各种艺术门类的基本知识、技能和原理，认识不同艺术类型的表现形式、审美特征，掌握欣赏艺术作品的方法、要领及规律，增强学生对艺术的理解与分析评判的能力，从而提高学生对艺术的鉴赏力，对美丑的分辨力，净化心灵，陶冶情操，丰富他们的人文素养和精神世界，拓展学生的审美视野，发展创新思维与合作意识，形成他们正确的世界观、人生观和价值观，对提升学生今后的生活品质和文化品位有积极的促进作用 | 36 |

续上表

| 序号 | 课程名称 | 主要教学内容和要求 | 参考学时 |
|---|---|---|---|
| 10 | 体育与健康 | 本课程依据《中等职业学校体育与健康教学大纲》开设，以树立"健康第一"为指导思想，传授体育与健康的基本文化知识、体育技能和方法。学生掌握两项以上体育技能，通过参与集体性体育活动，培养良好的人际关系和合作精神。学习与职业生涯相关的体育运动项目，认识体育对提高就业和创业能力的价值，提高综合职业素质，养成终身从事体育锻炼的意识、能力与习惯，提高生活质量，为全面促进学生身体健康、心理健康和社会适应能力服务 | 144 |
| 11 | 历史 | 本课程是中等职业学校开设的一门公共基础课程，是在义务教育阶段历史课程的基础上，结合中职学校实际情况，坚持唯物史观为指导，引导学生对中国及世界历史进行更加深入的学习，促进学生进一步拓展历史视野、培养历史意识、发展历史思维、提高历史素养；使学生能够从历史发展的角度理解并认同中华优秀传统文化，自觉培育和践行社会主义核心价值观，树立正确的历史观、世界观和人生观，为学生未来的学习、工作与生活奠定基础 | 36 |

2. 专业核心课程

表7

| 序号 | 课程名称 | 对接职业能力 | 主要教学内容和要求 | 参考学时 |
|---|---|---|---|---|
| 1 | 汽车维护 | 01；02；03；75 | 本课程的主要任务是培养学生在规定的工作时间内，以经济的方式，借助维护作业工单，独立或合作完成新车PDI、汽车维护保养工作，要求学生掌握汽车一、二级维护保养的作业项目和操作规范的基本技能。学生学习本课程后应能根据工单给定任务完成车辆相应行驶里程的维护，使车辆达到安全、舒适性使用要求和经济性生产要求 | 54 |
| 2 | 汽车构造与拆装 | 01；04-01；04-02；04-05-01；05-01；05-02-01；05-03-01；05-04-01；05-05-01；75 | 本课程的主要任务是使学生掌握汽车及各大总成特别是发动机、底盘系统的总体构造和工作原理；培养学生使用正确工具按照维修手册规定的步骤完成发动机、底盘总成、电器元件拆装；同时培养学生的方法和学习能力，具备必要的与人沟通的能力，独立并主动学习的能力，在拆装工作过程中发现隐患问题和解决问题的能力，为学生的可持续发展打下良好的基础 | 126 |

续上表

| 序号 | 课程名称 | 对接职业能力 | 主要教学内容和要求 | 参考学时 |
|---|---|---|---|---|
| 3 | *汽车发动机机械检修 | 01；04-01；04-03；04-04；04-05；04-06；04-08；04-09；04-11；04-12；04-13；04-14；08-01；75 | 本课程的主要任务是使学生掌握发动机的构造原理，并在这个基础上，掌握现代汽车发动机机械系统部分的故障诊断和维修技术；同时培养学生的方法和学习能力，具备必要的与人沟通的能力，独立并主动学习的能力，在检修工作过程中发现隐患问题和解决问题的能力，为学生的可持续发展打下良好的基础 | 90 |
| 4 | *汽车底盘机械检修 | 01；05-02；05-03；05-04；05-05；05-06；05-07；05-08；05-09；08-02；75 | 本课程的主要任务是使学生掌握相关理论知识的基础上，掌握现代汽车底盘机械系统，包括传动系统、转向系统、行驶系统、制动系统的故障诊断和维修技术；同时培养学生的方法和学习能力，具备必要的与人沟通的能力，独立并主动学习的能力，在检修工作过程中发现隐患问题和解决问题的能力，为学生的可持续发展打下良好的基础 | 180 |
| 5 | *汽车电气设备检修 | 01；04-07；04-10；04-15-01；06-01；06-02；06-03；06-06；06-07；75 | 本课程的主要任务是使学生掌握汽车电气设备的相关知识，从而促进学生掌握汽车电气构造组成和原理，能正确的拆装汽车电器的各个总成件，进而能利用所学知识对汽车故障进行诊断和维修，能运用各种仪器、仪表对汽车电气系统（包括启动系统和空调系统）进行检测并进行相关数据分析；能分析、检测汽车电器设备系统的各个参数；能对汽车电气的性能进行检测。同时培养学生的方法和学习能力，具备必要的与人沟通的能力，独立并主动学习的能力，在检修工作过程中发现隐患问题和解决问题的能力，为学生的可持续发展打下良好的基础 | 90 |
| 6 | 项目实习 | | 通过项目实习，学生深入生产实际，深化和充实专业知识和技能，学习汽车维修生产过程和工艺要求，进行汽车维修生产训练；能熟练掌握汽车维修常用工具、量具、仪表和机具设备以及汽车检测诊断仪器设备的使用，进一步提高操作技能，积累汽车维修经验，初步具备上岗工作的能力 | 540 |

注：（1）"对接职业能力"条目的职业能力编码，与本专业职业能力分析报告中的职业能力分析表所对应，下表同此。（2）"*"表示中高职的衔接课程。

3. 车身修复专业方向课程

表8

| 序号 | 课程名称 | 对接职业能力 | 主要教学内容和要求 | 参考学时 |
| --- | --- | --- | --- | --- |
| 1 | 汽车钣金工艺 | 01；27；28；29；30；31；32；33；75 | 通过本课程的学习，学生能够了解各种车身的结构特点和维修要求，尤其是承载式车身的维修要领；掌握简单薄板的手工成形工艺操作方法，车身覆盖件的钣金成形技能、车身结构件（车身钢板、玻璃）的更换方法和焊接技术等，掌握车身维修常用设备工具的使用和维护操作，最终使学生具备合格的职业规范，能够胜任维修中的工作 | 126 |
| 2 | 汽车喷涂工艺 | 01；20；24；25；75 | 通过对本课程的学习，学生熟练掌握汽车喷涂生产工艺过程，掌握典型车身部件喷涂的操作技能、喷涂作业标准及其评价指标，具有组织和安排喷涂作业生产过程及工艺方法的能力，自觉遵循安全作业规范及6S的工作要求，为今后从事汽车喷涂工作奠定坚实的基础 | 144 |
| 3 | 汽车美容与装饰 | 01；20；21；22；23；75 | 通过对本课程的学习，学生熟练掌握汽车美容及精品加装生产工艺，掌握汽车外部美容、汽车内饰美容、汽车车窗贴膜、精品加装的操作技能、作业标准及其评价指标，具有组织和安排美容及精品加装作业生产过程及工艺方法的能力，自觉遵循安全作业规范及6S的工作要求，为今后从事汽车美容与装饰工作奠定坚实的基础 | 72 |

注："对接职业能力"条目的职业能力编码，与本专业职业能力分析报告中的职业能力分析表所对应。

4. 汽车配件管理专业方向课程

表9

| 序号 | 课程名称 | 对接职业能力 | 主要教学内容和要求 | 参考学时 |
| --- | --- | --- | --- | --- |
| 1 | 汽车配件营销与管理 | 01；34；35；36；37；38；39；40；41；43；75 | 通过本课程的学习，学生掌握汽车配件市场调查与预测方法；熟悉汽车零配件检索常用工具和检索方法；熟悉汽车零配件订货管理、入库管理、仓务管理、销售和出库管理等内容；通过上机实习，学生学会汽车零配件管理数据库的建立和使用方法，能够熟练使用市场上流行的汽车配件管理系统软件，进行汽车配件库存情况查询，开各种单据，了解汽车配件订货、入库、仓管、出库、销售等程序。提高学生的专业素质，培养创新能力 | 90 |

## （二）高职学段课程内容及要求

### 1. 公共基础课程

表10

| 序号 | 课程名称 | 主要教学内容和要求 | 参考学时 |
|---|---|---|---|
| 1 | 思想品德修养与法律基础 | 本课程是高校大学生进行思想道德和法制观念教育的必修课，通过该课程的理论学习和实践体验，帮助大学生形成正确的理想信念，弘扬爱国主义精神，确立正确的人生观和价值观，加强思想品德修养，增强学法守法用法的自觉性，全面提高思想道德素质和法律素质，使之成为品学兼优的社会主义现代化建设应用型人才 | 72 |
| 2 | 毛泽东思想和中国特色社会主义理论体系概论 | 本课程主要对学生进行中国特色社会主义理论与实践教育，使学生能够正确地理解和掌握毛泽东思想、中国特色社会主义理论的科学体系、精神实质和立场、观点、方法，树立建设中国特色社会主义的坚定信念，培养运用马克思主义的立场、观点和方法分析和解决问题的能力，增强执行党的基本路线和基本纲领的自觉性和坚定性，积极投身全面建设小康社会的伟大实践 | 72 |
| 3 | 形势与政策 | 本课程通过了解国际、国内形势，学生正确认识党和国家面临的形势和任务，正确认识世情、国情、党情，正确理解并拥护党的路线、方针和政策；增加学生的爱国主义责任感和使命感，不断提高学生的爱国主义和社会主义觉悟；增强实现改革开放和社会主义现代化建设宏伟目标的信心和社会责任感，提高当代大学生投身于国家经济建设事业的自觉性和态度，明确自身的人生定位和奋斗目标 | 36 |
| 4 | 高等应用数学 | 通过本课程各个环节的教学，学生获得必需的数学知识，逐步培养学生的抽象思维能力、逻辑推理能力、空间想象能力和自学能力。主要内容包括函数、极限、连续，一元函数微分学，一元函数积分学，向量代数与空间解析几何学，多元函数微分学，多元函数积分学，无穷级数与常微分方程等。为学习后继课程和进一步获得数学知识奠定必要的数学基础 | 72 |
| 5 | 英语 | 本课程以培养学生实际应用英语的能力为目标，侧重职场环境下语言交际能力的培养，使学生逐步提高用英语进行交流与沟通的能力。同时，使学生掌握有效的学习方法和策略，培养学生的学习兴趣和自主学习能力，提高学生的综合文化素养和跨文化交际意识，为提升学生的就业竞争力及未来的可持续发展打下必要的基础 | 144 |

续上表

| 序号 | 课程名称 | 主要教学内容和要求 | 参考学时 |
|---|---|---|---|
| 6 | 计算机应用基础 | 在中职计算机应用基础课程基础上，进一步学习计算机、计算机网络、信息安全等方面的基础知识和办公软件高级应用，学习多媒体基础知识及使用、网页基础知识及使用。通过学习，提高计算机应用综合素养，提高办公软件高级应用技能，具有简单处理图像、声音、视频等多媒体的能力，简单的静态网页制作与发布能力 | 72 |
| 7 | 体育 | 本课程的目标是全面锻炼学生的身体，增强体质，使学生掌握体育基本知识、技术、技能，培养终身体育锻炼的能力和习惯。通过本课程的学习和训练，学生了解体育锻炼的原则与方法，常见运动损伤的预防与处理，具有一定的体育文化欣赏能力；掌握两项以上体育运动项目的基本知识、技术、技能；增强体质，促进身心健康，培养吃苦耐劳、勇敢顽强的意志品质。养成终身体育锻炼的能力和习惯，健康体质测试标准合格 | 72 |
| 8 | 就业指导与职业生涯设计 | 本课程是关于职业启蒙、职业目标、职业意识、求职技巧和创业准备的应用型课程，教学目的是培养学生的社会能力和方法能力，提高其可雇用能力。让学生理解职业与成才的关系、理解职业生涯设计的意义和基本内容，让学生学会认识自己和社会，初步完成职业生涯设计；让学生初步形成职业意识，学会初到企业的通用的行为规范，学会处理企业中的人际关系；让学生初步学会求职申请和面试的基本技巧 | 36 |
| 9 | 创新创业基础 | 本课程是创新创业梯级课程体系的基础启蒙课程，主要任务是培养学生创新精神与创业意识，教授学生创业知识、锻炼创业能力。以创业者素质要求→评估创业机会→创建企业→创业过程管理→创业企业发展为主线，通过本课程学习，学生掌握开展创业活动所需要的基本知识，认知创业的基本内涵和创业活动的特殊性，辩证地认识和分析创业机会、创业资源、创业计划和创业项目；具备必要的诚信力、决策力、管理力、创建力和社交力等素质，掌握创业资源整合与创业计划撰写的方法，熟悉新创企业的开办流程与管理，提高创办和管理企业的综合素质和能力；树立科学的创业观，主动适应国家经济社会发展和个体的全面发展需求，正确理解创新创业与职业生涯发展的关系，自觉遵循创新创业规律，积极投身创新创业实践 | 36 |

2. 专业核心课程

表11

| 序号 | 课程名称 | 对接职业能力 | 主要教学内容和要求 | 参考学时 |
|---|---|---|---|---|
| 1 | *汽车发动机电控系统检修 | 01；04-01；04-05；04-06；04-07；04-08-02；04-09-02；04-09-04；04-12；04-13；04-14；04-15；75 | 通过本课程的学习，学生掌握汽车发动机电控的基本理论知识，能够对汽车发动机电控系统常见故障现象进行总结，分析故障原因，查找故障部位；通过实训培养学生的实践技能，掌握正确的故障诊断方法，能够对汽车发动机电控系统的重要部位进行检测和调整，具备对汽车发动机电控系统典型故障进行诊断、检测与排除的能力 | 72 |
| 2 | *汽车底盘电控系统检修 | 01；05-05-05；05-07-03；05-09-03；05-09-04；05-10-11；75 | 通过本课程的学习，学生掌握汽车底盘电控系统的基本理论知识，能够对汽车底盘电控常见故障现象进行总结，分析故障原因，查找故障部位；通过实训培养学生的实践技能，掌握正确的故障诊断方法，能够对汽车底盘电控各系统的重要部位进行检测和调整，具备对汽车典型故障进行诊断、检测与排除的能力 | 72 |
| 3 | *汽车车身电控系统检修 | 01；06-04；06-05；06-07；06-08；06-09；06-10；75 | 通过本课程的学习，培养学生在掌握相关理论知识的基础上，能够按专业技术规范要求，使用通用工具、检测专用工具、设备和维修资料等，以小组合作的形式完成待修车辆车身与舒适控制系统，包括：汽车车载网络系统、汽车空调系统、中控门锁与防盗系统、巡航控制系统、安全气囊系统、电动车窗、座椅及后视镜、汽车信息娱乐系统等方面的故障诊断，以及元件检测以及维修作业 | 72 |
| 4 | 汽车维修质量检验 | 01；08-01-07；08-02-12；10-01；10-02；10-03；10-04 | 本课程的任务是使学生掌握汽车维修质量相关法律、法规及标准，熟悉各级维护与维修质量检验的主要内容，能借助仪器、设备进行维修质量控制的能力 | 72 |
| 5 | 汽车综合故障诊断 | 01；04-16；04-17；05-11；05-12；06-11；75 | 通过本课程的学习，学生掌握汽车故障诊断的基本理论知识，能够对汽车常见故障现象进行总结，分析故障原因，查找故障部位；通过实训培养学生的实践技能，掌握正确的故障诊断方法，能够对汽车各系统的重要部位进行检测和调整，具备对汽车典型故障进行诊断、检测与排除的能力 | 90 |

续上表

| 序号 | 课程名称 | 对接职业能力 | 主要教学内容和要求 | 参考学时 |
|---|---|---|---|---|
| 6 | 汽车维修企业管理 | 01；09；10；11；12；13；14；15；16；17；18；19；75； | 通过本课程的学习，学生掌握包括汽车维修企业的班组管理、战略管理、服务流程管理、客户关系的经营管理、顾客投诉管理、运营管理、汽车维修质量管理、现场管理、配件管理、市场管理及团队管理等相关基础理论及方式方法 | 54 |
| 7 | 顶岗实习 |  | 毕业生顶岗实习是学生在理论与实践教学环节完成后，即将毕业时的综合性生产实习。让学生深入实际开阔眼界，深化与充实进口汽车专业知识，以及进行车辆维修操作、检测、生产管理和技术管理等方面的综合管理等多方面的综合训练，可根据工作需要和本人的技能参加顶岗劳动，每人掌握2~4个主要工位的操作技能，参与某一个科室的生产技术管理工作，从而获得从事本专业实际工作的初步能力。学生在顶岗实习过程中，要坚持每天写日记，实习结束时必须完成实习鉴定工作，实习鉴定则由所在车间主任填写并盖章，而且还必须上交实习总结。实习指导教师根据实习鉴定（50%）、平时表现（30%）和实习总结（20%）评定学生实习成绩 | 500 |

注：（1）"对接职业能力"条目的职业能力编码，与本专业职业能力分析报告中的职业能力分析表所对应，下表同此。（2）" * "表示中高职的衔接课程。

3. 汽车新技术专业方向课程

表12

| 序号 | 课程名称 | 对接职业能力 | 主要教学内容和要求 | 参考学时 |
|---|---|---|---|---|
| 1 | 新能源汽车检修 | 01；07；75 | 通过本课程的学习，培养学生掌握新能源汽车原理与构造知识；掌握新能源汽车动力系统安装、检测、调试；掌握新能源汽车混合动力和纯电动系统安装、检测、调试熟悉汽车新能源技术；能排除新能源汽车特别是纯电动汽车和混合动力技术汽车常见故障；能进行新能源汽车的故障分析与排除和新能源汽车系统的生产工艺文件制定 | 72 |

4. 汽车保险与理赔专业方向课程

表13

| 序号 | 课程名称 | 对接职业能力 | 主要教学内容和要求 | 参考学时 |
|---|---|---|---|---|
| 1 | 汽车保险与理赔 | 66；67；68；69；70；71；72；73；74；75 | 通过本课程的学习，培养学生基本的保险意识；学生熟悉汽车保险的产品，把握保险公司承担责任的界限以及免赔的规定；熟悉承包、理赔的基本流程；掌握汽车保险责任事故的查勘定损流程、损失评估原则及方法、识别欺诈的基本常识等 | 72 |
| 2 | 二手车鉴定与评估 | | 本课程的任务是介绍二手车鉴定评估的标准、依据、原则、程序及基本方法，二手车交易咨询与服务，二手车技术状况鉴定及回收等方面的内容，为二手车市场服务提供必要的理论基础和专业技能。本课程要求学生了解掌握汽车的基本构造及性能；了解二手车交易市场的形成及发展概况；掌握二手车的技术基础知识和二手车鉴定评估的基础理论知识；掌握如何对二手车进行技术鉴定和价值估算的方法及具体操作程序；学习了解国家对二手车交易的有关政策、法规及二手车交易过户、转籍的办理程序等；以所学理论为依据，具有实际二手车交易评估能力 | 72 |

5. 汽车服务顾问专业方向课程

表14

| 序号 | 课程名称 | 对接职业能力 | 主要教学内容和要求 | 参考学时 |
|---|---|---|---|---|
| 1 | 汽车维修接待 | 01；49；50；51；52；53；54；55；56；57；58；59；60；61；62；63；64；75； | 通过学习汽车服务接待，学生能描述汽车维修服务接待的工作流程，服务接待沟通的方法、各车型主要维修项目和服务跟踪等知识；能按照服务接待流程完成客户接待工作；能按照礼仪的要求接待客户；能描述维修服务接待工作流程；能描述客户预约的方法；能描述客户接待的方法；能描述与客户进行有效沟通的方法；能描述维修车型的主要维修服务项目；能描述主要维修服务项目的预计工时和费用；能描述交车和结算的工作内容和流程；能描述客户异议处理的内容和注意事项，并建立顾客档案进行跟踪服务，同时形成一丝不苟、热情服务的工作态度，养成严格按服务流程开展工作的习惯 | 72 |

## 十、教学安排

### （一）中职学段教学安排

表 15

| 课程类别 | | 课程名称 | 学分 | 总学时 | 各学期周数、学时分配 | | | | | |
|---|---|---|---|---|---|---|---|---|---|---|
| | | | | | 1 | 2 | 3 | 4 | 5 | 6 |
| | | | | | 18 | 18 | 18 | 18 | 18 | 18 |
| 公共基础课程 | 必修课 | 语文 | 9 | 162 | 4 | 2 | | | 3 | |
| | | 英语 | 9 | 162 | 4 | 2 | | | 3 | |
| | | 数学 | 9 | 162 | 4 | 2 | | | 3 | |
| | | 计算机应用基础 | 5 | 90 | | 3 | 2 | | | |
| | | 职业生涯规划 | 2 | 36 | 2 | | | | | |
| | | 职业道德与法律 | 2 | 36 | | 2 | | | | |
| | | 经济政治与社会 | 2 | 36 | | | 2 | | | |
| | | 哲学与人生 | 2 | 36 | | | | 2 | | |
| | | 公共艺术 | 2 | 36 | | 2 | | | | |
| | | 体育与健康 | 8 | 144 | 2 | 2 | 2 | 2 | | |
| | | 历史 | 2 | 36 | | | 2 | | | |
| | | 已安排课程小计 | 52 | 936 | 16 | 15 | 8 | 4 | 9 | |
| | | …… | | …… | …… | …… | …… | …… | …… | …… |
| | | 小计 | | 1 100 | | | | | | |
| 专业课程 | 专业核心课程 | 汽车维护 | 3 | 54 | | | | 3 | | |
| | | 汽车构造与拆装 | 7 | 126 | 4 | 3 | | | | |
| | | *汽车发动机机械检修 | 5 | 90 | | | 5 | | | |
| | | *汽车底盘机械检修 | 10 | 180 | | | 4 | 6 | | |
| | | *汽车电气设备检修 | 5 | 90 | | | 5 | | | |
| | | 项目实习 | 28 | 540 | | | | | | 28 |
| | | 已安排课程小计 | 58 | 1 080 | 4 | 3 | 17 | 6 | | 28 |
| | | …… | | …… | …… | …… | …… | …… | …… | …… |
| | | 小计 | | 1 500 | | | | | | |
| | 车身修复专业方向课程 | 汽车钣金工艺 | 7 | 126 | | | | | 7 | |
| | | 汽车喷涂工艺 | 8 | 144 | | | | | 8 | |
| | | 汽车美容与装饰 | 4 | 72 | | | | 4 | | |
| | | 已安排课程小计 | 19 | 342 | | | | 11 | 8 | |
| | | …… | | …… | …… | …… | …… | …… | …… | …… |
| | | 小计 | | 400 | | | | | | |

续上表

| 课程类别 | | 课程名称 | 学分 | 总学时 | 各学期周数、学时分配 | | | | | |
|---|---|---|---|---|---|---|---|---|---|---|
| | | | | | 1 | 2 | 3 | 4 | 5 | 6 |
| | | | | | 18 | 18 | 18 | 18 | 18 | 18 |
| 专业课程 | 汽车配件管理专业方向课程 | 汽车配件营销与管理 | 5 | 90 | | | | | 5 | |
| | | 已安排课程小计 | 5 | 90 | | | | | 5 | |
| | | …… | …… | …… | …… | …… | …… | …… | …… | …… |
| | | 小计 | | 400 | | | | | | |
| | 任选课 | …… | | 200 | …… | …… | …… | …… | …… | …… |
| 已安排课程的合计 | | | 129 | 2 358 | 20 | 18 | 25 | 21 | 17 | 28 |
| 总计 | | | | 3 200 | 28 | 28 | 28 | 28 | 28 | 28 |

注：各校在此基础上，结合学校实际情况，将课程体系设计完整。（1）中职学段总学时数为3 000~3 300学时，公共基础课学时不少于总学时的1/3，专业核心课程占1 400~1 500学时，专业方向课程占300~400学时。（2）"＊"表示中高职的衔接课程。（3）"项目实习"由中高职对口院校共同商讨实习内容、形式和时间，包括项目工厂实习、工作室实习等多种形式，原则上安排在第六学期进行。（4）总学分不少于170学分。（5）"……"表示由各院校自行安排的必修课程、选修课程。

## （二）高职学段教学安排

表16

| 课程类别 | | 课程名称 | 学分 | 总学时 | 各学期周数、学时分配 | | | |
|---|---|---|---|---|---|---|---|---|
| | | | | | 1 | 2 | 3 | 4 |
| | | | | | 18 | 18 | 18 | 18 |
| 公共基础课程 | 必修课 | 思想品德修养与法律基础 | 4 | 72 | 2 | 2 | | |
| | | 毛泽东思想和中国特色社会主义理论体系概论 | 4 | 72 | | | | 4 |
| | | 形势与政策 | 2 | 36 | 1 | 1 | | |
| | | 高等应用数学 | 4 | 72 | 4 | | | |
| | | 英语 | 8 | 144 | 4 | 4 | | |
| | | 计算机应用基础 | 4 | 72 | | 4 | | |
| | | 体育 | 4 | 72 | 2 | 2 | | |
| | | 就业指导与职业生涯设计 | 2 | 36 | 1 | | | 1 |
| | | 创新创业基础 | 2 | 36 | 2 | | | |
| | | 已安排课程小计 | 34 | 612 | 16 | 13 | 5 | |
| | | …… | | …… | …… | …… | …… | …… |
| | | 合计 | | 650 | | | | |

续上表

| 课程类别 | | 课程名称 | 学分 | 总学时 | 各学期周数、学时分配 | | | |
|---|---|---|---|---|---|---|---|---|
| | | | | | 1 | 2 | 3 | 4 |
| | | | | | 18 | 18 | 18 | 18 |
| 专业课程 | 专业核心课程 | *汽车发动机电控系统检修 | 4 | 72 | 4 | | | |
| | | *汽车底盘电控系统检修 | 4 | 72 | 4 | | | |
| | | *汽车车身电控系统检修 | 4 | 72 | | 4 | | |
| | | 汽车维修质量检验 | 4 | 72 | | 4 | | |
| | | 汽车综合故障诊断 | 5 | 90 | | | 5 | |
| | | 汽车维修企业管理 | 3 | 54 | | | 3 | |
| | | 顶岗实习 | 26 | 500 | | | | 26 |
| | | 已安排课程小计 | 50 | 932 | 12 | 12 | | 26 |
| | | …… | …… | …… | …… | …… | …… | …… |
| | | 合计 | | 1 050 | | | | |
| | 汽车新技术专业方向课程 | 新能源汽车检修 | 4 | 72 | | | 4 | |
| | | 已安排课程小计 | 4 | 72 | | | 4 | |
| | | …… | …… | …… | …… | …… | …… | …… |
| | | 小计 | | 300 | | | | |
| | 汽车保险与理赔专业方向课程 | 汽车保险与理赔 | 4 | 72 | | | 4 | |
| | | 二手车鉴定与评估 | 4 | 72 | | | 4 | |
| | | 已安排课程小计 | 8 | 144 | | | 8 | |
| | | …… | …… | …… | …… | …… | …… | …… |
| | | 合计 | | 300 | | | | |
| | 汽车服务顾问专业方向课程 | 汽车维修接待 | 4 | 72 | | | 4 | |
| | | 已安排课程小计 | 4 | 72 | | | 4 | |
| | | …… | …… | …… | …… | …… | …… | …… |
| | | 合计 | 14 | 300 | | | | |
| 任选课 | | …… | | 200 | …… | …… | …… | …… |
| 已安排课程合计 | | | 94 | 1 688 | 28 | 25 | 13 | 26 |
| 合计 | | | 不少于90 | 2 000~2 200 | ≤28 | ≤28 | ≤28 | ≤28 |

注：各校在此基础上，结合学校实际情况，将课程体系设计完整。（1）高职学段总学时数为2 000~2200学时，公共基础课程占20%~30%学时，专业核心课程占1 000~1 100学时，专业方向课程占200~300学时。（2）"*"表示中高职的衔接课程。（3）"顶岗实习"包括毕业实习、毕业设计等多种形式，原则上安排在第四学期进行。（4）总学分不少于90学分，含军训及入学教育、社会实践、毕业教育等活动的学分。（5）"……"表示由各院校自行安排的必修课程、选修课程。

## 十一、教学基本条件

### （一）师资条件

1. 中职学段

（1）校内专职教师要求。主讲教师具备本专业或相近专业大学本科以上学历（含本科）；应接受过职业教育教学方法论的培训，具有开发职业教育课程的能力；具有助理讲师以上职称和高级维修工以上技能证书。实操指导教师具备本专业或相近专业大学专科以上学历（含专科）；有技师及以上资格，有丰富的企业维修生产经验。

（2）企业兼职教师要求。兼职教师授课比例达到30%以上。企业兼职教师应具备大学专科以上学历，具有高等级技能证书，在相应的职业岗位上工作5年以上，具有丰富的从业业务经验和管理经验。

2. 高职学段

（1）校内专职教师要求。主讲教师具备本专业或相近专业硕士研究生以上学历（含硕士）；应接受过职业教育教学方法论的培训，具有企业工作经验或企业顶岗实习经历，具有3年以上职业教育授课经历，具备开发职业教育课程的能力；具有讲师以上职称和技师以上技能证书。实操指导教师具备本专业或相近专业大学本科以上学历（含本科）；有高级技师及以上资格，有5~8年丰富的企业维修生产经验。

（2）企业兼职教师要求。兼职教师授课比例达到40%~50%。企业兼职教师应具备大学本科以上学历，具有高等级技能证书，在相应的职业岗位上工作8~10年以上，具有丰富的从业业务经验、培训经验和管理经验。

### （二）实训实习条件

本专业应配备校内实训实习室和校外实训基地。

1. 校内实训室

为满足三二分段核心课程教学需要，中职学校必须具备汽车发动机机械实训室、汽车底盘机械实训室、汽车电气设备检修实训室、汽车整车拆装与维护实训室等；高职院校必须具备汽车发动机电控系统实训室、汽车底盘电控系统实训室、汽车车身电控系统实训室、汽车整车综合故障诊断实训室。

为满足三二分段方向课程教学需要，根据实际情况，中职学校应该具备汽车钣金实训室、汽车涂装实训室、汽车配件营销与管理实训室、汽车美容装饰实训室；高职院校应该具备新能源汽车检修实训室、汽车维修业务接待（包括礼仪）实训室、汽车性能检测实训室。

实训设备的台套数按照5~6人/台来配比，在实验设备台数不足的情况下，教学组织实施可以按照大班教学小班实训的方式（即小班为25~30位学生，大班为50~60位学生）来实现。

主要实训室、设备及数量如表17所示。

表17

| 序号 | 学段 | 实训室名称 | 主要工具和设施设备 | | 数量（台、套） |
|---|---|---|---|---|---|
| | | | 名称 | 规格 | |
| 1 | 中职 | 汽车发动机机械实训室 | 实物解剖发动机 | 发动机实物解剖而成，能展示发动机内部结构及工作过程 | 1 |
| | | | 发动机各系统示教板 | 能展示发动机各系统组成及工作原理 | 1 |
| | | | 汽油发动机零部件 | 两大机构与五大系统 | 4 |
| | | | 柴油机燃料系零部件 | 包括喷油泵、输油泵、滤清器、喷油器等 | 4 |
| | | | 汽油发动机附翻转架 | 发动机完整、翻转架功能正常 | 4 |
| | | | 柴油发动机附翻转架 | 发动机完整、翻转架功能正常 | 4 |
| | | | 发动机拆装工具 | 与发动机配套 | 4 |
| | | | 吊车 | 与发动机配套 | 2 |
| | | | 发动机维修测量常用量具 | 测量范围与发动机适应，包括量缸表等 | 4 |
| | | | 工作台 | 保证发动机拆装实训零件和工具摆放 | 4 |
| | | | 其他小型工量具、设备等 | 用于发动机机械系统的拆装、测量、检修和清洗 | 4 |
| 2 | 中职 | 汽车底盘机械实训室 | 汽车实物解剖车 | 部分剖切；能够展示汽车底盘总成安装位置、主要系统能通过人力或动力驱动；满足结构、原理教学需要 | 1 |
| | | | 总成实物解剖教具 | 底盘各大总成实物剖制而成，能展示内部结构和零部件安装位置；满足结构、原理教学需要 | 1 |
| | | | 转向系及前桥总成 | 实物；零部件齐全 | 4 |
| | | | 离合器总成（台架） | 实物总成；零部件齐全 | 4 |
| | | | 手动变速器总成及翻转架 | 实物总成；零部件齐全；翻转架功能正常 | 4 |
| | | | 自动变速器总成及翻转架 | 实物总成；零部件齐全；翻转架功能正常 | 4 |
| | | | 传动轴 | 实物；零配件齐全 | 4 |
| | | | 后桥、悬架及车轮总成 | 实物台架；零配件齐全 | 4 |

续上表

| 序号 | 学段 | 实训室名称 | 主要工具和设施设备 | | 数量（台、套） |
|---|---|---|---|---|---|
| | | | 名称 | 规格 | |
| 2 | 中职 | 汽车底盘机械实训室 | 液压制动系统台架 | 实物台架；零配件齐全 | 4 |
| | | | 通用工具 | 与所选底盘配套 | 8 |
| | | | 汽车底盘拆装专用工具 | 与所选底盘配套 | 2 |
| | | | 量具 | 与所选底盘配套 | 8 |
| | | | 轮胎拆装机及动平衡机 | 拆装轮胎演示和动平衡教学 | 1 |
| | | | 工作台 | 保证汽车底盘拆装实训零件和工具的摆放 | 4 |
| | | | 其他小型工量具、设备等 | 用于底盘机械系统的拆装、测量、检修和清洗 | 4 |
| 3 | 中职 | 汽车电气设备检修实训室 | 汽车蓄电池 | 解剖件和实物；包括常见各类蓄电池 | 8 |
| | | | 充电机 | 为亏电蓄电池充电 | 1 |
| | | | 交流发电机与电压调节器 | 实物；零部件齐全 | 10 |
| | | | 起动机 | 实物；零部件齐全 | 10 |
| | | | 点火系统示教板 | 实物示教板；系统展示点火系统工作原理 | 2 |
| | | | 点火系统部件 | 零部件齐全 | 2 |
| | | | 照明、信号系统示教板 | 实物示教板；展示照明、信号系统功能原理；满足教学需要 | 2 |
| | | | 仪表、报警灯及电子显示示教板 | 实物示教板；展示仪表、报警灯及电子显示功能原理；满足教学需要 | 2 |
| | | | 汽车手动空调系统教学实训台 | 实物台架；零部件齐全；满足手动空调教学原理 | 2 |
| | | | 汽车手动空调系统部件 | 实物；部件齐全 | 2 |
| | | | 空调制冷剂加注回收机及检漏、测压设备 | 实物；满足教学需要；电子检漏仪 | 1 |

续上表

| 序号 | 学段 | 实训室名称 | 主要工具和设施设备 | | 数量（台、套） |
|---|---|---|---|---|---|
| | | | 名称 | 规格 | |
| 3 | 中职 | 汽车电气设备检修实训室 | 实训车辆 | 满足整车电气相关教学及汽车辅助电气系统教学（包括电动刮水器、洗涤及除霜装置，电动汽油泵，电动车窗、天窗、电动后视镜及电动座椅，起动预热装置，汽车电器线路等）；车况良好 | 1 |
| | | | 拆装工具及其他小型工量具、设备等 | 用于电气设备的拆装、测量、检修和清洗 | 4 |
| 4 | 中职 | 汽车整车拆装与维护实训室 | 实训车辆 | 轿车；主流车型；整车拆装和维护教学使用；车况良好 | 4 |
| | | | 举升机 | 车辆举升教学使用；配套设备齐全 | 4 |
| | | | 通用工具及工具车 | 与所选车型的拆装、维护实训配套；工具齐全 | 4 |
| | | | 专用工具 | 与所选车型配套；工具齐全 | 2 |
| | | | 车辆维护、拆装、清洗相关耗材 | 与所选车型配套；质量性能优良 | 2 |
| 5 | 中职 | 汽车钣金实训室 | 轿车车身 | 实物；覆盖件齐全 | 1 |
| | | | 举升机 | 大于3吨 | 1 |
| | | | 车身校正仪 | 与车型配套 | 1 |
| | | | 车身测量系统 | 可测量轿车车身三维尺寸；电子或机械 | 1 |
| | | | 气体保护焊设备 | 焊接电压：16~25 V 焊接电流：40~200 A 额定负载持续率：60% | 2 |
| | | | 电焊设备 | 电流及压力满足汽车车身焊接要求 | 1 |
| | | | 外形修复机 | 工作范围：钢板厚度0.35~1.2 mm | 2 |
| | | | 工作台 | 满足焊接实训要求 | 2 |
| | | | 风挡玻璃割刀 | 满足汽车风挡玻璃的拆卸实训 | 1 |
| | | | 气动切割锯 | 满足汽车所用金属板材切割 | 1 |
| | | | 等离子切割机 | 满足汽车所用金属板材切割 | 1 |

续上表

| 序号 | 学段 | 实训室名称 | 主要工具和设施设备 | | 数量（台、套） |
|---|---|---|---|---|---|
| | | | 名称 | 规格 | |
| 5 | 中职 | 汽车钣金实训室 | 单轨道打磨机 | 可根据不同涂层要求更换打磨砂纸 | 1 |
| | | | 砂带磨机 | 可根据不同涂层要求更换打磨砂纸 | 1 |
| | | | 热吹风枪 | 满足铝板整形及脱胶操作等的加热 | 1 |
| | | | 气动拉、冲铆机 | 满足铝合金车身结构件的更换 | 1 |
| | | | 气动钻 | 满足铝合金车身结构件的更换 | 1 |
| | | | 车身密封胶打胶枪 | 满足车身密封胶、黏合剂施涂 | 1 |
| | | | 常用钣金工具 | 满足钣金实训要求 | 2 |
| 6 | 中职 | 汽车涂装实训室 | 喷烤漆房 | 符合环保要求；能满足喷涂需要；能满足教学需要 | 1 |
| | | | 调漆机 | 具有所选品牌汽车修补漆全部色母 | 1 |
| | | | 电子秤 | 精度 0.1 g，量程 5 kg | 1 |
| | | | 计算机 | 能安装相关软件；可上网 | 2 |
| | | | 调漆工作台 | 能满足调漆需要 | 1 |
| | | | 干磨设备 | 具有吸尘功能 | 4 |
| | | | 底漆喷枪及枪尾压力计 | 口径 1.6～2.0 mm | 4 |
| | | | 面漆喷枪及枪尾压力计 | 口径 1.3～1.5 mm | 4 |
| | | | 油水分离器 | 与喷枪配套 | 4 |
| | | | 红外烤灯 | 满足汽车修补漆干燥要求 | 4 |
| | | | 压缩空气机及管路系统 | 压力和气量能同时满足喷涂和干磨需要；配备油水分离器 | 1 |
| | | | 黏度计 | 4# | 1 |
| | | | 其他喷涂用防护用具、测试、测量、清洗工具及小型设备 | 用于工作防护，如面具、护目镜；用于测量喷涂效果，如光泽仪、膜厚仪、硬度仪等 | 2 |
| 7 | 中职 | 汽车配件营销与管理实训室 | 学生用计算机 | Intel 酷睿 i3/4 GB/500 GB 以上；具备上网功能 | 10 |
| | | | 教师用计算机 | Intel 酷睿 i3/4 GB/500 GB 以上；具备上网功能 | 1 |
| | | | 投影仪 | LCD；标准分辨率 1 024 dpi×768 dpi，最大分辨率 1 400 dpi×1 050 dpi | 1 |

续上表

| 序号 | 学段 | 实训室名称 | 主要工具和设施设备 | | 数量（台、套） |
| --- | --- | --- | --- | --- | --- |
| | | | 名称 | 规格 | |
| 7 | 中职 | 汽车配件营销与管理实训室 | 扫描仪 | 大于 600 dpi | 1 |
| | | | 交换器 | 48 口以上 | 1 |
| | | | 服务器 | Intel 酷睿 i3/4 GB/500 GB 以上；具备上网功能 | 1 |
| | | | 汽车模拟销售软件 | 网络版；可互动学习；具备考核功能 | 1 |
| | | | 汽车配件销售、管理软件 | 网络版；可互动学习；具备考核功能；包括国内常见车型的相关数据 | 1 |
| | | | 汽车整车 | 用于模拟销售教学 | 1 |
| | | | 模拟销售音响 | 可移动 | 1 |
| | | | 摄像机 | 用于拍摄和回放 | 1 |
| 8 | 中职 | 汽车美容装饰实训室 | 臭氧消毒机 | 功能正常；满足教学需要 | 1 |
| | | | 汽车美容抛光机 | 功能正常；满足教学需要 | 1 |
| | | | 汽车美容吸尘器 | 功能正常；满足教学需要 | 1 |
| | | | 汽车美容发泡机 | 功能正常；满足教学需要 | 1 |
| | | | 美容工具和用品 | 数量足够；质量性能良好 | 2 |
| | | | 烤膜机 | 功能正常；满足教学需要 | 1 |
| | | | 贴膜工具 | 数量足够；质量性能良好 | 1 |
| | | | 电钻 | 功能正常；满足教学需要 | 1 |
| | | | 防盗器 | 功能正常；满足教学需要 | 1 |
| | | | 倒车雷达 | 功能正常；满足教学需要 | 1 |
| | | | 中控锁 | 功能正常；满足教学需要 | 1 |
| | | | 汽车功放 | 功能正常；满足教学需要 | 1 |
| | | | 车体封胶枪 | 功能正常；满足教学需要 | 1 |
| | | | 汽车功放 | 功能正常；满足教学需要 | 1 |
| | | | 汽车套装喇叭 | 功能正常；满足教学需要 | 1 |
| 9 | 高职 | 汽车发动机电控系统实训室 | 电控汽油发动机实训台 | 实物，配有组合仪表、压力表等；具有直观的电控系统电路图和检测点；具有诊断接口；满足结构、原理、故障设置、诊断实训教学需要 | 2 |

续上表

| 序号 | 学段 | 实训室名称 | 主要工具和设施设备 | | 数量（台、套） |
|---|---|---|---|---|---|
| | | | 名称 | 规格 | |
| 9 | 高职 | 汽车发动机电控系统实训室 | 电控柴油发动机实训台 | 实物，配有组合仪表、压力表等；具有直观的电控系统电路图和检测点；具有诊断接口；满足结构、原理、故障设置、诊断实训教学需要 | 1 |
| | | | 汽油机柴油机测试工量具 | 满足汽缸压力、歧管压力、燃油压力、点火正时、转速、温度等参数测量 | 2 |
| | | | 汽缸泄漏测试仪 | 压力测量范围：0~0.8 MPa；进气压力测量范围：0~1 MPa；精度：±2% | 1 |
| | | | 冷却系统测试仪 | 与发动机型号相适应 | 1 |
| | | | 柴油机喷油正时测试仪 | 与发动机型号相适应 | 1 |
| | | | 手动真空泵 | 0~-100 kPa | 2 |
| | | | 汽车专用万用表 | 测量电路参数 | 2 |
| | | | 汽车示波器 | 双通道 | 4 |
| | | | 汽车故障电脑诊断仪 | 与发动机相适应 | 4 |
| | | | 汽车发动机喷油清洗监测仪 | 与发动机相适应 | 1 |
| | | | 柴油机喷油器检测仪 | 与发动机相适应 | 1 |
| | | | 喷油泵试验台 | 与发动机相适应 | 1 |
| | | | 发动机电子听诊器 | 可查明噪声源；满足教学需要 | 1 |
| 10 | 高职 | 汽车底盘电控系统实训室 | 电控自动变速器及翻转台 | 实物总成；零部件齐全；翻转架功能正常 | 4 |
| | | | 无级变速器及翻转试验台 | 实物总成；零部件齐全；翻转架功能正常 | 1 |
| | | | 双离合器自动变速器及翻转试验台 | 实物总成；零部件齐全；翻转架功能正常 | 1 |
| | | | 自动变速器试验台 | 选用主流车型典型结构自动变速器；能进行自动变速器试验；满足教学需要 | 1 |

续上表

| 序号 | 学段 | 实训室名称 | 主要工具和设施设备 | | 数量（台、套） |
|---|---|---|---|---|---|
| | | | 名称 | 规格 | |
| 10 | 高职 | 汽车底盘电控系统实训室 | ABS/EBD 制动系统实训台架 | 能模拟 ABS/EBD 工作原理；可设置故障；能满足教学需要 | 2 |
| | | | ASR 防滑驱动系统实训台架 | 能模拟 ASR 工作原理；可设置故障；能满足教学需要 | 2 |
| | | | 汽车电控悬架实训台 | 能模拟实现汽车电控悬架工作原理；可设置故障；能满足教学需要 | 2 |
| | | | 汽车电控动力转向系统实训台 | 能模拟实现汽车电控动力转向工作原理；可设置故障；能满足教学需要 | 2 |
| | | | 四轮定位仪及配套设备 | 能进行四轮定位检测和调整；满足教学需要 | 1 |
| | | | 汽车故障电脑诊断仪 | 与发动机附自动变速器实训台相配套 | 1 |
| | | | 其他小型工量具、设备等 | 用于底盘电控系统机械元件的拆装、测量、检修；电器元件的测量、故障诊断 | 4 |
| 11 | 高职 | 汽车车身电控系统实训室 | 汽车多媒体信息娱乐系统实训台 | 能模拟实现汽车多媒体信息娱乐系统功能；可设置故障；能满足教学需要 | 2 |
| | | | 汽车电控安全气囊实训台架 | 能模拟实汽车电控安全气囊工作原理；可设置故障；能满足教学需要 | 2 |
| | | | 汽车防撞雷达系统实训台架 | 能模拟实现汽车防撞雷达系统工作原理；可设置故障；能满足教学需要 | 2 |
| | | | 汽车中控门锁与防盗报警系统实训台架 | 能模拟实现汽车中控门锁与防盗报警系统工作原理；可设置故障；能满足教学需要 | 2 |
| | | | 汽车巡航控制系统教具 | 能模拟实现汽车巡航控制系统工作原理；可设置故障；能满足教学需要 | 2 |
| | | | 汽车导航系统教具 | 能模拟实现汽车导航系统工作原理；可设置故障；能满足教学需要 | 2 |
| | | | 汽车自动空调系统教学实训台 | 能模拟实现自动空调系统工作原理；可设置故障；能满足教学需要 | 2 |

续上表

| 序号 | 学段 | 实训室名称 | 主要工具和设施设备 | | 数量（台、套） |
|---|---|---|---|---|---|
| | | | 名称 | 规格 | |
| 11 | 高职 | 汽车车身电控系统实训室 | 汽车电控座椅系统教学台架 | 能模拟实现汽车电控座椅系统工作原理；可设置故障；能满足教学需要 | 2 |
| | | | GPS卫星导航系统教具 | 能模拟实现GPS卫星导航系统工作原理；可设置故障；能满足教学需要 | 2 |
| | | | 汽车车载网络控制系统教学实训台 | 能模拟实现车载网络控制系统工作原理；可设置故障；能满足教学需要 | 2 |
| | | | 实训车辆 | 具备车身电控系统各大功能；车辆良好 | 1 |
| | | | 汽车故障电脑诊断仪 | 与实训车辆相适应 | 1 |
| | | | 拆装工具及其他小型工量具、设备等 | 用于车身电控系统部件的拆装、测量、检修；电器元件的测量、故障诊断 | 4 |
| 12 | 高职 | 汽车整车综合故障诊断实训室 | 实训车辆 | 轿车；主流车型；整车故障设置与排除教学使用；车况良好 | 4 |
| | | | 整车故障设置和排除实训车辆 | 实车；具有故障设置箱，可快速设置故障；车辆良好 | 2 |
| | | | 举升机 | 车辆举升教学使用；配套设备齐全 | 4 |
| | | | 通用工具及工具车 | 与所选车型的拆装、故障排除实训配套；工具齐全 | 4 |
| | | | 专用工具 | 与所选车型配套；工具齐全 | 2 |
| | | | 车辆拆装、清洗、故障排除相关耗材 | 与所选车型配套；质量性能优良 | 2 |
| 13 | 高职 | 新能源汽车检修实训室 | 电动汽车 | 纯电动汽车 | 1 |
| | | | 混合动力电动汽车 | 油电混合 | 1 |
| | | | 新能源汽车动力电池实物及解剖件 | 原车实物；功能正常 | 1 |
| | | | 新能源汽车驱动电机实物 | 原车实物；功能正常 | 1 |
| | | | 混合动力汽车动力系统总成及翻转架 | 原车实物；零部件齐全；翻转架功能正常 | 1 |

续上表

| 序号 | 学段 | 实训室名称 | 主要工具和设施设备 | | 数量（台、套） |
|---|---|---|---|---|---|
| | | | 名称 | 规格 | |
| 13 | 高职 | 新能源汽车检修实训室 | 混合动力汽车综合教学实训台 | 基于实车，零部件齐全；仪表齐全；具有电控系统电路图和电路检测点；具有诊断接口；能满足教学需要 | 1 |
| | | | 纯电动汽车综合教学实训台 | 基于实车，零部件齐全；仪表齐全；具有电控系统电路图和电路检测点；具有诊断接口；能满足教学需要 | 1 |
| | | | 电池管理系统实训台 | 可设置每块单体电池；可对电池系统进行充放电参数设置；具有电池参数测试传感器；可完成故障诊断实训 | 1 |
| | | | 新能源汽车电动空调系统实训台 | 原车部件；配套部件齐全；可进行故障模拟 | 1 |
| | | | 电动汽车充电桩 | 国标充电接口；交流充电模式 | 1 |
| | | | 电动汽车充电设备实训台 | 原车部件；功能正常；可模拟故障教学 | 1 |
| | | | 汽车故障诊断仪 | 与车型配套 | 1 |
| | | | 新能源汽车维修专用工具 | 用于汽车的拆装、检查、测试、测量、故障排除 | 2 |
| | | | 新能源汽车维修防护工具 | 用于新能源汽车维修安全防护 | 40 |
| 14 | 高职 | 汽车维修业务接待（包括礼仪）实训室 | 学生用计算机 | Intel 酷睿 i3/4 GB/500 GB 以上；具备上网功能 | 10 |
| | | | 教师用计算机 | Intel 酷睿 i3/4 GB/500 GB 以上；具备上网功能 | 1 |
| | | | 投影仪 | LCD；标准分辨率 1 024 dpi×768 dpi，最大分辨率 1 400 dpi×1 050 dpi | 1 |
| | | | 扫描仪 | 大于 600 dpi | 1 |
| | | | 交换器 | 48 口以上 | 1 |
| | | | 服务器 | Intel 酷睿 i3/4 GB/500 GB 以上；具备上网功能 | 1 |

续上表

| 序号 | 学段 | 实训室名称 | 主要工具和设施设备 | | 数量（台、套） |
|---|---|---|---|---|---|
| | | | 名称 | 规格 | |
| 14 | 高职 | 汽车维修业务接待（包括礼仪）实训室 | 汽车维修业务接待软件 | 网络版；包括国内常见车型的相关数据 | 1 |
| | | | 汽车整车 | 用于模拟销售教学 | 1 |
| | | | 仪容镜 | 礼仪实训 | 2 |
| | | | 梳妆台 | 整理仪容 | 1 |
| | | | 摄像机 | 用于拍摄和回放 | 1 |
| 15 | 高职 | 汽车性能检测实训室 | 汽车制动检验台 | 功能正常，可完成生产任务；满足教学需要 | 1 |
| | | | 汽车轴重测试台 | 功能正常，可完成生产任务；满足教学需要 | 1 |
| | | | 汽车侧滑检验台 | 功能正常，可完成生产任务；满足教学需要 | 1 |
| | | | 汽车车速表检验台 | 功能正常，可完成生产任务；满足教学需要 | 1 |
| | | | 汽车前照灯检验仪 | 功能正常，可完成生产任务；满足教学需要 | 1 |
| | | | 汽车尾气分析仪 | 功能正常，可完成生产任务；满足教学需要 | 1 |
| | | | 柴油机烟度计 | 功能正常，可完成生产任务；满足教学需要 | 1 |
| | | | 声级计 | 功能正常，可完成生产任务；满足教学需要 | 1 |
| | | | 发动机综合性能检测分析仪 | 功能正常，可完成生产任务；满足教学需要 | 1 |
| | | | 汽车四轮定位仪 | 功能正常，可完成生产任务；满足教学需要 | 1 |
| | | | 汽车底盘测功机 | 功能正常，可完成生产任务；满足教学需要 | 1 |
| | | | 汽车转向盘转向测试台 | 功能正常，可完成生产任务；满足教学需要 | 1 |
| | | | 悬架振动检验台 | 功能正常，可完成生产任务；满足教学需要 | 1 |

### 2. 校外实训基地基本配置

设立企业专家和专业教师共同组成的专业指导委员会，按照"立足本地、辐射周边"的指导思想，分别与4S店和综合维修厂等企业深度合作，签订合作协议，满足学生的校外实训要求。企业实训基地原则上按不低于10∶1（生企比）的标准配置。

实习企业具有能够满足学生实习（实训）要求的条件，如能提供与学生专业实践教学和技能训练相关的工作岗位及工作任务，保证合格的企业指导教师和学生半年以上的实训时间等。

## 十二、教学实施建议

### （一）教学要求

公共基础课程在教学过程中，要符合教育部有关教育教学基本要求，针对中高职衔接生源，应注重文化基础课程的教学质量，重在培养学生基本科学文化素养、服务学生专业学习和终身发展，突出"以学生为中心"理念，强调探究性学习、互动学习、协作学习等多种学习策略，充分调动学生学习积极性，做到学以致用，为学生综合素质的提高、持续学习能力的提升、职业能力的形成和可持续发展奠定基础。

专业课程的教学按照职业岗位（群）的能力要求，强调理实一体化，突出"做中学、做中教"的职业教育教学特色，教学方法上充分运用行动导向教学法，采用任务驱动教学法、项目教学法、小组协作学习、角色扮演教学法、案例教学法、引导文教学法、头脑风暴法、卡片展示法、模拟教学法、自主学习法等多种教学方法，从而促使学生职业能力的培养，有效地培养学生逻辑思维能力和解决问题及可持续发展的能力。通过校内理论学习、实操训练、校外实训基地综合实习，不断提高学生的知识和技能，满足企业岗位需求。在教学过程中，通过数字化资源、仿真资源的开发与利用，结合实物教学，提高教学质量。

### （二）教学评价

所有必修课和学生选定的选修课等，均在教学过程中或完成教学目标时进行知识和技能考核，合格者取得该课程学分。考核中不仅要关注学生对知识的理解和技能的掌握，更要关注知识在实践中的运用与解决实际问题的能力水平，重视规范操作、安全文明生产等职业素质的形成，以及节约能源、节省原材料与爱护生产设备、保护环境等意识与观念的树立。

评价体系包括笔试、实践技能考核、项目实施技能考核、岗位绩效考核、职业资格技能鉴定、企业认证考核、技能竞赛等多种考核方式。

根据课程的不同特点，每门课程评价采用以下一种或多种考核方式相结合的形式进行，如笔试、实践技能考核、项目实施技能考核、岗位绩效考核、职业资格技能鉴定、企业认证考核、技能竞赛等。

## （三）教学管理

教学管理过程中要具有一定的规范性和灵活性，能够合理调配教师、实训室和实训场地等教学资源，为课程的实施创造条件，要加强对教学过程的质量监控，促进教师教学能力的提升，保证教学质量。

教学管理一般在主管院长（校长）的领导下，实行学院（校）、分院（系、部、科）两级负责，学院（学校）是教学管理的主体力量，主要通过以下形式进行。

（1）建立教学管理组织协调系统，专业教研室配合教务处、各分院（系、部、科）对日常课堂教学及教学建设工作进行管理和监控，及时解决教学中出现的问题。

（2）学院、分院（系）两级督学系统，聘请有丰富教学经验和教学管理经验的老教师、退休的教学管理人员组成校院两级督学小组，实现"督教、督学、督管"。

（3）建立学生课堂教学效果反馈系统。每学期期中，召开教学质量座谈会，反馈教学过程中存在的问题。学期末，由学生会组织学生填写"课堂教学效果反馈表"，对所有上课教师的教学效果进行反馈。

（4）建设网络教务反馈系统，通过网络获取教学信息。每学期以分院（系、部、科）为单位，综合各种渠道的检查结果和反馈结果，采取先定量后定性的办法，对所有任课教师的教学效果和质量进行评价。评价结果经分院（系）审核后，将结果存入教师教学工作档案，作为教师晋职、评优的重要依据。

## 十三、其他

### 附录：开发团队

1. 参与开发的行业技术专家团队

表18

| 序号 | 姓名 | 工作单位 | 职称、职务 |
|---|---|---|---|
| 1 | 阮少宁 | 广州沙河丰田汽车销售服务有限公司 | 副总经理、教授级高工 |
| 2 | 韩 青 | 广州广德宝汽车销售服务有限公司 | 售后经理 |
| 3 | 周来贵 | 广东广物东本汽车贸易服务有限公司 | 售后经理 |
| 4 | 胡文忠 | 广州南现汽车销售服务有限公司 | 售后经理 |
| 5 | 杨美芳 | 广州安骅汽车贸易有限公司 | 车间主管 |
| 6 | 张 伟 | 广东恒远汽车贸易有限公司 | 车间主管 |
| 7 | 林成忠 | 佛山珅宝汽车销售服务有限公司 | 车间主管 |
| 8 | 何志光 | 广州市南菱通汽车销售服务有限公司 | 维修组长 |
| 9 | 易木水 | 广州鸿粤雷克萨斯汽车销售服务有限公司 | 机电组长 |
| 10 | 马建富 | 广州沙河丰田汽车销售服务有限公司 | 维修组长 |

**续上表**

| 序号 | 姓名 | 工作单位 | 职称、职务 |
| --- | --- | --- | --- |
| 11 | 何永祥 | 广州沙河丰田汽车销售服务有限公司 | 钣金主管 |
| 12 | 吴志锋 | 广东广物福恒汽车贸易有限公司 | 喷漆主管 |
| 13 | 肖四海 | 江门市福恒汽车销售服务有限公司 | 售后前台主管 |
| 14 | 周磊 | 广州昌宝汽车销售服务有限公司 | 售后前台主管 |
| 15 | 乔亢亢 | 广州龙日汽车销售服务有限公司 | 售后前台主管 |
| 16 | 吴景江 | 广州世祥汽车销售有限公司 | 配件主管 |
| 17 | 许晓丹 | 佛山市东本汽车销售服务有限公司 | 配件主管 |
| 18 | 卓裕 | 中国人民财产保险股份有限公司中山分公司 | 保险理赔中心主管 |
| 19 | 余艺明 | 江门华通丰田汽车销售服务有限公司 | 保险理赔主管 |

2. 参与开发的学校教师团队

**表19**

| 序号 | 姓名 | 工作单位 | 职称、职务 |
| --- | --- | --- | --- |
| 1 | 郭海龙 | 广东交通职业技术学院 | 副教授、系主任 |
| 2 | 张永栋 | 广东交通职业技术学院 | 讲师、专业负责人 |
| 3 | 刘越琪 | 广东交通职业技术学院 | 教授、副院长 |
| 4 | 李军 | 广东交通职业技术学院 | 副教授、汽车院长 |
| 5 | 孟国强 | 广东交通职业技术学院 | 副教授、汽车副院长 |
| 6 | 潘伟荣 | 广东交通职业技术学院 | 教授、书记 |
| 7 | 温福军 | 广东交通职业技术学院 | 讲师、日产项目负责人 |
| 8 | 廖均博 | 广东交通职业技术学院 | 讲师 |
| 9 | 蒋翠翠 | 广东交通职业技术学院 | 讲师 |
| 10 | 张胜宾 | 广东交通职业技术学院 | 讲师、专业负责人 |
| 11 | 黄俊刚 | 广东交通职业技术学院 | 讲师 |
| 12 | 刘建平 | 广州市交通运输职业学校 | 高级讲师、校长 |
| 13 | 陈高路 | 广州市交通运输职业学校 | 高级讲师、科长 |
| 14 | 邱志华 | 广州市交通运输职业学校 | 高级讲师、副科长 |
| 15 | 林根男 | 广州市交通运输职业学校 | 讲师、专业负责人 |
| 16 | 胡源卫 | 广州市交通运输职业学校 | 讲师、专业负责人 |
| 17 | 武华 | 广州市交通运输职业学校 | 高级讲师、教研室主任 |
| 18 | 巫兴宏 | 广州市轻工职业学校 | 高级讲师、副校长 |

续上表

| 序号 | 姓名 | 工作单位 | 职称、职务 |
|---|---|---|---|
| 19 | 侯文胜 | 佛山市顺德区中等专业学校 | 高级讲师、汽车部部长 |
| 20 | 赖慧豪 | 东莞理工学校 | 高级讲师、教务科长 |
| 21 | 许德恒 | 广州市白云行知职业技术学校 | 高级讲师、汽车部部长 |
| 22 | 黄国莹 | 清远市职业技术学校 | 高级讲师、汽车科长 |
| 23 | 朱方来 | 深圳职业技术学院 | 教授、汽车学院副院长 |
| 24 | 范爱民 | 顺德职业技术学院 | 副教授、系主任 |
| 25 | 赵文龙 | 广东工贸职业技术学院 | 系副主任、教授 |
| 26 | 张红伟 | 广州科技贸易职业学院 | 副教授、机电系主任 |

# 中职学段：汽车发动机机械检修课程标准[①]

## 一、课程名称

汽车发动机机械检修

## 二、适用专业

适用于中等职业学校的汽车运用与维修专业。

## 三、课程性质

属于中等职业学校汽车运用技术专业核心课程。

## 四、课程设计

本课程设计遵循以学生为中心，既能满足升学，又能满足就业需要，结合通过企业访谈、问卷调查和职业能力分析会分析汽车售后服务岗位的专业知识、技能和态度——汽车售后服务的职业能力点，按照岗位能力职业培养为主线，通过选择具有代表性的企业工作任务进行系统化的加工，构建起具有培养学生职业能力、职业素养和知识点的学习情境。同时，学习情境遵循人才职业成长（由外围到核心，从初学者到专家）的规律进行排列，具有合理的梯度结构，学习难度由易到难，职业能力要求从低到高；贯彻以学生为主体的教学理念，采用行动导向教学，学生通过接受教师安排的工作任务，在完成工作任务的过程中使教学目标得以实现，做到"教、学、做"一体，最终实现"做中学"和"学中做"。强调学生的学习自主性，培养学生自我管理能力、分析问题和解决问题的能力。

本课程构建基于汽车发动机机械故障的学习情境，包括：发动机维护、发动机传动带的检查与更换、曲柄连杆机构的故障诊断、发动机配气机构的故障诊断、发动机汽缸盖与汽缸体的故障诊断、发动机燃油供给系统的检查、发动机冷却系统的故障诊断、发动机润滑系统的故障诊断、发动机大修共9个学习情境组成，学生在完成学习情境的过程中，融入6S、工作结构原理、设备使用和诊断等专业知识、技能等专业能力，并采用任务工单和小组合作的方式培养学生的独立解决问题、团队合作等基本素养，从而实现学生职业能力的提高。

---

[①] 广东省教育厅，广东省教育研究院. 中高职衔接专业教学标准和课程标准：汽车运用技术专业[M]. 广州：广东高等教育出版社，2015：63-75. 略有改动。

## 五、课程教学目标

通过课程的学习，学生掌握汽车发动机机械的基本理论知识，能够掌握正确的故障诊断方法，能对汽车发动机机械系统部分的故障诊断和维修技术进行总结，分析故障原因，查找故障部位并对汽车发动机机械的重要部位进行检测和调整，借助维修手册对汽车发动机机械系统典型故障进行诊断、检测与排除的能力。为后续高职学段课程学习打下良好的基础。

1. 素质目标

（1）具有安全生产知识和责任意识，保证工作质量，提高顾客满意度。
（2）具有良好的沟通交流能力，通过团队有效合作，提高工作效率。
（3）具有较强的自主学习能力，能够在工作岗位上有所革新和创新。
（4）具有吃苦耐劳品质，做到爱岗敬业。
（5）具有较好的组织能力，并通过信息有效处理，具备解决问题的能力。

2. 能力目标

（1）掌握6S管理，指导维修前准备事项。
（2）懂得发动机传动维护作业。
（3）能对发动机传动带进行检查与更换。
（4）能对曲柄连杆机构进行故障检修。
（5）能对配气机构进行故障检修。
（6）能对发动机汽缸盖与汽缸体进行故障诊断。
（7）能对发动机燃油供给系统进行检查。
（8）能对发动机冷却系统进行故障诊断。
（9）能对发动机润滑系统进行故障诊断。
（10）能对发动机进行大修处理。

3. 认知目标

（1）熟练使用各种检测工具、仪器。
（2）熟悉发动机机械总体结构。
（3）会描述发动机传动维护作业的方法。
（4）会描述发动机传动带的检查与更换方法。
（5）会描述曲柄连杆机构的故障检修技术。
（6）会描述修配气机构的故障检修技术。
（7）会描述发动机汽缸盖与汽缸体的故障检修技术。
（8）会描述发动机燃油供给系统的检查方法。
（9）会描述发动机冷却系统的故障诊断技术。
（10）会描述发动机润滑系统的故障诊断技术。
（11）会描述发动机大修技术。

## 六、参考学时与学分

参考学时：90学时　　参考学分：5

## 七、课程结构

表1

| 序号 | 学习任务 | 职业能力 | | 知识、技能、态度要求 | 教学活动设计 | 学时 |
|---|---|---|---|---|---|---|
| 1 | 发动机维护 | 01 | 6S管理 | 1. 礼貌礼仪，与客户沟通技巧<br>2. 挖掘车辆日常使用过程中的故障现象规律，检查信息记录文书 | 故障说明<br>↓<br>故障问诊<br>↓<br>故障分析<br>↓<br>故障检测<br>↓<br>故障排除<br>↓<br>质检报告<br>↓<br>交车 | 8 |
| | | 04-01 | 维修前准备 | 1. 认识发动机维护作业的维修工具、设备<br>2. 发动机维护作业的项目<br>3. 开展维护作业的注意事项 | | |
| | | 03-03 | 发动机机舱的检查 | 1. 检查发动机机舱<br>2. 排放并加注发动机机油<br>3. 检查燃油管路、排气管<br>4. 更换发动机冷却液<br>5. 检查发动机传动带并调整气门间隙 | | |
| 2 | 发动机传动带的检查与更换 | 04-02 | 发动机部件更换 | 1. 检查发动机传动带的张紧度<br>2. 拆卸非自动（自动）张紧型传动带<br>3. 更换非自动（自动）张紧型传动带 | 故障说明<br>↓<br>故障问诊<br>↓<br>故障分析<br>↓<br>故障检测<br>↓<br>故障排除<br>↓<br>质检报告<br>↓<br>交车 | 8 |
| 3 | 曲柄连杆机构的故障诊断 | 04-03 | 检修曲柄连杆 | 1. 测量汽缸压力<br>2. 通过检测汽缸压缩压力，判断汽缸密封性<br>3. 分析汽缸压力低于标准压力的原因 | 故障说明<br>↓<br>故障问诊<br>↓<br>故障分析<br>↓ | 16 |

续上表

| 序号 | 学习任务 | 职业能力 | | 知识、技能、态度要求 | 教学活动设计 | 学时 |
|---|---|---|---|---|---|---|
| 3 | 曲柄连杆机构的故障诊断 | 04-03-03 | 使用量具检测活塞、活塞环及活塞销 | 1. 认识活塞<br>2. 检测活塞环侧隙<br>3. 检测活塞环端口间隙<br>4. 根据汽缸体选配活塞、活塞销和活塞环 | 故障检测<br>↓<br>故障排除<br>↓<br>质检报告<br>↓<br>交车 | |
| | | 04-03-04 | 使用量具检测连杆 | 1. 述说连杆的作用<br>2. 测量连杆小头孔径与油膜间隙<br>3. 检测和校正连杆变形 | | |
| | | 04-03-01 | 使用量具检测曲轴、飞轮 | 1. 述说曲轴的作用<br>2. 检测曲轴裂纹<br>3. 检测曲轴弯曲变形<br>4. 检测曲轴轴颈磨损 | | |
| 4 | 发动机配气机构的故障诊断 | 04-03 | 检修曲柄连杆 | 1. 测量汽缸压力<br>2. 通过检查汽缸压缩压力，判断汽缸密封性<br>3. 分析汽缸压力低于标准压力的原因 | 故障说明<br>↓<br>故障问诊<br>↓<br>故障分析<br>↓<br>故障检测<br>↓<br>故障排除<br>↓<br>质检报告<br>↓<br>交车 | 16 |
| | | 04-04 | 检修配气机构 | 1. 认识配气机构组成<br>2. 拆卸凸轮轴<br>3. 拆卸汽缸盖 | | |
| | | 04-04-01 | 使用量具检测凸轮轴 | 1. 检测凸轮轴弯曲变形<br>2. 检测凸轮轴的磨损<br>3. 检测凸轮轴油膜间隙与轴向间隙 | | |
| | | 04-04-04 | 使用量具及专用工具检测气门组件 | 1. 认识气门组<br>2. 拆卸气门组<br>3. 清洁气门组<br>4. 检测气门挺杆<br>5. 检测气门弹簧<br>6. 检测气门 | | |
| | | 04-04-02 | 使用量具及专用工具检测、调整气门间隙 | 1. 安装配气机构<br>2. 明确气门间隙类型<br>3. 调整气门间隙 | | |

续上表

| 序号 | 学习任务 | 职业能力 | 知识、技能、态度要求 | 教学活动设计 | 学时 |
|---|---|---|---|---|---|
| 5 | 发动机汽缸盖与汽缸体的故障诊断 | 04-03-02 | 使用量具检测汽缸体、缸盖及缸套 | 1. 熟悉不同类型的汽缸体<br>2. 检测汽缸体（盖）的裂纹<br>3. 检测汽缸体（盖）的变形<br>4. 认识量缸表<br>5. 测量汽缸<br>6. 计算汽缸的圆度、圆柱度和最大磨损量等 | 故障说明<br>↓<br>故障问诊<br>↓<br>故障分析<br>↓<br>故障检测<br>↓<br>故障排除<br>↓<br>质检报告<br>↓<br>交车 | 8 |
| 6 | 发动机燃油供给系统的检查 | 04-05-01 | 明白汽车各类燃料系统（例如汽油、柴油和液化气等系统）的结构及工作原理 | 1. 汽油机与柴油机燃油供给系统的区别<br>2. 燃油供给系统各零部件的安装位置<br>3. 分析燃油供给系统各零部件的作用 | 故障说明<br>↓<br>故障问诊<br>↓<br>故障分析<br>↓<br>故障检测<br>↓<br>故障排除<br>↓<br>质检报告<br>↓<br>交车 | 8 |
| | | 04-05-05 | 使用燃油压力表检测燃油压力 | 1. 认识压力表<br>2. 连接压力表<br>3. 检测燃油压力 | | |
| | | 04-05-03 | 使用燃料系统诊断和测试仪器设备，确认汽车各类燃料系统的故障点（车型维修手册） | 1. 分析燃油压力低的故障原因<br>2. 检查油管及相应的元件<br>3. 借助维修手册排除燃油供给系统故障 | | |

续上表

| 序号 | 学习任务 | 职业能力 | | 知识、技能、态度要求 | 教学活动设计 | 学时 |
|---|---|---|---|---|---|---|
| 7 | 发动机冷却系统的故障诊断 | 04-08-02 | 使用冷却系统诊断和测试仪器设备 | 1. 冷却液的流经路线<br>2. 读取冷却液温度<br>3. 检查冷却液液位<br>4. 测试冷却系统压力<br>5. 借助维修资料分析冷却液温度过高可能的原因 | 故障说明<br>↓<br>故障问诊<br>↓<br>故障分析<br>↓<br>故障检测<br>↓<br>故障排除<br>↓<br>质检报告<br>↓<br>交车 | 8 |
| | | 04-08-04 | 选择更换冷却液 | 1. 检查冷却液质量<br>2. 排放冷却液<br>3. 加注冷却液 | | |
| | | 04-08-03 | 查找、排除汽车冷却系统的故障（维修手册） | 1. 节温器、水泵的安装位置<br>2. 检查节温器阀门升程<br>3. 检查水泵 | | |
| 8 | 发动机润滑系统的故障诊断 | 04-09-01 | 判断不同润滑油性能 | 1. 检查机油液位与机油质量<br>2. 根据使用环境温度选择合适的机油 | 故障说明<br>↓<br>故障问诊<br>↓<br>故障分析<br>↓<br>故障检测<br>↓<br>故障排除<br>↓<br>质检报告<br>↓<br>交车 | 8 |
| | | 04-09-02 | 使用润滑系统诊断和测试仪器设备 | 1. 检查机油液位与机油质量<br>2. 排放机油<br>3. 更换机油滤清器<br>4. 加注机油<br>5. 拆卸机油泵<br>6. 检查限压阀<br>7. 检查机油泵 | | |
| | | 04-09-04 | 使用量具检测机油压力、机油压力调节阀 | 1. 机油的流经路线<br>2. 读取机油压力<br>3. 检测机油压力<br>4. 借助维修分析机油压力过低可能的原因 | | |

续上表

| 序号 | 学习任务 | 职业能力 | 知识、技能、态度要求 | 教学活动设计 | 学时 |
|---|---|---|---|---|---|
| 9 | 发动机大修 | 08-01-01 懂得发动机大修原理及故障诊断方法，能够带领组员进行发动机大修 | 1. 发动机大修是什么<br>2. 发动机大修的工作流程<br>3. 制订发动机大修工作计划 | 故障说明<br>↓<br>故障问诊<br>↓<br>故障分析<br>↓<br>故障检测<br>↓<br>故障排除<br>质检报告<br>↓<br>交车 | 10 |
| | | 08-01 发动机大修 | 1. 从车上拆下发动机总成<br>2. 安装发动机总成<br>3. 发动机总成质量检查 | | |
| 合 计 | | | | | 90 |

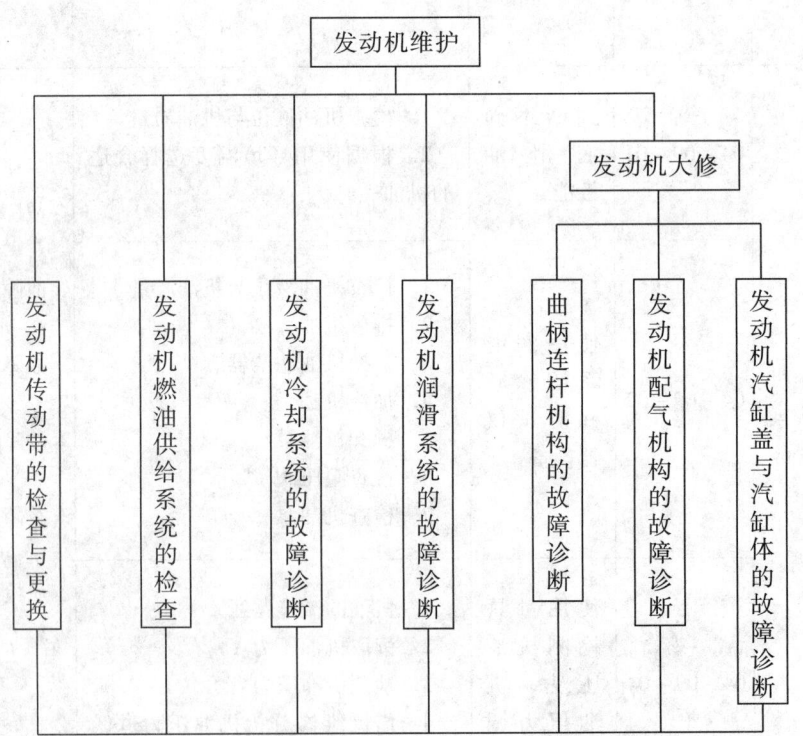

图1

## 八、资源开发与利用

### （一）教材编写与使用

（1）课程采用自编教材。教材编写贯彻"以职业能力培养为本位，以学生为主体，升学为导向"的理念，打破传统学科式教材编写框架，按照工作过程导向，以岗位工作任务为引领编制教学情境，以故障案例为导引在不同任务步骤中融入相应知识点、不同诊断设备及诊断检修方法。通过项目实施过程的控制、注意事项的讲解、实施方法的引导，实施"教、学、做"一体，更加注重学生技能的形成过程，满足中职学生就业或升学的需要。

（2）教材编写以广东省常见车型或维修设备为基础，教材内容的设计应该尽可能直观、明晰，多采用图表。教材知识点的难易程度要与职业类学生学习能力相对应，实践内容要考虑实训教学环境需求。

### （二）数字化资源开发与利用

1. 多媒体教学

多媒体教学方式早已在教育中广泛应用。多媒体教学是指在教学过程中，根据教学目标和教学对象的特点，通过教学设计，合理选择和运用现代教学媒体，借助多种电子媒体如幻灯、投影、录音、录像等媒介，综合处理和控制符号、语言、文字、声音、图形、图像、影像等多种媒体信息。师生共同参与教学全过程，以多种媒体信息作用于学生，形成合理的教学过程结构，达到最优化的教学效果。目前，通常所说的多媒体教学是特指运用多媒体计算机并借助于预先制作的多媒体教学软件来开展的教学活动过程。

2. 网络课程

网络课程就是通过网络表现的某门学科的教学内容及实施的教学活动的总和，是信息时代条件下课程新的表现形式。它包括按一定的教学目标、教学策略组织的教学内容和网络教学支撑环境。其中网络教学支撑环境特指支持网络教学的软件工具、教学资源以及在网络教学平台上实施的教学活动。网络课程具有交互性、共享性、开放性、协作性和自主性等基本特征。

3. 仿真教学

利用计算机来模拟汽车故障现象，学生模拟扮演维修人员完成仿真车辆的维修。仿真教学能在很大程度上弥补客观条件的不足，为学生提供近似真实的训练环境，提高学生职业技能。

## 九、教学建议

### （一）教学方法

（1）本课程理论知识点采用课堂教学结合小组讨论教学模式和方法；构造原理、操作技能采用视频教学和分组现场一体化的教学模式和工作过程系统化的行动导向的教学方法。

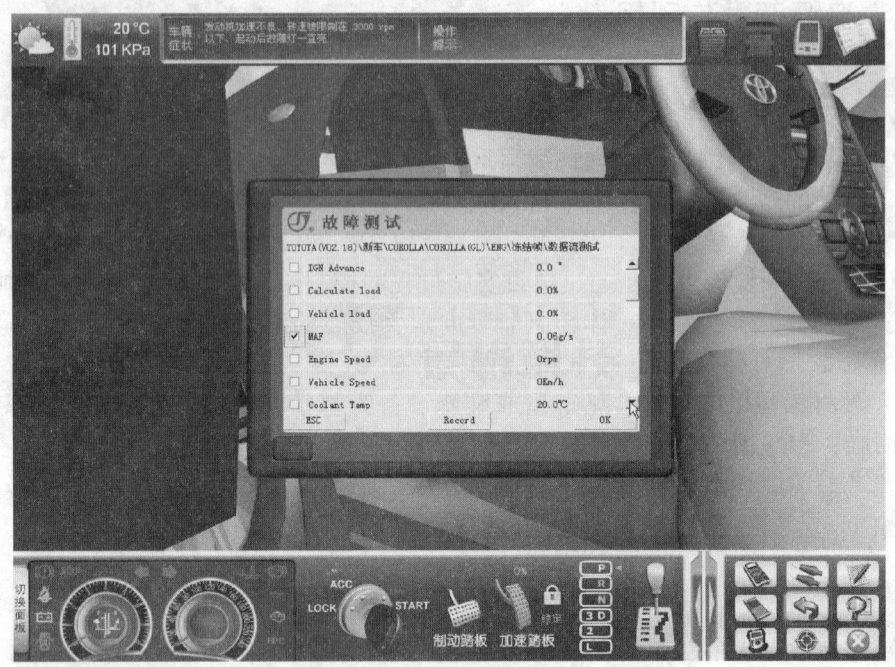

图 2　汽车仿真教学系统

（2）为保证教学安全和实践效果，每位指导教师负责组织和指导 15~20 个学生，学生分组控制在 4~5 人/组。

（3）教师在讲授或演示教学中，应使用多媒体教学设备，配备丰富的课件、视频教学辅助设备。

（4）评价方式以学生自评为主，学生互评为辅，教师在评价过程中起引导调控作用。教师评价内容：要观察学生的学习过程，根据学生自我评价和小组评价情况，给出总体评价和改善意见。

（二）教学条件

表 2

| 序号 | 设备名称 | 单位 | 数量 | 备注 |
| --- | --- | --- | --- | --- |
| 1 | 实训车辆（轿车或小型货车） | 辆 | 10 | 根据本地区主流车型进行配置（共用）。建议使用丰田卡罗拉 |
| 2 | 汽油发动机总成附大修台 | 台 | 10 | 建议为 5A-FE/8A-FE 发动机 |
| 3 | 发动机零部件（汽缸盖及配气机构、汽缸体、曲柄连杆机构、冷却系统及润滑系统组件等） | 套 | 各 10 | |

续上表

| 序号 | 设备名称 | 单位 | 数量 | 备注 |
|---|---|---|---|---|
| 4 | 汽车举升器工位 | 位 | 10 | 含举升器、压缩气路、工作灯和尾气抽排设备（共用） |
| 5 | 顶起升降设备 | 台 | 5 | 两工位共用一个，用于从整车上拆卸和安装汽车总成（共用） |
| 6 | 工作台 | 个 | 10 | 共用 |
| 7 | 拆装专用工具 | 套 | 2 | 与汽车和各总成配套（共用） |
| 8 | 常用工具 | 套 | 10 | 或采用48件套装工具 |
| 9 | 工具车 | 台 | 10 | |
| 10 | 零件车 | 台 | 10 | |
| 11 | 磁吸 | 支 | 10 | |
| 12 | 尖嘴钳 | 把 | 10 | |
| 13 | 鲤鱼钳 | 把 | 10 | |
| 14 | 气门弹簧压缩器 | 台 | 10 | |
| 15 | 塑料线规 | 套 | 10 | |
| 16 | 支架百分表 | 套 | 10 | |
| 17 | 游标卡尺 | 把 | 10 | |
| 18 | 外径千分尺（0~25 mm，25~50 mm，50~75 mm，75~100 mm） | 把 | 各10 | |
| 19 | 弹簧弹力检测仪 | 台 | 5 | |
| 20 | 刀形尺 | 把 | 10 | |
| 21 | 厚薄规 | 套 | 10 | |
| 22 | 量缸表 | 套 | 10 | |
| 23 | 水压机 | 台 | 2 | |
| 24 | 磁力探伤仪 | 台 | 2 | |
| 25 | V形铁 | 个 | 20 | |
| 26 | 连杆校验仪 | 台 | 5 | |
| 27 | 连杆弯曲校正仪 | 台 | 2 | |
| 28 | 活塞环扩张器 | 个 | 10 | |
| 29 | 活塞环压缩器 | 个 | 10 | |
| 30 | 手持式压力测试仪 | 个 | 10 | 冷却系统检测 |
| 31 | 数字万用表 | 个 | 10 | 共用 |

续上表

| 序号 | 设备名称 | 单位 | 数量 | 备注 |
|---|---|---|---|---|
| 32 | 机油压力测试表 | 个 | 10 | |
| 33 | 汽缸压缩压力表 | 套 | 10 | |
| 34 | 汽缸泄漏检测仪 | 套 | 5 | |
| 35 | 发动机综合分析仪 | 台 | 1 | 共用 |
| 36 | 皮带测力器 | 个 | 5 | |
| 37 | 弹簧秤及直尺 | 个（把） | 各5 | 配套使用 |
| 38 | 机油滤清器扳手 | 套 | 5 | |
| 39 | 红外测温器 | 个 | 10 | |
| 40 | 发动机吊机 | 台 | 2 | |

## 十、教学评价

本课程采用理论考核和实操考核相结合，过程性评价与终结性评价相结合。理论考核采用笔试形式，考核内容侧重于对发动机机械主要零件的耗损进行分析，理论考核占本门课程考核的比例为30％。实操考核采用项目考核累计方式，每学期完成2次左右的抽签考试，要求学生在规定时间内完成对规定项目的规范操作，考核内容侧重于学生对安全、环保、6S理念及规范操作的考核，过程性评价占本门课程考核的比例为70％。实操考核中分过程性评价和终结性评价两方面，过程性评价以小组学生的平时表现如工具清理、卫生清洁、学习工作态度、社会能力训练、方法能力训练等方面作为评价标准，终结性评价以学生在规定时间内完成规定项目的规范操作为评价标准。在实操考核的每一个环节中，均采用"小组自评＋小组互评＋教师评价"的方式。考核中各部分所占的考核比例按照以下表格所给出的比例进行计算。

表3

| 考核方式 | 过程性评价（70%） | | | 终结性评价（理论考核）（30%） |
|---|---|---|---|---|
| | 素质考核（10%） | 实操考核（30%） | 工作页考核（30%） | |
| 实施方法 | 小组自评＋小组互评＋教师评价 | 小组自评＋小组互评＋教师评价 | 小组自评＋小组互评＋教师评价 | 教考分离、统一组织 |
| 考核标准 | 安全、纪律、协作精神 | 任务计划、任务完成情况、操作过程、工具使用 | 预习内容、过程记录、过程分析 | 题型不少于5种（如填空题、选择题、判断题、名词解释题、问答题、论述题），分数比例由命题教师自定 |

说明：造成设备损坏或人身伤害的项目计0分

（撰稿人：段群、唐蓉芳、冯明杰）

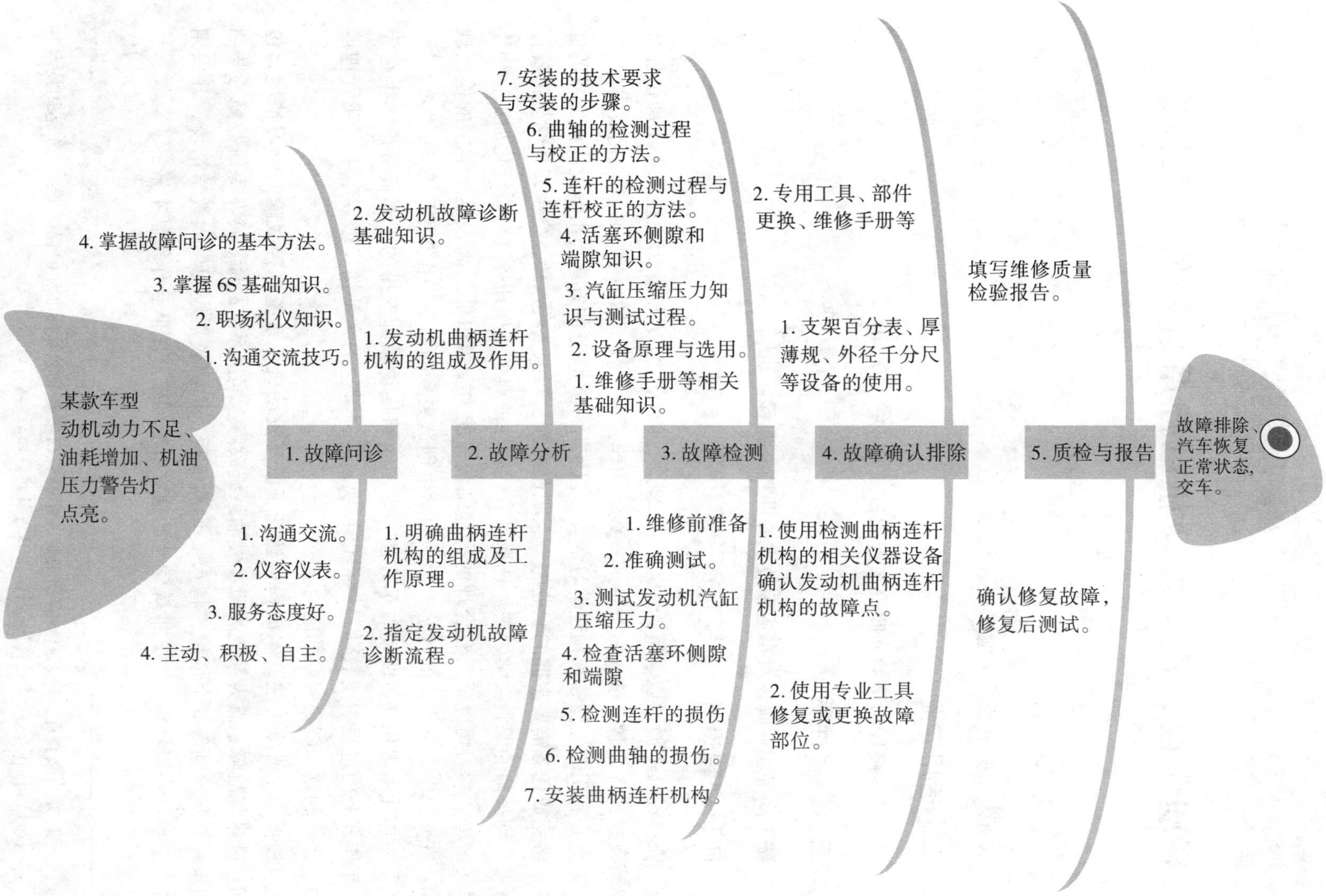

## 图3 汽车发动机机械检修任务情境设计案例（鱼骨图）

**主干（问题）：** 某款车型动机动力不足，油耗增加，机油压力警告灯点亮。

**最终目标：** 故障排除，汽车恢复正常状态，交车。

### 1. 故障问诊
- 1. 沟通交流。
- 2. 仪容仪表。
- 3. 服务态度好。
- 4. 主动、积极、自主。

（上方）
- 1. 掌握故障问诊的基本方法。
- 2. 掌握6S基础知识。
- 3. 职场礼仪知识。
- 4. 沟通交流技巧。

### 2. 故障分析
- 1. 明确曲柄连杆机构的组成及工作原理。
- 2. 指定发动机故障诊断流程。

（上方）
- 1. 发动机曲柄连杆机构的组成及作用。
- 2. 发动机故障诊断基础知识。

### 3. 故障检测
- 1. 维修前准备。
- 2. 准确测试。
- 3. 测试发动机汽缸压缩压力。
- 4. 检查活塞环侧隙和端隙。
- 5. 检测连杆的损伤。
- 6. 检测曲轴的损伤。
- 7. 安装曲柄连杆机构。

（上方）
- 1. 维修手册等相关基础知识。
- 2. 设备原理与选用。
- 3. 汽缸压缩压力知识与方法。
- 4. 活塞环侧隙知识。
- 5. 连杆的检测过程与校正的方法。
- 6. 曲轴的检测过程与安装的步骤。
- 7. 安装的技术要求与安装的步骤。

### 4. 故障确认排除
- 1. 使用检测曲柄连杆机构的相关仪器设备确认发动机曲柄连杆机构的故障点。
- 2. 使用专业工具修复故障或更换故障部位。

（上方）
- 1. 支架百分表、厚薄规、外径千分尺等设备的使用。
- 2. 专用工具、部件更换、维修手册等。

### 5. 质检与报告
- 确认修复故障，修复后测试。

（上方）
- 填写维修报告，检验报告维修质量。

# 高职学段：汽车发动机电控系统检修课程标准[①]

## 一、课程名称

汽车发动机电控系统检修

## 二、适用专业

适用于中高职衔接的高职汽车运用技术专业。

## 三、课程性质

属于高等职业院校汽车运用技术专业核心课程。

## 四、课程设计

课程设计遵循"以学生为中心"的理念，以岗位能力培养为主线，采用岗位任务驱动模式，将"教、学、做"穿成一线，构建"做中教、做中学"的一体化模式。

充分利用岗位任务来构建学习情境。以实际生产任务的方式提出学生应该完成的任务，将完成任务需要掌握的职业能力、职业素养、知识点融入任务之中，让学生带着任务参与到教师的课堂教学中去。选择具有代表性的典型工作任务进行系统化加工、构建学习情境。学习情境要具有合理的梯度结构，能力要求由低到高，遵循学生的检测规律；贯彻以学生为主体的教学理念，为学生创造更多的动手操作机会，实现"教、学、做"一体化；采用任务驱动教学方法，学习小组接受教师安排的工作任务，学生在完成工作任务的过程中使教学目标得以实现；强调学生的主动性，培养学生自我管理能力、分析问题和解决问题的能力。

根据以上教学方法，本课程构建基于汽车发动机各系统电控故障的学习情境，包括：进排气故障、点火系统故障、燃油系统故障、润滑系统故障、冷却系统故障、柴油机电控系统诊断等6个情境，将6S、诊断流程、检测仪器应用融入教学情境，并采用任务工单和小组合作的方式锻炼学生的独立解决问题、团队合作等基本素养。

---

[①] 广东省教育厅，广东省教育研究院. 中高职衔接专业教学标准和课程标准：汽车运用技术专业［M］. 广州：广东高等教育出版社，2015：144-153. 略有改动。

表1

| 序号 | 学习情境 | 任务单元 | 教学地点 |
|---|---|---|---|
| 1 | 汽油机燃料供给系统故障引起发动机无法启动 | 1. 现代汽车电控系统结构、故障诊断、检修技术概述<br>2. 现代汽车随车诊断系统<br>3. 汽车电控系统检修规范与基本步骤<br>4. 汽车电控系统电路原理图阅读与使用<br>5. EFI发动机电控燃油喷射系统组成与工作原理、故障检修思路与方法<br>6. ISC电控发动机怠速控制系统组成与工作原理、故障检修思路与方法<br>7. 解码器的使用与燃油系统数据流分析<br>8. 汽车专用示波器使用与燃油系统常见波形分析<br>9. 汽车专用万用表使用技术 | 现场教学或仿真教学 |
| 2 | 进、排气故障引发发动机难启动或怠速不稳 | 1. 进、排气系统检修规范与基本步骤<br>2. 汽车电控系统电路原理图阅读与使用<br>3. 发动机进、排气电控系统构成与工作原理认识<br>4. 发动机进、排气电控系统故障检修正确思路与方法<br>5. 发动机进、排气电控系统故障诊断<br>6. 解码器的使用与进、排气数据流分析<br>7. 汽车专用示波器使用与常见波形分析 | 多媒体教室整车区 |
| 3 | 电控点火异常引发发动机难启动或无法启动 | 1. 进、排气系统检修规范与基本步骤<br>2. 汽车电控系统电路原理图阅读与使用<br>3. ESA发动机电控点火提前控制系统组成与工作原理、故障检修思路与方法<br>4. 解码器的使用与点火系统数据流分析<br>5. 汽车专用示波器使用与点火系统常见波形分析 | 现场 |
| 4 | 润滑系统机油压力异常 | 1. 润滑系统检修规范与基本步骤<br>2. 润滑系统测试仪器使用<br>3. 润滑系统故障修复 | 现场 |

续上表

| 序号 | 学习情境 | 任务单元 | 教学地点 |
|---|---|---|---|
| 5 | 发动机过热（过冷）故障 | 1. 冷却系统检修规范与基本步骤<br>2. 冷却系统测试仪器使用<br>3. 冷却系统故障修复 | 现场 |
| 6 | 电控柴油机故障 | 1. 冷却系统检修规范与基本步骤<br>2. 电控柴油机系统组成与工作原理<br>3. 电控柴油机系统测试仪器使用<br>4. 柴油机常见数据流分析与波形诊断 | 现场 |

## 五、课程教学目标

通过对本课程的学习，学生能够掌握汽车发动机电控系统的基本理论知识，掌握正确的故障诊断方法，对汽车发动机电控系统常见故障现象进行总结，分析故障原因，查找故障部位并对汽车发动机电控系统的重要部位进行检测和调整，具备对汽车发动机电控系统典型故障进行诊断、检测与排除的能力。

### （一）职业素养

（1）具有安全生产知识和责任意识，保证工作质量，提高顾客满意度。
（2）具有良好的沟通交流能力，通过团队有效合作，提高工作效率。
（3）具有较强的自主学习能力，能够在工作岗位上有所革新和创新。
（4）具有吃苦耐劳品质，做到爱岗敬业。
（5）具有较好的组织能力，并通过信息有效处理，具备解决问题的能力。

### （二）能力目标

（1）掌握6S管理。
（2）知道维修前准备事项。
（3）懂得汽车进、排气系统故障检修。
（4）懂得使用万用表检测线路。
（5）懂得检修、诊断燃油、点火系统故障。
（6）懂得诊断进、排气系统故障。
（7）懂得使用诊断和测试冷却系统、润滑系统的仪器设备诊断冷却、润滑系统故障。
（8）其他发动机电控系统检修。

## 六、参考学时与学分

参考学时：72学时　参考学分：4

## 七、课程结构

表2

| 序号 | 学习任务 | 职业能力 | | 知识、技能、态度要求 | 教学活动设计 | 学时 |
|---|---|---|---|---|---|---|
| 1 | 汽油机燃料供给系统故障引起发动机无法启动 | 01 | 6S管理 | 掌握6S基础知识 | 故障说明<br>↓<br>故障问诊<br>↓<br>故障分析<br>↓<br>故障检测<br>↓<br>故障排除<br>↓<br>质检报告<br>↓<br>交车 | 16 |
| | | 75 | 职业素养（通用能力、核心技能） | 1. 礼貌礼仪，与客户沟通技巧<br>2. 挖掘车辆日常使用过程中的故障现象规律，检查信息记录文书<br>3. 计算机基础及高等数学 | | |
| | | 04-01 | 维修前准备 | 1. 汽车电控系统结构、故障诊断、检修技术、性能参数<br>2. 掌握维修手册的使用和电、机械相关基础知识<br>3. 汽车电控系统检修规范与基本步骤<br>4. 汽车电控系统电路原理图阅读与使用 | | |
| | | 04-15 | 发动机电控系统检修 | 1. 解码器的使用与数据流分析<br>2. 汽车专用示波器使用与常见波形分析<br>3. 汽车用压力表使用技术 | | |
| | | 04-05 | 汽车燃油供给系统故障检查 | 1. EFI发动机电控燃油喷射系统组成与工作原理<br>2. EFI发动机电控燃油喷射系统故障检修思路与方法<br>3. ISC电控发动机组成与工作原理、故障检修思路与方法<br>4. 喷油嘴测试仪与清洗仪应用 | | |
| | | 04-16-03 | 诊断分析缸内直喷发动机综合故障 | | | |
| 2 | 进、排气故障引发发动机难启动或怠速不稳 | 04-06 | 汽车进、排气系统故障检查 | 发动机进、排气电控系统构成与工作原理认识 | 故障说明<br>↓<br>故障问诊<br>↓<br>故障分析<br>↓<br>故障检测<br>↓<br>故障排除<br>↓<br>质检报告<br>↓<br>交车 | 10 |
| | | 04-13 | 诊断进、排气系统故障 | 发动机进、排气电控系统故障检修思路与方法 | | |

续上表

| 序号 | 学习任务 | 职业能力 | | 知识、技能、态度要求 | 教学活动设计 | 学时 |
|---|---|---|---|---|---|---|
| 3 | 电控点火异常引起发动机难启动或无法启动 | 04-07 | 点火系统故障检修 | 1. ESA发动机电控点火系统组成与工作原理<br>2. ESA发动机电控点火系统故障检修思路与方法 | 故障说明<br>↓<br>故障问诊<br>↓<br>故障分析<br>↓<br>故障检测<br>↓<br>故障排除<br>↓<br>质检报告<br>↓<br>交车 | 10 |
| | | 04-12 | 诊断燃油、点火系统故障 | | | |
| | | 04-17-01 | 诊断分析发动机疑难故障 | | | |
| 4 | 润滑系统机油压力异常 | 04-09-02 | 使用润滑系统诊断和测试仪器设备 | 1. 润滑系统诊断仪器原理<br>2. 润滑系统常见故障与原因分析<br>3. 润滑系统故障诊断与排除的思路及方法 | 故障说明<br>↓<br>故障问诊<br>↓<br>故障分析<br>↓<br>故障检测<br>↓<br>故障排除<br>↓<br>质检报告<br>↓<br>交车 | 8 |
| | | 04-14 | 诊断冷却、润滑系统故障 | | | |
| 5 | 发动机过热(过冷)故障 | 04-08-02 | 使用冷却系统诊断和测试仪器设备 | 1. 冷却系统诊断仪器原理<br>2. 冷却系统常见故障与原因分析<br>3. 冷却系统故障诊断与排除的思路及方法<br>4. 汽车专用万用表使用技术 | 故障说明<br>↓<br>故障问诊<br>↓<br>故障分析<br>↓<br>故障检测<br>↓<br>故障排除<br>↓<br>质检报告<br>↓<br>交车 | 8 |
| | | 04-14 | 诊断冷却、润滑系统故障 | | | |
| | | 04-08-06 | 使用万用表检测继电器、电子扇、温控开关 | | | |

续上表

| 序号 | 学习任务 | 职业能力 | | 知识、技能、态度要求 | 教学活动设计 | 学时 |
|---|---|---|---|---|---|---|
| 6 | 电控柴油机故障 | 04-15 | 发动机电控系统检修 | 1. 电控柴油机组成与工作原理<br>2. 电控柴油机系统故障检修思路与方法<br>3. 柴油机电控系统测试仪器使用<br>4. 柴油机常见数据流分析与波形诊断 | 故障说明<br>↓<br>故障问诊<br>↓<br>故障分析<br>↓<br>故障检测<br>↓<br>故障排除<br>↓<br>质检报告<br>↓<br>交车 | 20 |
| | | 04-16-05 | 诊断分析电控柴油机燃油喷射系统综合故障 | | | |
| 合　计 | | | | | | 72 |

## 八、资源开发与利用

### （一）教材编写与使用

课程采用自编教材。以广东省常见车型或维修设备为基础，按工作过程导向，以岗位任务引领编制教学情境。以故障案例为导引在不同任务步骤中融入相应知识点、不同诊断设备及诊断检修方法。通过项目实施过程的控制、注意事项的讲解、实施方法的引导，很好地把"教、学、做"合为一体，更加注重学生技能的形成过程，满足高职培养高技能应用型人才的需要。

### （二）数字化资源开发与利用

1. 多媒体教学

多媒体教学方式早已在教育中广泛应用。多媒体教学是指在教学过程中，根据教学目标和教学对象的特点，通过教学设计，合理选择和运用现代教学媒体，借助多种电子媒体如幻灯、投影、录音、录像等媒介，综合处理和控制符号、语言、文字、声音、图形、图像、影像等多种媒体信息，师生共同参与教学全过程，以多种媒体信息作用于学生，形成合理的教学过程结构，达到最优化的教学效果。目前，通常所说的多媒体教学是特指运用多媒体计算机并借助于预先制作的多媒体教学软件来开展的教学活动过程。

2. 网络课程

网络课程就是通过网络表现的某门学科的教学内容及实施的教学活动的总和，是信息时代条件下课程新的表现形式。它包括按一定的教学目标、教学策略组织的教学内容和网络教学支撑环境。其中网络教学支撑环境特指支持网络教学的软件工具、教学资源以及在网络教学平台上实施的教学活动。网络课程具有交互性、共享性、开放性、协作性和自主性等基本特征。

3. 仿真教学

利用计算机来模拟汽车故障现象，学生模拟扮演维修人员完成仿真车辆的维修。仿真教学能在很大程度上弥补客观条件的不足，为学生提供近似真实的训练环境，提高学生职业技能。

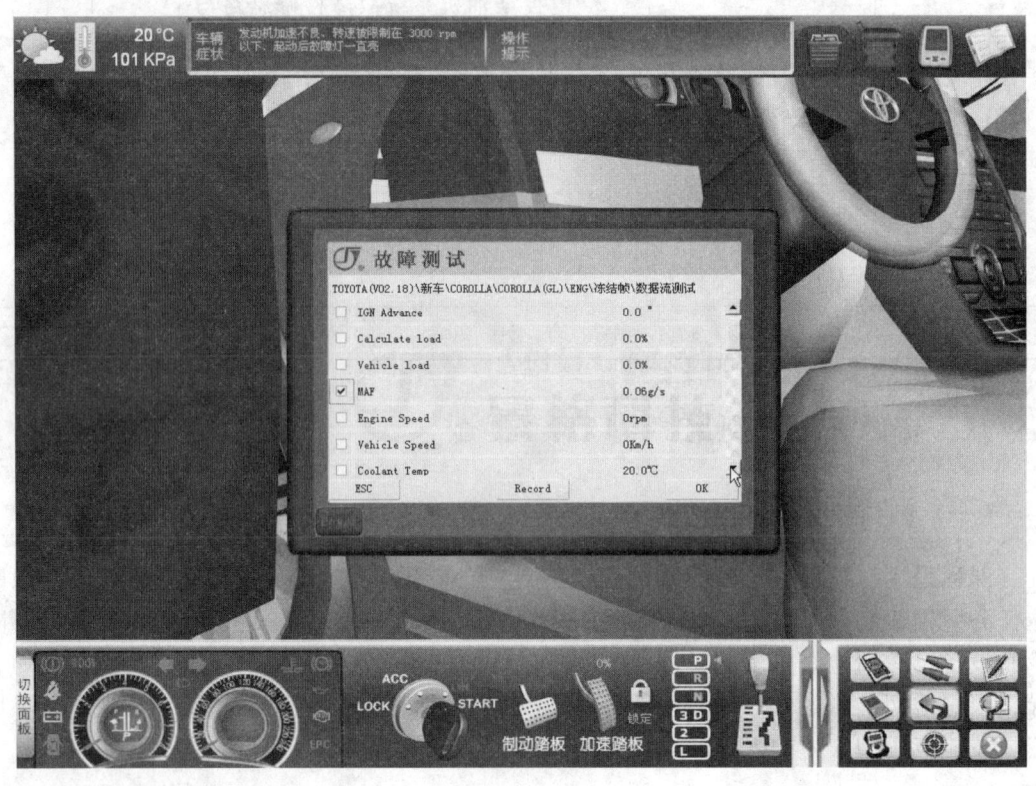

图1 汽车仿真教学系统

## 九、教学建议

### （一）教学方法

（1）本课程理论知识点采用课堂教学结合小组讨论教学模式和方法；构造原理、操作技能采用视频教学和分组现场一体化的教学模式和工作过程系统化的行动导向的教学方法。

（2）为保证教学安全和实践效果，每位指导教师负责组织和指导15～20个学生，学生分组控制在4～5人/组。

(3)教师在讲授或演示教学中,应使用多媒体教学设备,配备丰富的课件、视频教学辅助设备。

(4)评价方式以学生自评为主,学生互评为辅,教师在评价过程中起引导调控作用。教师评价内容:要观察学生的学习过程,根据学生自我评价和小组评价情况,给出总体评价和改善意见。

## (二)教学条件

表3

| 名称 | 主要工具和设施设备 | | | 数量/单位 |
|------|------|------|------|------|
| | 名称 | 规格 | | |
| 汽车发动机电控系统实训室 | 电控汽油发动机实训台或整车 | 实物,配有组合仪表、压力表等;具有直观的电控系统电路图和检测点;具有诊断接口;满足结构、原理、故障设置、诊断实训教学需要 | | 2台 |
| | 电控柴油发动机实训台 | 实物,配有组合仪表、压力表等;具有直观的电控系统电路图和检测点;具有诊断接口;满足结构、原理、故障设置、诊断实训教学需要 | | 1台 |
| | 汽油机柴油机测试工、量具 | 满足汽缸压力、歧管压力、燃油压力、点火正时、转速、温度等参数测量 | | 2套 |
| | 手动真空泵 | 0~-100 kPa | | 2个 |
| | 汽车专用万用表 | 测量电路参数 | | 2个 |
| | 汽车示波器 | 双通道 | | 4个 |
| | 汽车故障电脑诊断仪 | 与发动机相适应 | | 4台 |
| | 汽车发动机喷油清洗监测仪 | 与发动机相适应 | | 1台 |
| | 柴油机喷油器检测仪 | 与发动机相适应 | | 1台 |
| | 喷油泵试验台 | 与发动机相适应 | | — |

## 十、教学评价

本课程采用理论考核和实操考核相结合,过程性评价与终结性评价相结合。理论考核采用笔试形式,考核内容侧重于汽车电控原理、检测结果分析、故障分析等,理论考核占本门课程考核的比例为30%。实操考核采用项目考核累计方式,每学期完成2次左右的抽签考试,要求学生在规定时间内完成对规定项目的规范操作,考核内容侧重于对学生安全、环保、6S理念及规范操作的考核,过程性评价占本门课程考核的比例为

70%。实操考核中分过程性评价和终结性评价两方面,过程性评价以小组学生的平时表现如工具清理、卫生清洁、学习工作态度、社会能力训练、方法能力训练等方面作为评价标准,终结性评价以学生在规定时间内完成规定项目的规范操作为评价标准。在实操考核的每一个环节中,均采用"小组自评+小组互评+教师评价"的方式。考核中各部分所占的考核比例按照以下表格所给出的比例进行计算。

表4

| 考核方式 | 过程性评价(70%) | | | 终结性评价(理论考核)(30%) |
| --- | --- | --- | --- | --- |
| | 素质考核(10%) | 实操考核(30%) | 工作页考核(30%) | |
| 实施方法 | 小组自评+小组互评+教师评价 | 小组自评+小组互评+教师评价 | 小组自评+小组互评+教师评价 | 教考分离、统一组织 |
| 考核标准 | 安全、纪律、协作精神 | 任务计划、任务完成情况、操作过程、工具使用 | 预习内容、过程记录、过程分析 | 题型不少于5种(如填空题、选择题、判断题、名词解释题、问答题、论述题),分数比例由命题教师自定 |
| 说明:造成设备损坏或人身伤害的项目计0分 | | | | |

(撰稿人:张永栋、卢若珊、郭海龙)

# 汽车运用技术专业职业能力分析表（节选）

表1

| 工作项目/职业素养 | 工作任务/职业素养 | 职业能力（知识、技能、方法、工具、要求） | | 学习水平 | |
|---|---|---|---|---|---|
| | | | | 中职 $L_i$ | 高职 $L_j$ |
| 05<br>底盘拆装与故障诊断维修 | 05-01<br>底盘故障部件更换 | 05-01-01 | 熟悉底盘部件基本结构、原理、特性，懂得底盘部件的更换方法、步骤和注意事项 | L1 | |
| | | 05-01-02 | 正确拆装并归类 | L1 | |
| | | 05-01-03 | 正确更换行驶系统部件 | L1 | |
| | | 05-01-04 | 正确更换传动系统部件 | L1 | |
| | | 05-01-05 | 正确更换转向系统部件 | L1 | |
| | | 05-01-06 | 正确更换制动系统部件 | L1 | |
| | | 05-01-07 | 正确更换底盘电控系统部件 | L1 | |
| | 05-02<br>汽车制动系统检修 | 05-02-01 | 熟悉汽车各类制动系统（例如真空加力和电子控制防抱死等系统）的结构及工作原理 | L2 | L2 |
| | | 05-02-02 | 使用制动系统测试、检修设备 | L2 | L2 |
| | | 05-02-03 | 测试、判断制动系统性能 | L2 | L2 |
| | | 05-02-04 | 按步骤检修、排除制动故障（维修手册） | L2 | L2 |
| | | 05-02-05 | 使用工、量具检修制动总泵 | L2 | L2 |
| | | 05-02-06 | 使用工、量具检修制动分泵 | L2 | L2 |
| | | 05-02-07 | 使用诊断仪和万用表检测制动防抱死系统（ABS）制动压力调节器 | L2 | L2 |
| | | 05-02-08 | 使用工、量具检修制动盘（鼓）、制动摩擦片 | L2 | L2 |
| | | 05-02-09 | 使用工、量具检修驻车制动器 | L2 | L2 |
| | 05-03<br>汽车转向系统检修 | 05-03-01 | 熟悉汽车转向系统（电、液动力转向）的结构及工作原理 | L2 | L2 |
| | | 05-03-02 | 使用转向系统测试、检修设备 | L2 | L2 |
| | | 05-03-03 | 按步骤测试、检修转向系统（维修手册） | L2 | L2 |
| | | 05-03-04 | 使用工、量具检修转向器 | L2 | L2 |
| | | 05-03-05 | 使用工、量具检修转向器助力泵 | L2 | L2 |
| | | 05-03-06 | 使用工、量具检修转向系统传动件 | L2 | L2 |
| | | 05-03-07 | 使用工具拆装方向盘及附件 | L2 | L2 |

续上表

| 工作项目/职业素养 | 工作任务/职业素养 | 职业能力（知识、技能、方法、工具、要求） | | 学习水平 | |
|---|---|---|---|---|---|
| | | | | 中职 L$i$ | 高职 L$j$ |
| 05 底盘拆装与故障诊断维修 | 05-04 汽车行驶系统检修 | 05-04-01 | 熟悉汽车悬挂系统（主动、被动）的结构及工作原理 | L2 | L2 |
| | | 05-04-02 | 使用悬挂系统测试、检修设备 | L2 | L2 |
| | | 05-04-03 | 按步骤测试、检修悬挂系统（维修手册） | L2 | L2 |
| | | 05-04-04 | 使用专用工具更换轮毂轴承 | L2 | L2 |
| | | 05-04-05 | 使用四轮定位仪进行车轮定位 | L2 | L2 |
| | | 05-04-06 | 使用工、量具检修被动悬架 | L2 | L2 |
| | | 05-04-07 | 使用动平衡机进行车轮动平衡 | L2 | L2 |
| | | 05-04-08 | 使用拆胎机进行轮胎更换 | L2 | L2 |
| | 05-05 汽车传动系统检修 | 05-05-01 | 熟悉汽车传动系统（电、液）的结构及工作原理 | L2 | L2 |
| | | 05-05-02 | 使用传动系统测试、检修设备 | L2 | L2 |
| | | 05-05-03 | 检修、安装离合器（间隙、摩擦片变形、厚度） | L2 | L2 |
| | | 05-05-04 | 拆装手动变速器（维修手册） | L2 | L2 |
| | | 05-05-05 | 检修、调整自动变速器（迟滞、失速实验等，维修手册） | L2 | L2 |
| | | 05-05-06 | 使用工、量具检修离合器 | L2 | L2 |
| | | 05-05-07 | 使用工、量具检修手动变速器 | L2 | L2 |
| | | 05-05-08 | 使用工、量具检修自动变速器 | L2 | L2 |
| | | 05-05-09 | 使用工、量具检修驱动桥 | L2 | L2 |
| | | 05-05-10 | 使用工、量具检修万向传动装置 | L2 | L2 |
| | 05-06 诊断传动系统故障 | 05-06-01 | 懂得传动系统原理及故障诊断方法 | L3 | L3 |
| | | 05-06-02 | 会运用专用工具和设备，诊断离合器故障 | L3 | L3 |
| | | 05-06-03 | 会运用专用工具和设备，诊断手动变速器故障 | L3 | L3 |
| | | 05-06-04 | 会运用专用工具和设备，诊断自动变速器故障 | L3 | L3 |
| | | 05-06-05 | 会运用专用工具和设备，诊断万向传动装置故障 | L3 | L3 |
| | | 05-06-06 | 会运用专用工具和设备，诊断驱动桥故障 | L3 | L3 |

续上表

| 工作项目/<br>职业素养 | 工作任务/<br>职业素养 | 职业能力（知识、技能、方法、工具、要求） | 学习水平 ||
|---|---|---|---|---|
| | | | 中职 L$i$ | 高职 L$j$ |
| 05 底盘拆装与故障诊断维修 | 05-07 诊断行驶系统故障 | 05-07-01 懂得行驶系统原理及故障诊断方法 | L3 | L3 |
| | | 05-07-02 会运用专用工具和设备，诊断车轮故障 | L3 | L3 |
| | | 05-07-03 会运用专用工具和设备，诊断悬架故障 | L3 | L3 |
| | | 05-07-04 会运用专用工具和设备，诊断行驶异响故障 | L3 | L3 |
| | | 05-07-05 会运用专用工具和设备，诊断行驶跑偏故障 | L3 | L3 |
| | 05-08 诊断转向系统故障 | 05-08-01 懂得转向系统原理及故障诊断方法 | L3 | L3 |
| | | 05-08-02 会运用专用工具和设备，诊断机械转向系统故障 | L3 | L3 |
| | | 05-08-03 会运用专用工具和设备，诊断液压助力转向系统故障 | L3 | L3 |
| | | 05-08-04 会运用专用工具和设备，诊断电动助力转向系统故障 | L3 | L3 |
| | 05-09 诊断制动系统故障 | 05-09-01 懂得制动系统原理及故障诊断方法 | L3 | L3 |
| | | 05-09-02 会运用专用工具和设备，诊断常规制动系统故障 | L3 | L3 |
| | | 05-09-03 会运用专用工具和设备，诊断制动防抱死系统（ABS）故障 | L3 | L3 |
| | | 05-09-04 会运用专用工具和设备，诊断制动防抱死辅助系统（BAS/EBD/ASR/ESP）故障 | L3 | L3 |
| | 05-10 底盘电控系统检修 | 05-10-01 底盘区分波形、数据流 | L3 | L3 |
| | | 05-10-02 使用万用表检测底盘电控系统传感器及执行器 | L3 | L3 |
| | | 05-10-03 确认底盘系统故障点 | L3 | L3 |
| | | 05-10-04 使用诊断仪器检修底盘电控系统故障 | L3 | L3 |

续上表

| 工作项目/<br>职业素养 | | 工作任务/<br>职业素养 | | 职业能力（知识、技能、方法、工具、要求） | | 学习水平 | |
|---|---|---|---|---|---|---|---|
| | | | | | | 中职 $L_i$ | 高职 $L_j$ |
| 05 | 底盘拆装与故障诊断维修 | 05-11 | 分析底盘系统故障 | 05-11-01 | 诊断分析自动变速器综合故障 | | L4 |
| | | | | 05-11-02 | 诊断分析电控悬架系统综合故障 | | L4 |
| | | | | 05-11-03 | 诊断分析电控驱动防滑/牵引力控制系统（ASR/TRC）综合故障 | | L4 |
| | | | | 05-11-04 | 诊断分析车身电子稳定系统（ESP/VSC/VSA/DSC）故障 | | L4 |
| | | | | 05-11-05 | 诊断分析电子防滑差速系统（EDS/EDL）故障 | | L4 |
| | | | | 05-11-06 | 诊断分析底盘机械系统综合故障 | | L4 |
| | | | | 05-11-07 | 诊断分析电涡流缓速器或液力缓速器综合故障 | | L4 |
| | | 05-12 | 诊断分析底盘系统疑难故障 | 05-12-01 | 诊断分析底盘系统疑难故障 | | L4 |
| | | | | 05-12-02 | 远程诊断分析底盘系统疑难故障 | | L4 |
| 06 | 电器更换与维修 | 06-01 | 电器元件更换 | 06-01-01 | 熟悉电器原件的组成、安装位置、工作基本原理 | L1 | |
| | | | | 06-01-02 | 判断基本电器电路是否短路、断路 | L1 | |
| | | | | 06-01-03 | 点火开关打开状态下不能随意测量电器类部件 | L1 | |
| | | | | 06-01-04 | 使用高阻抗的万用表 | L1 | |
| | | | | 06-01-05 | 更换灯光、照明系统部件 | L1 | |
| | | | | 06-01-06 | 更换安全气囊、安全带等部件 | L1 | |
| | | | | 06-01-07 | 更换空调系统部件 | L1 | |
| | | | | 06-01-08 | 更换电源系统部件 | L1 | |
| | | | | 06-01-09 | 更换启动系统电气部件 | L1 | |
| | | | | 06-01-10 | 拆装信号及仪表系统（保险丝和继电器等） | L1 | |
| | | | | 06-01-11 | 拆装汽车娱乐系统 | L1 | |
| | | | | 06-01-12 | 拆装倒车雷达、倒车影像等系统 | L1 | |
| | | | | 06-01-13 | 拆装其他辅助电器系统（雨刮、门窗电机、喷水壶电机、电动后视镜、点烟器、喇叭等） | L1 | |

续上表

| 工作项目/<br>职业素养 | 工作任务/<br>职业素养 | 职业能力（知识、技能、方法、工具、要求） | | 学习水平 | |
|---|---|---|---|---|---|
| | | | | 中职 $L_i$ | 高职 $L_j$ |
| 06<br>电器更换与维修 | 06-02<br>充电及启动系统检修 | 06-02-01 | 熟悉充电及启动系统结构和工作原理 | L2 | L2 |
| | | 06-02-02 | 使用工、量具检修发电机 | L2 | L2 |
| | | 06-02-03 | 使用工、量具检修启动机 | L2 | L2 |
| | | 06-02-04 | 使用工、量具检修充电线路 | L2 | L2 |
| | | 06-02-05 | 使用工、量具检修启动线路及继电器 | L2 | L2 |
| | | 06-02-06 | 使用万用表检修启动安全开关 | L2 | L2 |
| | | 06-02-07 | 使用万用表检修点火开关 | L2 | L2 |
| | 06-03<br>检修照明、信号及仪表系统 | 06-03-01 | 熟悉汽车照明、信号及仪表系统结构和工作原理 | L2 | L2 |
| | | 06-03-02 | 使用万用表检修照明线路及元件 | L2 | L2 |
| | | 06-03-03 | 使用万用表检测信号线路及元件 | L2 | L2 |
| | | 06-03-04 | 使用万用表与诊断仪检测仪表 | L2 | L2 |
| | | 06-03-05 | 使用万用表检测仪表线路及元件 | L2 | L2 |
| | 06-04<br>空调系统检修 | 06-04-01 | 熟悉汽车空调系统的结构及工作原理 | L2 | L2 |
| | | 06-04-02 | 使用工具、设备检修空调压缩机 | L2 | L2 |
| | | 06-04-03 | 使用空调压力表或冷媒回收加注机检修空调系统 | L2 | L2 |
| | | 06-04-04 | 使用万用表检修空调鼓风机线路及元件 | L2 | L2 |
| | | 06-04-05 | 使用工具拆装膨胀阀 | L2 | L2 |
| | | 06-04-06 | 使用工具检修蒸发器 | L2 | L2 |
| | 06-05<br>辅助电器系统检修 | 06-05-01 | 熟悉汽车辅助电器系统结构及工作原理 | L2 | L2 |
| | | 06-05-02 | 使用万用表检修电动车窗电机 | L2 | L2 |
| | | 06-05-03 | 使用万用表检修门锁电机及开关 | L2 | L2 |
| | | 06-05-04 | 使用万用表检修电动后视镜开关 | L2 | L2 |
| | | 06-05-05 | 使用万用表检修雨刮电机及开关 | L2 | L2 |
| | | 06-05-06 | 使用工具拆装音响及元件 | L2 | L2 |
| | | 06-05-07 | 使用工具拆装电动天窗及元件 | L2 | L2 |
| | | 06-05-08 | 使用工具拆装电动座椅及元件 | L2 | L2 |
| | | 06-05-09 | 使用万用表检测发动机电控系统传感器及执行器 | L2 | L2 |

续上表

| 工作项目/职业素养 | 工作任务/职业素养 | 职业能力（知识、技能、方法、工具、要求） | | 学习水平 | |
| --- | --- | --- | --- | --- | --- |
| | | | | 中职 $L_i$ | 高职 $L_j$ |
| 06 电器更换与维修 | 06-06 诊断充电及启动系统故障 | 06-06-01 | 懂得充电及启动系统原理和故障诊断方法 | L3 | L3 |
| | | 06-06-02 | 会运用专用工具和设备，诊断发电机故障 | L3 | L3 |
| | | 06-06-03 | 会运用专用工具和设备，诊断充电线路故障 | L3 | L3 |
| | | 06-06-04 | 会运用专用工具和设备，诊断启动机故障 | L3 | L3 |
| | | 06-06-05 | 会运用专用工具和设备，诊断启动线路及元件故障 | L3 | L3 |
| | 06-07 诊断照明、信号及仪表系统故障 | 06-07-01 | 懂得照明、信号及仪表系统原理和故障诊断方法 | L3 | L3 |
| | | 06-07-02 | 会运用专用工具和设备，诊断照明系统元件故障 | L3 | L3 |
| | | 06-07-03 | 会运用专用工具和设备，诊断照明系统线路故障 | L3 | L3 |
| | | 06-07-04 | 会运用专用工具和设备，诊断信号系统元件故障 | L3 | L3 |
| | | 06-07-05 | 会运用专用工具和设备，诊断信号系统线路故障 | L3 | L3 |
| | | 06-07-06 | 会运用专用工具和设备，诊断仪表系统元件故障 | L3 | L3 |
| | | 06-07-07 | 会运用专用工具和设备，诊断仪表系统线路故障 | L3 | L3 |
| | 06-08 诊断辅助电器系统故障 | 06-08-01 | 懂得辅助电器系统原理及故障诊断方法 | L3 | L3 |
| | | 06-08-02 | 会运用专用工具和设备，诊断音响系统故障 | L3 | L3 |
| | | 06-08-03 | 会运用专用工具和设备，诊断电动座椅系统故障 | L3 | L3 |
| | | 06-08-04 | 会运用专用工具和设备，诊断电动天窗系统故障 | L3 | L3 |

续上表

| 工作项目/<br>职业素养 | 工作任务/<br>职业素养 | 职业能力（知识、技能、方法、工具、要求） | | 学习水平 | |
| --- | --- | --- | --- | --- | --- |
| | | | | 中职<br>$L_i$ | 高职<br>$L_j$ |
| 06<br>电器更换与维修 | 06-08<br>诊断辅助电器系统故障 | 06-08-05 | 会运用专用工具和设备，诊断巡航系统故障 | L3 | L3 |
| | | 06-08-06 | 会运用专用工具和设备，诊断电动后视镜系统故障 | L3 | L3 |
| | | 06-08-07 | 会运用专用工具和设备，诊断中控门锁系统故障 | L3 | L3 |
| | | 06-08-08 | 会运用专用工具和设备，诊断雨刮系统故障 | L3 | L3 |
| | | 06-08-09 | 会运用专用工具和设备，诊断电动车窗系统故障 | L3 | L3 |
| | | 06-08-10 | 会运用专用工具和设备，诊断防盗系统故障 | L3 | L3 |
| | | 06-08-11 | 会运用专用工具和设备，诊断安全气囊系统故障 | L3 | L3 |
| | 06-09<br>诊断空调系统故障 | 06-09-01 | 懂得空调系统原理及故障诊断方法 | L3 | L3 |
| | | 06-09-02 | 会运用专用工具和设备，诊断空调制冷循环系统故障 | L3 | L3 |
| | | 06-09-03 | 会运用专用工具和设备，诊断自动空调控制线路故障 | L3 | L3 |
| | | 06-09-04 | 会运用专用工具和设备，诊断自动空调电控元器件故障 | L3 | L3 |
| | | 06-09-05 | 会运用专用工具和设备，诊断手动空调控制线路故障 | L3 | L3 |
| | 06-10<br>分析电器系统故障 | 06-10-01 | 诊断分析信息显示系统综合故障 | | L4 |
| | | 06-10-02 | 诊断分析防盗系统综合故障 | | L4 |
| | | 06-10-03 | 诊断分析音响和视讯系统综合故障 | | L4 |
| | | 06-10-04 | 诊断分析自动空调系统综合故障 | | L4 |
| | | 06-10-05 | 诊断分析车载网络控制系统综合故障 | | L4 |
| | | 06-10-06 | 诊断分析舒适系统综合故障 | | L4 |
| | | 06-10-07 | 诊断分析全车线路综合故障 | | L4 |
| | | 06-10-08 | 诊断分析车辆安全辅助系统综合故障 | | L4 |

续上表

| 工作项目/职业素养 | 工作任务/职业素养 | 职业能力（知识、技能、方法、工具、要求） | | 学习水平 | |
|---|---|---|---|---|---|
| | | | | 中职 $L_i$ | 高职 $L_j$ |
| 06 电器更换与维修 | 06-11 诊断分析电器系统疑难故障 | 06-11-01 | 诊断分析电器系统疑难故障 | | L4 |
| | | 06-11-02 | 远程诊断分析电器系统疑难故障 | | L4 |
| 07 新能源汽车诊断与维修 | 07-01 新能源汽车动力系统更换 | 07-01-01 | 懂得新能源汽车的基本原理和组成部分 | | L2 |
| | | 07-01-02 | 拆装更换动力电池各连接线 | | L2 |
| | | 07-01-03 | 更换气瓶等（LPG/CNG等） | | L2 |
| | | 07-01-04 | 驱动电机冷却系统及冷却液液面 | | L2 |
| | | 07-01-05 | 使用专用工具及设备更换动力电池 | | L2 |
| | | 07-01-06 | 使用专用工具及设备更换各插接件 | | L2 |
| | | 07-01-07 | 使用专用工具及设备更换动力电池箱散热风扇 | | L2 |
| | | 07-01-08 | 使用专用工具及设备更换气瓶各功能阀体 | | L2 |
| | | 07-01-09 | 使用专用工具及设备更换燃料计量阀、混合器、调压器 | | L2 |
| | | 07-01-10 | 使用专用工具及设备调整气瓶压力 | | L2 |
| | 07-02 新能源汽车动力系统检测 | 07-02-01 | 熟悉新能源汽车动力系统的结构及工作原理 | | L3 |
| | | 07-02-02 | 使用专用工具及设备检测动力电池 | | L3 |
| | | 07-02-03 | 使用专用工具及设备检测插接件 | | L3 |
| | | 07-02-04 | 使用专用工具及设备检测动力电池箱散热风扇 | | L3 |
| | | 07-02-05 | 使用专用工具及设备检测气瓶各功能阀体 | | L3 |
| | | 07-02-06 | 使用专用工具及设备检测燃料计量阀、混合器、调压器 | | L3 |

续上表

| 工作项目/<br>职业素养 | 工作任务/<br>职业素养 | 职业能力（知识、技能、方法、工具、要求） | | 学习水平 | |
|---|---|---|---|---|---|
| | | | | 中职 $L_i$ | 高职 $L_j$ |
| 07 新能源汽车诊断与维修 | 07-03 新能源汽车动力系统维修 | 07-03-01 | 懂得新能源汽车动力系统原理及故障诊断方法 | | L3 |
| | | 07-03-02 | 会运用专用工具和设备，诊断新能源汽车动力电池故障 | | L3 |
| | | 07-03-03 | 会运用专用工具和设备，诊断纯电动车电池电压突降故障 | | L3 |
| | | 07-03-04 | 会运用专用工具和设备，诊断混合动力车车辆行驶过程中动力切换冲击故障 | | L3 |
| | | 07-03-05 | 会运用专用工具和设备，排除新能源汽车动力电池故障 | | L3 |
| | | 07-03-06 | 会运用专用工具和设备，排除纯电动车电池电压突降故障 | | L3 |
| | | 07-03-07 | 会运用专用工具和设备，排除混合动力车车辆行驶过程中动力切换冲击故障 | | L3 |
| | 07-04 诊断分析新能源汽车动力系统故障 | 07-04-01 | 诊断分析高压控制器综合故障 | | L4 |
| | | 07-04-02 | 诊断分析新能源汽车续航能力明显下降综合故障 | | L4 |
| | | 07-04-03 | 诊断分析新能源汽车综合故障 | | L4 |
| | | 07-04-04 | 诊断分析新能源汽车异响综合故障 | | L4 |
| | | 07-04-05 | 诊断分析新能源汽车无高压综合故障 | | L4 |
| | 07-05 诊断分析新能源汽车动力系统疑难故障 | 07-05-01 | 诊断分析高压控制器疑难故障 | | L4 |
| | | 07-05-02 | 诊断分析新能源汽车续航能力明显下降疑难故障 | | L4 |
| | | 07-05-03 | 诊断分析新能源汽车综合性疑难故障 | | L4 |
| | | 07-05-04 | 诊断分析新能源汽车异响疑难故障 | | L4 |

续上表

| 工作项目/<br>职业素养 | 工作任务/<br>职业素养 | | 职业能力（知识、技能、方法、工具、要求） | | 学习水平 | |
|---|---|---|---|---|---|---|
| | | | | | 中职<br>Li | 高职<br>Lj |
| 75<br><br>职业素养（通用能力、核心技能） | 75-01 | 沟通交流 | 75-01-01 | 明白上级意图 | L3 | L3 |
| | | | 75-01-02 | 认真听取客户诉求 | L3 | L3 |
| | | | 75-01-03 | 能及时准确传递客户要求到相关部门 | L3 | L3 |
| | | | 75-01-04 | 良好的沟通能力，善于发现问题，表达清晰 | L3 | L3 |
| | | | 75-01-05 | 掌握沟通技巧（5S、2W、封闭式提问、引导式提问） | L3 | L3 |
| | | | 75-01-06 | 遇到问题及时反馈 | L3 | L3 |
| | | | 75-01-07 | 能够与同事沟通，增强信任感 | L3 | L3 |
| | 75-02 | 数学应用 | 75-02-01 | 常用公式（单位换算、加减乘除） | L3 | L3 |
| | | | 75-02-02 | 使用Excel进行数据统计（汇总、函数、透析表） | L3 | L3 |
| | 75-03 | 革新创新 | 75-03-01 | 优化流程 | L3 | L3 |
| | | | 75-03-02 | 积极发表改进意见，解决问题思路清晰，有革新意识 | L3 | L3 |
| | | | 75-03-03 | 改善工具、方法 | L3 | L3 |
| | 75-04 | 自主学习 | 75-04-01 | 学习品牌新技术、新知识（新车型） | L3 | L3 |
| | | | 75-04-02 | 技术通告、产品通告 | L3 | L3 |
| | | | 75-04-03 | 学习管理知识 | L3 | L3 |
| | 75-04 | 自主学习 | 75-04-04 | 厂家学习系统（LMS） | L3 | L3 |
| | | | 75-04-05 | 品牌新知识、新技术 | L3 | L3 |
| | | | 75-04-06 | 收集和整合维修案例 | L3 | L3 |
| | | | 75-04-07 | 达到计算机一级水平（Office） | L3 | L3 |
| | 75-05 | 团队合作 | 75-05-01 | 有凝聚力 | L3 | L3 |
| | | | 75-05-02 | 能够服从安排 | L3 | L3 |
| | | | 75-05-03 | 集体荣誉感 | L3 | L3 |
| | | | 75-05-04 | 能够完成团队任务 | L3 | L3 |
| | | | 75-05-05 | 工种与工种间衔接 | L3 | L3 |

续上表

| 工作项目/职业素养 | 工作任务/职业素养 | | 职业能力（知识、技能、方法、工具、要求） | | 学习水平 | |
|---|---|---|---|---|---|---|
| | | | | | 中职 $L_i$ | 高职 $L_j$ |
| 75　职业素养（通用能力、核心技能） | 75－06 | 解决问题 | 75－06－01 | 及时反馈问题 | L3 | L3 |
| | | | 75－06－02 | 谈判能力（投诉） | L3 | L3 |
| | | | 75－06－03 | 形成解决问题的思路 | L3 | L3 |
| | 75－07 | 信息处理 | 75－07－01 | 保密客户信息 | L3 | L3 |
| | | | 75－07－02 | 及时更新客户资料 | L3 | L3 |
| | | | 75－07－03 | 能使用经销商系统（DMS系统） | L3 | L3 |
| | | | 75－07－04 | 会使用常用办公软件 | L3 | L3 |
| | | | 75－07－05 | 及时传递信息 | L3 | L3 |
| | | | 75－07－06 | 会阅读电子目录 | L3 | L3 |
| | 75－08 | 责任（安全）意识 | 75－08－01 | 安全防护意识 | L3 | L3 |
| | | | 75－08－02 | 注意驾驶安全 | L3 | L3 |
| | | | 75－08－03 | 能够使用防护工具 | L3 | L3 |
| | | | 75－08－04 | 消防安全 | L3 | L3 |
| | | | 75－08－05 | "三废"处理 | L3 | L3 |
| | | | 75－08－06 | 知道危险品处理方法 | L3 | L3 |
| | | | 75－08－07 | 轻取轻放物品 | L3 | L3 |
| | | | 75－08－08 | 正确使用维修设备 | L3 | L3 |
| | 75－09 | 外语应用 | 75－09－01 | 读懂专业术语及缩写（用语） | L3 | L3 |
| | | | 75－09－02 | 撰写英文诊断流程、报告（特殊品牌、厂家） | L3 | L3 |
| | 75－10 | 组织能力 | 75－10－01 | 能合理分工 | L3 | L3 |
| | | | 75－10－02 | 调动员工的积极性 | L3 | L3 |
| | | | 75－10－03 | 组织娱乐活动、团队建设 | L3 | L3 |
| | | | 75－10－04 | 开展公司间联谊 | L3 | L3 |
| | 75－11 | 吃苦耐劳 | 75－11－01 | 有牺牲精神（时间、精力） | L3 | L3 |
| | | | 75－11－02 | 能够接受加班 | L3 | L3 |
| | | | 75－11－03 | 任劳任怨、不怕辛劳 | L3 | L3 |
| | | | 75－11－04 | 耐得住寂寞 | L3 | L3 |

续上表

| 工作项目/职业素养 | | 工作任务/职业素养 | | 职业能力（知识、技能、方法、工具、要求） | | 学习水平 | |
|---|---|---|---|---|---|---|---|
| | | | | | | 中职 $L_i$ | 高职 $L_j$ |
| 75 | 职业素养（通用能力、核心技能） | 75-12 | 其他 | 75-12-01 | 职业道德、责任心 | L3 | L3 |
| | | | | 75-12-02 | 认真，不出错 | L3 | L3 |
| | | | | 75-12-03 | 仪容仪表 | L3 | L3 |
| | | | | 75-12-04 | 服务态度好 | L3 | L3 |
| | | | | 75-12-05 | 主动、积极、自主 | L3 | L3 |
| | | | | 75-12-06 | 思路清晰 | L3 | L3 |
| | | | | 75-12-07 | 爱岗敬业 | L3 | L3 |

注：(1)"学习水平"的中职 $L_i$ 的 $i$ 对应表中的中职层级层次，若是第Ⅱ层级，则用 L2 表示；若是第Ⅲ层级，则用 L3 表示。同理，高职 $L_j$ 的 $j$ 对应表中的高职层级层次，若是第Ⅲ层级，则用 L3 表示；若是第Ⅳ层级，则用 L4 表示。(2)该职业能力分析表是在职业能力分析会专家意见的基础上，参考了《汽车 4S 店岗位说明书》"4S 店岗位员工绩效考核表"《汽车修理工国家职业资格标准》《中职院校汽车专业人才培养方案汇编》《英国汽车职业教育研究总结报告》《香港汽车业能力标准研究报告》《广东交通职业技术学院汽车后市场职业能力模块库（第二版）》等文献修改而成。(3)"*"表示该条目仅适用于保险公司从业人员，不适用于 4S 店保险从业人员。

## 附录一 参与职业能力分析的行业企业专家名单

表2

| 序号 | 姓名 | 职务 | 分析岗位 | 公司名称 | 汽车品牌 |
|---|---|---|---|---|---|
| 1 | 韩青 | 售后经理 | 4S店售后经理 | 广州广德宝汽车销售服务有限公司 | 华晨宝马 |
| 2 | 周来贵 | 售后经理 | 4S店售后经理 | 广东广物东本汽车贸易服务有限公司 | 东风本田 |
| 3 | 胡文忠 | 售后经理 | 4S店售后经理 | 广州南现汽车销售服务有限公司 | 北京现代 |
| 4 | 杨美芳 | 车间主管 | 4S店售后车间主管 | 广州安骅汽车贸易有限公司 | 上海通用别克 |
| 5 | 张伟 | 车间主管 | 4S店售后车间主管 | 广东恒远汽车贸易有限公司 | 长安福特 |
| 6 | 林成忠 | 车间主管 | 4S店售后车间主管 | 佛山珅宝汽车销售服务有限公司 | 华晨宝马 |

续上表

| 序号 | 姓名 | 职务 | 分析岗位 | 公司名称 | 汽车品牌 |
|---|---|---|---|---|---|
| 7 | 何志光 | 维修组长 | 机电维修班组长、机电维修工、学徒 | 广州市南菱通汽车销售服务有限公司 | 上海通用别克 |
| 8 | 易木水 | 机电组长 | 机电维修班组长、机电维修工、学徒 | 广州鸿粤雷克萨斯汽车销售服务有限公司 | 雷克萨斯 |
| 9 | 马建富 | 维修组长 | 机电维修班组长、机电维修工、学徒 | 广州沙河丰田汽车销售服务有限公司 | 一汽丰田 |
| 10 | 何永祥 | 钣金主管 | 钣金工、钣金班组长 | 广州沙河丰田汽车销售服务有限公司 | 一汽丰田 |
| 11 | 吴志锋 | 喷漆主管 | 喷漆美容工、喷漆美容班组长 | 广东广物福恒汽车贸易有限公司 | 长安福特 |
| 12 | 肖四海 | 售后前台主管 | 服务接待、服务主管 | 江门市福恒汽车销售服务有限公司 | 长安福特 |
| 13 | 周 磊 | 售后前台主管 | 服务接待、服务主管 | 广州昌宝汽车销售服务有限公司 | 华晨宝马 |
| 14 | 乔亢亢 | 售后前台主管 | 服务接待、服务主管 | 广州龙日汽车销售服务有限公司 | 东风日产 |
| 15 | 吴景江 | 配件主管 | 配件管理员、配件主管 | 广州世祥汽车销售有限公司 | 沃尔沃 |
| 16 | 许晓丹 | 配件主管 | 配件管理员、配件主管 | 佛山市东本汽车销售服务有限公司 | 东风本田 |
| 17 | 卓 裕 | 保险理赔中心主管 | 保险理赔员、保险理赔主管 | 中国人民财产保险股份有限公司中山分公司 | 中国人保 |
| 18 | 余艺明 | 保险理赔主管 | 保险理赔员、保险理赔主管 | 江门华通丰田汽车销售服务有限公司 | 一汽丰田 |

## 附录二  参与职业能力分析的院校教师名单

表3

| 序号 | 姓名 | 工作单位 | 职称、职务 |
| --- | --- | --- | --- |
| 1 | 郭海龙 | 广东交通职业技术学院 | 副教授、系主任 |
| 2 | 张永栋 | 广东交通职业技术学院 | 讲师、专业负责人 |
| 3 | 刘越琪 | 广东交通职业技术学院 | 教授、副院长 |
| 4 | 李 军 | 广东交通职业技术学院 | 副教授、汽车院长 |
| 5 | 孟国强 | 广东交通职业技术学院 | 副教授、汽车副院长 |
| 6 | 潘伟荣 | 广东交通职业技术学院 | 教授、书记 |
| 7 | 温福军 | 广东交通职业技术学院 | 讲师、日产项目负责人 |
| 8 | 王庆坚 | 广东交通职业技术学院 | 讲师、丰田培训师 |
| 9 | 黄景鹏 | 广东交通职业技术学院 | 讲师、宝马培训师 |
| 10 | 廖均博 | 广东交通职业技术学院 | 讲师 |
| 11 | 蒋翠翠 | 广东交通职业技术学院 | 讲师 |
| 12 | 张胜宾 | 广东交通职业技术学院 | 讲师、专业负责人 |
| 13 | 黄俊刚 | 广东交通职业技术学院 | 讲师 |
| 14 | 许均锐 | 广东交通职业技术学院 | 助教 |
| 15 | 凌宇平 | 广东交通职业技术学院 | 助教 |
| 16 | 刘建平 | 广州市交通运输职业学校 | 高级讲师、校长 |
| 17 | 陈高路 | 广州市交通运输职业学校 | 高级讲师、科长 |
| 18 | 邱志华 | 广州市交通运输职业学校 | 高级讲师、副科长 |
| 19 | 林根男 | 广州市交通运输职业学校 | 讲师、专业负责人 |
| 20 | 胡源卫 | 广州市交通运输职业学校 | 讲师、专业负责人 |

# 实践总结篇

广东自 2013 年启动中高职衔接专业教学标准和课程标准研制工作，四年来标准研制工作顺利开展，取得了丰硕的成果。"实践总结篇"以论文的形式，展现了中高职衔接专业教学标准和课程标准研制项目组在研究过程、研究方法、研究成果等方面的收获。例如：《我国中高职教育衔接的政策、模式及实施现状》基于文献研究，反映了我国中高职衔接的状况；《高本衔接模具设计与制造专业教学标准研制方法与实践》系统地阐述了模具设计与制造专业开展高职本科衔接专业教学标准的建设路径及方法运用；《基于能力本位的中高职衔接模具设计与制造专业教学标准的研制》和《浅谈基于职业能力的学习任务开发》分别从专业层面和课程层面阐述了以职业能力为核心的开发理念如何落实；《电子类专业中高职衔接一体化课程体系构建研究》和《基于绿色发展重构环境工程技术专业中高衔接一体化课程体系》阐述了中职与高职有机衔接的课程体系构建方法。

# 我国中高职教育衔接的政策、模式及实施现状

## ——基于文献调研的归纳分析

夏毓鹏　王寒栋[①]

### 一、前言

我国中高职衔接始于 20 世纪 80 年代，距今已经历了 30 多年，[1]取得了显著的成就。中高职衔接的理论研究随着实践的不断推进，经历了由浅入深、由分散到综合、由外在形式到内涵的过程，已经形成形式上的对接，但尚未形成完整的体系，衔接过程也还有待于通过进一步的研究和实践来完善。[2]因此，30 多年来，关于中高职衔接方面的理论研究和实践探索既涉及政策与制度、衔接模式、中外比较、问题与对策等宏观方面，也包含了人才培养目标、课程体系、实施案例等具体措施。本文从中高职衔接的模式、人才培养方案、专业标准、课程体系、存在的问题与对策等几个方面进行综述，借鉴现有研究和实践探索的经验，为职业教育中高职衔接专业标准的制定提供理论依据。

### 二、我国中高职衔接的政策、制度及模式

#### （一）30 多年来我国中高职衔接的制度化进程

关于我国中高职教育衔接的制度化进程，刘育锋、胡佳和黎志键进行了较为详尽了论述。[3-5]我国不同类型、层次的教育政策大多始于 1985 年的《中共中央关于教育体制改革的决定》，它首次提出了教育分流政策以及高职优先招收中职学生入学，可以说是中高职教育衔接的第一个政策依据。[3-4]1991 年，《国务院关于大力发展职业技术教育的决定》强调：要建设有中国特色的，从初级到高级、行业配套、结构合理、形式多样，又能与其他教育相互沟通、协调发展职业教育体系的基本框架。[3,5]其后，1994 年，国务院出台了《关于〈中国教育改革和发展纲要〉的实施意见》，指出：要"大力发展职业教育，逐步形成初等、中等、高等职业教育和普通教育共同发展、相互衔接、比例合理的教育系列"。首次提出了不同层次、不同类别教育互相衔接。[3-4]1999 年，教育部、国家计委关于印发《试行按新的管理模式和运行机制举办高等职业技术教育的实

---

[①] 作者简介：夏毓鹏，男，深圳职业技术学院副教授，博士。研究方向：职业教育、节能工程技术。

王寒栋，男，深圳职业技术学院教授，硕士。研究方向：职业教育、供热通风与空调工程技术。

施意见》的通知（教发〔1999〕2号），文件强调要"积极探索以多种途径发展高等职业技术教育"。"招生对象主要面向当年参加全国普通高等学校统一招生考试的考生，也可招收少量的中等职业学校应届毕业生"。[5]同时，国务院批转教育部的《面向21世纪教育振兴行动计划》中也据此提出了："要努力建立符合国情的职前与职后教育培训相互贯通的体系，使初等、中等和高等职业教育与培训互相衔接，并与普通教育、成人教育互通、协调发展"的任务。[3]2002年，《国务院关于大力推进职业教育改革与发展的决定》中指出：扩大中等职业学校毕业生进入高等学校尤其是进入高等职业学校继续学习的比例，适当提高高等职业学校专科毕业生接受本科教育的比例。[3,6]2005年，教育部印发了《关于加快发展中等职业教育的意见》，拉开了中等职业教育扩招的序幕。虽然2007年，教育部《关于进一步做好高等学校各类招生管理工作的通知》，使中高职衔接的通道受到紧缩。[5]但是教育部在2011年8月发布了《教育部关于推进中等和高等职业教育协调发展的指导意见》（教职成〔2011〕9号），明确指出：为适应地方经济的需要，各地要开展关于中高职衔接工作的研究，打通渠道，系统培养高技能人才，构建具有地方特色的现代化职业教育体系，为地方产业服务。[7]同时，在2010—2020年的《国家中长期教育改革和发展规划纲要》中，第十四条明确指出，到2020年，形成现代职业教育体系，进一步满足经济发展方式转变和产业结构调整的需要，同时体现终身教育的理念，进一步确保中等和高等职业教育协调发展。[3-5,8]2014年国务院下发的《关于加快发展现代职业教育的决定》（国发〔2014〕19号）和教育部、国家发展与改革委员会、财政部、人力资源和社会保障部、农业部、国务院扶贫办联合发布的《现代职业教育体系建设规划（2014—2020）》中都明确指出：到2020年，形成适应发展需求、产教深度融合、中高职衔接、职业教育与普通教育相互沟通，体现终身教育理念，具有中国特色、世界水平的现代职业教育体系。[9]《教育部2013年工作要点》指出，要"加快发展现代职业教育"，"印发《现代职业教育体系建设规划》，全面推进现代职业教育体系建设"，"制订中高职教育衔接计划"。[10]

### （二）我国中高职衔接的主要模式

关于目前我国中职毕业生升学进入高职学校的途径主要有以下三种形式。

1．"对口升学"模式

中职与高职根据各自的学制年限进行教育，"对口升学"即部分中职毕业生完成三年中职学习，通过对口升学考试进入专业对口的高职（应用型本科）院校接受教育的模式。通常在这种模式下，中职毕业生自由选择报考，中高职学校之间没有合作关系。

2．"分段制"模式

"分段制"模式是一个高职院校与几个中职学校形成的衔接模式，通常被称之为"3+2"分段制，具体主要有"3+2"和"2+3"两种形式，即学生在完成中等职业教育（3年或2年）的基础上再接受高职教育（2年或3年），毕业后颁发相应的中职和高职毕业证书。一般在这种模式下，中职学校和高职院校之间是有合作关系的。

3．"直通制"模式

这是在一所高职院校内部同时实施中职和高职教育的模式。由高职院校直接招收初中毕业生入学，前3年按中专（中职）的教学计划实施教育，然后根据3年间的学习成绩和综合表现择优选拔部分学生升入高职，继续完成后2年的学业，考试合格达到要求后颁发高职毕业证书。未升入高职的学生，完成中职学业后，毕业时颁发中职毕业证书。

中高职衔接是一种中高职院校联合举办同类专业，在培养目标和课程上进行紧密衔接的教育模式，[11]主要为以上三种模式中的后两者。20世纪90年代在北京等10个省市地区进行试点，主要以五年制为主，其他基本模式也有"三二分段""三三分段"等形式。柳燕君把我国中高职衔接的主要模式分为三类：五年一贯制、单考单招模式以及"3+2"衔接模式。[12]刘育锋对我国中高职衔接模式进行了细分：包括学制衔接模式和非学制衔接模式，学制衔接模式分为一贯制衔接模式（即中职、高职在同一学校、同一专业连续完成）和分段式衔接模式（即中职、高职在不同学校的同一或相近专业分别完成，包括"3+2""3+3"和"4+2"模式）。[13]朱雪梅则将我国中高职衔接模式分为两种：一种是独立性结构类型，即中职和高职各自根据自己的学制年限进行教育，高职院校主要通过升学考试择优招收中职和普高毕业生；另一种是一体化结构类型，即中职与高职统筹安排和整体设计课程体系所形成的一种学制结构及衔接模式，如五年一贯制、中高职连续和本专沟通等。[14]许燕萍以苏州工业职业技术学院"中高职衔接通信技术专业"为例探讨了"3+2"的人才培养模式。[15]张婵通过对"三二分段"和"二三分段"模式的比较，阐述了"三二分段"存在的弊端和"二三分段"的优势，提出了"二三分段"有利于现代职业教育体系形成的见解。[16]

刘松林等通过对五专生、中职生源、普高生源三种不同衔接模式的高职毕业生在职业岗位的表现进行问卷调查，对不同模式的培养结果进行了比较，结果表明：①五年一贯制学生在整体上更受用人单位欢迎；②中职生源毕业生的实际操作能力最强；③普高生源模式在培养杰出技术技能型人才上具有明显的优势，综合素质更优，能力更强。[17]由此可看出中高职有效衔接的实际意义和效果。

## 三、人才培养方案制定

从上述不同的衔接模式对毕业生培养质量效果的调查可以看出，中高职衔接的紧密性对人才培养的质量起到关键性的作用。而中职、高职人才培养目标定位的准确性以及相互的关联性又是影响教学计划制定和执行的根本。因此，准确定位我国中高职衔接的人才培养目标是解决当前中高职衔接的重要问题之一。在此方面研究人员也做了大量的工作。

邵建华提出应根据职业技能型人才培养目标的要求，构建与社会经济发展相适应的终身职业人才培养体系，应联合政府、职教机构、行业企业、学术委员会等共同制定技能型人才培养方案。[18]胡艳从现有招生体制下学生生源复杂性的角度，指出统一的人才培养方案无法实现中职与高职的有效衔接，提出了应根据实际构建差异化的合理科学的人才培养方案。[19]胡海侠从可持续发展的视角，提出应联合政府、行业、企业、教育主管机构和学校各方力量，进行统筹化、系统化的构建，形成中高职培养目标的有机衔接。[20]邵元君等则从国家职业标准的角度，通过总结美英两国国家职业标准的经验，以期对我国职业标准的制定提供借鉴,从而为中高职衔接的培养目标定位提供依据。[21]宋昀等以数控专业为例,提出了梳理定位、确立层次明确的培养目标。[22]

由于"分段制"衔接是在两个不同学校分别完成各自的中职、高职教育,因此,培养目标衔接性的好坏对中高职衔接人才培养成效的影响更大。在这方面,郑淑玲以中高职衔接数控技术专业为例,指出了在衔接过程中,各对口中职学校人才培养规格存在较大差异、中高职学校教学计划存在重复、断层和脱节现象。[23]王文芳等提出基于行业标准的"三二分段"人才培养方案制定思路。[24]管弦指出了部分中职、高职在制定人才培养目标上定位不清的问题,提出了中高职衔接"三二分段"人才培养模式的实施必须要在中职和高职培养目标进行重新定位的基础上进行有效衔接。[25]范爱民等也针对目前中高职衔接存在的人才培养目标不明确、课程设置与教学内容重叠及脱节等问题,以汽车检测与维修技术专业为例,阐述了中高职"三二分段"一体化人才培养方案的构建方法。[26]杨惠超等则根据招生生源复杂的现状,以畜牧兽医专业为例,对中高职一体化培养目标、培养模式、课程体系等进行了阐述。[27]周东黎以会计专业为例,探索了针对不同生源,差异化制定培养方案的思路。[28]卞平等以模具设计与制造专业为例,尝试了针对"3+3"中高职衔接模式,通过学校、行业、企业的市场调研,明确专业定位与人才培养规格,开发了工作过程系统化的中高职衔接人才培养方案。[29]孙晓云以电子工艺与管理专业为例,从人才培养目标衔接、课程体系衔接、职业资格证书衔接三方面探讨了中高职衔接人才培养方案的制定。[30]

## 四、专业教学标准制定

专业教学标准是规范学校专业建设和专业教学的纲领性文件,它具体规定了专业培养目标、职业领域、人才培养规格、职业能力要求、教学安排和教学条件等内容。它是学校组织专业教学和专业评估的依据,也是学生选择专业和用人单位招聘录用毕业生的依据。开发制定中高职衔接的专业教学标准是实现中高职有机衔接的前提条件和重要举措。[31]

当前职业教育发达的国家已建立起了国家、区域、学校三层次的专业教学标准,国家层次的标准是基础性的、面向全国的,具有宏观指导性;区域层次的标准是以本区域的社会、经济、技术发展为依据的,指导规范本区域学校专业教学标准的制定;学校层次的标准是依据国家和区域层次专业教学标准,根据本学校自身的发展水平和实际条件而制定的最具体的专业教学标准。我国目前还没有建立起系统的三层次专业教学标准体系,部分专业有了初步的国家层面的教学标准,部分省市、部分中高职院校制定了相应的专业教学标准。

雷建龙等通过对当前中高职教育存在不衔接的现状以及对职业教育健康发展的不利影响,阐述了建立中高职衔接专业教学标准的必要性。[32]夏学文根据当前我国中高职专业教学标准的基本框架,通过在专业调研、职业分析、课程体系构建、课程内容分析、标准编制、论证审定等开发过程中加强中高职衔接,确定了中高职衔接的专业教学标准框架。[31]曹毅等从中职与高职教育都属于职业教育,是职业教育的不同层次这一观点出发,提出应构建中高职衔接分层模型,从开放性和扩展性的角度对职业教育体系中每一层级的教学目标、内容、功能及输入和输出接口进行界定，并在此基础上，由教育行政机关制定具体的中高职衔接标准。[33]雷建龙等通过对中高职应用电子技术专业岗位职业能力进行深入的分析，并剖析了岗位职业能力、职业岗位（群）、职业资格证书三方面的衔接，开发了中高职衔接的人才培养目标和课程体系。[34]丛佩丽以计算机网络技术专业为例，分析了目前中高职教育衔接存在的问题，通过岗位群工作任务和职业能力分析，对中高职衔接的专业教学标准进行了设计。[35]袁锦贵提出中高职文秘专业应在明确各自培养目标，并实现相互衔接的前提下，对专业内涵和教学条件建设进行一体化设计，实施梯次教学。[36]陈计专以会计专业为例，从就业方向、培养目标与定位、职业证书、课程体系、教学评价与考核五个方面对中高职衔接的专业教学标准进行了开发。[37]

## 五、课程体系构建

### （一）课程体系构建的理论研究

课程衔接是中高职衔接的实质与核心，无论什么样的衔接模式最终都需要由课程体系来实现，它是保证衔接有效实施，避免课程出现重复、断层、脱节等问题的关键环节，是实现中高职教育持续发展和协调发展的关键。荀莉对我国前些年中高职课程衔接的研究状况进行了归纳和梳理，以期明确研究重点，发现主要问题，促使其实践体系与理论体系逐步完善。[38]在中高职衔接课程体系构建的策略与方法方面，张英岗对中高职教育课程衔接的可行性进行了阐述，指出了中高职教育课程衔接可行性的基础：①教育类型相同；②专业及课程设置相似；③人才培养方式相同；④具备文化基础；⑤具备实践基础。[39]徐国庆指出了目前在中高职衔接中存在的对人才培养目标定位过度讨论的问题，强调中高职衔接问题的本质就是：通过课程衔接构建现代职业教育体系。[40]祝士明等从课程衔接的总体思路、课程目标的衔接和课程内容的衔接三方面提出了加强中高职教育课程衔接的对策。[41]孔庆红也提出了统筹专业设置，明确培养目标；制定统一的课程标准，构建一体化课程；重构课程结构，创新教学模式和统一教材编写标准，校企合作开发教材的课程衔接策略。[42]唐树伶则从中高职课程体系衔接模式的选择方式方面，阐述了以职业生涯为目标，明确中高职教育衔接的专业定位；以工作任务为引领，确定中高职教育衔接的课程设置；以职业能力为核心，确立中高职教育衔接的课程内容；以典型服务为载体，设计中高职教育衔接的教学活动的课程体系设计理念。[43]

另外，国外的成功经验和实施案例也为我们在方法论研究和课程开发方面提供了理论依据。逯铮研究借鉴国外课程衔接的三种模式，结合我国国情认为，我国的中高职衔接以制定统一的课程标准、高职专业归类对口招生、统筹开发基于工作过程的模块课程较为可行。[44]刘培琴对国内外中高职课程衔接的现状进行了分析，并在此基础上结合天津职业大学与天津第一商业学校制冷专业中高职衔接的实例，对中高职课程衔接的方法进行了探讨。[45]陈文彪对英法两国中高职课程衔接的经验进行了介绍，对其以培养目标的衔接作为课程衔接的起点，将建立统一的课程标准作为课程衔接的关键环节，构建工作过程导向的课程体系作为课程衔接的技术路径，和以学分制与学分互认制作为课程衔接制定保障的实施策略进行了阐述。[46]廖毅芳对香港物流业的能力要求和香港职业训练局的物流专业教学计划进行了分析对比，提出中高职衔接需要政府打破政策性障碍，加强顶层制度设计。[47]

## （二）课程体系构建的探索与实践

在中高职衔接课程体系的构建方法方面，张志新等尝试了基于"学习领域"的中高职课程体系衔接研究，[48]彭湘蓉针对机电专业进行了基于岗位工作能力的课程体系衔接研究，[49]邵世光等提出了基于国家职业标准的中高职课程衔接策略。[50]目前关于我国中高职课程衔接的研究已经逐步从前几年的理论构建阶段逐步向实践探索和实施优化方面发展和深入，已经形成了比较成熟的理念和思想。如张大伟提出了以职业生涯为目标明确专业定位、以工作任务为导向确定课程设置、以职业能力为核心确立课程内容、以典型案例为载体设计教学活动、以职业鉴定为参照强化技能训练的中高职衔接课程体系构建的思路。[51]

同时，理论结合实际的尝试也在很多学校和专业得到了积极推行。张家寰以汽车运用与维修专业为例提出了中高职衔接课程结构的一体化设计框架。[52]吴健等通过对杭州地区精细化工行业企业调研和岗位工作任务分析，对精细化工专业中高职衔接课程体系进行了设计。[53]周静等结合湖北省机械加工行业特点，通过对企业调研和岗位工作任务分析，对中职机械加工技术专业与高职机械设计、制造专业的课程衔接进行了一体化设计。[54]金炳雄以浙江省旅游类中高职学校作为样本，就其专业课程体系进行抽样比较，提出了厘清中高职专业培养目标的定位关系，构建以岗位能力为核心的中高职课程衔接体系的对策。[55]胡翔云以湖北省中职机械加工技术、高职机械制造与自动化专业为例，探讨了如何在课程体系衔接中避免公共课出现知识断层、专业基础课出现知识脱节，以及专业基础课和专业课出现重复的现象。[56]马美蓉等以畜牧兽医专业为例，进行了中高职衔接的"分层、分段、板块式"课程体系构建的尝试。[57]吴繁红以"3+2"电气自动化技术专业为例，探索了在中职阶段围绕基础理论和基本实践能力培养，高职阶段围绕专业核心能力和创新实践能力培养的中高职衔接课程体系一体化构建方案。[58]段春艳等针对光伏应用技术专业，[59]孙晓云针对中职电子类、高职电子信息类专业，[60]许燕萍针对通信技术专业，[61]李国良等针对应用电子技术专业，[62]周向军针对计算机多媒体技术专业，[63]张静针对电气自动化专业，[64]分别进行了中高职衔接课程体系的一体化开发和尝试。

## 六、存在的问题与对策

当然，在全国各地的中高职课程衔接的实际实施过程中，也存在着各种问题。但是，正是由于这些问题的暴露为我们今后对课程体系衔接进一步地改善和优化指明了方向。孙立书对部分地区中高职专业课程体系衔接的现状进行了调查，发现了课程设置与学生素质脱节、课程内容设置重复、专业课程设置不当等问题。[65]纪顺源对中高职课程衔接中课程层次的特点进行了分析，指出了部分课程的制定缺少层次性、课程设置趋同、内容没有针对性、课程评价层次不清等问题，并通过对其原因的分析提出了依据市场人才需求、职业学校联合攻关、注重学生个性和制定个性化课程评价标准的建议。[66]

黄彬对目前中高职课程衔接中存在的课程设置重复、课程体系脱节、职业技能倒挂、课程内容死板、中高职课程各自为政、自我话语权缺失等问题进行了分析，提出了在政策和制度化的保证下，构建政府、行业企业、研究组织、职业学校多方参与的组织机构，进行课程体系的模块化设置和系统化开发的思路，设计了衔接课程的开发组织机构框架和课程模块化开发的内外部环境结构。[67]傅琼也对目前中高职课程衔接中课程目标含混不清、课程内容重叠或断档的问题进行了分析，提出了构建中高职一体化课程目标体系、实施中高职一体化教学、制定中高职课程衔接的接口标准以及构建整体性的课程结构体系的应对策略。[68]

## 七、结论

通过文献调研，我们对目前国内外中高职衔接的现状、我国在中高职衔接方面的政策与制度制定、我国在中高职衔接人才培养方案与专业教学标准制定、课程体系的构建等方面所做的尝试有了较为全面和深入的了解。对一些学校、专业在实施中高职衔接过程中积累的成功经验和遇到的问题，也有了充分的认识。为我们在行业、企业、学校调研，以及后期在供热通风与空调专业的中高职衔接教学标准制定过程中的职业能力分析、人才培养方案制定、课程体系构建、课程标准制定和课程建设等工作，提供了较充分的实践经验和理论依据。

**参考文献**

[1] 高原. 我国中高职衔接研究综述 [J]. 中国职业教育, 2004 (5).

[2] 杨赛荣. 中高职衔接文献综述 [J]. 职业技术, 2014 (7): 91-92.

[3] 刘育锋, 陈鸿. 中高职课程衔接：我国职业教育政策的历史诉求——上世纪八十年代以来我国重大教育和职业教育政策文件制度分析 [J]. 职教论坛, 2012 (1): 43-47.

[4] 胡佳. 中高职教育衔接的制度化进程 [J]. 职业教育, 2014 (10): 3-6.

[5] 黎志键, 韦弘. 中高职衔接的政策演变轨迹及其思考 [J]. 继续教育研究, 2012 (5): 47-49.

[6] 刘立波. 关于中高职衔接的几点思考 [J]. 教育论坛, 2014 (2): 150.

[7] 范金玲. 开展中高职衔接工作的研究和实践 [J]. 机械职业教育, 2012 (6): 12-13.

[8] 教育部. 国家中长期教育改革和发展规划纲要（2010—2020 年）[Z].

[9] 李占文. 关于中高职教育衔接问题的再认识 [J]. 辽宁高职学报, 2014 (7): 6-7.

[10] 冯克江. 广东省中高职衔接的问题及对策 [J]. 内蒙古电大学刊, 2014 (6): 73-76.

[11] 刘文丽, 谢志英, 赵新义. 中高职教育衔接模式探讨 [J]. 课程教育研究, 2014 (3): 44-45.

[12] 柳燕君. 北京市中高职教育衔接模式的研究 [J]. 中国职业技术教育, 2010 (16): 73-77.

[13] 刘育锋. 论我国中高职衔接的模式 [J]. 职业技术教育, 2002 (10): 5-7.

[14] 朱雪梅. 我国中职与高职衔接研究述评 [J]. 职业技术教育, 2011 (7): 25-26.

[15] 许燕萍. 中高职衔接"3+2"人才培养模式的探索与实践 [J]. 内江科技, 2013 (5): 179, 175.

[16] 张婵. 创新型中高职衔接"二三分段"人才培养模式研究 [J]. 继续教育研究, 2014 (7): 107-108.

[17] 刘松林, 叶晓星, 纪昌锋. 中高职衔接模式培养结果的比较研究 [J]. 广东技术师范学院学报

（社会科学），2013（6）：10-14.

[18] 邵建华. 中、高职衔接的职业教育人才培养体系探索[J]. 沙洲职业工学院学报，2012（1）：36-38.

[19] 胡艳. 中高职衔接视角下的高职差异化人才培养方案研究[J]. 宿州教育学院学报，2013（2）：94-96.

[20] 胡海侠. 基于可持续发展的中高职培养目标衔接探究[J]. 机械职业教育，2013（6）：9-11.

[21] 邵元君，匡瑛. 国家职业标准：中高职衔接中培养目标定位的重要依据——基于美英的经验[J]. 职教论坛，2012（28）：51-54.

[22] 宋昀，贾俊良，刘岩. 构建能力递进的中高职衔接人才培养方案[J]. 中国科技博览，2014（34）：104-105.

[23] 郑淑玲. 中高职衔接数控技术专业人才培养存在的问题及对策[J]. 职业教育，2013（9）：41-43.

[24] 王文芳，徐佩安. 基于行业标准的中高职"三二分段"人才培养模式研究[J]. 网友世界，2014（4）：127-129.

[25] 管弦. 中高职衔接"三二分段"人才培养模式探析[J]. 教育与职业，2013（3）：11-13.

[26] 范爱民，张晓雷，覃岭. 中高职衔接三二分段一体化人才培养方案的设计[J]. 中国职业技术教育，2013（11）：55-58.

[27] 杨惠超，黄文峰. 中高职衔接一体化人才培养方案研究[J]. 职业时空，2014（9）：105-107.

[28] 周东黎. 中、高职衔接的会计专业教学计划制订研究[J]. 河北能源职业技术学院学报，2014（3）：94-96.

[29] 卞平，李军. 模具设计与制造专业中高职衔接人才培养方案研究[J]. 湖北工业职业技术学院，2014（8）：22-25.

[30] 孙晓云. 中高职衔接人才培养方案的研究[J]. 科教文汇，2014（10）：154-155.

[31] 夏学文. 中高职衔接的专业教学标准的开发[J]. 天津职业大学学报，2013（6）：43-45，47.

[32] 雷建龙，黄邦彦. 构建中高职衔接的专业教学标准，引导职业教育健康发展[J]. 武汉船舶职业技术学院学报，2013（4）：66-70.

[33] 曹毅，蒋丽华，罗群，等. 基于分层模型的中高职衔接标准分析与构建[J]. 职业技术教育，2013（13）：41-44.

[34] 雷建龙，黄邦彦，张道平，等. 中高职衔接应用电子技术专业教学标准研究：以湖北省为例[J]. 天津职业大学学报，2014（6）：74-78.

[35] 丛佩丽. 基于中高职衔接的计算机网络技术专业教学标准设计[J]. 机械职业教育，2014（5）：26-27，46.

[36] 袁锦贵. 基于中高职相衔接的文秘专业教学标准研究[J]. 中国农业教育（双月刊），2013（1）：37-41.

[37] 陈计专. 基于中高职衔接的会计专业教学标准设计[J]. 襄阳职业技术学院学报，2013（6）：88-90.

[38] 荀莉. 中高职课程衔接研究现状综述[J]. 职教论坛，2012（13）：47-52.

[39] 张英岗. 中高职教育课程衔接可行性研究与实践[J]. 黑河学刊，2013（7）：107-108.

[40] 徐国庆. 中高职衔接的课程论研究[J]. 教育研究，2012（5）：69-73.

[41] 祝士明，马东东. 中高职教育课程衔接的思考[J]. 职业技术教育，2013（25）：37-41.

[42] 孔庆红. 中高职课程衔接的策略研究[J]. 科技视界，2013（14）：15，28.

[43] 唐树伶. 中高职课程体系衔接模式的选择[J]. 安徽商贸职业技术学院学报，2014（1）：57-60.

[44] 逯铮. 终身教育背景下中高职课程衔接的理论诉求及国际借鉴 [J]. 职教通讯, 2013 (7): 43-47.

[45] 刘培琴. 中高职教育课程衔接的研究与实践 [J]. 成人教育, 2013 (2): 46-49.

[46] 陈文彪. 中高职课程衔接的问题与对策探究：基于英法两国经验 [J]. 新疆职业教育研究, 2013 (4): 13-16.

[47] 廖毅芳. 中高职衔接的物流专业课程标准：以香港为鉴 [J]. 广东交通职业技术学院学报, 2013 (3): 51-55.

[48] 张志新, 林来涛. 基于"学习领域"的中高职课程体系衔接研究 [J]. 职业技术教育, 2013 (34): 37-41.

[49] 彭湘蓉. 基于岗位工作能力的机电专业中高职课程体系衔接研究 [J]. 现代企业教育, 2013 (5): 252-253.

[50] 邵世光, 王月穆. 基于国家职业标准的中高职课程衔接策略 [J]. 职教论坛, 2012 (15): 23-25.

[51] 张大伟. 中高职课程衔接的依据、思路及实施构想 [J]. 成人教育, 2014 (10): 46-48.

[52] 张家寰. 中高职衔接课程结构一体化设计 [J]. 中高职业技术教育, 2006 (11): 37-39.

[53] 吴健, 李巍巍. 中高职衔接课程体系构建与实施 [J]. 中国科技投资, 2014 (6): 527-528.

[54] 周静. 中高职课程衔接一体化设计 [J]. 成人教育, 2014 (1): 61-63.

[55] 金炳雄. 中高职旅游类专业课程衔接的抽样分析及对策研究：以浙江省中高职院校为例 [J]. 中国高教研究, 2013 (4): 89-92.

[56] 胡翔云. 中高职人才培养边界及课程体系衔接街研究：以湖北省中职机械加工技术、高职机械制造与自动化专业为例 [J]. 湖北工业职业技术学院学报, 2014 (6): 7-12.

[57] 马美艳, 朱雄才, 徐苏凌, 等. 中高职衔接的"分层、分段、板块式"课程体系构建：以畜牧兽医专业为例 [J]. 畜牧与饲料科学, 2014 (1): 63-66.

[58] 吴繁红. 中高职衔接课程体系的构建探索：以3+2电气自动化技术专业为例 [J]. 江苏广播电视大学学报, 2013 (3): 48-50.

[59] 段春艳, 章大钧, 谭建斌. 终身教育背景下光伏应用技术专业中高职衔接课程体系研究 [J]. 现代企业教育, 2013 (8): 253-255.

[60] 孙晓云. 中高职衔接一体化课程体系的研究 [J]. 科技创业, 2014 (11): 111-113.

[61] 许燕萍. 中高职衔接通信技术专业一体化课程衔接探索 [J]. 科技资讯, 2013 (7): 216-217.

[62] 李国良, 常琤, 金泽龙. 基于中高职衔接的应用电子技术课程体系建设 [J]. 职业教育, 2014 (9): 46-49.

[63] 周向军. 计算机多媒体技术专业中高职课程体系衔接一体化设计研究 [J]. 职教通讯, 2013 (33): 1-4.

[64] 张静. 以能力递进为主线的中高职课程体系衔接探索：以电气自动化专业为例 [J]. 辽宁高职学报, 2014 (8): 61-63.

[65] 孙立书. 中高职课程体系衔接研究 [J]. 淮南职业技术学院学报, 2013 (6): 52-56.

[66] 纪顺源. 中高职课程衔接层次性特点研究 [J]. 职业教育, 2013 (9): 47-50.

[67] 黄彬. 中高职课程衔接存在的问题及其解决路径 [J]. 职业技术教育, 2012 (35): 20-24.

[68] 傅琼. 中高职课程衔接存在的问题与对策建议 [J]. 宁波城市职业技术学院学报, 2013 (9): 74-76, 80.

[69] 倪昶昶. 江苏省"3+2"中高职衔接实施现状及对策 [J]. 职教通讯, 2013 (11): 24-25.

[70] 陈家颐. 江苏省中高职衔接试点建设的启示 [J]. 江苏教育, 2013 (12): 13-14.

#  高本衔接模具设计与制造专业教学标准研制方法与实践[①]

戴护民[②]

促进中高职协调发展，系统培养高素质技能型人才，成为近几年职业教育的实践热点。本文所依托的模具设计与制造专业从 2010 级学生开始进行中高职衔接试点工作，从 2014 级学生开始进行高本衔接试点工作。其中中高职衔接以及高本衔接专业教学标准开发是衔接试点工作的重要内容，同时作为广东省第二批 33 个中高职衔接专业教学标准研制项目之一，按照"广东模式"衔接专业标准研制要求认真开展了模具设计与制造专业的高本衔接专业教学标准研制工作，在探索研究方法和实践方面取得了较好的研究成果。

## 一、高本衔接专业教学标准研制的思路

以行业企业岗位群作为研究的起点，从行业企业员工普遍存在的职业生涯发展路径找到高本衔接逻辑，依托行业协会，以此开展相互衔接的岗位群职业能力和职业素养分析。通过对职业能力分析分解出相关技能点，继而由技能点分析出知识点，从而形成高本衔接的职业能力标准。参照高本衔接的职业能力标准及两个层次岗位群典型工作任务，通过课程体系建构会议，构建高本衔接专业教学标准和课程标准。依托广东机电职业教育集团校企合作平台，根据企业实践反馈信息对研制的高本衔接专业教学标准和课程标准进行调整。

## 二、模具行业、企业与专业调研

行业、企业与专业调研是标准研制的基础，主要包括以下几方面的调研：模具行业现状及发展趋势，模具企业人才需求状况，专业面向岗位群及毕业生职业生涯发展路径，职业资格和行业规范要求情况，高职与本科学校人才培养及课程设置情况，高职与本科在校生学习现状，毕业生就业状况等方面的调研。调研主要采用了调查法、文献研究法、个案研究法等方法。调研数据统计分析采用了比例饼图分析、频率分析法以及权重分析法等方法。[1]

---

① 基金项目名称为广东省高等职业教育教学改革项目：高职（模具设计与制造专业）—本科（机械设计与制造专业）衔接专业教学研制（编号：201401054）；主持人，戴护民、徐伟、寒剑。

② 戴护民，男，湖南隆回人，博士，广东机电职业技术学院副教授。研究方向：模具设计与制造。

1. 模具行业的发展趋势

本部分的调研对象为国家、省、市三级模具协会负责人,并收集整理国家及地方的相关行业发展规划。

智能模具技术含量高、产品附加值高、使用寿命长、应用范围广、市场空间大等明显优势,代表了模具技术新的发展方向,以智能模具为代表的产品将有力支撑中国高端装备零件制造等领域快速发展。未来的模具企业更加关注增强企业质量、标准、品牌意识,从关注产能的增加转变为关注质量效益的提高,从硬实力提升转变为开始关注塑造软实力,企业由单纯执行标准转变为参与或牵头制定及修订标准,企业更加注重形象宣传、知名商标、优质品牌。

2. 模具企业人才需求状况

依托广东省模具协会,项目组调研了广东省64家模具企业的人力资源部门,模具企业在人才需求类型上分为四大类:①技术层面——数字化制造技术、计算机技术、信息技术、网络技术;②管理层面——项目管理、质量管理、品牌管理;③贸易与投资——语言、国际贸易规则、投资风险与控制;④操作层面——设计软件应用、数控加工、文秘、会计等。模具设计与制造专业培养的人才主要针对管理层面、技术层面以及操作层面。

3. 专业面向的岗位群及毕业生职业生涯发展路径

专业面向的岗位群及毕业生职业生涯发展路径调研是开展衔接工作的重点内容,是高职与本科两个层次培养的岗位目标指向,也是开展后续工作的基础。本部分的调研对象主要为模具企业人力资源部门与技术部门,主要以企业走访和座谈会的方式完成。

高职与本科面向岗位群的确定,一是通过人才发展路径调研,一般来说通过毕业后3年的工作时间,高职毕业生和本科毕业生可以达到各自培养目标的岗位。二是通过高职、本科毕业生毕业3~5年岗位分布情况来看,符合上述培养目标。[2]这些目标工作岗位所需的知识与技能,基本上是通过高职或本科阶段的学习获得的。通过调研,确定高职培养目标岗位为助理模具设计师、模具制造高级工(含工艺员、编程员)、生产管理员、模具调试员等。本科培养目标岗位为设计工程师、项目管理师、制造工程师(工艺设计)、生产管理工程师等。在此基础上我们设计出职业生涯发展路径表,将一些不同岗位概念统一,并且通过让企业填写各层次发展岗位及发展年限,最后确定高职、本科对应的岗位群。

表1 职业生涯发展路径表

| 操作层面<br>(制造、装配) | 技术层面<br>(研发、设计、品质) | 管理层面 | 发展时间/年<br>(参考时间) | |
|---|---|---|---|---|
| | | | 高职 | 本科 |
| | | 副总经理/总经理 | 12年以上 | 10年以上 |

续上表

| 操作层面<br>（制造、装配） | 技术层面<br>（研发、设计、品质） | 管理层面 | 发展时间/年<br>（参考时间） | |
| --- | --- | --- | --- | --- |
| | | | 高职 | 本科 |
| 机加工、数控加工、模具装配高级技师 | 产品设计高级工程师、模具设计高级工程师、制造类高级工程师 | 生产总监、技术总监、研发（开发）部经理 | 8~12 | 6~10 |
| 机加工、数控加工、模具装配技师 | 产品设计工程师、设计工程师、制造工程师、跟模工程师、生产工程师、质量工程师 | 机加工经理、设计部经理、生产部经理、研发（开发）部主管 | 5~7 | 3~5 |
| 机加工、数控加工、模具装配高级技工/师傅 | 助理产品设计工程师、助理模具设计工程师、车间生产技术员、跟模员 | 生产管理员、调度员、主管 | 3~4 | 1~2 |
| 机加工、数控加工、模具装配中级技工 | 绘图员、设计学徒 | 生产组长 | 2 | 0.5~1 |
| 机加工、数控加工、模具装配初级技工 | — | 生产线线长 | 1 | — |
| 机加工、数控加工、模具装配学徒 | — | — | 0.5~1 | |

4. 目前高职与本科学校培养目标及课程设置情况

本部分的调研主要是针对高职与本科院校的专业负责人调查及收集近三年的人才培养方案。高职和本科人才培养方案在培养目标上的重合度不大，高职院校人才培养目标定位在高级技能型人才，职业岗位主要定位于助理产品设计师、助理项目管理师、助理模具设计师、模具制造高级工（含工艺员、编程员）、生产管理员等。而本科院校人才培养目标则定位在研究开发型人才，职业岗位主要定位于产品设计师、模具设计师、模具制造工程师（工艺设计）、生产管理师等。因此在培养目标实现了分层定位，本科的定位高于高职的定位。

课程体系设置方面高职与本科是两种不同的体系。由于高职院校和本科院校人才培养目标的差异，使得两种类型的院校形成了具有各自特色的课程体系，较好地保证了各自的人才培养质量。高职院校强调高技能，其课程体系中实践课时比例较大（60%左右）。而本科强调具有较强的理论基础和利用理论指导实践的能力，课程体系中实践课时比例较少（最高的占到30%左右，部分本科院校的实践课时非常少）。因此构造科学、合理的高职—本科院校衔接人才培养课程体系，实现人才培养目标，是衔接的重点工作之一。在课程的重复度上问题比较突出，由于绝大部分专业都是针对招收的高考生设计，因此课程的教学内容都是从最基本的要求开始，特别是机械制图、机械设计基础、互换性与技术测量、工程材料与热处理、金工实习、机械制造技术等课程，高职和本科重合度非常大。

## 三、职业能力分析会以及职业能力标准建立

职业能力分析是构建专业课程体系的一个重要环节，是确定职业能力标准、获取职业能力单元和知识点的前提和先决条件。召开职业能力分析会的目的是通过工作任务分析、归纳、整合、提炼行业专家的意见，获取具体的能力要求，并为接下来的职业能力分级、能力单元、知识点和课程开发提供依据。广东省教育研究院通过比较与借鉴国内外职业能力分析方法，结合深入的实践研究，创立了"二维四步五解"职业能力分析法，对职业教育教学改革起到积极的指导作用。"二维四步五解"职业能力分析法是通过头脑风暴、文献查询、个案分析等多种途径，从专业能力和职业素养两个维度，通过专业对接职业岗位，职业岗位细化为工作项目，工作项目细化为工作任务，工作任务细化为职业能力点四个步骤，再从完成工作任务应具备的技能、工具、方法、要求、知识五个方面分解分析职业能力点的一种分析方法。[3]

模具设计与制造专业的职业能力分析会举办了两场，由广东省教育研究院杜怡萍研究员担任主持人，共21位行业技术专家参加，分别来自富士康科技集团、群达模具（深圳）有限公司、东江模具（深圳）有限公司、深圳市金三维模具有限公司等处于行业领先地位，达到国际水平的公司和企业，包括一线技术骨干、班组长和车间主任，主要对产品设计、模具设计、项目管理、工艺设计、数控编程、模具制造、生产管理等岗位进行分析。

通过职业能力分析，制定职业能力分析表，项目组得到了模具企业操作类、技术类、管理类等3大类工作领域，8个工作岗位的50个工作项目，202项工作任务，共计714条职业能力点，此外，还确定了各岗位共同的9项52条职业素养点。

职业能力分析表制定过程中还结合了《国家职业标准》的相关要求，以及项目团队多年来对企业的跟踪、积累，对职业能力分析表中的职业能力要求进行了整理完善和规范化的表述，是制定对接企业需求的课程体系的重要依据，为教学标准研制工作奠定了坚实基础。

## 四、课程体系建构会与高本衔接教学标准与课程标准建设

课程体系建构会在主持人的引导下分两个阶段完成，第一阶段采用头脑风暴法和转换法，由教育专家对专业培养目标、专业方向、人才规格、专业课程体系等方面充分发表意见，完成课程转换，初步形成课程体系；第二阶段采用卡片张贴法，由课程专家对照职业能力分析表，完成职业能力与课程的对应。

1. 高本衔接专业培养目标建构

要清晰定位职业教育专业培养目标，需要把握的三个关键要素：就业领域、目标岗位和职业能力。通过就业领域、目标岗位、发展速度、职业能力、职业层级等内容区分高职和本科的专业培养目标，形成培养目标的有机衔接。

2. 高本课程体系建构

在专业培养目标衔接的前提下实现实训课程体系的衔接，课程体系建构以"能力核心、系统培养"为指导思想，围绕学生的职业能力培养及可持续发展构建课程体系。

专业课程设置的基本原则：一是要按照职业岗位（群）的能力要求，紧密联系生产实际，突出应用性和实践性，建立课程与能力的对接关系；二是要结合学生职业生涯发展；三是要考虑学生的认知规律；四是要考虑高本衔接课程的延续性与衔接性、同类课程的层次性，避免高职、本科课程的重复；五是要注意与相关职业资格考核要求相结合。

以模块化构建课程结构，构建"宽专结合"的课程体系，主要体现在以下特征：一是以岗位群定专业，一般每个专业涵盖4～6个职业岗位；二是以模块类分课程，包括文化基础课程、专业核心（主干）课程、专业方向（专业拓展）课程；三是以多形态建功能，包括学科课程、项目课程、学习领域课程、技能训练课程与综合实践课程等；四是以任务驱动内容，以典型工作任务为引领，编制任务驱动式课程内容。[4]

3. 课程标准的编制

课程标准的基本结构包括课程名称、适用专业、课程性质、课程设计、课程教学目标、参考学时与学分、课程结构、资源开发与利用、教学建议、教学评价十项内容，课程标准编写难点为课程结构中的"学习任务"设计，可参考以下三种方法完成。方法一：按任务完成的过程步骤（环节）分解为学习任务；方法二：设计一组（3个左右）递进式的学习任务；方法三：按知识的系统性和逻辑性关系分解成若干个学习任务。由项目组成立专门课程标准编写小组完成相关课程标准的撰写。本项目共计完成高职学段模具设计与制造专业课程标准10门，本科学段机械设计制造及其自动化专业课程标准5门。

## 五、关于后续研究的思考

一是继续开展课程评估标准研究，形成职业能力标准、课程标准、评估标准封闭的标准循环链条，保障项目研制的正确方向和不断完善。职业能力标准是课程标准制定的基础，教学标准和课程标准是教学参照，评估标准是职业能力标准在教学效果上的检验，将评估单元作为能力标准模块向课程标准转化的中介，有效形成封闭循环。

二是依托行业企业，建立高职—本科衔接的跟踪反馈机制，在企业层面实现实训项目的衔接和第三方评价的衔接，开展教学标准与课程标准的修订工作。

## 参考文献

[1] 杜怡萍,李海东. 中高职衔接标准建设新视野：从需求到供给 [M]. 广州：广东高等教育出版社，2014：25.

[2] 广东省教育厅,广东省教育研究院. 广东中高职衔接专业教学标准研制：调查与分析 [M]. 广州：广东高等教育出版社，2014：51.

[3] 杜怡萍."二维四步五解"职业能力分析法的实践探索 [J]. 职教论坛，2015（9）：8.

[4] 杜怡萍,李海东. 中高职衔接标准建设新视野：从能力到课程 [M]. 广州：广东高等教育出版社，2015：52－58，123.

# 广告设计与制作专业中高职衔接人才培养标准的研究

廖荣盛  吕 波[①]

## 一、前言

随着经济的全球化,以及我国市场经济的高速发展,各行各业的产业结构不断发生变化,社会对于行业人才的内涵要求也随之不断提高。与此同时,企业对技能型人才的需求量不断增长。中高职的职业教育也需要顺应时代的发展,根据社会对人才的需求而不断调整自身的教学模式。实施中高职人才培养的衔接,能够有效促进这两个阶段人才职业教育的协调发展,构建科学、完善的现代职业教育体系,充分发挥中等职业院校的基础作用,发挥高等职业学校的引领作用,培养高端技能型人才,从而实现我国职业教育事业的可持续发展,同时推动职业教育的改革发展。

## 二、我国中高职人才培养衔接中出现的问题

我国中高职人才培养衔接过程中所出现的问题归根结底是两个教学阶段存在一定的差异性,这一差异性体现在专业设置、教师教学方式、人才评定方式等各方面,导致两个阶段之间的人才衔接工作难度增加。主要表现在以下几方面。

1. 专业设置

目前我国中高等职业教育专业设置的契合度和衔接性较低,而且中高职专业的教学内容深浅难度相差较大,有部分参加对口升学考试的学生向教师反映,教科书上的知识点难度较低,但是考试内容的知识点难度较高,考试时容易被题目难倒。此外,有部分广告设计与制作专业的高职对口班新生也会感到高职教师的教学速度较快,在课堂上难以跟上教师的思维节奏。这一问题的出现主要是因为中高职院校间缺乏沟通和协调,对于广告设计与制作专业中相关的专业课程的教学目标、教学内容以及教学条件尚未形成一个统一的规划。

2. 人才培养目标

中高职院校在人才培养目标上既有共性,但同时又存在一定的差异。中高职院校的主要人才培养目标都是为了服务社会,培养更多能够促进我国社会经济可持续发展的技术型专门人才。但其中,中职教育的人才培养目标是培养中等技术型人才,增强学生经

---

[①] 廖荣盛、吕波,顺德职业技术学院。

验层面的职业能力，例如美工或设计师助理，而高职教育的人才培养目标则是培养高素质技术型人才，如设计师、策划师、文案或创意总监等，主要提高学生策略层面的职业能力。这一人才培养目标之间的差异使中高职院校教师的教学方法和模式都存在一定的差异，从而导致两者之间的人才培养衔接工作难度增加。

3. 课程体系系统性较差

在广告设计与制作专业中，中高职人才培养的衔接最关键的是院校之间课程体系的构建。专业设置之间的差异是可以直接反映到课程体系的设置上的。高职院校大部分的专业课程设置是根据普高毕业生的"零起点"专业知识和技能设置的，所以在设置专业课程时，文化课的比重较大。而中职学校的课程设置比较倾向于培养学生的实践能力，文化课的比重较小，导致中职毕业生的文化基础较为薄弱，在高职就读时会感到学习文化课比较困难，逐渐失去学习兴趣和积极性，进而影响高职教师的教学质量和效果。

4. 中高职衔接人才培养方案不完善

大部分中高职进行对口招生时都是各自为政，双方分别根据自身的教育体系培养人才，确定专业课程和专业教学内容，双方之间并没有形成连贯、协调且系统的人才培养方案，从而导致专业定位不统一、课程设置重复等问题的出现。以广告设计与制作专业为例，目前我国开设这一类型专业的各中高职院校普遍都出现专业课程交叉重复、专业标准不统一等问题。此外，各院校采用的课程标准也不统一，中高职课程设置大同小异。

## 三、促进我国中高职人才培养衔接的有效对策

1. 制定层次明确的人才培养目标

随着现代广告行业的高速发展，广告企业对不同层次岗位类型人才的要求越来越高，一般企业对中职学生的要求是能做，对高职学生的要求是会做，从初级岗位、中级岗位再到高级岗位，岗位的升级不仅需要工作人员积累丰富的工作经验，提高自身的广告设计与制作技能水平，同时还需要不断扩大自己的知识面，增加技术应用理论分析能力，充实自己，提高自己的工作能力和技术水平。中高职双方要共同合作，制定层次明确的人才培养目标，但同时尽可能地减少双方之间的距离。在中职阶段，校方领导和教师要注重培养学生的职业道德和行为规范，培养学生广告设计与制作专业职业岗位群必备的文化基础知识、专业基础知识和操作技能。在高职阶段，校方领导和教师可与社会企业合作，让学生了解现代广告企业运行的全过程，掌握系统的广告设计与制作专业知识，培养沟通能力和团队协作意识，等等。

2. 建立阶梯式发展的课程体系

根据广告企业对广告设计与制作专业人才岗位上的不同需求，以及不同年龄层学生智力发展的特点，中高职双方应共同对学生核心课程、核心能力进行深入剖析，并在此基础上对各自独立的教学方案进行重构，并建立双方之间阶梯式发展的课程体系，形成人才培养技术技能对接教学模式。在新的课程体系中，强调学生完成中职阶段核心课程的学习后能够独立完成广告设计与制作专业技能的操作，并熟练掌握相关专业知识。而

学生在完成高职阶段核心课程的学习后，能够在专业知识、策划管理、广告设计与制作软件操作与应用等方面得到全面提高。重新建立阶梯式发展的课程体系，能够避免出现广告设计与制作相关专业课程重复设置的问题，解决学生在学习过程中因难度大，或学习内容重复导致学生失去学习兴趣和热情等问题。

3. 把握中高职专业对口关键

中高职人才培养衔接对口的关键，就是核心课程的建设和完善，核心课程能够帮助学生的技能水平实现从中级技能提高到高级技能。中高职学生的起点不同，教师在备课时教学重点也需要随之变化。举个例子，在设计标志的时候，评价准则可以让中职学生利用手绘的方式完成设计，而高职学生则需要利用软件的操作，如利用 CorelDRAW、Photoshop、3DMax 等软件完成。通过不同的完成设计的方式，培养中职学生和高职学生不同的广告设计技能，从而提高人才培养的水平。

4. 建立标准衔接人才培养控制方案

根据我国以往的中高职衔接人才培养实践案例可以得出，简单的协议式对口衔接会让部分学生有"上保险"的感觉，在往后的学习过程中容易失去学习积极性，令人才培养效果不佳。为避免这种现象的出现，最终实现培养高素质人才的目标，中高职双方应建立标准衔接人才培养控制方案，方案的内容应该从专业知识基本要求、综合德育评价要求、考核成绩要求等各个方面提出具体要求。

5. 中高职专业设置的衔接

中高职在专业设置上的共同要求是，从地区和行业发展的实际需要出发设置专业，专业衔接是中高职衔接的一个必要条件。加强职业教育的专业建设，研究制定中高职专业目录，使两个层次的职业教育在专业上较好地衔接起来。高职院校要深入研究中高职专业，高职院校专业设置面的宽窄，直接影响着中高职衔接的对口程度和衔接是否顺利，高职的专业设置应该在中职专业设置的基础上进行纵向延伸和横向拓宽。例如，在教学广告设计文案写作的时候，要求中职学生写出自己的创意、设计的含义等，而高职学生则要求写出自己的构思、设计的含义、市场对于这一设计的预计反映、人们对于设计的偏好等。

6. 明确人才培养目标和规格衔接

中高职双方领导应该按照人才市场对广告设计与制作专业人才的需求和要求，联合广告企业，进行深入的沟通和讨论，三方共同完成人才培养方案的制定工作，顺利完成中高职衔接人才培养工作。人才培养的目标应该根据广告设计与制作行业的职业岗位不同要求确定，中等职业学校重点培养技能型人才，高等职业院校重点培养高端技能型人才。中职教育必须在保证实现自身基本人才培养目标的前提下，努力实现向高职教育输送适应高职学习的高质量生源，高职教育在保持与中职教育连续性的基础上，要体现自身的职业性和高层次性。

7. 衔接中高职课程体系和教学内容

根据不同教学阶段的人才培养目标要求，构建系统性课程体系。高职与中职合作制定相互衔接的课程标准，确定科学合理的教学内容和实施措施，既要避免专业课程内容设置的重复，又要拓宽和加深广告设计与制作专业课程的教学内容，真正实现课程内容衔接的连续性、逻辑性和整合性。文化基础课程注意中、高职层次知识点的有机融合；对职业资格证书的要求，则需分段完成职业技能培训，使学生在不同的阶段分别获得初级、中级、高级职业资格证书。

8. 加强中高职师资队伍的建设与衔接

中高职实现资源共享不仅有助于实现资源的优化配置，减少重复建设，而且还可以打破高职与中职之间的隔阂，同时推动中高职教育之间的融合，为中高职衔接提供新的思路与方法。教学资源的对接可以是中职与高职分工协作，共同根据人才培养方案编写中高职衔接的课程标准，编写适用教材。在实训室建设中也不要重复建设，中职与高职可以按照实训室分工段来分工建设、共同使用，做到内容上各有侧重，避免无效重复。要制定相关政策和提供经费大力培养中高职教师，特别是中高职教师之间要开展相互交流、学习、沟通活动，中职和高职的教师要经常交流，共同参与行业协会活动，也可以互相指导教学，有些课程甚至可以由中职与高职的教师共同教学。学校和企业建立适合的人才引进与培养机制，共同培养高技能的广告设计人才。

9. 完善双方招生考试制度

招生录取制度和学制的衔接是实现中高职衔接人才培养的前提。完善双方的招生考试制度能够提高双方的生源。但要注意的是，中高职招生考试制度应该根据各自的课程设置和教学内容要求，制定对应的考试和评价制度，增加专业课、实践课的考试比重。

## 四、结言

在新一轮中高职衔接人才培养工作中，中高职双方领导应该结合我国中等职业教育和高等职业教育衔接人才培养的现状，并在此基础上提出了中等职业教育和高等职业教育专业衔接的人才培养解决方案，构建阶梯式发展的中高职衔接模式和体系。中高职衔接人才培养模式要求双方学校教师必须更新自身人才培养的理念，以培养高素质技术技能型人才为双方的人才培养目标，为我国市场经济和社会发展提供服务，不断完善人才培养质量保障体系，最终实现中高职广告设计与制作专业人才培养的有机衔接。

**参考文献**

[1] 李京泽. 动漫设计与制作专业 2+3 中高职衔接人才培养模式研究 [J]. 中国教育技术装备，2015 (4)：102 – 103.

[2] 王延丽. 高职广告设计与制作专业人才培养方案的改革与实际 [J]. 时代教育，2012 (23)：25 – 26.

[3] 王岳. 买方市场条件下高职专业人才培养方案的逆向设计探究：以广告设计与制作专业为例 [J]. 高教论坛，2013 (6)：119 – 122.

# 电子类专业中高职衔接一体化课程体系构建研究

## 徐 超 徐操喜 丘社权 邬志锋 匡忠辉 胡全华[②]

国务院印发的《关于加快发展现代职业教育的决定》明确提出,现代职业教育体系的主要任务是"服务发展、促进就业",基本特征是"产教融合、校企合作"[1]。中职教育是培养技能型专门人才,主要培养简单技能操作工,适合于劳动力密集型岗位;高职教育是培养技术技能人才,主要培养岗位群适应性强,适合于技术型岗位[2-4]。电子类专业(主要包括应用电子技术、电子信息工程技术专业)作为培养相关技术技能型人才的主干专业,主要分布在中职学校和高职院校。目前,广东省开办电子类专业的高职院校有69所,中职学校182所。从行业的角度来看,电子类专业职业教育为行业发展培养了大量的技术技能型人才;但是从教育和职业的角度来看,中高职在培养电子类技术人才过程中,存在培养目标定位不准、教学目标有重叠、教学内容有重复、毕业生离职率高等问题,专业服务产业发展能力明显不足,导致这一现象的重要原因是专业职业发展路径不清晰,中高职各自独立,没有形成一体化课程体系。

2015年,广东省教育厅启动了第二批中高职衔接专业教学标准研制。广东交通职业技术学院应用电子技术专业成功被立项为33个专业之一,与广东省电子职业技术学校、国光电器股份有限公司共同研制,通过企业问卷调查、访谈、中高职院校调研、走访行业协会等多渠道,研制出了比较完善的专业教学标准和课程体系。

## 一、电子类专业中高职衔接课程体系现状分析

广东省中高职衔接是三二分段的衔接模式,即在中职学段学习3年,然后通过转段考核升入高职再学习2年。在这种模式下由于中等职业教育、高等职业教育分别由不同层次的职业教育机构实施,对中、高职两个学段的培养目标、学习内容理解不一致,课程标准不统一,中、高职各自为政设置课程,容易造成人才培养规格存在较大差异,专业课程教学内容断档、重复,文化素质要求脱节,技能实训与职业资格考证不衔接等问题[5]。

---

① 基金项目:广东省第二批中高职衔接专业教学标准研制项目"应用电子技术专业中高职衔接教学标准和课程标准研制";广东省高等职业教育教学改革项目"基于终身教育理念的中高职衔接电子信息工程技术专业教学标准与课程标准的研究与探索"(编号:20120201018)

② 徐超、徐操喜、丘社权、邬志锋等,广东交通职业技术学院;匡忠辉,广东省电子职业技术学校;胡全华,国光电器股份有限公司。

1. 各同类专业人才培养规格存在较大差异

通过院校调研了解到,由于各对口中职学校专业办学模式、条件、师资存在较大差异,加上没有统一的职业教学标准做指导,不同中职学校的电子技术应用专业人才培养规格及培养目标存在较大差异;中等职业教育本应从以面向就业的培养方式向面向就业和升学的双重培育方式转变,但73%的学校人才培养方案与以前的三年中职、三年高职并没有多大区别。对高职来说,中职人才培养方案的差异性导致生源知识与技能水平参差不齐,课程学习的需求也不一致。同一门专业课程,一部分学生在中职阶段学习过,一部分学生则没有接触过,致使高职院校很难兼顾各类生源的职业素质差异。必须制定一种合理科学的人才培养方案、教学与课程衔接方案满足各类学生的需求。[6]

2. 课程体系各自为政,缺少衔接,课程内容高度重复

中高职衔接的重点内容是课程体系与课程内容的衔接。通过调研发现:一方面中高职课程各成体系,未有衔接点,中高职衔接缺乏内涵支撑。对口中职学校直接沿用原来以就业为唯一目的的课程体系,没有根据三二分段"就业+升学"导向调整课程体系。高等职业教育理论上应在中职课程设置的基础上,按照"课程有所对应,内容有所区分,知识与技能由浅入深"设计课程体系,但因各对口中职学校开设的课程,以及课程的先后顺序、课程内容等不同,课程体系没有有效衔接。另一方面课程重复内容比重较大。调研发现,近几年三二分段很多高职院校开发、设置的课程中没有兼顾各中职生源的素质差异,以零基础或者某一个中职学校为依据设置课程内容,实行单一性设置,忽略了中职毕业生的整体基本情况。通过访谈中职对口招生的学生,部分学生反映高职院校的专业课程中大多与中职的课程重复,或者虽然课程名称不同,但课程内容几乎是一样的,难度也几乎相同,只有2~4门专业课程在中职学段完全没有学过。[7]

3. 高职与中职文化素质要求存在脱节现象

许多中职学校重技能、轻文化素质,在设计专业课程体系时,加强了技能课程教学,却削弱了必要的文化基础课、人文通识课的教学,没有认识到中职教育的"就业+升学"打基础的双重任务。[8]通过对近两届应用电子技术专业三二分段的学生进行问卷访谈,65%的学生反映英语、数学、物理课时严重不足,全省57%的学校不开设物理课或者只开设内容很简单的物理课,数学、英语也仅仅是教些皮毛。因此,很多中职学生进入高职后,基础差,尤其是高职阶段专业课程或者衔接基础课需要的基础严重缺乏。在访谈过程中,很多学生反映高等数学、英语等易出现大面积不及格,学习与数学、物理联系较多的电路分析、电子技术等相关专业核心课程时,难度较大,上课听不懂,课后作业不会做,实验课实验内容在课内完不成。

## 二、电子类专业中高职衔接课程体系构建

课程体系建构是教学标准研制的一个重要环节,广东省应用电子技术专业教学标准研制的思路如图1所示。[9]

1. 主要就业岗位群和职业发展路径

(1) 典型就业岗位群分析。经过调研、统计分析,在毕业生初次就业岗位中,中职毕业生主要面向技能工(学徒工)岗位,占80%,高职毕业生主要面向技术员(占

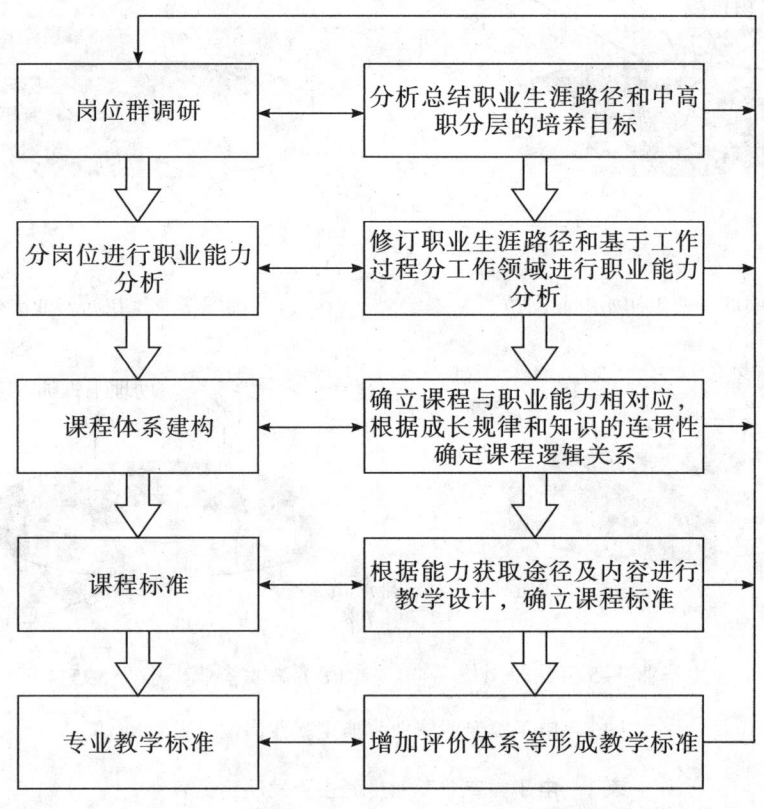

图 1　广东省应用电子技术专业中高职衔接专业教学标准研制思路

30%)、班组长(占 20%)、检验员(占 18%)、物料员(占 15%)等岗位;在毕业后 3~5 年,中职毕业生主要从事的岗位为技术员(占 35%)、班组长(占 22%)、检验员(占 20%)和物料员(占 11%)等,高职毕业生主要从事的岗位为高级检验员(占 23%)、工艺员(占 22%)、线长(占 21%)、跟单员(占 14%)和助理工程师(占 13%)等,就业岗位分布如图 2 所示。应用电子技术专业毕业生的主要就业岗位分布于电子信息产业链中"产品开发""过程开发""测调校验""生产管理"和"运营管控"等五个环节。

(2)职业生涯发展路径。项目组通过对岗位的汇总分析,以及企业专家的修订,最终得出了本专业的职业生涯发展路径,如表 1 所示,本专业培养的就业领域主要包括产品开发、过程开发、测调校验、运营管控、生产管理等 5 个,其中中高职应用电子技术专业毕业生在各个岗位分布不同,职位越高,高职生分布所占比重就越大。运营管控、生产管理两个岗位中职生占绝大部分,而对技能要求较高的产品开发、过程开发则高职生所占比例较大,测调校验中高职生重叠比较大。

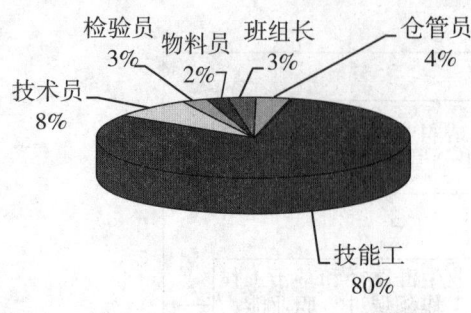

（a）中职毕业生初始就业岗位

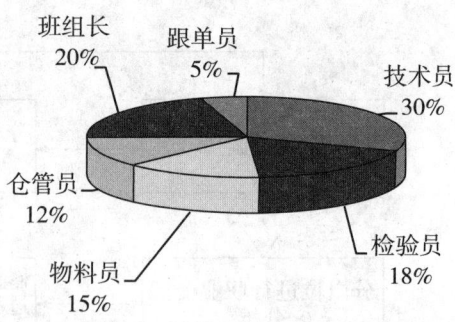

（b）高职毕业生初始就业岗位

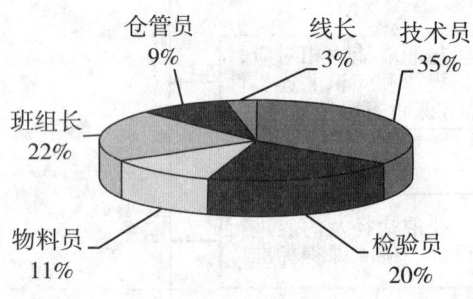

（c）中职毕业生毕业 3~5 年就业岗位

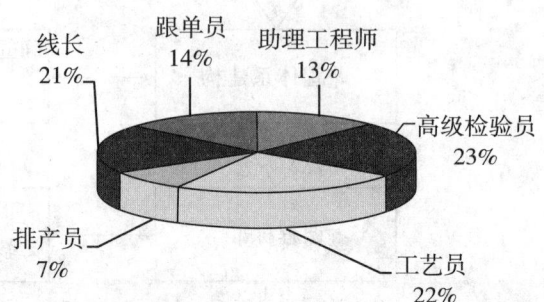

（d）高职毕业生毕业 3~5 年就业岗位

图 2　电子类专业毕业生典型就业岗位分布

表 1　电子类专业职业生涯主要发展路径表

| 发展阶段 | 就业岗位 | | | | | 学历层次 | 发展年限/年（参考时间） | |
|---|---|---|---|---|---|---|---|---|
| | 产品开发 | 过程开发 | 测调校验 | 运营管控 | 生产管理 | | 中职 | 高职 |
| Ⅵ | 资深工程师、总经理、行业专家 | | | | | — | 6年以上 | 10年以上 |
| Ⅴ | 主任工程师、部门经理、主管 | | | | | 高职/本科 | | 7~10 |
| Ⅳ | 工程师 | 工程师 | QE/QMS/计量工程师 | 生控员/采购员 | 车间主管 | 高职/本科 | | 3~7 |
| Ⅲ | 助理师 | 工艺员/PE | 高级检验员 | 排产员/跟单员 | 线长 | 中职/高职 | 2~6 | 1~3 |
| Ⅱ | 技术员 | 技术员 | 检验员 | 物料员/仓管员 | 班组长 | 中职/高职 | 1~2 | 0.5~1 |
| Ⅰ | — | 技能工 | 技能工 | 技能工 | 技能工 | 中职 | 0~1 | 0~0.5 |

注：①不同企业因规模和产品的侧重点不同，其岗位略有差异，本发展路径表综合广东省多家大型电子制造类企业，较为全面地呈现了应用电子技术专业毕业生的职业生涯发展路径。

②学历层次为总体水平描述，具体应结合岗位，表中有下划线的代表高职岗位，有■的代表中职岗位，两项均有的代表中高职重叠的岗位。

## 2. 建立基于职业能力分级的人才培养目标衔接

针对不同层次的电子类专业学生,以企业调研的分析结果为基础,参照相关职业资格证书规格,以职业核心能力分级为主线,科学定位中高职的培养目标。表2为中、高职电子类专业人才培养目标的界定,同时明确课程衔接的接口标准和依据。

表2 应用电子技术专业中高职不同层级的人才培养目标定位

| 目标定位 | 专业面向 | 能力目标 |
| --- | --- | --- |
| 中职 | 电子产品生产企业和经营单位,服务一线工作的,具有一定经验的基础工作 | 注重专业基础知识学习和技能操作训练,尤其是职业规范和职业意识的养成,注意培养学生的综合素质和职业能力,为专业在纵横双向延伸打下坚实的基础,能力等级1~2级 |
| 高职 | 电子产品研发、生产、经营以及服务企业,做复杂的经验性工作或者简单策略性工作 | 对接中职能力目标,适当考虑职业岗位拓展与跨专业学习的需求,在立足"点"的同时兼顾到"面"。在专业能力方面要侧重岗位技术领域发现问题与解决问题能力的培养,注意方法能力和社会能力的培养,能力等级2~3级 |

## 3. 职业能力分析

以电子类专业"岗位定位—工作领域—工作任务—职业能力分析"为主线,召开由行业企业专家组成的职业能力分析会,利用头脑风暴法,通过研讨、书面填写、分项讨论、整理等过程,对电子类专业进行了任务领域、学生未来就业岗位典型工作任务、职业能力要求的探讨和系统梳理,最终确立涵盖产品开发、过程开发、测调校验、运营管控、生产管理五大工作领域、15个岗位的42个工作项目、133项工作任务,共计527条职业能力点,另外,还分析确定了各岗位所共同需要的18项54条关键能力点(职业通用能力),分别为机械知识、创新能力、质量管理、组织能力、协调能力、独立工作能力、解决问题的能力、分析能力、沟通交流、计划能力、外语能力、吃苦耐劳等。通过层级对照,形成了电子类专业岗位群职业能力分布表(见表3)、部分职业能力分析表(见表4)。

表3 电子类专业岗位群职业能力分布

| 发展阶段 | 就业岗位(项目数,任务数) | | | | | 学历层次 | 发展年限/年(参考时间) | |
| --- | --- | --- | --- | --- | --- | --- | --- | --- |
| | 产品开发 | 过程开发 | 测调校验 | 运营管控 | 生产管理 | | 中职 | 高职 |
| Ⅵ | 资深工程师、总经理、行业专家 | | | | | — | 6年以上 | 10年以上 |
| Ⅴ | 主任工程师、部门经理、主管 | | | | | 高职/本科 | | 7~10 |
| Ⅳ | 工程师(5, 14) | 工程师(4, 6) | QE/QMS/计量工程师(5, 6) | 生控员/采购员(3, 10) | 车间主管(2, 4) | 高职/本科 | | 3~7 |

续上表

| 发展阶段 | 就业岗位（项目数，任务数） | | | | | 学历层次 | 发展年限/年（参考时间） | |
|---|---|---|---|---|---|---|---|---|
| | 产品开发 | 过程开发 | 测调校验 | 运营管控 | 生产管理 | | 中职 | 高职 |
| Ⅲ | 助理师(5, 6) | 工艺员/PE(5, 9) | 高级检验员(4, 8) | 排产员/跟单员(3, 9) | 线长(3, 5) | 中职/高职 | 2~6 | 1~3 |
| Ⅱ | 技术员(1, 2) | 技术员(4, 10) | 检验员(1, 6) | 物料员/仓管员(2, 6) | 班组长(1, 7) | 中职/高职 | 1~2 | 0.5~1 |
| Ⅰ | — | 技能工(3, 5) | 技能工(2, 6) | 技能工(3, 9) | 技能工(3, 11) | 中职 | 0~1 | 0~0.5 |

表4　电子类专业职业能力分析表（部分）

| 工作项目/职业素养 | | 工作任务/职业素养 | 职业能力（知识、技能、方法、工具、要求） | | 学习水平 | |
|---|---|---|---|---|---|---|
| | | | | | 中职 $L_i$ | 高职 $L_j$ |
| 26 | 生产准备 | 26-01 作业指导书 | 26-01-01 | 领悟作业指导书里的工艺要求 | L2 | L2 |
| | | | 26-01-02 | 具备办公软件使用能力 | L2 | L2 |
| | | 26-02 领料 | 26-02-01 | 了解常规物料封装规格及型号 | L2 | L2 |
| | | | 26-02-02 | 了解元器件正确包装方式 | L2 | L2 |
| | | | 26-02-03 | 熟悉行业内认证符号 | L2 | L2 |
| | | | 26-02-04 | 熟练掌握扫描枪操作 | L2 | L2 |
| | | 26-03 检测生产设备 | 26-03-01 | 会调试简单的常用生产设备 | L2 | L2 |
| | | | 26-03-02 | 了解常规生产设备的用途 | L2 | L2 |
| | | 26-04 作业环境点检 | 26-04-01 | 熟练掌握照度计使用 | L2 | L2 |
| | | | 26-04-02 | 具备电工基础知识 | L2 | L2 |
| | | | 26-04-03 | 了解无尘环境管理标准 | L2 | L2 |
| | | | 26-04-04 | 具备静电防护知识 | L2 | L2 |
| | | 26-05 核对BOM资料 | 26-05-01 | 熟悉Excel的使用 | L2 | L2 |
| | | | 26-05-02 | 熟悉常用物料的型号规格 | L2 | L2 |
| | | 26-06 制作首件 | 26-06-01 | 掌握产品制作方法 | L2 | L2 |
| | | 26-07 控制计划 | 26-07-01 | 熟悉一般工艺流程及控制点 | L2 | L2 |

## 4. 一体化课程体系构建

（1）课程体系衔接架构。广东省现行的中高职衔接是三二分段的衔接模式，虽然顶层设计要求中高职一体化，但实质上中职和高职教育相互独立，没有形成一体化课程体系，尤其是目前基本上是多个高职院校对接多个中职学校相近专业，许多课程设置和教学内容出现重复或者脱节现象[10]。本研究以建构主义为理论基础，以职业能力分级和三个衔接为主线进行五年一体化中高职课程体系的研究。图3是中高职电子专业群课程体系衔接架构。

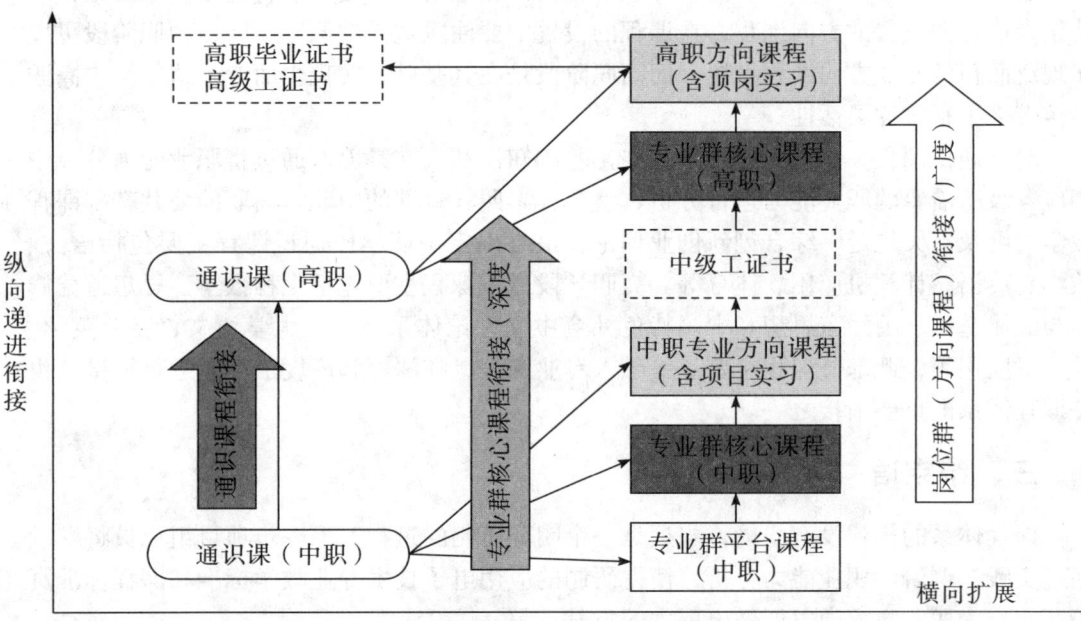

**图3　中高职衔接电子专业群五年一体化课程体系衔接架构**

（2）"能力分级、岗证课融合"构建专业各岗位各层级课程。对于每一个岗位领域，按照从简单到复杂，从单一到综合等方式，对能力进行分级，设计能力发展顺序，并以此为课程展开依据，融合各层级职业资格证书要求，形成"岗、证、课"融为一体的各阶层课程。以产品开发领域为例，具体如图4所示。

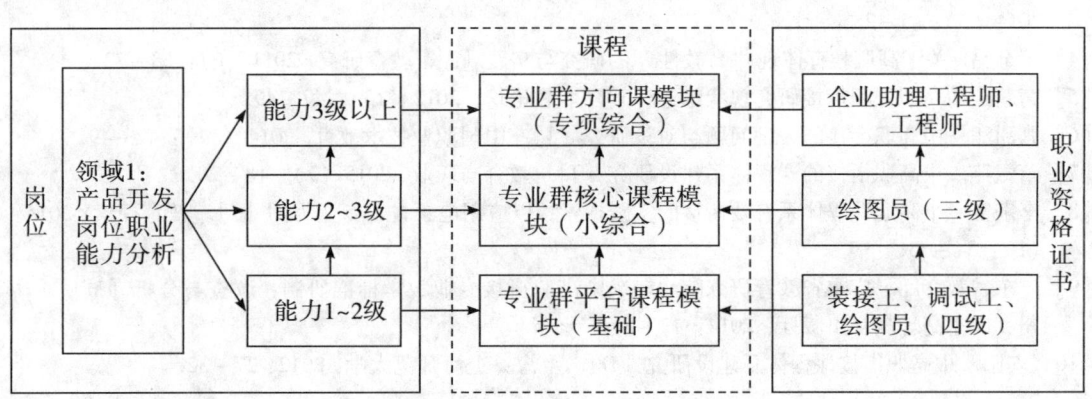

**图4　职业能力（分级）与课程对应关系**

（3）整体课程体系构建。根据图4构建的对应关系，确立各个领域形成的专业群（专业）平台课程、核心课程、方向课程，以及需要的通识课程，遵循对应性、整合性、整体性、独立性、相关性原则，研制出电子类专业群应用电子技术专业的课程体系。

专业群平台课程主要体现在中职阶段，主要包括电子技能训练、电工技能训练等专业群重要基础课程。中职和高职专业群核心课程主要在深度上进行衔接，是针对专业群岗位共同需要的职业能力所设置的课程，如单片机技术应用、电子产品设计与制作、电子产品生产与管理等。中职和高职专业群方向课程主要在广度上进行衔接，主要是针对特定专业方向设置的方向课程，在课程的设置中要注重宽基础原则，即在中职阶段可以实现泛而粗的专业方向课程设置，而高职阶段是在其基础上实现少而专，这就给中高职衔接带来了很大的灵活性。

对于通识课程，重在培养学生的文化基础知识和人文素养。通过将职业能力分级中相应等级所需要的职业能力进行分析、整合，参照教育部的中职、高职的公共基础课程教学大纲及有关规定，综合创新创业理论，最终确定中职学段通识课程主要包括语文、数学、英语、计算机应用、体育等。高职学段通识课程主要包括工程数学、思想道德修养与法律基础、毛泽东思想和中国特色社会主义理论体系概论、大学语文、专业英语、计算机应用等，此部分课程主要是要融入专业课程，在深度和广度上同时进行衔接，也是课程体系的重要衔接之一。

## 三、结束语

课程体系的构建没有止境，永远是一个闭环研制的过程。下一步项目组成员将继续通过实践、调研、职业能力分析，使得研制的应用电子技术专业教学标准和课程标准真正落实，为职业教育的发展做出更大的贡献。

**参考文献**

[1] 教育部. 关于加快发展现代职业教育的决定［Z］.

[2] 刘越琪，孟国强，郭海龙. 能力核心的汽车运用技术专业现代职教课程体系的构建［M］. 广州：暨南大学出版社，2010：76 – 100.

[3] 温福军，郭海龙，刘越琪，等. 中高职汽车专业职业教育课程衔接研究［J］. 职业技术教育，2014（5）：25 – 28.

[4] 丁金昌. 关于高职教育体现"高教性"的研究与实践［J］. 教育研究，2011（6）：68 – 72.

[5] 荀莉. 中高职课程衔接研究现状综述［J］. 职教论坛，2012（13）：47 – 49.

[6] 张甜甜. 中高职衔接的关键问题与对策研究［J］. 中国职业技术教育，2014（14）：47 – 49.

[7] 董佩燕. 中高职衔接的课程体系建设研究［J］. 教育与职业，2015（7）：18 – 20.

[8] 李宗宝. 中高职课程体系有效衔接的实践探索：以应用电子技术专业为例［J］. 教育探索，2015（1）：54 – 55.

[9] 广东省教育厅，广东省教育研究院. 广东中高职衔接专业教学标准研制：调查与分析［M］. 广州：广东高等教育出版社，2014：12 – 50.

[10] 安阳. 中高职衔接课程体系建设研究［D］. 上海：上海师范大学，2012：27 – 32.

# 基于能力核心的中高职衔接模具设计与制造专业教学标准的研制

丁立刚　王　龙　林良颖　邱盛平　吴　磊[①]

## 一、前言

能力本位教育（Competency Based Education，CBE）是以美国、加拿大为代表，产生于第二次世界大战后，其核心是从职业岗位的需要出发，确定能力目标。通过学校聘请行业中一批具有代表性的专家组成专业委员会，按照岗位群的需要，层层分解，确定从事行业所应具备的能力，明确培养目标。然后再由学校组织相关教学人员，以这些能力为目标，设置课程、组织教学内容，最后考核是否达到这些能力要求。

与传统的职教教学模式相比，能力本位教育具有四个方面的优势：①教学目标明确，且针对性和可操作性强；②课程内容以职业分析为基础，把理论知识与实践技能训练结合起来，打破了僵化的学科课程体系；③重视学习者个别化学习，以学习者的学习活动为中心，注重"学"而非注重"教"；④反馈及时，评价客观，为标准参照评价。但也存在按岗设课、重复教学的弊端，在实践应用中应注意规避。按照"能力核心，系统培养"的指导思想，本项目围绕学生综合职业能力，构建分层衔接的课程体系，实现中高职系统培养人才。

## 二、研究背景

为满足产业转型升级对技术技能型人才的需求，从2009年开始，广东省探索开展"中高职衔接三二分段对口自主招生"试点工作，试点规模逐年扩大，涉及的职业院校在校生已超过10万人。随着中高职衔接工作的快速推进，原有课程难以衔接的矛盾日益凸显，为此，广东省教育厅于2013年启动了中高职衔接专业教学标准和课程标准的研制工作，省教育厅高中与中职教育处对项目研制提出了明确而具体的要求，委托广东省教育研究院负责项目的组织和协调。通过竞争性申报，从全省遴选出九个项目组，分别承担九个专业的标准研制工作。模具设计与制造作为各中高职院校学校招生规模大、企业人才需求量多的专业，成为广东省首批中高职衔接专业教学标准和课程标准研制项目之一。与此同时，在广东省教育研究院领导和专家的指导下，经过全体成员的努力，

---

[①] 丁立刚、王龙、吴磊，中山火炬职业技术学院；林良颖，中山市建斌中等职业技术学校；邱盛平，中山联合光电科技股份有限公司。

由中山火炬职业技术学院、中山市建斌中等职业技术学校与中山联合光电科技股份有限公司三方联合的项目组荣幸地承担了中高职衔接模具设计与制造专业教学标准和课程标准的研制工作。本文将重点阐述该教学标准研究方法、研究过程及研究内容。

## 三、项目研制

### （一）人才供需调研

专业人才供需调研是整个项目的基础环节，只有全面掌握职业院校的人才供给与企业的人才需求关系，才能有的放矢地研制出适用的专业教学标准，保障专业人才培养的培养质量，为企业提供适用的专业技能人才。

1. 调查问卷采样

通过采用问卷、访谈、座谈及文献研究法，完成对模具行业64家企业、12所中职学校、18所高职院校共计831份问卷调查收集和整理工作，调查问卷采样分布如表1所示。调查内容包括模具行业人才结构现状、专业发展趋势、人才需求状况、岗位对从业人员知识及能力的要求、相应的职业资格、学生就业去向等面向行业企业问题，以及中高职院校专业教师、在校生、往届毕业生所涉及的教学内容、实训条件、课程设置等相关信息。

表1 调查问卷采样分布

| 调研样本——行业企业基本情况 | | | | | |
| --- | --- | --- | --- | --- | --- |
| 地区 | | 大型企业/家（500人及以上） | 中型企业/家（100~499人） | 小型企业/家（100人以下） | 合计/家 |
| 珠江三角洲 | 广州地区行业企业数 | 1 | 3 | 1 | 5 |
| | 深圳地区行业企业数 | 1 | 0 | 1 | 2 |
| | 珠海地区行业企业数 | 0 | 1 | 0 | 1 |
| | 东莞地区行业企业数 | 1 | 1 | 1 | 3 |
| | 中山地区行业企业数 | 13 | 24 | 10 | 47 |
| 粤东地区 | | 3 | 0 | 0 | 3 |
| 粤西地区 | | 1 | 0 | 0 | 1 |
| 其他地区 | | 0 | 2 | 0 | 2 |
| 总计 | | 20 | 31 | 13 | 64 |

| 院校调研样本统计一览表 | | | | | | |
| --- | --- | --- | --- | --- | --- | --- |
| 院校类型 | 院校所在区域 | | | 办学水平 | | |
| | 广州 | 珠江三角洲（广州除外） | 其他地区 | 国家示范/国家骨干 | 省示范 | 一般 |
| 中职校/所 | 2 | 9 | 1 | 9 | 2 | 1 |
| | 合计12 | | | 合计12 | | |
| 高职校/所 | 7 | 6 | 5 | 4 | 5 | 9 |
| | 合计18 | | | 合计18 | | |

## 2. 毕业生职业生涯发展路径分析

根据调研问卷资料,详细分析模具设计与制造专业人才需求状况及校内培养过程,确定模具行业生产制造、技术管理等岗位群分布,厘清人才培养过程中存在的问题、中高职衔接凸显的矛盾等,并对中高职人才培养目标差异化进行了详细的研究。根据前期的调研结果,针对本专业毕业生的主要就业岗位及其后期的岗位迁移状况,初步确定了中高职模具设计与制造专业毕业生的职业生涯发展路径,中高职模具设计与制造专业毕业生的职业生涯发展路径,如表2所示。

表2 中高职模具设计与制造专业毕业生职业生涯路径

| 发展阶段 | 就业岗位 | | | 职业资格证书 | 学历层次 | 发展年限/年（参考时间） | |
|---|---|---|---|---|---|---|---|
| | 制造类岗位 | 设计类岗位 | 管理类岗位 | | | 中职 | 高职 |
| V | 高级技师（模具钳工） | 部门经理（模具设计、数控加工编程） | 车间主任 | 高级技师 | 中/高职 | 10年以上 | 8年以上 |
| IV | 技师（普通机床加工、数控机床操作、电加工机床操作、模具钳工） | 工程师（模具设计、数控加工编程、工艺编制） | 计划调度员 | 车工、铣工、磨工、钳工、数控车工、数控铣技师；模具设计师 | 中/高职 | 5~10 | 3~8 |
| III | 高级工（普通机床加工、数控机床操作、电加工机床操作、模具钳工） | 助理工程师（模具设计、数控加工编程、工艺编制） | — | 车工、铣工、磨工、钳工、数控车工、数控铣高级工；助理模具设计师、绘图员（高级） | 中/高职 | 2~5 | 1~3 |
| II | 中级工（普通机床加工、数控机床操作、电加工机床操作、模具钳工） | — | — | 车工、铣工、磨工、钳工、数控车工、数控铣中级工 | 中/高职 | 1~2 | 0.5~1 |
| I | 初级工（普通机床加工、数控机床操作、电加工机床操作） | — | — | 车工、铣工、磨工、数控车工、数控铣中级工 | 中/高职 | 0.5~1 | 0.25~0.5 |

注：▨代表中高职毕业生均有可能经历的职业生涯路径；▨代表中职毕业生优先经历的职业生涯路径；▨代表高职毕业生优先经历的职业生涯路径。

## （二）职业能力分析

在前期人才需求调研的基础上，先后经历"制订表格—分析职业能力—整理会后资料—企业专家反馈—定稿"等 5 个步骤，梳理出模具行业中核心岗位的主要工作项目，分解不同工作项目所包含的工作任务，并进一步分析出每个工作任务所需的职业能力，从而构建出关于"工作项目—工作任务—职业能力"的职业能力体系。

1. 岗位工作任务分析

通过邀请从事模具设计、模具制造、生产管理等方面的企业高管，召开职业能力分析研讨会，采用头脑风暴法、集体座谈法等研究方法，重点挖掘模具制造类企业中核心岗位的职业能力需求。同时采用访谈法和文献研究法，对人才供需中岗位群细分、毕业生职业生涯路径做修正研究，从而确定出模具制造类企业中 8 个核心岗位及其工作项目与工作任务，分析结果如表 3 所示。

表 3　模具生产制造 8 个核心岗位任务

| 序号 | 工作岗位 | 工作项目 | 工作任务 |
|---|---|---|---|
| 1 | 模具设计 | 产品图抄画 | 理会产品结构；绘制产品图；完善产品结构 |
| | | 产品测绘 | 理会产品结构；测量产品尺寸；完善产品结构；绘制产品图 |
| | | 产品三维建模 | 理会产品结构；绘制产品的三维结构模型；输出工程图纸 |
| | | 产品成型工艺可行性论证 | 论证产品成型工艺；论证产品的模具结构 |
| | | 模具结构方案拟定 | 拟定模具中的产品排位；拟定模具成型零件的工作尺寸；拟定模具的工作原理；拟定模具结构草图 |
| | | 模具成型分析 | 建立产品结构几何模型；假设载荷与划分网格；仿真与分析结果；编写成型分析报告 |
| | | 模具结构方案优化 | 理会模具成型分析报告；修改模具结构方案；再分析 |
| | | 模具结构设计 | 设计模具装配结构；审核装配结构；设计模具零件结构；审核零件结构 |
| | | 图纸管理 | 打印图纸；审核图纸；图纸移交；图纸归档 |
| | | 试模后的分析与设计优化 | 分析试模结果；优化设计方案；撰写修模报告 |
| 2 | 数控加工编程 | 数控加工程序编制 | 工艺分析；确定数控加工工艺路线；选择数控编程方法；设置参数；填写程序单 |
| | | 仿真与试切 | 数控仿真加工；分析加工效果；完善数控加工程序 |
| | | 电极设计 | 工艺分析；设计电极结构；绘制电极图 |
| 3 | 工艺管理 | 工艺编制 | 拟定加工工序；编写工艺卡 |
| | | 工艺优化 | 审查工艺、完善工艺 |

续上表

| 序号 | 工作岗位 | 工作项目 | 工作任务 |
|---|---|---|---|
| 4 | 模具生产管理 | 生产计划编制 | 测算额定工时；编写生产计划书 |
| | | 生产调度 | 研判模具制造周期；安排生产任务 |
| | | 生产管理 | 跟踪、协调生产计划；调整执行计划生产数据统计 |
| | | 外协单位管理 | 收集外协单位信息；考核外协单位 |
| | | 外协项目管理 | 项目估价；项目外发；项目验收 |
| 5 | 普通机床加工 | 普通车削 | 工艺准备；工件装夹；车刀装夹；机床操作；刀具修磨；零件检测；机床维护与保养 |
| | | 普通铣削 | 工艺准备；工件装夹；铣刀装夹；机床操作；刀具修磨；零件检测；机床维护与保养 |
| | | 磨削加工 | 工艺准备；工件装夹；砂轮装夹；磨床操作；砂轮修磨；零件检测；磨床维护与保养 |
| | | 钻削加工 | 工艺准备；工件装夹；钻头安装；钻床操作；钻头修磨；零件检测；钻床维护与保养 |
| 6 | 数控机床操作 | 数控车削 | 工艺准备；工件装夹；车刀装夹；机床操作；刀具修磨；零件检测；机床维护与保养 |
| | | 数控铣削 | 工艺准备；工件装夹；铣刀装夹；机床操作；刀具修磨；零件检测；机床维护与保养 |
| 7 | 电加工机床操作 | 电火花加工 | 工艺准备；工件装夹；电极装夹；数控电火花机床操作；零件检测；电火花机床维护与保养 |
| | | 电火花线切割加工 | 工艺准备；工件装夹；电极丝装调；数控电火花线切割机床操作；零件检测；电火花机床维护与保养 |
| 8 | 模具钳工 | 零件修整 | 工艺分析；修整模具零件 |
| | | 总装调试 | 工艺分析；调试模具；拆装模具 |

2. 岗位职业能力分析

在确定模具设计与制造专业的主要工作项目及其工作任务的基础上，结合模具行业的工作性质与工作特点，梳理出本专业毕业生必须具备的职业素养，并分别从社会能力、方法能力、职业意识等方面对各职业素养要素做进一步分析。其中"产品图抄画"工作项目的职业能力分析情况如表4所示。其他工作项目的职业能力分析情况在此不再赘述。

表4　模具设计与制造专业职业能力分析表

| 工作项目/ 职业素养 | 工作任务/ 职业素养 | | 职业能力（知识、技能、方法、工具、要求） | 学习水平 | |
|---|---|---|---|---|---|
| | | | | 中职 $L_i$ | 高职 $L_j$ |
| 01 产品图抄画 | 01-01 | 理会产品结构 | 01-01-01　识读中等复杂程度产品图 | L2 | L3 |
| | | | 01-01-02　分析产品结构特征 | L2 | L3 |
| | | | 01-01-03　识别图示材料、公差、表面粗糙度及其他技术要求 | L2 | L3 |
| | 01-02 | 绘制产品图 | 01-02-01　能安装平面绘图软件 | L2 | L3 |
| | | | 01-02-02　能完成平面绘图软件常用功能的调取、设置、修改 | L2 | L3 |
| | | | 01-02-03　能使用平面绘图软件绘制中等复杂程度产品图 | L2 | L3 |
| | 01-03 | 完善产品结构 | 01-03-01　分析产品结构工艺性 | | L3 |
| | | | 01-03-02　对产品结构提出修改意见 | | L3 |
| | | | 01-03-03　经客户确认，完善产品结构方案并完成产品图绘制 | | L3 |
| …… | …… | …… | …… | …… | …… |

3. 专业岗位群及职业能力分布汇总

在前期职业能力分析的基础上，结合文献研究法，梳理出模具生产制造过程中8个核心岗位所涵盖的32个工作项目、139项工作任务和579项能力点。模具设计与制造专业岗位群及职业能力汇总，如表5所示。

表5　模具设计与制造专业岗位群及职业能力分布汇总表

| 发展层级 | 操作岗位 | | 技术岗位 | | 管理岗位 | | 学历层次 |
|---|---|---|---|---|---|---|---|
| | 名称 | 项目及任务数 | 名称 | 项目及任务数 | 名称 | 项目及任务数 | |
| V | 高级技师（模具钳工） | 岗位任务：6项 岗位能力：51项 | 部门经理（模具设计、数控加工编程） | 岗位任务：15项 岗位能力：54项 | 车间主任 | 岗位任务：12项 岗位能力：42项 | 中/高职 |
| IV | 技师（普通机床加工、数控机床操作、电加工机床操作、模具钳工） | 岗位任务：57项 岗位能力：247项 | 工程师（模具设计、数控加工编程、工艺编制） | 岗位任务：47项 岗位能力：171项 | 计划调度员 | 岗位任务：6项 岗位能力：22项 | 中/高职 |

续上表

| 发展层级 | 操作岗位 名称 | 操作岗位 项目及任务数 | 技术岗位 名称 | 技术岗位 项目及任务数 | 管理岗位 名称 | 管理岗位 项目及任务数 | 学历层次 |
|---|---|---|---|---|---|---|---|
| Ⅲ | 高级工（普通机床加工、数控机床操作、电加工机床操作、模具钳工） | 岗位任务：64项 岗位能力：272项 | 助理工程师（模具设计、数控加工编程、工艺编制） | 岗位任务：43项 岗位能力：164项 | — | — | 中/高职 |
| Ⅱ | 中级工（普通机床加工、数控机床操作、电加工机床操作、模具钳工） | 岗位任务：64项 岗位能力：272项 | — | — | — | — | 中/高职 |
| Ⅰ | 初级工（普通机床加工、数控机床操作、电加工机床操作） | 岗位任务：54项 岗位能力：221项 | — | — | — | — | 中/高职 |

### （三）课程转化

课程转化是将前期专业调研成果与职业能力分析转换为教学标准的关键环节。通过邀请中高职院校职业教育专家开展分析研讨，先后经历"确定培养目标—构建课程体系—课程与能力对接"等3个步骤，完成了从职业能力转换为专业课程的对接过程，为制定专业教学标准奠定坚实基础。

1. 确定培养目标

（1）中职学段培养目标。本专业培养与我国社会主义现代化建设要求相适应，德、智、体、美全面发展，面向模具制造及其他机械制造企业，能从事机床操作、模具钳工等工作，具备识读模具图样、操作模具加工设备、编制简单加工程序、装配模具等职业能力，具备爱岗敬业、吃苦耐劳、团队协作等职业素养，以及继续学习能力的高素质劳动者和技能型人才。

（2）高职学段培养目标。本专业培养与我国社会主义现代化建设要求相适应，德、智、体、美全面发展，面向模具制造及其他机械制造企业，从事模具设计、数控加工编程、机床操作、模具钳工、工艺编制等工作，具备绘制模具图样，设计模具结构，编制数控加工程序，操作数控机床，装配、调试与维修模具，编制制造工艺等职业能力及具备爱岗敬业、吃苦耐劳、团队协作等职业素养，在生产和管理第一线的高素质技术技能人才。

2. 构建课程体系

根据中高职学段的培养目标，职业教育专家通过头脑风暴论证法初步确定中高职不同学段的专业核心课程与专业方向课程，并经过后续的文献研究法，修正了中高职衔接模具设计与制造专业的课程体系，中高职衔接课程体系如表6所示。

表6 中高职衔接课程体系

| 学段 | 专业核心课程 | 专业方向课程 |
|---|---|---|
| 中职学段 | 机械制图与CAD（含公差） | 模具电加工 |
| | 机械基础 | *数控车床操作 |
| | *普通机床加工 | |
| | *典型模具结构与测绘 | |
| | 模具钳工 | |
| | *数控铣床操作 | |
| | 项目实习 | |
| 高职学段 | *塑料成型工艺与模具设计 | 模具材料及表面处理 |
| | *冷冲压成型工艺与模具设计 | 逆向工程技术及应用 |
| | 模具制造工艺 | 模具设计与制造综合实训 |
| | *数控编程与操作 | |
| | 三维建模 | |
| | 三维注塑模具设计 | |
| | 顶岗实习 | |

注："*"表示中高职的衔接课程。

3. 课程与能力对接

根据前期职业能力分析结果与课程体系内容，通过专家论证，中高职不同学段每门课程的性质、主要教学内容和要求，以及所对接的职业能力得以确定。其中，中职学段的机械制图与CAD（含公差）课程与能力对接如表7所示。其他课程在此不再赘述。

表7 机械制图与CAD（含公差）课程与能力对接表

| ☑中职 | ☑专业核心课 □专业方向课 |
|---|---|
| □高职 | □专业核心课 □专业方向课 |
| 课程名称 | 机械制图与CAD（含公差） |

续上表

| | |
|---|---|
| 主要教学内容和要求 | 本课程主要讲授机械制图中的基本原理、要求和规定，计算机绘图软件的绘图环境、基本命令、图形编辑，公差配合的基本知识与应用。使学生了解机械制图中国家标准的有关规定，掌握识图中的各项注意事项，能够读懂一般的零件图与简单的装配图，学会使用计算机绘图软件绘制简单的零件图与装配图，初步掌握公差配合与测量技术的知识和技能 |
| 对接职业能力 | 工作项目、任务及职业能力 |
| 代码 | 内　　容 |
| 01-02 | 绘制产品图 |
| 02-04-04 | 布置产品基本视图 |
| 02-04-05 | 标注产品尺寸、配合公差及其他技术要求 |
| 02-04-06 | 绘制图框、标题栏等内容 |

### （四）专业教学标准研制

教学标准是该研制项目的终结性成果，其内容分别包括"专业名称及代码""招生对象""基本学制与学历""培养目标""职业范围""人才规格""课程结构""课程内容与要求""教学安排""教学基本条件""教学实施与建议"等，在此主要阐述"课程结构"与"教学安排"两部分内容。

1. 课程结构

在前期研究成果的基础上，结合教育部对中高职院校人才培养目标的有关规定，根据中高职不同学段的人才培养目标，分别确定模具设计与制造专业中高职学段的课程结构。

（1）中职学段课程结构（如表8所示）。

表8　模具设计与制造专业中职学段课程结构

| 课程模块 | 课程名称 | 课程性质 |
|---|---|---|
| 公共基础课程 | 职业生涯规划 | 必修课 |
| | 职业道德与法律 | 必修课 |
| | 经济政治与社会 | 必修课 |
| | 哲学与人生 | 必修课 |
| | 语文 | 必修课 |
| | 英语 | 必修课 |
| | 数学 | 必修课 |
| | 计算机应用基础 | 必修课 |
| | 公共艺术 | 必修课 |
| | 体育与健康 | 必修课 |
| | 历史 | 必修课 |
| | …… | 选修课 |

**续上表**

| 课程模块 | | 课程名称 | 课程性质 |
|---|---|---|---|
| 专业课程 | 专业核心课程 | 机械制图与CAD（含公差） | 必修课 |
| | | 模具钳工 | 必修课 |
| | | 机械基础 | 必修课 |
| | | 普通机床加工 | 必修课 |
| | | ＊典型模具拆装与测绘 | 必修课 |
| | | ＊数控铣床操作与编程基础 | 必修课 |
| | | 项目实习 | 必修课 |
| | | …… | 选修课 |
| | 模具制造技能方向课程 | 数控车床操作与编程基础 | 必修课 |
| | | 模具电加工 | 必修课 |
| | | 中级工考证（选考） | 必修课 |
| | | …… | 选修课 |

注：（1）"＊"表示中高职的衔接课程。（2）"……"表示由各院校自行安排的必修课程、选修课程。

（2）高职学段课程结构，如表9所示。

**表9 模具设计与制造专业高职学段课程结构**

| 课程模块 | | 课程名称 | 课程性质 |
|---|---|---|---|
| 公共基础课程 | | 思想品德修养与法律基础 | 必修课 |
| | | 毛泽东思想和中国特色社会主义理论体系概论 | 必修课 |
| | | 形势与政策 | 必修课 |
| | | 英语 | 必修课 |
| | | 高等应用数学 | 必修课 |
| | | 体育 | 必修课 |
| | | 就业指导与职业生涯规划 | 必修课 |
| | | 创新创业教育 | 必修课 |
| | | …… | 选修课 |
| 专业课程 | 专业核心课程 | ＊塑料成型工艺与模具设计 | 必修课 |
| | | ＊冷冲压成型工艺与模具设计 | 必修课 |
| | | 模具制造技术 | 必修课 |
| | | ＊数控编程与操作 | 必修课 |
| | | 三维建模 | 必修课 |

续上表

| 课程模块 | | 课程名称 | 课程性质 |
|---|---|---|---|
| 专业课程 | 专业核心课程 | 三维注塑模具设计 | 必修课 |
| | | 顶岗实习 | 必修课 |
| | | …… | 选修课 |
| | 模具设计方向课程 | 模具材料及表面处理 | 必修课 |
| | | 逆向工程技术及应用 | 必修课 |
| | | 模具设计与制造综合实训 | 必修课 |
| | | 高级工考证（选考） | 必修课 |
| | | …… | 选修课 |

注：(1)"＊"表示中高职的衔接课程。(2)"……"表示由各院校自行安排的必修课程、选修课程。

2．教学安排

根据中高职不同学段的课程结构、学分与学时要求，遵循职业教育的一般规律，制定出不同学段的教学安排表，为开展中高职衔接模具设计与制造专业人才培养的院校提供参考与借鉴。

（1）中职学段教学安排，如表 10 所示。

表 10　模具设计与制造专业中职学段教学安排

| 课程类别 | 课程名称 | 学分 | 总学时 | 各学期周数、学时分配 | | | | | |
|---|---|---|---|---|---|---|---|---|---|
| | | | | 1 | 2 | 3 | 4 | 5 | 6 |
| | | | | 18 | 18 | 18 | 18 | 18 | 18 |
| 公共基础课程 | 职业生涯规划 | 2 | 36 | 2 | | | | | |
| | 职业道德与法律 | 2 | 36 | | 2 | | | | |
| | 经济政治与社会 | 2 | 36 | | | 2 | | | |
| | 哲学与人生 | 2 | 36 | | | | 2 | | |
| | 语文 | 9 | 162 | 4 | 2 | | | 3 | |
| | 英语 | 9 | 162 | 4 | 2 | | | 3 | |
| | 数学 | 9 | 162 | 4 | 2 | | | 3 | |
| | 计算机应用基础 | 5 | 90 | 3 | 2 | | | | |
| | 公共艺术 | 2 | 36 | | | | | | |
| | 体育与健康 | 8 | 144 | 2 | 2 | 2 | 2 | | |
| | 历史 | 2 | 36 | | | | 2 | | |
| | 已安排课程小计 | 52 | 936 | 16 | 15 | 8 | 4 | 9 | |
| | …… | | | | | | | | |
| | 小计 | 56 | 1 008 | | | | | | |

续上表

| 课程类别 | | 课程名称 | 学分 | 总学时 | 各学期周数、学时分配 | | | | | |
|---|---|---|---|---|---|---|---|---|---|---|
| | | | | | 1 | 2 | 3 | 4 | 5 | 6 |
| | | | | | 18 | 18 | 18 | 18 | 18 | 18 |
| 专业课程 | 专业核心课程 | *机械制图与CAD（含公差） | 12 | 216 | 8 | 4 | | | | |
| | | 模具钳工 | 6 | 108 | | 6 | | | | |
| | | 机械基础 | 4 | 72 | | | 4 | | | |
| | | 普通机床加工 | 12 | 216 | | | 12 | | | |
| | | *典型模具拆装与测绘 | 6 | 108 | | | | 6 | | |
| | | *数控铣床操作与编程基础 | 6 | 108 | | | | 6 | | |
| | | 项目实习 | 30 | 540 | | | | | | 30 |
| | | 已安排课程小计 | 76 | 1 368 | 8 | 10 | 16 | 12 | | 30 |
| | | …… | | | | | | | | |
| | | 小计 | 79 | 1 422 | | | | | | |
| | 模具制造技能方向课程 | 数控车床操作与编程基础 | 4 | 72 | | | | 4 | | |
| | | 模具电加工 | 6 | 108 | | | | | 6 | |
| | | 中级工考证（选考） | 4 | 72 | | | | | 4 | |
| | | 已安排课程小计 | 14 | 252 | | | | 4 | 10 | |
| | | …… | | | | | | | | |
| | | 小计 | 26 | 468 | | | | | | |
| 素质拓展课程 | | 军训及入学教育 | 2 | 40 | 2W | | | | | |
| | | 社会实践 | 1 | 20 | | | | 0.5W | 0.5W | |
| | | 毕业教育 | 1 | 20 | | | | | | 1W |
| | | 已安排课程小计 | 4 | 80 | 2W | | | 0.5W | 0.5W | 1W |
| | | …… | | | | | | | | |
| | | 小计 | 5 | 100 | | | | | | |
| 已安排课程的合计 | | | 146 | 2 636 | 24 | 25 | 24 | 20 | 19 | 30 |
| 合计 | | | 不少于170 | 3 000~3 300 | | | | | | |

注：（1）中职学段总学时为 3 000~3 300 学时，公共基础课学时不少于 1/3，专业核心课程占 1 400~1 500 学时，专业（技能）方向课程占 300~400 学时。（2）"*"表示中高职的衔接课程。（3）"项目实习"由中高职对口院校共同商讨实习内容、形式和时间，包括项目工厂实习、工作室实习等多种形式，原则上安排在第六学期进行。（4）总学分不少于 170 学分。（5）"……"表示由各院校自行安排的必修课程、选修课程。

（2）高职学段教学安排，如表11所示。

表11 模具设计与制造专业高职学段教学安排

| 课程类别 | 课程名称 | 学分 | 总学时 | 各学期周数、学时分配 | | | |
|---|---|---|---|---|---|---|---|
| | | | | 1 | 2 | 3 | 4 |
| | | | | 18 | 18 | 18 | 18 |
| 公共基础课程 | 思想品德修养与法律基础 | 4 | 72 | 2 | 2 | | |
| | 毛泽东思想和中国特色社会主义理论体系概论 | 4 | 72 | | | 4 | |
| | 形势与政策 | 2 | 36 | 1 | 1 | | |
| | 英语 | 8 | 144 | 4 | 4 | | |
| | 高等应用数学 | 4 | 72 | 4 | | | |
| | 体育 | 4 | 72 | 2 | 2 | | |
| | 就业指导与职业生涯规划 | 2 | 36 | 1 | | 1 | |
| | 创新创业基础 | 2 | 36 | 2 | | | |
| | 已安排课程的小计 | 30 | 540 | 16 | 9 | 5 | |
| | …… | | | | | | |
| | 小计 | | 650 | | | | |
| 专业课程 | 专业核心课程 | ＊塑料成型工艺与模具设计 | 5 | 90 | 5 | | | |
| | | ＊冷冲压成型工艺与模具设计 | 5 | 90 | | 5 | | |
| | | 模具制造技术 | 4 | 72 | | 4 | | |
| | | ＊数控编程与操作 | 5 | 90 | | | 5 | |
| | | 三维建模 | 5 | 90 | 5 | | | |
| | | 三维注塑模具设计 | 5 | 90 | | 5 | | |
| | | 顶岗实习 | 28 | 504 | | | | 28 |
| | | 已安排课程的小计 | 57 | 1 026 | 10 | 14 | 5 | 28 |
| | | …… | | | | | | |
| | | 小计 | | 1 050 | | | | |
| | 模具制造方向课程 | 模具材料及表面处理 | 2 | 36 | | | 2 | |
| | | 逆向工程技术及应用 | 2 | 36 | | | 2 | |
| | | 模具设计与制造综合实训 | 6 | 108 | | | 6 | |
| | | 高级工考证（选考） | 4 | 72 | | | 4 | |
| | | 已安排课程的小计 | 14 | 252 | | | 14 | |
| | | …… | | | | | | |
| | | 小计 | | 300 | | | | |

续上表

| 课程类别 | 课程名称 | 学分 | 总学时 | 各学期周数、学时分配 | | | |
|---|---|---|---|---|---|---|---|
| | | | | 1 | 2 | 3 | 4 |
| | | | | 18 | 18 | 18 | 18 |
| 素质拓展课程 | 毕业教育 | 1 | 20 | | | | 1W |
| | 已安排课程小计 | 1 | 20 | | | | |
| | …… | | | | | | |
| | 小计 | 5 | 100 | | | | 1W |
| | 已安排课程的合计 | 102 | 1 838 | 26 | 23 | 24 | 28 |
| | 合计 | 不少于90 | 2 100 | | | | |

注：（1）高职学段总学时为 2 000 学时，公共基础课程占其 20%～30%，专业核心课程占 1 000～1 100 学时，专业方向课程占 200～300 学时。（2）"＊"表示中高职的衔接课程。（3）"顶岗实习"包括毕业实习、毕业设计等多种形式，原则上安排在第四学期进行。（4）总学分不少于 90 学分。（5）"……"表示由各院校自行安排的必修课程、选修课程。

在此基础上，通过研究完善教学标准的其他内容，最终完成中高职衔接模具设计与制造专业教学标准的研制工作。

## 四、总结

在行业企业专家的指导下，通过多次论证分析，经过"人才供需调研—职业能力分析—课程转化—专业教学标准研制"等 4 个步骤，成功研制出基于能力核心的中高职衔接模具设计与制造专业教学标准。该项目成果经广东省教育厅组织专家验收，形成如下验收意见：项目组分析方法得当、调研结论合理、职业能力分析内容贴近工作岗位、专业教学标准达到了中高职衔接人才培养的目标，核心课程安排适中，项目成果将为中高职衔接模具设计与制造专业人才培养体系规范的建立奠定基础。

**参考文献**

[1] 张燕. 澳大利亚能力本位培训对职业教育与培训教师知能结构的影响［J］. 中国职业技术教育，2012（6）：77-82.

[2] 闫宁. 高等职业教育能力本位的重构［J］. 现代教育管理，2012（5）：79-82.

[3] 广东省教育厅，广东省教育研究院. 广东中高职衔接专业教学标准研制：调查与分析［M］. 广州：广东高等教育出版社，2014.

[4] 广东省教育厅，广东省教育研究院. 广东中高职衔接专业教学标准研制：职业能力分析［M］. 广州：广东高等教育出版社，2014.

[5] 广东省教育厅，广东省教育研究院. 中高职衔接专业教学标准研制：模具设计与制造专业［M］. 广州：广东高等教育出版社，2015.

# 基于绿色发展重构环境工程技术专业中高职衔接一体化课程体系[①]

钟真宜　李慧颖　钟剑平　张　栖　余小玉　夏志新[②]

《中华人民共和国国民经济和社会发展第十三个五年规划纲要》提出："必须牢固树立和贯彻落实创新、协调、绿色、开放、共享的新发展理念。""绿色是永续发展的必要条件和人民对美好生活追求的重要体现……""绿色发展"是以新科技革命为科学范式主导，以绿色技术为支撑，以人与自然和谐发展为价值目标的体系，[1]即包括了推动社会经济可持续发展，也包括促进人的可持续发展。我们国家要开创的发展新局面应是社会经济可持续发展与人的可持续发展相协调的"人与自然的和谐发展"的现代化建设新格局。[2]绿色发展首先是从环境保护和节约资源的角度来倡导人与自然和谐发展，绿色发展与环境保护密不可分。在绿色发展的新发展理念下，环保职业教育需要面向绿色发展重新定向。因此，研究基于绿色发展的环境工程技术专业人才培养模式和课程体系改革意义重大。本文将以绿色发展理念为指导，重构环境工程技术专业中高职衔接一体化课程体系。

## 一、绿色发展及人的绿色发展的内涵

### （一）环境工程技术专业与绿色发展

从专业内涵上讲，环境工程技术专业是培养能实施绿色发展战略、建设环境友好型社会并具有环境污染治理及环保设施运营管理能力的发展型、复合型和创新型高级技术技能人才。环境工程技术专业的人才培养必须基于绿色发展的理念，在治理和改善生存环境的同时更多强调人与环境的和谐，从而实现青山绿水、蓝天白云。

### （二）职业教育与绿色发展

联合国教科文组织提出：职业教育作为一种教育，应培养人的自我生存能力，促进个性全面和谐发展，并把它作为当代教育的基本宗旨。从职业教育内涵上讲，职业教育

---

　①　基金项目名称为广东省教育厅第二批中高职衔接专业教学标准和课程标准研制立项项目：环境工程技术专业中高职衔接教学标准和课程标准研制，主持人：钟真宜；广东省高职教育一类品牌专业建设：环境工程技术专业，主持人：钟真宜。
　②　钟真宜，女，广东环境保护工程职业学院环境工程系，高级工程师，系主任，硕士，研究方向为固体废物处理处置及职业教育。

是以教育为方法，以职业为中介，在促进社会经济发展的同时，实现个体生命开发的全面性和发展的可持续性的教育。在绿色发展的新理念下，人的可持续发展也就是人的绿色发展。人的绿色发展要求职业教育从训练人的专业能力走向学生学会认知、学会做事、学会共同生活和学会生存，从学生机械性地适应走向创造性地适应社会经济发展的需求，从终结性的学习走向终身学习，从单纯的专业技能开发走向职业素养的综合开发。[3]

### （三）环境工程技术专业职业教育与绿色发展

职业教育环境工程技术专业的学生的绿色发展能力外延包括具备终身学习能力、社会适应能力、实践动手能力、专业创新能力和生存发展能力。要培养学生的这些能力，我们应该改变教育理念，在原有环境工程技术专业人才培养模式的基础上，坚持人才的现实发展与将来发展的对接；坚持培养专才与通才的结合。这样培养的人才不仅能在今天找到自己合适的岗位，而且在将来具有持续发展的后劲和空间。[4]

职业教育环境工程技术专业绿色发展能力培养的内涵主要有两点：一是以培养高素质环境工程劳动者和技术技能人才为目标，人才培养要结合区域经济社会和行业企业发展需要及专业特点培养"厚基础、宽口径"的人才，形成广泛的知识、技能和良好的职业素养，以拓展绿色发展适应面；二是要以目标岗位核心职业能力为基础，构建科学的专业能力和职业素养有效融合的课程体系。课程体系是人才培养目标的具体体现，是人才培养过程的载体，具有重要意义。因此，基于绿色发展，依据职业能力标准，重构环境工程技术专业一体化课程体系是培养绿色发展能力的关键。

## 二、职业能力与中高职衔接课程开发

### （一）职业能力分析

通观国际上职业教育典型课程模式，如 MES 课程模式（就业技能模块组合课程开发模式）、CBE 课程模式（以岗位胜任能力培养为基础的课程开发模式）、TAFE 课程模式（基于终身教育理念的职业教育课程体系）、BTEC 课程模式（以职业资格为课程开发标准的模式）、双元制课程模式（在学校进行专业理论教育和在企业进行职业技能训练的课程模式）、学习领域课程模式（基于工作过程的学习领域课程模式）等建构都有一项具体而又非常关键的环节，就是对课程所对应的岗位或工作进行分析。[5]职业能力是指人们从事一门或若干相近职业所必备的本领，以及在工作生活中所表现出的科学思维和为人处世的态度，又称为"综合职业能力"，一般从专业能力和职业素养两个方面来表述职业能力。职业能力分析是职业院校进行专业设置、专业建设、课程开发以及课程实施与评价的基础和关键。[6]从传统的专业能力分析外延到职业素养分析，就是为培养具有绿色发展理念和能力的技术技能人才奠定良好的基础。

### （二）职业教育中高职衔接一体化课程开发路径

职业教育中高职衔接一体化课程体系与普通教育课程有着不同的特征，体现在目标的应用性、内容的职业性、方法的行动性、评价的社会性和实施的昂贵性。因此，职业教育中高职衔接一体化课程体系的构建和开发离不开职业能力分析[7]。基于职业能力的中高职衔接课程开发路径，如图1所示。

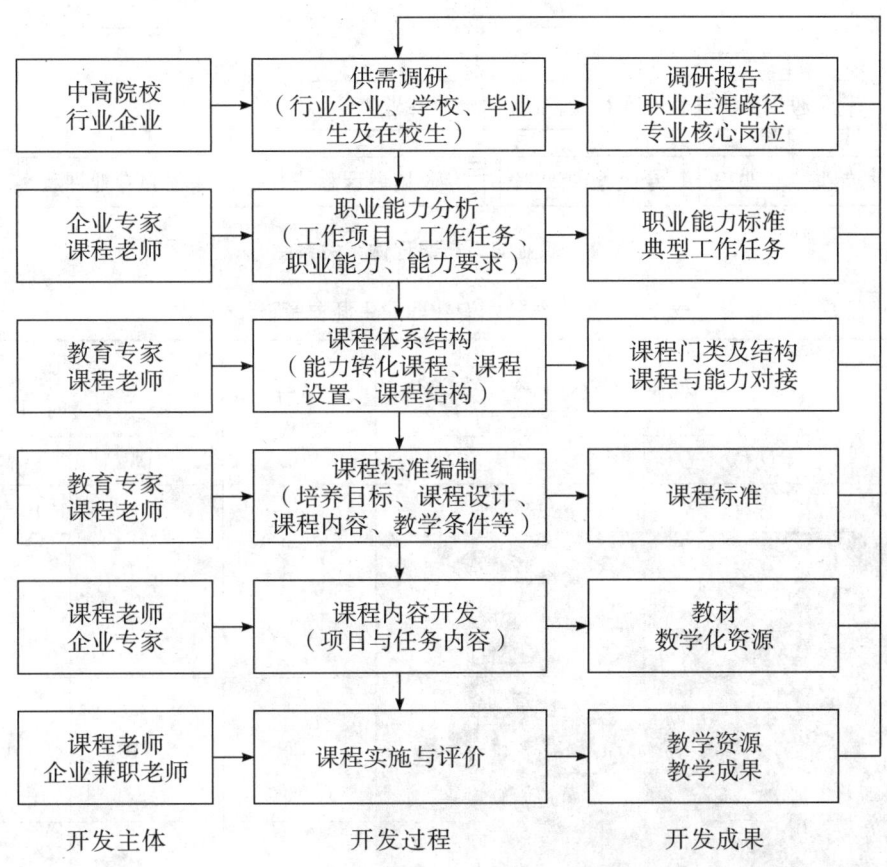

图1 基于职业能力的中高职衔接课程开发路径

## （三）职业能力与课程体系构建

培养和发展学生的职业能力主要通过课程教学实现。职业能力分为专业能力和职业素养，专业能力又可分为专业通用能力、专业特定能力、跨专业能力。这样，即可建立起职业能力与课程体系之间的关系，如图2所示。学生绿色发展能力的培养除了通过学习专业核心课程和专业方向课程外，更多地需要通过学习公共课程和专业拓展课程实现。

# 三、环境工程技术专业中高职职业能力分析

## （一）职业生涯发展路径

通过对环保行业企业、中高职院校及其在校学生和毕业生开展广泛深入地调研，并对调研资料进行整理、统计、分析和研究，形成了环境工程技术专业职业生涯发展路径表，如表1所示。

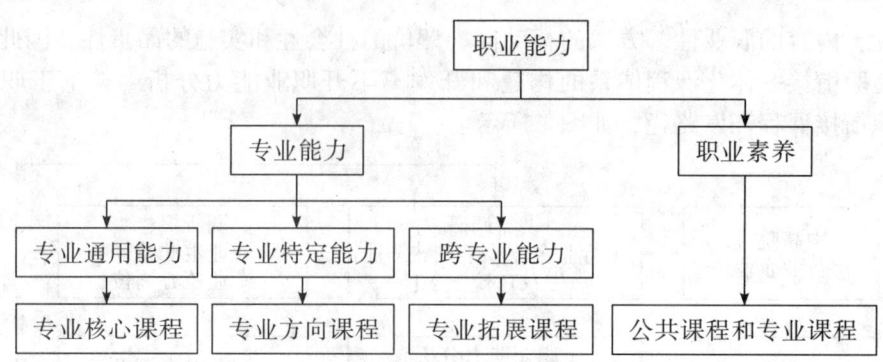

图2 职业能力与课程体系关系图

表1 环境工程技术专业职业生涯发展路径表

| 发展阶段 | 就业岗位 | | 学历层次 | 发展年限/年（参考时间） | |
|---|---|---|---|---|---|
| | 技术岗位 | 管理岗位 | | 中职 | 高职 |
| Ⅵ | 总工程师 | 总经理 | — | | 10年以上 |
| Ⅴ | 主任工程师 | 经理 | — | 10年以上 | 5~10 |
| | | 厂（站）长 | | | |
| | | 主管 | | | |
| Ⅲ | 设计工程师 | 经理助理 | 高职 | 5~10 | 4~6 |
| | 施工工程师 | 站长助理 | | | |
| | 监测工程师 | 运营主管助理 | | | |
| Ⅱ | | 环境工程施工管理员 | 高职中职 | 3~5 | 1~4 |
| | | 环境工程设计员 | | | |
| | | 化验主管助理（环境监测技术员） | | | |
| | | 环保设施运营技术员 | | | |
| Ⅰ | | 环境工程业务员 | 高职中职 | 1~3 | 0.5~1 |
| | | 污水处理调试运营员 | | | |
| | | 环保设施运营员 | | | |
| | | 化验员（环境监测员） | | | |

注：■代表中高职毕业生均有可能经历的职业岗位；■代表高职毕业生优先经历的职业岗位。

## （二）专业核心岗位

根据前期供需调研确定了环境工程技术专业毕业生就业核心岗位。环境工程技术专业高职毕业生就业目标岗位为：环保设施运营技术员、化验主管助理（环境监测技术员)、环境工程业务员、环境工程设计员、环境工程施工管理员；中职毕业生就业目标岗位为：污水处理调试运营员、化验员（环境监测员）。

### (三) 核心职业能力分析

邀请行业企业专家对中高职毕业生就业目标岗位进行职业能力和工作任务分析。运用"二维四步五解"法按照"确定岗位—制定表格—分析职业能力—汇总整理资料—企业专家反馈—修改完善定稿"等步骤制定职业能力分析表。最终得到了环保设施运营技术员、化验主管助理（环境监测技术员）、环境工程业务员、环境工程设计员、环境工程施工管理员、污水处理调试运营员、污水处理化验员 7 个岗位的 34 个工作项目，128 项工作任务共计 501 条职业能力。另外，还确定了各岗位通用的 10 项 65 条职业素养。具体如表 2 所示。

表 2  环境工程技术专业职业能力分析表（节选）

| 工作项目/职业素养 | 工作任务/职业素养 | | 职业能力<br>（知识、技能、方法、工具、要求） | 学习水平 | |
|---|---|---|---|---|---|
| | | | | 中职 $L_i$ | 高职 $L_j$ |
| 01<br>废水处理运营 | 01-01 | 废水巡查 | 01-01-01  能记录巡检情况 | L1 | |
| | | | 01-01-02  能发现异常情况并进行初步判断 | L1 | |
| | | | 01-01-03  报告异常情况 | L1 | |
| | | | 01-01-04  能判断设备运行工况是否处于正常状态 | | L2 |
| | | | 01-01-05  …… | | L2 |
| | 01-02 | 废水预处理 | 01-02-01  清理格栅系统 | L1 | |
| | | | 1-02-02  处理废水 pH 异常 | | L2 |
| | | | 1-02-03 | | |
| | …… | …… | | | |
| 34<br>职业素养 | 34-01 | 沟通交流 | 34-01-01  表达清晰准确 | L1~L2 | L1~L3 |
| | | | 34-01-02  主动与人交流 | L1~L2 | L1~L3 |
| | | | 34-01-03  …… | | |
| | …… | …… | | | |
| | 34-08 | 责任（安全）意识 | 34-08-01  有自我保护意识 | L1~L2 | L1~L3 |
| | | | 34-08-02  明确岗位责任，勇于承担 | L1~L2 | L1~L3 |
| | | | 34-08-03  熟悉行业的应急预案 | L1~L2 | L1~L3 |
| | …… | …… | | | |
| …… | | | | | |

注："学习水平"的中职 $L_i$ 的 $i$ 对应职业生涯发展路径中中职的发展层次，高职 $L_j$ 的 $j$ 对应职业生涯发展路径中高职的发展层次。

## 四、环境工程技术专业中高职衔接课程体系重构

### (一)培养目标

1. 专业培养目标

中职培养目标是：培养与我国社会主义现代化建设要求相适应，德、智、体、美全面发展，面向环境保护产业，能从事环境保护设施运营管理、环境监测等岗位工作，具备污染治理设施运营管理及设备日常维护、环境污染因子采样、预处理及分析化验等职业能力，具备爱岗敬业、诚实守信、吃苦耐劳、团队合作、环保意识、安全意识等职业素养，以及继续学习能力，在生产、建设、服务、管理第一线的初中级高素质劳动者和技能型人才。

高职培养目标是：培养与我国社会主义现代化建设要求相适应，德、智、体、美全面发展，面向环境保护产业，从事环境保护设施运营管理，环境监测，环境工程初步设计及其施工、调试、管理，环保产品及技术营销等岗位工作，具备污染治理设施运营管理、运行监控及设备维护维修、环境污染因子监测、环境工程工艺设计、施工管理及工艺调试等职业能力，具备爱岗敬业、诚实守信、吃苦耐劳、团队合作、环保意识、安全意识、创新精神等职业素养，以及自主学习能力，在生产、建设、服务、管理第一线的发展型、复合型和创新型的高级技术技能人才。

2. 课程教学目标

在以上中高职人才培养目标的要求下，课程教学目标分为知识目标、能力目标和素质目标。对中高职衔接的课程，知识、能力和素质目标必须体现分层与衔接。例如"水污染治理设施运营管理"是一门中高职衔接的课程，中职和高职的课程教学目标如表3所示。在实际教学过程中，采用岗位典型工作任务（项目）驱动的模式，学生在完成学习任务的过程中，融入法规政策、设计规范、操作规程、安全环保等专业能力，达到知识和能力目标。同时锻炼学生吃苦耐劳、踏实肯干、团队协作、创新意识、自主学习、独立分析和解决问题等职业素养，从而完成素质目标。

### (二)中高职衔接一体化课程体系重构

环境工程是一门与化学工程、生物学、土木工程、气象学、管理学和社会学多学科相关的交叉学科，涉及的知识体系庞杂。长期以来环境工程技术专业课程体系构建坚持"管用、够用"的原则，突出核心专业能力的培养，强调核心知识和技能的培养，这必然使培养的学生知识面过窄，缺乏职业素养及较强的适应和创新能力，难以实现人的绿色发展。为了促进学生的绿色发展，课程体系构建应在"厚基础、宽口径、模块化"，"专业技能培养与职业素养并举"，甚至是"跨界培养"中找到最佳的融合点。基于以上考虑，依据以上分析的职业能力，环境工程技术专业在着力培养环境工程核心知识和技能的同时，更多地考虑满足学生职业发展和企业对学生职业素养的要求，构建了"4+1+1"模块化中高职衔接课程体系，由公共基础课程、专业核心课程、专业方向课程、专业拓展课程4个校内课堂教学模块、1个校内第二课堂活动课程模块和1个校

外实践与顶岗实习课程模块组成课程体系，设置如图 3 所示。中职实施"2.5＋0.5"学制，总学分不少于 170 学分。高职实施"1.5＋0.5"学制，总学分不少于 90 学分。其中公共基础课程学分约占 30%，专业核心课程学分约占 30%，专业方向课程学分占 10%，校内外实践课程学分占 20% 左右，剩余 10% 的学分主要用于专业拓展课程和其他课程。

表 3　"水污染治理设施运营管理"课程教学目标

| 学段 | 知识目标 | 能力目标 | 素质目标 |
| --- | --- | --- | --- |
| 中职 | （1）理解污水处理的工艺原理；<br>（2）掌握化验基本知识、化验项目操作及质量保证；<br>（3）掌握泵站的运行及维护；<br>（4）掌握水污染设施的仪表与电器控制；<br>（5）掌握水污染设施的日常操作与维护 | （1）能独立完成一定的污水化验任务；<br>（2）能熟练操作水处理机械操作，能对相应设备进行常规的检修与维护；<br>（3）能发现水污染设施的异常故障并能及时上报 | （1）具有良好的安全生产意识，能够自觉按规程操作；<br>（2）具有分析问题、解决问题的能力；<br>（3）具有良好的团队协作精神，主动适应团队工作要求；<br>（4）具有良好的职业道德和社会责任心；<br>（5）具有自学能力、独立工作能力和团结协作能力 |
| 高职 | （1）了解酸洗、电镀、印染、生活四类污水的水质情况；<br>（2）掌握酸洗、电镀、印染、生活四类污水排放标准；<br>（3）掌握酸洗、电镀、印染、生活四类污水常见处理方法；<br>（4）掌握广东地区酸洗、电镀、印染、生活四类污水处理典型工艺流程；<br>（5）掌握酸洗、电镀、印染、生活四类污水常用药剂配制及使用方法 | （1）能独立分析酸洗、电镀、印染、生活四类污水水质；<br>（2）能判断净化出水是否达标；<br>（3）能比选酸洗、电镀、印染、生活污水处理方法；<br>（4）能配制酸洗、电镀、印染、生活污水常用的药剂；<br>（5）能处理污水处理过程中的常见问题 | （1）具有良好的安全生产意识，能够自觉按规程操作；<br>（2）具有良好的分析问题、解决问题的能力；<br>（3）具有良好的团队协作精神，能带领团队完成污水处理运营；<br>（4）具有良好的职业道德和社会责任心；<br>（5）具有较强的自学能力、独立工作能力和团结协作能力；<br>（6）具有较强的成本控制意识；<br>（7）具有良好的沟通协调能力 |

图3　环境工程技术专业中高职衔接一体化课程体系

1．优化专业课程，夯实专业基础知识

目前职业教育在人才培养中为了加重实践技能的培养，对基础知识特别是专业基础知识的传授正慢慢弱化甚至消失。中职教育考虑到中职学生学习态度、能力和习惯都较差，对学习数学、英语、化学、电工等基础课程普遍有困难，对专业基础课程的学习积极性不高，更不愿意开设专业基础课程，基础课程存在严重内容缺失的现象。这样既不能满足升学后高职的学习要求，更不利于学生的绿色发展。基于人的绿色发展，职业教育对学生的培养不仅要满足其以就业为导向的"一技之长"，更应着眼于学生未来的发展。培养学生自主学习的能力、对未来的适应能力以及具有良好的职业素养，更多是需要建立"厚基础、宽口径"的课程体系。本课程设置把化学、物理、电工、微生物等列入中职专业核心课程，充分体现了厚基础的设计思路，从而保证了中职学生具有高职学习的厚实基础，也有利于学生的终身学习和绿色发展。

2. 强化校内外结合和课程联动，提高学生的综合职业能力

校内第二课堂活动主要是指学校、学生学团和社团组织等开展的学生自主参与的各类思想政治、科技、文艺、体育、志愿服务、技能竞赛及创新创业等校园活动。校外实践与顶岗实习课程主要是指学校安排或学生自主参加的企业实习、实践和顶岗实习活动。这两类课程虽然不属于课堂主体教学，但对学生专业能力和职业素养的培养具有重要的意义。因此，我们将这两类课程也纳入了课程体系中进行系统设计。校内第二课堂活动规定一定的学分进行置换。校外实践与顶岗实习课程则加强全过程管理，联合企业开发综合实践课程，并充分利用信息化手段加强教学和管理。这样，就把课堂教学延伸到课外和校外。通过校内外的结合和各类课程的联动，不仅增强了学生的专业能力，更是培养了学生的职业素养。如结合环境工程技术专业的特点，由学团组织开展"环境工程设计与模型制作暨环保创意设计大赛"，通过第二课堂实践所学的专业知识和技能，同时在亲自设计和制作中，提高了岗位意识和团队精神，培养了自主学习、分析问题和解决问题的能力，获得了环境工程设计岗位活动所需要的知识、能力、情感和态度，切实提高了综合职业能力。

3. 加强课程及内容的整合渗透，促进专业能力与职业素养的融合

首先，加强专业课程与公共基础课程的补位整合，解决专业课程与公共基础课程游离的问题。公共基础课程作为通识教育，更加关注学生的人文素养，与职业素养密切联系，相互促进。环境工程技术专业是理工类专业，除了思政类、英语类等必修课程外，还设置通识跨界课程，如人文艺术类的公共艺术、历史、文学、摄影等，职业素质相关的交际礼仪、演讲与口才等必修或选修课程。考虑到学生创新创业精神的培养，还设置了创新创业通识课程，把创新思维、创新方法、市场营销、财务管理、风险投资、团队管理等课程模块融入其中。同时，在课程教学中，挖掘一些综合性项目，把职业发展所需要的吃苦耐劳、踏实肯干、诚实服从等素养融入基础课程的学习中。其次，整合专业课程的内容，把职业素养教学内容融入专业课程中。制定环境工程类课程职业素养养成训练指导意见，设置职业素养训练模块库。专业教师根据所授课程选择部分或全部模块与专业内容有机融合。同时，建设真实情境的实训环境，开发真实项目实训课程，通过项目和任务的实施，规范学生职业习惯，强化学生职业意识，从而促进职业素养的养成。

4. 深化校企协同和产教融合，形成校企培养学生绿色发展能力的合力

建立校企合作课程开发机制，实施校企合作共同开展课程调研、共同制定课程标准、共同开发课程、共同实施课程、共同评价课程，将行业企业需要的专业能力和职业素养贯穿课程教学的各个环节；聘请企业高技能兼职教师开展实践教学，让学生真切感受企业专家的岗位精神和职业情怀；将企业文化引进课堂和活动中，提供学生全方位的职业素养体验和训练的途径，促进职业关键能力的整体提升；通过校企协同订单培养、现代学徒制等深化人才培养模式，形成校企培养学生绿色发展能力的合力。

**参考文献**

[1] 郝栋. 广义虚拟经济视角下的生态文明与人的全面发展 [J]. 广义虚拟经济研究,2014 (1):73.
[2] 黄志斌. 论与我国可持续发展战略相适应的人的全面发展 [J]. 马克思主义研究,2003 (3):57.
[3] 赵欣,卜安康. 由技能为本走向生命发展:从人的可持续发展角度看未来职业教育的创新趋势 [J]. 职业技术教育,2003 (19):5.
[4] 俞志敏,吴克,NELLES,等. 可持续发展的环境工程专业应用型人才培养 [J]. 合肥学院学报 (自然科学版),2009 (2):69.
[5] 张良. 职业素质本位的高职教育课程建构研究 [D]. 长沙:湖南师范大学,2012.
[6] 杜怡萍. "二维四步五解"职业能力分析法的实践探索 [J]. 职教论坛,2015 (9):8.
[7] 杜怡萍,李海东. 中高职衔接标准建设新视野:从能力到课程 [M]. 广州:广东高等教育出版社,2015:16-30.

# 中高本一体化人才培养目标对比分析

## ——以建筑工程技术专业为例

赵琼梅[①]

建筑工程技术作为土建大类的龙头专业，开设历史悠久，辐射带动面广。"十三五"期间，为适应广东省建筑业的升级发展，构建中职（建筑施工管理）、高职（建筑工程技术）、本科（土木工程）一体化的人才培养体系，广东建设职业技术学院协同省内12所中职、高职、本科及企业单位，承担了广东省教改项目"建筑工程技术专业中职、高职和本科一体化专业教学标准研究与实践"（项目编号：201401077）的研究与实践工作。由于建筑工程技术专业面向岗位众多，"万金油"特色鲜明，各院校在人才培养目标定位上，存在差异大、重叠多、界限不明的问题。项目组在多方调研的基础上，从建筑产业升级发展带来的需求出发，结合近10年来毕业生就业情况及专业人才培养的现状，对中、高、本人才培养的目标岗位及职业生涯发展路径进行了深入分析，开展了以企业专家为主的岗位职业能力分析，进而从多方位明确了中高本不同学历层次的人才培养目标，完成了中高本一体化专业教学标准的顶层设计，为相关专业建设提供了指导与参考。

## 一、建筑工程技术专业人才需求状况

### （一）广东省建筑业升级发展对建筑工程技术人才提出需求

广东省落实"三个定位、两个率先"工作大局，按《广东省中长期人才发展规划纲要（2010—2020年）》目标，2015年，全省建筑业工程技术与管理人员比例为28%，缺口约18万人。按照每年递增10%计算，到2020年，全省建筑业工程技术与管理人员的比例达到30%，缺口约为29万人。广东省建筑产业结构进一步优化，鼓励大型企业做大做强，中小企业做专做精，实施国际工程市场扩展，需要造就高水平的不同层次的管理人才队伍、技术专家队伍、基层技术与管理队伍和一线技工队伍。以建筑施工为核心的传统建筑业向以提供投资、规划、设计、施工、运营以及相关的技术、经济、标准、人才等全方位、全过程建筑服务为核心的现代建筑服务业转变，需要专业技术人员全面提升技术创新和科技研发能力，管理人员提升现代企业精细化管理能力，基层技术

---

[①] 赵琼梅，女，广东建设职业技术学院，职业教育研究所所长，副教授，研究方向：建筑工程专业教育教学，土建类专业建设，高职教育教学管理。

与管理人员提升工程建设全过程管理能力,一线施工作业人员(技工)提升熟练操作各种新技术、新工艺、新材料能力。到2020年,建筑市场信用体系的完善和建筑工程质量安全监督管理的进一步加强,对从业人员的职(执)业资格提出了严格规范的标准化要求。

### (二)企业对建筑工程技术人才的需求情况

项目组面向珠江三角洲、粤东、粤西和粤北等地区,采取实地访谈、调查问卷等形式,对近100家企业的负责人、技术骨干、人力资源负责人等开展深入调研,收回有效问卷86份。调研统计显示,企业对建筑工程技术人才的需求岗位,主要是项目部基层技术与管理工作岗位,部分企业需求岗位为注册工程师、项目部部门主管和项目经理,如图1所示。

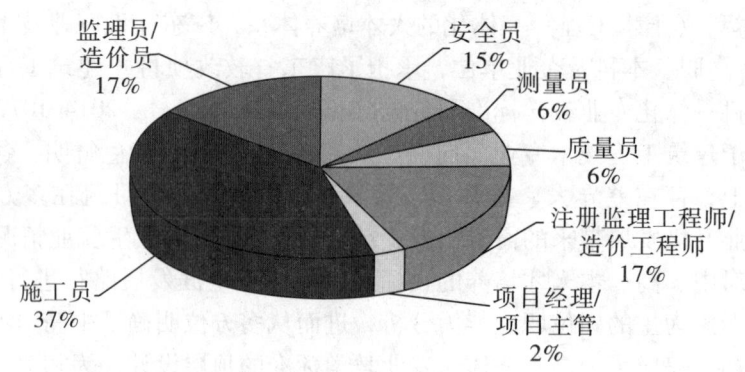

图1　企业人才需求岗位分布

## 二、广东省建筑工程技术专业培养现状及中高本毕业生调研情况

### (一)人才培养现状

截至2015年年底,广东省开设建筑工程技术专业高职23所,在校生1.5万人,开设建筑施工管理专业中职学校38所,在校生1.3万人,开设土木工程专业本科高校12所,在校生不足8 000人。从2011年开始进行中高职衔接三二分段人才培养试点,到2015年,建筑工程技术专业有5所高职、7所中职开展了三二分段对接试点,中高职衔接三二分段试点规模年计划达490人,高职与本科衔接尚未启动。

项目组收集了人才培养方案中职10份、高职14份、本科10份,广东省已开展三二分段中高职衔接试点的一体化人才培养方案5份,对12所高职院校、10所中职学校、10所本科院校的在校生进行问卷调查,回收有效问卷2 353份(中职516份、高职1 402份、本科435份)。比较发现,同类院校人才培养目标定位有所不同,中职、高职、本科培养目标"边界"和"接口"模糊,特别是中高职的人才培养目标岗位多数定位为施工员、资料员、质检员、安全员、测量员等,重叠度较高;在校生村镇生源中职占73%、高职占67%、本科占50.34%,其余学生家庭为市县区,学生具有到工程一线从事艰苦工作的家庭社会基础；学生家庭对于学生进一步学习以提升学历的期待，以中职最高，为39.92%，高职期望相对较小，为16.55%；中职和高职学生对于继续深造学习提升学历意愿，中职为28.68%，高职为11.55%。无论是家庭还是学生本人，中职学生升高职的期望远大于高职学生升本科的期望。

### （二）毕业生调研情况

本次毕业生调研跨毕业时间1～10年，以毕业3～5年为主，采用网络问卷调查的形式，共回收有效问卷1 179份，涵盖32所中职、高职、本科院校的毕业生。根据问卷统计，毕业生就业面向建筑业占78.5%、房地产业占9%、其他占12.5%。中高职毕业生主要就业面向为施工企业，本科毕业生的主要就业面向为施工企业与其他建设单位，中职（建筑施工管理专业）、高职（建筑工程技术专业）、本科（土木工程专业）毕业生就业岗位分布较广，传统"万金油"专业特色鲜明，具体如图2至图4所示。

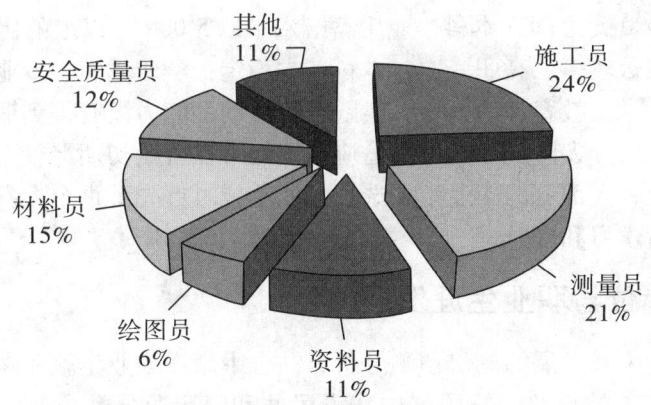

图2 中职毕业生就业岗位

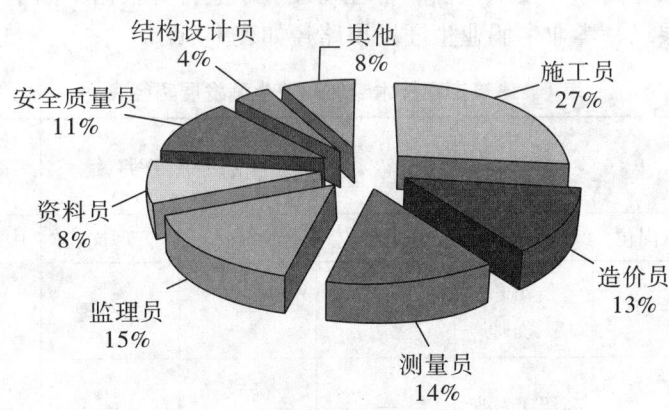

图3 高职毕业生就业岗位

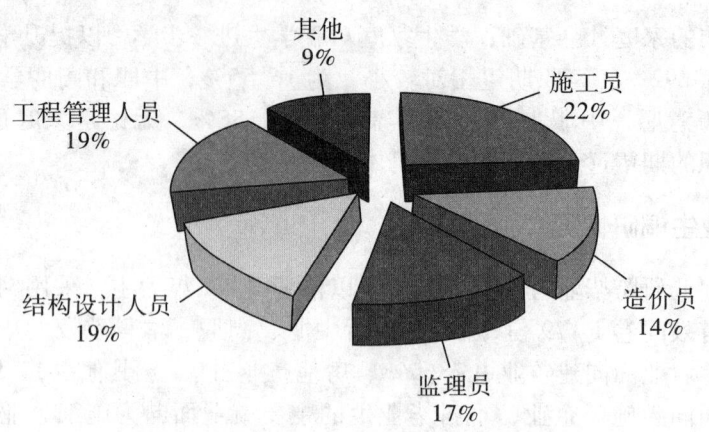

图 4 本科毕业生就业岗位

调查结果显示，中职毕业生薪酬水平以 3 000 元以下居多，高职毕业生薪酬水平大多数在 3 000~5 000 元之间，本科毕业生薪酬水平以 5 000 元以上的比例较高；中职毕业生的工作变动次数较多，高职其次，本科基本稳定；学历越高，专业对口度越高；较大比例的学生认为学校教育理论太多，实践不够，动手能力没有得到锻炼，专业技术与技能、独立工作能力、人际交往能力及适应环境能力在就业初期严重不足；毕业生工作态度普遍积极向上，大部分的毕业生在选择就业单位时首先看重个人发展空间，同时也通过各种渠道进行学习和提升。

## 三、就业岗位与职业生涯发展路径

根据行业企业未来发展的调研预测分析，结合中高本毕业生就业岗位的分布，综合考虑各院校人才培养的现状，按照《中华人民共和国职业分类大典（2015 年版）》分类，毕业生就业主要分为施工和技术服务两个大类。施工类分为操作岗位、技术岗位、管理岗位，技术服务类分为技术岗位、管理岗位。职业晋升根据不同学历层次、不同毕业年限分为 6 个层级，毕业生职业生涯发展路径如表 1 所示。

表 1　建筑工程技术专业职业生涯发展路径表

| 发展层级 | 学历层次 | 施工类 | | | 技术服务类 | | 发展年限/年（参考时间） | | |
| --- | --- | --- | --- | --- | --- | --- | --- | --- | --- |
| | | 操作岗位 | 技术岗位 | 管理岗位 | 技术岗位 | 管理岗位 | 中职 | 高职 | 本科 |
| Ⅵ | 本科 | — | 公司总工程师 | 公司总经理 | — | 总经理 | — | — | 20 |
| Ⅴ | 本科/高职 | — | 高级工程师 | — | 高级工程师 | — | — | 15 | 10 |
| | 高职/中职 | 测量高级技师 | — | — | — | — | 13 | 10 | — |

续上表

| 发展层级 | 学历层次 | 施工类 | | | 技术服务类 | | 发展年限/年（参考时间） | | |
|---|---|---|---|---|---|---|---|---|---|
| | | 操作岗位 | 技术岗位 | 管理岗位 | 技术岗位 | 管理岗位 | 中职 | 高职 | 本科 |
| IV | 本科 | — | 项目总工 | 项目经理/公司部门经理 | 项目总监/资深造价工程师 | 部门经理 | — | 9~11 | 6~8 |
| III | 本科/高职 | — | 现场专业工程师/质量工程师/安全工程师 | — | 监理工程师/造价工程师 | — | — | 8~10 | 5~7 |
| | 高职/中职 | 测量技师 | — | — | — | — | 8 | 5 | — |
| II | 高职/本科/中职 | — | 现场专业助理工程师 | 测量主管/施工主管/质量主管/安全主管 | — | — | 6 | 3 | 2 |
| I | 高职 | 高级测量员 | 施工员/质量员/安全员 | — | 监理员/造价员 | — | 2~3 | 0 | — |
| | 中职 | 中级测量员 | 施工员/质量员/安全员 | — | — | — | 0 | 0 | — |

注：不同企业因规模及传统习惯，岗位名称存在一些差异，如项目总工程师，也称为项目技术负责人；学历层次为总体水平描述，具体应结合岗位。▨ 代表中高职重叠岗位，■ 代表高职本科重叠岗位，▨ 代表中高职及本科重叠岗位。

## 四、岗位职业能力分析

项目组选取了项目经理、项目总工程师、施工员及主管、测量员及主管、质量员及主管、安全员及主管、总监、监理员、资深造价工程师、造价员等 14 个岗位，邀请了 28 位企业专家，在广东省教育研究院的指导下，分别在广州番禺职业技术学院、广东建设职业技术学院组织开展了两场职业能力分析会议，并通过咨询方式，对资料员、材料员等岗位进行补充，最后形成 14 个目标岗位 63 个工作项目、282 项工作任务、1 031 个职业能力的较完整的职业能力分析表，得到了原始真实的来自企业专家对于职业岗位工作项目、任务、能力描述的框架体系。

## 五、人才培养目标的对比分析

在深入调研及岗位职业能力分析的基础上,项目组组织了省内中职、高职、本科17位教育专家,从人才培养的就业面向、目标岗位、职业能力素养、人才类型几方面进行归纳,确定了中职、高职、本科各学段的培养目标。

### (一)中职学段培养目标

本专业培养与我国社会主义现代化建设要求相适应,德、智、体、美全面发展,面向中小型建设企业,在测量员、施工员(小型项目)、资料员等岗位工作,具有良好的科学文化素养和职业道德,具备工程项目现场施工测量、资料管理的能力,初步具备施工技术、现场施工管理能力,具有一定的自主学习能力,在生产、建设、服务、管理第一线的高素质劳动者和技能型人才。

### (二)高职学段培养目标

本专业培养与我国社会主义现代化建设要求相适应,德、智、体、美全面发展,面向施工、监理、建设、咨询等建筑企业及技术服务业,在施工员、监理员、测量员、造价员、质量员、安全员等岗位工作,具备良好的科学文化素养、职业道德及创新意识,具有较强的工程项目现场施工技术、施工组织管理、施工测量、资料管理能力以及自主学习能力,在生产、建设、服务、管理第一线的应用型技术技能人才。

### (三)本科学段培养目标

本专业培养与我国社会主义现代化建设要求相适应,德、智、体、美全面发展,面向建设领域,从事设计、施工、监理、咨询及管理等工作,具有良好的科学文化素养和职业道德,以及扎实的理论基础和专业知识,具备结构设计、施工项目管理、工程监理、造价咨询等能力,具有较强的自我发展能力的高素质应用型、创新型人才。

### (四)中、高、本人才培养目标对比分析

建筑工程技术专业中高本人才培养目标对比见表2。

表2 建筑工程技术专业中高本人才培养目标对比

| 对比项 | 中职 | 高职 | 本科 |
| --- | --- | --- | --- |
| 职业面向 | 面向中小型建设企业 | 面向施工、监理、建设、咨询等建筑企业及技术服务业 | 面向建设领域 |
| | 分析:学历层次越高,面向越广 | | |

续上表

| 对比项 | 中职 | 高职 | 本科 |
|---|---|---|---|
| 职业岗位 | 测量员、施工员、资料员等岗位 | 施工员、监理员、测量员、造价员、质量员、安全员等岗位 | 设计、施工、监理、咨询及管理等 |
| | 分析：以毕业3~5年就业岗位作为目标岗位，中职学生的目标岗位主要是在第Ⅰ发展层级中的高级测量员及中小型工程项目的施工员、质量员、安全员，包括资料员、材料员等岗位；高职学生的目标岗位主要是第Ⅱ发展层级的测量员、施工员、质量员、安全员等、现场专业助理工程师（中小型工程项目），及第Ⅰ发展层级中面向大中型工程项目的施工员、质量员、安全员、监理员、造价员等；本科学生的目标岗位主要是第Ⅱ发展层级的现场专业助理工程师、大中型工程项目的测量、施工、质量、安全等，以及资深监理员、造价员等岗位。中职与高职目标岗位在第Ⅰ发展层级的施工员、质量员、安全员等岗位有重叠，主要区别在于面向的工程项目规模大小不同，中职面向中小型项目，高职面向大中型项目；高职与本科学生在第Ⅱ发展层级测量主管、施工主管、质量主管、安全主管岗位重叠度高，区别在于高职学生主要面向中小型项目，本科学生主要面向大中型项目。另外，在重叠的目标岗位上，中职、高职、本科熟练程度、资深程度不同 | | |
| 职业能力素养 | 具有良好的科学文化素养和职业道德，具备工程项目现场施工测量、资料管理的能力，初步具备施工技术、现场施工管理能力，具有一定的自主学习能力 | 具备良好的科学文化素养、职业道德及创新意识，具有较强的工程项目现场施工技术、施工组织管理、施工测量、资料管理能力以及自主学习能力 | 具有良好的科学文化素养和职业道德，以及扎实的理论基础和专业知识，具备结构设计、施工项目管理、工程监理、造价咨询等能力，具有较强的自我发展能力 |
| | 分析：在职业素养、能力要求、自主学习及自我发展方面，三个学段有所区别，又有发展递进关系 | | |
| 人才类型 | 高素质劳动者和技能型人才 | 应用型技术技能人才 | 高素质应用型、创新型人才 |
| | 分析：中职属于技能型，高职属于技术技能型，本科属于应用创新型 | | |

## 六、结束语

通过中职、高职、本科人才培养目标对比，我们分析归纳出了中职、高职、本科三个学段人才培养的区别与重叠之处，后续中高本一体化的课程体系构建、课程标准研制、教学条件等专业内涵建设将在这一顶层设计之下开展。

## 参考文献

[1] 中共广东省委. 广东省人民政府关于印发《广东省中长期人才发展规划纲要（2010—2020 年）》的通知［Z］.

[2] 教育部，等. 教育部等六部门关于印发《现代职业教育体系建设规划（2014—2020 年）》的通知［Z］.

[3] 国家职业分类大典修订工作委员会. 中华人民共和国职业分类大典：2015 年版［M］. 北京：中国劳动社会保障出版社，2015.

[4] 广东省住房和城乡建设厅. 广东省建筑科学研究院广东省住房城乡建设年度报告（2013）［R/OL］. www.gdcic.net.

[5] 住房和城乡建设部. 关于印发建筑业发展"十二五"规划的通知［Z］.

[6] 住房和城乡建设部. 关于发布《建筑与市政工程施工现场专业人员职业标准》的公告［EB/OL］. http://www.docin.com/touch_new/previewHtml.do?Id = 555714547.

[7] 杜怡萍. 中高职衔接专业培养目标的定位研究［J］. 中国职业技术教育，2014（32）：56 – 60.

[8] 李海东，杜怡萍. 中高职衔接标准建设新视野：从需求到供给［M］. 广州：广东高等教育出版社，2014.

[9] 广东省教育厅，广东省教育研究院. 广东中高职衔接专业教学标准研制：调查与分析［M］. 广州：广东高等教育出版社，2014.

[10] 姚洪文. 中高职衔接五年一贯制建筑工程技术专业人才培养模式的探索［J］. 学周刊，2015（1）：26.

[11] 王艳飞. 建筑工程技术专业"3 + 2"中高职衔接培养模式探究［J］. 机械职业教育，2014（3）：37 – 40.

# "中—高—本"衔接协同创新足球特色人才培养模式的探讨研究

徐承建　许荣广[①]

建设现代职业教育体系是当前我国教育改革的主要战略之一。中高本衔接是指中职、高职、本科分段衔接系统培养本科层次人才这一模式的简称。中高本衔接不仅是职业教育内部中职、高职、本科三个教育层次在纵向上的衔接,也是职业教育与普通教育两种教育类型在横向上的沟通。根据《中国足球改革发展整体方案》(足办发〔2015〕11号)、《广东省人民政府办公厅转发省教育厅关于以协同创新为引领全面提高我省高等教育质量若干意见的通知》(粤府办〔2012〕103号)等文件精神,为深入贯彻落实党的十八届三中全会提出的"加快现代职业教育体系建设,深化产教融合、校企合作,培养高素质劳动者和技能型人才","创新高校人才培养机制,促进高校办出特色争创一流"的要求,建成本科教育与普通高中教育、中等职业教育、专科层次职业教育相衔接的人才培养立交桥,建设具有广东特色现代职业教育体系,以适应我省经济发展方式转变和产业转型升级要求。

目前,我省的体育运动学校、足球传统学校、广东体育职业技术学院与广州体育学院足球学院开展的协同创新和协同培养模式的探索主要出发点为:一是为广东省乃至全国培养足球特色人才;二是探索"中—本—高"衔接协同创新和协同培养模式,实现"七年一贯制"的足球特色人才培养;三是中职、高职与本科资源优化配置的重要选择,是打破高校人才培养传统思维模式的重要手段,是体制机制的重大改革,是高校凸显办学特色的重要举措。此举不仅可以做好足球人才培养体系的顶层设计,还可以搭建足球人才培养体系的基本框架,明确现代职业教育体系的量化指标。

## 一、构建足球专业"中—高—本"衔接协同创新的意义

足球专业"中—高—本"衔接协同创新对于现代职业教育体系的构建和推进三个层次的各院校协同发展具有十分重要的现实意义。足球特色人才的培养对象主要为培训教育机构足球教练员、校园足球指导员、裁判员等专业人才,职业运动员和广东省各级职业教练员和面向足球产业的特色人才。在此人才培养模式下可以达到以下目的。

一是其共同培养人才的数量和质量可以极大地满足社会发展的需求,完成为区域经济服务的任务。

---

① 徐承建、许荣广,广东体育职业技术学院。

二是立足行业，服务行业，可以真正做到精英队伍、职业教育和学历教育培养一条龙。

三是"中职—高职—本科"的衔接对三个层次的办学定位的确立，课程模块化的衔接，职业资格证书的贯通、教学教学质量的提升，实践能力和创新能力的培养，资源的合理配置和共享，推进办学水平的提高、办学领域的拓展、教学质量的全面提升和深化教育教学改革。

四是真正解决广东省足球特色人才匮乏、质量不高的问题和为了主动适应足球产业发展的迫切需要。协同方在目标、利益一致的基础上谋求合作并建立稳定、可持续性发展的合作平台，才能取得双赢、多赢的新局面。

因此，探索足球专业"中—高—本"衔接、协同创新的模式研究具有重要意义。

1. "中—高—本"教育衔接的足球专业建设基础分析

根据本课题的调研表明，全民健身上升为国家战略使得体育产业蓬勃发展，人民大众对体育的精神追求，以及参与各项体育运动的人群呈"井喷式"上升，尤其是足球成为体育发展中的焦点。根据国家发展计划，2017年广东要增加8 000个足球场地；各种形式的足球夏令营、培训活动等如雨后春笋般开展，整个社会对足球人才培养的数量，对足球教练、社会体育指导员等人才的知识、能力等结构和内涵要求也随之发生巨变。

广州体育学院率先成立了全国第一所足球学院。恒大、苏宁等大量社会资本纷纷投入足球产业。校园足球的开展、四级联赛的举行，将不断弥补社会人才急需的空缺。但依然面临很多现实问题有待解决，一是足球人才培养的数量和质量堪忧；二是退役运动员出路逐渐成为竞技体育发展的瓶颈；三是中职、高职足球的人才培养是"终结式"的模式。

（1）"中—高—本"科衔接足球专业生源情况。广东省拥有体育运动学校19所，每年各市向省队的输送率在10%左右。通过五年一贯制、三二分段、对口招生进入高职教育的仅为25%～30%。超过50%为经过多年专项训练的，初步具有专业素养和技能的运动员在继续深造无望的情况下，只能选择退役和转行，这就造成了人才资源的极大浪费。超过80%的中职、高职足球专业学生有继续深造的愿望。

（2）培养模式建立的资源优势。首先，广东体育职业技术学院作为广东省唯一一所行业办学的职业学院，学院的本质功能兼具为行业服务和为社会培养急需专业人才。省体育局所管辖省内19所体育运动学校，30所国家级、省级传统足球学校，对中—高职的贯通和衔接有着得天独厚的条件。其次，"中—高—本"衔接与贯通将会给体育运动学校的中职生带来更多接受高等教育的机会。探索中高职教育从"终结式"改革为"过程式"的人才培养模式，这为中职带来活力的同时也为高职和本科的教育发展带来了强大的"后备人才"，带动了高职和本科的发展，进而完善现代教育体系。

（3）人才培养模式创新与发展。以足球专业为突破口，建构以足球专业为基础的体育中职、高职和应用型本科教育的特色人才培养衔接贯通的现代职业教育体系，是广东省竞技体育和群众体育的需要，是足球特色人才培养发展的迫切需要和为行业服务的需要；同时也为开展"七年一贯制"长学制的职业教育机制改革打下坚实基础。因此，足球专业理应在构建"中—高—本"衔接贯通、协同培养、协同发展的现代职业教育体系的改革实践中发挥引领作用。

## 二、"中—高—本"衔接足球专业开展现状

1. 相关政策支持与现有高本衔接办学模式

《广东省教育厅 广东省招生委员会关于做好2016年高职院校对口中职学校自主招生三二分段转段考核工作的通知》（粤教高函〔2016〕76号）、《广东省招生委员会关于做好2016高职衔接三二分段试点工作的通知》以及《关于2014年开展高职院校与本科高校协同育人试点工作的通知》（粤教高函〔2014〕62号）、《广东省教育厅关于做好三二分段专升本应用型人才培养试点项目转段考核工作的通知》（粤教高函〔2014〕118号）和《关于2015年开展高职院校与本科高校协同育人试点工作的通知》（粤教高函〔2015〕84号）等文件精神和试点项目的实施，广东体育职业技术学院运动训练专业对体育运动学校和广州体育学院衔接主要有"对口招生""五年一贯制""3+2""专升本"四种模式。

2. 现有的中—高职衔接办学模式

广东体育职业技术学院运动训练专业前期与惠州、珠海、汕头等市的体育运动学校开展了的"对口招生""五年一贯制""3+2"的中高职对接的建设项目，与广州体育学院运动训练专业进行的"专升本"协同育人的高本衔接项目，已经为"中—高—本"衔接的足球专业特色人才培养模式奠定了基础。在省体育局的大力支持下，通过与惠州、珠海等市的体育运动学校，广东体育职业技术学院，广州体育学院足球学院的共同努力，三个层次已经初步形成了中高本衔接、协同创新的足球专项人才培养定位、管理制度、转段考核方案、人才方案和课程标准等。为构建中高本衔接、协同创新的足球专业特色人才培养的专业教学标准和课程标准编制提供了理论与实践基础，《中国足球改革发展整体方案》为广东省中高本衔接足球专业特色人才培养模式提供了政策环境与支持。

## 三、"中—高—本"教育衔接的足球专业现状和主要问题分析

体育产业对足球人才培养的规格和内涵的要求，足球运动员、教练员特色人才培养的长周期性决定了上述四种模式目前都不是足球人才培养的最佳模式。目前存在的中高本衔接的焦点是在高本衔接上，分析其主要问题从以下几个方面。

1. 课程设置不合理

学科中心模式，课程结构陈旧；课程标准研制难度大，教学内容不规范。高等职业教育课程开发基本上还是学科模式，高等职业教育课程开发缺乏灵活性，难以适应不同类型生源的实际需要，课程的衔接缺乏有效的基础和手段。

2. "高职不高""本科不精"

报考足球专业的生源结构复杂，更多录取的是没有参加过足球系统训练的学生。中职、高职文化课和通才教育偏弱，不利于高职阶段的专业学习与综合职业能力的提升；"高职不高"，其专业课程零起点，难以培养高技能足球人才。"专升本"的体育高职输

送到本科的足球人才，大多数学生没有经过系统的专业训练，非但造成了优秀足球人才资源的浪费，结果又形成了"本科不精"的局面。

3. 未来的不确定性

随着校园足球的蓬勃开展，大量的传统学校、全省各级运动学校的足球学生往何处发展？这是体育、教育都应该考虑的大课题，"体教结合"是目前唯一的解决办法。只有让学生和家长感觉到"有学历、有球踢、有未来"，中国、广东的足球才会有希望，中国足球的发展目标才会实现。

4. 体教结合的不统一性

体育与教育结合阶段不统一，造成了运动员文化薄弱，制约了竞技体育的发展。

5. 成长的不稳定性

"中高衔接""高本衔接"运动训练专业人才培养模式还不能有效地保证"足球专业特色人才"成长的稳定性；足球专业特色人才的培养有长周期性，零和弱起点难以完成人才培养的需要；非足球对口衔接，造成知识与技能错位。这样的培养体系在很大程度上造成足球人才培养的断层、培养定位和人才培养目标混淆、课程重叠、职业资格证书获取不连贯，尤其是大量有发展潜质的运动员可持续发展和退役运动员的出路问题没有办法进行有效解决。

因此，有效地进行衔接，协同协调地发展，全面促进中高本人才培养的衔接，积极探索"七年一贯制"足球特色人才的培养模式，形成具有广东特色的职业教育体系已经成为必须要解决的课题。因此，在高职层面往下建立协调中高职专业教学标准，往上建立高本专业教学标准，上下贯通，做到三个层次标准的相互衔接，在联合招生、联合培养、联合育人等方面建立协同创新的平台是解决以上问题的关键途径。

## 四、项目建设改革实践目标

1. 培养模式的创新

通过建立中高本衔接、协同创新、培养高水平足球人才项目的建设，打通中高本人才培养通道，建成广东省各体育运动学校、传统学校，广东体育职业技术学院和广州体育学院足球人才培养有机衔接，形成中高本三二二分段足球专业人才"七年一贯制"培养。

2. 建立创新协作育人平台和校际间的协商机制

（1）共同组建领导机构"项目指导小组"，开展联合招生、联合培养、联合育人的各项工作。主要负责指导教学组织管理、过程质量监控、转段方案、学籍管理、学业考核评价、校际资源共享等方面的各项规定，决定项目实施过程的重大事项，并负责本校试点工作的常规管理。

（2）完善专业层面的沟通机制，三个层面的试点院校要定期召开专业碰头会，就专业人才培养方案的制定、课程的衔接、教学方法的改革、教材的编写、教学资源的共享等问题进行商榷，并针对试点工作进行院校的沟通，提出解决问题的办法。

（3）建立"中、高、本"的管理制度，协同方共同参与和监管人才培养过程，共同研制人才培养方案和分段考核方案，明确中职高职本科专业办学定位，形成适应产业发展需求，行企校深度融合，联合培养优势互补、分工协作、协调发展、衔接贯通的人才培养模式。

## 五、结论与建议

1. 结论

（1）中职、高职、本科三个层次职业教育之间的学历衔接是构建现代职业教育体系的重要基础，对于社会公众，是接受职业教育以后的学习成长通道和未来就业地位的问题；对于产业界，是产业结构调整以后结构性的人才支撑问题；对于职业院校，则是教育地位、发展空间的问题。

（2）中职、高职、本科三个层次衔接应当是课程的衔接、教学的衔接、管理的衔接。

（3）中职、高职、本科三个层次衔接最后都聚焦在专业规范上。中职、高职必然要从"终点式"就业导向走向"过程式"就业导向，职业教育不仅仅是将毕业生推向市场的工具价值，还要彰显服务学生学业上升的教育价值，应用本科也必须真正地转向应用型。

（4）全民健身上升为国家战略，足球成为发展中的焦点。足球专业需要敢为人先地主动牵头建立规范化的职业标准和人才支持体系，以达到对体育产业的先导作用，体现职业教育的地位和价值。

（5）依托行业，服务行业和区域经济，打通中高本衔接的通道，实现真正意义上为全民健身、竞技体育和业余训练服务。解决足球运动员教育、精英队伍建立和退役运动员工作的体育发展瓶颈问题。实现"学历教育、精英队伍、职业教育一条龙"的建设发展。

（6）体育人才培养的长周期性，社会对足球人才的培养规格和内涵要求使得"高职对中职，本科对高职"的对口招生成为专业发展的必需性。从而解决了"高职不高，本科不精"专业发展的重大问题。

2. 建议

（1）在现有教育体系框架下构建足球人才成长"立交桥"，不但要实现中高职的合理衔接和协调发展，还要解决普通教育与职业教育的有效"沟通"问题。主要建设思路是以服务行业为根本，以社会需求为目标，以专业衔接为基础。通过三个层次的实践探索，搭建一个衔接贯通、协同育人的建设平台，建立"学历教育、精英教育和职业教育一条龙"的培养体系。以足球特色人才培养目标为关键，确定差异性、层次性的培养目标，将体育运动学校定位于培养技能性人才、广东体育职业技术学院定位于培养技术型和高层次技能型人才、广州体育学院足球学院定位于高层次技术型和其他应用型复合人才。

（2）以课程衔接为核心，系统设计"七年一贯制"人才培养方案，以一体化人才培养方案为基础，以完全学分制为纽带，实现中职、高职、应用型本科在人才培养方案和课程上的衔接，贯通职业院校学生学习的上升通道。三个层次的学校通过共同制定"学校课程、企业课程和职业资格证书课程"的课程体系，设计各学习阶段、学习形式组建的衔接和认定标准，使学习内容形成梯度，达到课程的有序衔接。把足球裁判员，校园足球指导员，教练员，小学、中学教师资格证书等试行分层教育，最终实现三个层次在学历证书和职业资格证书的衔接。

（3）以行业企业深度参与为前提，在广东省体育局直接领导和支持下充分发挥行业资源优势，吸引行业企业参与人才培养的全过程，尤其在精英队伍的选拔与培养，逐步形成联合招生、联合培养和联合育人的机制，以社会化、多元化共同完成人才培养的任务。在拟定招生简章，确定招生专业的名称和规模，制定人才培养方案和课程标准，出台学生管理的相关规定，协同教学资源配置方面吸收行业企业的意见和建议，提高人才培养的适应性。

## 参考文献

[1] 鲁昕．建立现代职业教育体系　推动教育结构战略性调整［EB/OL］．（2014 – 03 – 22）．http://intl.ce.cn/specials/zxxx/201403/22/t20140322 – 2531446.shtml．

[2] 范唯，郭扬，马树超．探索现代职业教育体系建设的基本路径［J］，中国高教研究，2011（12）：62 – 66．

[3] 周文清．高职与中职有效衔接及其对策［J］．职教论坛，2008（28）：47 – 49．

[4] 陈庆合，高源，刘京文．基于能力本位的中等职业教育文化课程研究［J］．职教论坛，2009（8）：4 – 8．

[5] 李丽珠．论中高等职业教育课程的衔接［J］．职教通讯，2012（12）：1 – 4．

[6] 高原，曹晔，罗勇华．我国中、高职课程衔接现状分析与对策［J］．职教论坛，2004（8）：11 – 13．

[7] 柳燕君．构建"能力递进、纵横拓展、模块化设置"的中高职课程衔接模式［J］．中国职业技术教育，2012（17）：56 – 60．

[8] 王志华，陆玉梅，雷卫宁．江苏省中高职与本科衔接试点项目存在的问题及对策建议［J］．职业教育研究，2014（12）：5 – 9．

[9] 黄贤君．中高职与本科高校衔接更畅通［N］．城市商报，2012 – 05 – 30．

[10] 姚雪青．中高职与本科联合招生、分段培养，打通向上深造通道：江苏职校生不高考也能上大学［N］．人民日报，2013 – 06 – 04．

[11] 齐小萍．关于高职人才培养模式的若干思考［J］．宁波大学学报（教育科学版），2004，26（5）：84 – 86．

[12] 孙华林，苏宝莉．“3 + 2”高职本科分段培养技术技能型人才实践教学体系研究［J］．教育与职业，2014（9）：157 – 159．

[13] 张园，李玲．高职与本科分段培养高端技能型人才研究［J］．继续教育研究，2014（4）：121 – 123．

[14] 胡斌．高职与本科分段培养模式创新研究［J］．济南职业学院学报，2013（5）：19 – 21．

[15] 姜彩云，吉顺莉．高职高专教育与本科教育衔接工作的研究［J］．太原城市职业技术学院学报，2013（12）：49 – 51．

[16] 赵昊昱．高职与普通本科"3 + 2"分段培养模式的思考［J］．常州工程职业技术学院高职研究，2013（1）：1 – 3，6．

[17] 檀祝平,杨劲松. 高职与应用型本科衔接试点问题的再思考 [J]. 职教论坛,2014 (4): 33-36.

[18] 教育部. 国家中长期教育改革和发展规划纲要 (2010—2020 年) (Z).

[19] 王萍. 中高职教育衔接的现状问题及对策研究 [J]. 职校论坛,2013 (23): 282.

[20] 冯克江. 广东省中高职衔接的问题及对策 [J]. 内蒙古电大学刊,2014 (6): 73-76.

[21] 赵媛媛. 国内外中高职教育衔接模式实施现状及成效研究 [J]. 长春大学学报,2014 (8): 1091-1093.

[22] 王红雨,张庆文. 我国体育院校运动训练专业人才培养模式的现状与建议 [J]. 体育科研,2007 (6): 85-87.

[23] 杨惠超,黄文峰. 中高职衔接一体化人才培养方案研究 [J]. 职业时空,2014 (9): 105-107.

[24] 胡学明,李莉,邢双涛. 体育院校运动训练专业课程的改革 [J]. 体育学刊,2006 (5): 67-69.

[25] 赖勇泉,孙世明,杨忠华."单招"制度下运动训练专业多方向职业主导型人才培养模式构建与实施研究 [J]. 广州体育学院学报,2010 (3): 101-104.

# 嵌入式技术应用专业专本科衔接专业教学标准的研制与课程内容开发

李 力 宋 维[①]

## 一、嵌入式行业发展与高校嵌入式技术应用专业概况

在嵌入式、移动互联网、物联网等热门技术日益普及的今天,嵌入式系统产品正不断渗透进各个行业,作为包含在这些硬件产品中的特殊软件形态,其产业增幅不断加大,而且在整个软件产业中所占的比重日趋提高。嵌入式产业不仅是一个技术密集型产业,而且是一个技术快速革新的产业。这决定了对人才的要求不仅需要扎实的专业基础知识,而且需要根据技术的变革迅速进行知识更新和技能提升。当前,计算机应用技术日新月异,通信设备、终端、软件等产品不断更新换代,这就对从业人员提出了更高要求。嵌入式行业经过近年来的快速发展,已经进入一个稳定的高速发展和成长期,企业人才需求现状依然保持供不应求的整体状态,虽然已经有越来越多的核心技术人员加入到嵌入式技术应用专业领域,但依然无法满足企业高速发展对人才的旺盛需求。同嵌入式技术的快速发展相比,我国教育机构技术和培养则相对滞后,一方面,有些学生毕业就面临失业;另一方面,一些嵌入式企业却有项目需求但找不到合适的人才来实现。造成这一现象的主要原因是,部分学校的高等教育和产业发展相对脱节[1],目前国内的高校教育中不是偏向硬件,就是偏向软件,硬件设计人员通常比较缺乏系统全面整合设计,而软件开发人员则相对缺乏硬件观念,企业真正需要的有动手能力的嵌入式软件人才,还需要经过一段时间的培训才能上岗。

嵌入式系统人才的匮乏还表现在软件业呈现中低端人才过剩、高端人才缺乏的不合理布局。近年来,尽管随着国家政策的重视、市场的整体推动及多渠道的嵌入式人才培养体系的不断完善,嵌入式开发人才需求瓶颈的问题在逐步得到缓解,但是整个嵌入式技术应用专业人才市场的供求关系还是不匹配,据权威部门统计,我国目前嵌入式软件人才缺口每年仍为 50 万人左右,广东省目前嵌入式软件人才缺口也在 2 万人左右[2]。因此编制高职和本科嵌入式技术应用专业人才培养方案和教学标准,促进高职、本科嵌入式技术应用专业人才的培养显得非常迫切。

---

[①] 李力,女,副教授,研究方向:嵌入式系统,自动化技术与应用。宋维,男,硕士,讲师、软件设计师、系统分析师,研究方向:嵌入式系统,软件开发技术。

## 二、嵌入式技术应用专业专本科衔接专业教学标准研制的步骤

（1）准备阶段。

①成立课题领导机构，组建课题组，聘请专家。

②收集资料与理论研修，加强国内外嵌入式技术应用专业教学资料和学科建设资料收集，加强课程理论、教学设计理论、教学科学研究等理论方面资料的收集。

③调研准备。召开由课题组负责人和课题组成员参加的开题会议，根据教研院的要求写出调研方案，明确调研目的、调研对象以及调研主要内容，落实调研工作任务分工。

（2）实施阶段。

①制订方案。制订整体标准研制方案，设计调查问卷，制订具体调研工作计划，具体到调研的企业、学校和行业协会以及人员安排。并在广泛听取意见的基础上，对工作计划进行修改、完善、充实，并最终完成调研工作计划和问卷设计。

②开展调研。在广东省范围内对高校嵌入式教学活动的情况和嵌入式行业企业开展专题调研，摸清情况。通过调研相关企业、高职院校、应用型本科院校及不同年限的毕业生等，了解嵌入式行业企业的产业结构、现状及未来发展趋势；明确本专业典型的目标工作岗位及相应知识、技能要求，分析不同层次毕业生就业岗位群和职业生涯路径[3]；比较各院校的人才培养方案，分析构建高本一体化人才培养方案在衔接中存在的问题，从而得出相应的解决方案，为嵌入式技术应用专业的专业教学标准编制提供依据。

通过调研，查明已存在的专业方案和课程设置是否合理，是否过时，并得到可以改进的地方，并针对发展趋势进行课程的合理增删调整。通过调研，找出课程设置重叠和不合理的地方。通过调研资料推论出课程设置的合理学期，解决专本教学方案中课程重叠和进阶的问题，找到嵌入式技术应用专业高职教育和应用型本科教育衔接的办法。

③对调研资料进行汇总分析。调研资料包括访谈录音记录，回收的纸质版、电子版问卷，得出高本衔接计算机应用技术专业（嵌入式技术应用）相关行业现状、企业发展状况及专业职业教育发展情况，以及企业岗位群、岗位专业能力要求、从业人员职业生涯发展路径等结论。

④开展企业岗位工作流程研讨会。

（3）总结阶段。

①在理论与实践研究的基础上，分析各类调研数据，收集、整理、汇总研讨研究成果。

②撰写研究报告和教学标准研制论文，结集出版研究成果。

③结题报告会。组织专家对课题进行评审，聘请有关专家、课题负责人及有关行政领导出席，对标准研制进行评审、鉴定和验收。

## 三、嵌入式技术应用专本衔接调研的结论和对课程标准建设的指导意义

通过严格设计调研问卷，对问卷主题进行筛选以及反复修正，分别从行业现状与发

展、企业基本情况、企业对嵌入式人才的需求、嵌入式岗位能力要求、职业技术标准、毕业生就业情况等方面进行问卷主题分类设计[4]，并考虑近年来嵌入式技术在物联网、云计算、移动互联网等领域更加深入的应用和发展，专门在本次调研中增加了相关的题目，在此基础上进行数据的汇总、统计和分析，得出调研结论[5]。这些调研活动和结论对教学标准研制产生指导意义。

企业调研主要结论和高校对嵌入式技术应用专业建设的意义如下。

①通过调研发现，嵌入式系统应用领域和行业中，中小规模公司占多数，这体现了嵌入式系统和通用计算机系统的区别。一般而言，通用计算机行业的技术常常集中在大中型企业，技术密集，对人才和资金要求比较高，而嵌入式系统的应用领域则分散在各个行业中，不同应用领域的产品需要结合不同的硬件平台和技术，专业性较强，企业专注度更高，充满了竞争、机遇与创新。因此，中小规模的公司能够在某个领域完成特定的嵌入式产品创新，满足市场需求，基于这个原因，催生出一批中小规模的嵌入式领域的企业。因此，高校嵌入式技术应用专业人才培养目标可以定位在培养能满足中小企业需求的嵌入式毕业生上。

调研还发现，企业对嵌入式产品研发人才需求量较大，这表明对企业而言，企业急需的是嵌入式开发人才和嵌入式设计人才。这一调查为高职和应用型本科一体化专业培养方案的研制提供了目标，要求在人才培养方案制订时应考虑更高标准，以嵌入式研发人才的培养为目标，而不是满足于培养能在嵌入式行业就业的技术支持人才和相关行业销售人才。

②企业比较看重毕业生的创新能力、协同能力和所学专业的学习能力。其中协同能力主要指：要求培养的学生，应对计算机技术有较为全面的了解，以便在企业从事嵌入式研发时，能够具备对项目的全局把握能力，能够在团队开发的过程中有效地协调和沟通。尤其在嵌入式项目的研发过程中，技术层面较多，分工和专业化程度高，如果从事软件开发的对硬件完全不了解，或者从事底层开发的人员对上层应用不明情况，这样在协同开发时会产生很多低效的现象。因此在开展课程教学时，高职、本科阶段都应以这些能力的培养为目标开展有针对性的培养。这方面的能力的培养主要应在项目综合实训课程中完成。另外，学科竞赛对创新能力的培养具有重要作用。因此。高校应多为专业大赛提供相应条件，专业技能大赛应在校内、校外、行业、教育主管部门、企业等多级别多层次范围上开展，以便为更多学生提供训练和培养综合创新能力的机会。

③企业对高校计算机类嵌入式技术专业毕业生的要求较高，这需要高校紧密结合行业需求和技术进步的方向，不断改进课程体系，增加最新的、最能体现社会热点需求与人才培养要求的课程，以使学生毕业就能上岗，充分满足企业对创新型人才的要求。这也要求学校在嵌入式技术应用专业上增加投入，不断提高师资水平，并采用多种形式深化校企合作，以使得高职教育能够与社会需求同步，始终站在满足社会需要的嵌入式技术应用专业最新技能人才培养的前沿。

企业对毕业生动手能力的要求较高。企业对毕业生动手能力的要求主要理解为实践能力，包括焊接、测试，对软硬件设备的使用能力以及实际的开发经验等。

企业对人才处理人际关系的能力也有要求。处理人际关系的能力主要包括：一方面是对嵌入式系统的全局理解，以便研发团队内不同技术背景的人员协同从事产品开发工作时能够互相协助；另一方面是沟通能力，主要是与人交往和配合默契的能力，能够提高工作效率和工作热情度。

企业对学生嵌入式技术应用专业知识要求较高。专业知识的能力培养主要集中在以下几个方面：编程能力、对嵌入式体系结构和嵌入式接口知识的掌握、电路分析能力、代码调试能力、文档撰写与阅读能力等。

因此，高校在教学培养方案和课程设置时应以能满足以上企业需求的知识和能力培养为目标，各项知识技能的培养应在课程中得以体现。

建议在课程设置时注意：在专本阶段主要课程设置时以某项编程语言（对嵌入式技术应用专业一般是C语言）的掌握和编程能力培养为纲，并在某些具体课程中应有针对性地传授嵌入式硬件知识和技能，如焊接调试技巧、识图画图能力和软硬件编程调试方法。在项目实训课程中培养综合运用知识的能力和团队协同、沟通能力。

为了弥补现有教学方案的不足，根据调研的数据，按照企业对人才能力的要求，我们对原有课程设置进行了调整，调整后的专业教学方案在多门课程中着重按照企业对学生能力的要求有针对性地进行人才培养。

在嵌入式接口技术中采用 ARM Cortex-M3 芯片讲述接口技术课程，培养学生掌握接口知识，相对于51单片机而言，这样调整后课程难度加大很多，但对学生学习能力的提高大有裨益，而且能满足当前企业对毕业生的要求，缩短了学生毕业后到企业就业后再培训和重新学习的时间。

在嵌入式项目设计综合实训等多门实训课程中培养项目实践经验和协同能力。

在数据结构等语言相关的多门课程中重点培养C语言编程技巧和能力。

在电子电路课程中培养焊接技能、使用仪器技能和电路分析调试能力。

在接口技术等多门课程中都要有针对性地培养专业英语文档阅读能力和技术文档撰写能力。英语水平的要求主要体现在以下几个方面：对嵌入式研发和设计而言，芯片手册（Datasheet & Reference Manual）是最权威的文档，对技术问题的理解常常要落实到英文手册上；提高英语专业阅读能力有助于借助网络查找疑难问题，找出答案；高职和应用型本科一体化人才培养过程中，学生在升入本科以后有继续深造的可能，英语能力的培养使得学生能够选择更好的职业发展通道。因此，在高职阶段应该打好英语基础，适应专本一体化人才培养的要求。建议在某些课程中开展阅读英文芯片手册的教学过程，逐步提高学生技术文档的阅读能力。

通过对嵌入式教学标准的布局和课程的设计，企业对人才能力需求分布到各门课程中去，以便培养的毕业生适应用人单位的需要。

④企业对嵌入式技术应用专业人才知识面"宽"和"精"的要求。

虽然企业对编程语言有多种要求，但对于某一个人才的要求常常是专而不是多。因此，作为计算机科学与技术专业大类中的一个有针对性的分支，嵌入式技术应用专业教学标准的设置应该将某一门语言的"专"作为人才培养的考虑因素。所以在高职嵌入式技术专业教学标准的编制和课程设置中，我们考虑以C语言能力培养为主线，课程中对和C语言相关联的课程安排的多一些，略有兼顾其他语言，以便学生在每个学期都能够以 C 语言为工具进行嵌入式知识和技能的训练，使得高职阶段有 5 个学期能够使用 C 语言进行编程和能力培养，使学生具备扎实的 C 语言基础，培养较强的嵌入式编程和实践能力，以便更好地接轨企业和更高一级院校对编程语言熟练程度的要求。

如何把一门编程语言嵌入到 5 个学期当中，既满足大部分学生对课堂教学内容新鲜感的渴求，不会有太多重复，又能渐进式地推进学生在编程语言使用上能力的提高和发展？这对教师水平和教学内容提出了要求。建议高校尤其是高职院校在嵌入式技术应用专业上增加投入，不断提高师资水平，培养教师人才，并采用多种形式深化校企合作，将企业的实际项目引入课程作为教学内容，完成课程共建，使高职教育能够与社会需求同步，始终站在满足社会需要的嵌入式技术应用专业最新技能人才培养的前沿。通过调研，产生如下建议。

（1）多让企业在学校开办讲座进行交流。

（2）校企深度合作。目前有些学校校企合作仍处于摸索阶段，对课程教学内容没有深度开发，也没有形成长效机制。有必要在浅层合作的基础上开展进一步的校企共建，在课程共同开发、校企互聘等方面开展深入合作。

## 四、嵌入式技术应用专业教学标准研制和推广的一些建议

嵌入式系统是信息产业走向 21 世纪知识经济时代重要的经济增长点之一，由于高校刚刚开始专门针对嵌入式工程人才培养的学科设置，从事该行业的师资来自不同专业背景，比如电子工程、软件工程、通信工程、自动控制等，不同学科背景缺乏有机整合，嵌入式知识体系系统性和针对性较差，知识较为陈旧，毕业生缺乏工程实践能力，无法适应企业的实际需要。因此嵌入式技术应用专业应重点培养学生嵌入式系统工程实践能力，包括软硬件工程及各种嵌入式系统开发技术，调试和测试工具使用能力。目前广东省高校的软件教育普遍以应用软件为主，学生接触比较多的是 .net、Java、安卓开发之类应用层面的东西。作为嵌入式开发需要的几个技术支柱：计算机组成原理和体系结构、计算机操作系统、计算机网络的教学内容比较老化，不能跟上最新技术的发展。师资力量的理论基础扎实但实践经验不够，这需要经常性地对师资进行重点专题技术培训（比如：网络驱动技术），以便更新教师知识体系，跟随最新技术的发展步伐。

在标准研制过程中我们发现，嵌入式系统专业发展迅速，知识复杂且跨学科。由于各高校嵌入式技术应用专业培养目标的广泛性，研制广东省高职嵌入式教学标准，既要有参考意义又不能限定各高校该专业的培养目标在一个单一的范围内。因此，各高校可根据自己学校的生源、师资力量和实验实践条件开设嵌入式课程，由于嵌入式技术具有起点高、复杂性的特点，对高职起点学科建设而言，建议设定好学科建设和人才培养主要方向，以使学生在有限的求学生涯中能够在主要方向上得到扎实的训练，建立坚实的基础，对主要方向所包含的技术更加深入和精通，技能掌握更加熟练，以便满足嵌入式研发企业的用人需求和升入本科自身继续发展的需要。考虑不同师资和实验条件，可以选择较为主流的 STM32 + UCOSIII 平台，或者 ARM Cortex-A11 + Linux 平台中的一种作为学科建设的主要方向，各门课程都围绕人才培养主要方向来开设和进行课程内容设计。不同专业也可以结合自己的传统特色，如电子专业可以在电子电路和嵌入式 EDA

（FPGA、CPLD）技术等方向上发挥各自优势，不同高校的嵌入式技术应用专业培养从事嵌入式领域内不同岗位的学生，提高专业就业率。

## 五、结束语

本文讨论了嵌入式应用技术专业专本科衔接专业教学标准研制的过程。重点讨论了嵌入式技术专业教学标准调研过程中得到的行业现状和结论，以及这些结论对高校嵌入式技术应用专业课程标准建设的指导意义，并给出了高职院校嵌入式专业学科建设、课程设置与规划、课程内容教学、专本衔接以及校企合作的一些建议。

**参考文献**

［1］杜怡萍. "二维四步五解"职业能力分析法的实践探索［J］. 职教论坛，2015（9）：8.
［2］吴冰. 嵌入式软件人才培养新模式［J］. 软件世界，2008（2）：46 – 47.
［3］罗保山. 高职计算机应用专业嵌入式系统方向课程的设置［J］. 职业技术教育，2008（8）：20.
［4］梁冀，蒋志年. 以培养实践能力为切入点的嵌入式课程教学改革探讨［J］. 中国电力教育，2014（3）：119.
［5］广东省教育厅，广东省教育研究院. 广东中高职衔接专业教学标准研制：调查与分析［M］. 广州：广东高等教育出版社，2014.

# 中高职衔接一体化人才培养方案的研究与实践

陈开源　李柏青　朱秀娟　原红玲[①]

## 引言

《国家中长期教育改革和发展规划纲要（2010—2020 年）》已明确将中等和高等职业教育协调发展作为建设现代职业教育体系的重要任务。教育部《关于推进中等和高等职业教育协调发展的指导意见》（教职成〔2011〕9 号）提出，要适应经济发展方式转变、产业结构调整和社会发展要求，加快建立体现终身教育理念、中等和高等职业教育协调发展的现代职业教育体系。然而，中职教育和高职教育是职业教育体系的两个不同层级，它们在培养目标、课程设置、教学模式和职业素养等方面存在着一定的差别，存在脱节、断层或重复现象，影响了职业教育的整体吸引力[1~5]。如何实现中高职教育有效衔接，促进中职和高职两个层面职业教育的共同健康发展，是当前职教界的研究热点。

佛山市率先在广东省内开展现代职业教育体系建设试点工作，其中，"三二分段中高职衔接"培养模式试点项目，探讨中高职教育紧密衔接、一体化培养和提供更多高技能人才，推进中高职一体化人才培养模式改革。2013 年，佛山市正式开展"2.5 + 0.5 + 2"中高职贯通分段培养试点工作，提出试点专业在中高职培养阶段，统一制定五年贯通一体化系统人才培养方案，开展实践探索。

佛山职业技术学院计算机辅助设计与制造专业是试点专业之一。2012 年被评为广东省重点建设专业。2013 年与南海信息技术学校、顺德陈村职业技术学校、三水工业中专三所对口中职学校共同参与专业试点工作，实行三二分段中高职五年贯通分段培养。2013 年 9 月合计正式招收 3 个班的学生，共 150 人，按一体化的人才培养方案正式培养。本文以计算机辅助设计与制造专业为例，探讨中高职衔接一体化人才培养方案的构建思路和方法，为高素质技术技能人才的系统培养提供借鉴和指导作用。

## 一、总体原则

1. 体现一体设计、分段培养、整体优化

试点院校按照"共同制定培养目标、共同制订教学计划、共同制定评价方法"的思路制定中高职衔接一体化的专业人才培养方案。中职学校负责实施前三年的学生管理

---

[①] 作者单位：佛山职业技术学院机电工程系。

工作和教学任务，其中第六学期为过渡学期；高职院校负责实施后两年的学生管理工作和教学任务。专业人才培养方案定位于培养生产、建设、服务、管理一线的高素质技术技能人才。

2. 主动适应地区经济社会发展需要

围绕佛山经济社会发展总体规划和产业结构调整升级对不同层次、类型人才的需求，注意中职和高职在培养目标上的差异性：合理确定中等和高等职业学校的人才培养规格，强化学生职业道德、职业技能、就业创业能力的培养，考虑学生就业后职业岗位的变化性，培养熟练的职业技能，以快速主动去适应地方产业结构调整升级的动态变化。

3. 突出针对性和应用性，实施四大对接

强化系统设计，统筹考虑中职学段与高职学段的课程设置、课程内容和课程编排。以职业岗位群构建课程体系，贯穿"专业与产业对接、课程内容与职业标准对接、教学过程与生产过程对接、学历证书与职业资格对接"的思路。基础理论课程以讲清概念、强化应用为重点；专业课程要加强针对性和实用性，优先设置综合课程，注意各门课程之间的相互衔接、相互渗透和相互融合，努力使课程功能取向与人才培养目标取向一致；专业实践课要强化专业技术应用能力和基本技能的培养；选修课程适当设置经济与管理类、人文社科类、科学与艺术类等三个类别，兼顾培养学生综合素质的要求。

4. 强化高素质、高技能的能力培养

改革以学校和课堂为中心的传统教学方式，改进课程教学组织形式，引进行业（企业）共同制定专业人才培养方案，重视案例教学、项目教学和团队实习，提高学生学习的积极性和主动性；研究借鉴优秀企业文化，培育具有职业学校特点的校园文化；强化学生诚实守信、爱岗敬业的职业素质教育，加强学生就业创业能力和创新意识培养，促进职业学校学生人人成才。

## 二、具体措施

1. 人才培养目标的衔接

根据佛山市机械装备、电子和家电产业发展和职业岗位的要求，按照技能型人才从低到高的职业能力标准，分别明确中职培养技能型人才和高职培养高素质技术技能人才的目标及标准。中职教育是以初等教育毕业生为对象，文化基础课知识薄弱，重点培养生产、管理、服务第一线的技能型人才，具备升入高等职业学院对口专业继续学习的能力。高职教育重点培养学生的综合应用能力，掌握更为系统和更深的专业知识和技能，成为高素质技术技能人才，发挥引领作用。因此，中高职在培养规格上应有不同的定位。

中职培养目标：对接佛山及周边地区的机械装备制造业需求以及五年一贯培养计算机辅助设计与制造专业高职人才的需要，培养德、智、体、美等方面全面发展，具有良好的职业道德，较高的职业素养，掌握必要的文化基础知识，掌握计算机辅助设计（CAD）和计算机辅助制造（CAM）专业的基本理论和专业基本技能，面向机械、电子、电器等制造业企业生产、服务、管理第一线的技能型人才。

高职培养目标：对接佛山及珠江三角洲地区先进制造业中家用电器、机械装备制造业人才需求，培养学生具有良好的职业道德、敬业精神和创新能力，掌握产品设计、手板制作、快速制造、数控加工、产品质量检测等新技术，具备家电产品结构设计与项目开发、实施、管理和维护能力，培养良好的新技术洞察能力，为佛山及珠江三角洲地区家用电器、电子、机械制造等行业企业的产业升级提供高素质技术技能人才保障。

2. 课程体系的衔接

（1）课程体系设计思路。

①联合中职的专业教师和行业企业技术人员，将中高职衔接的五年贯通一体化人才培养方案和课程体系作为一个整体体系来考虑和设计。基于岗位能力和职业能力分析，合理定位中高职衔接培养目标和培养内容，制定专业核心课程、专业基础课程、公共基础课程以及素质拓展课程。②遵循学生职业能力形成由简单到复杂的规律，根据"中职重技能打基础，高职重技术为提升"的原则，中职阶段主要进行基本技能训练，重点培养学生的动手操作能力，打好文化基础；高职阶段主要进行综合技能训练，重点培养学生的综合素质、综合技能及创新能力，发挥引领作用，按照"拓宽、拓深、拓高"的思路，进行中高职衔接的课程体系和课程开发。

（2）课程体系。

计算机辅助设计与制造专业中高职五年贯通课程体系结构如图1所示。中高职衔接课程包括中职课程、中高职衔接课程和高职课程三个阶段，同时可分为三个课程模块。基本职业素质模块课程（包括公共基础课程、专业基本素质课程）、双证融通核心模块

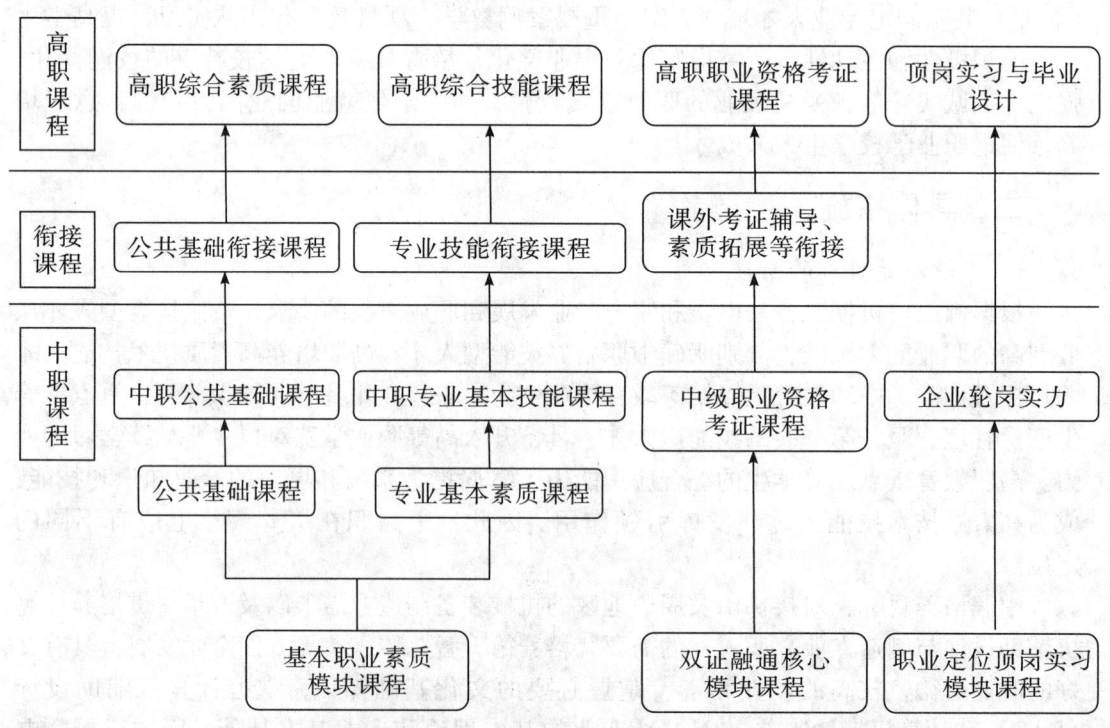

图1 计算机辅助设计与制造专业中高职衔接课程体系结构图

课程和职业定位顶岗实习模块课程，其课程构成表如表1所示。例如，双证融通核心模块课程针对本专业中高职阶段所需考取的职业资格证书（见表2），通过职业资格证书与职业岗位、岗位技能相对接，分别开设了相对应的专业课程。为了满足不同层次学生考取高级职业资格证书的需要，可以通过课外考证辅导、素质拓展、CAD/CAM协会活动等多种途径来进行衔接。

通过制定五年贯通一体化的中高职衔接课程体系，实现文化基础课、专业课和实践环节、专业选修课、职业资格证书、职业素养的对接，避免中高职课程及内容的简单重复。其中，在教学活动中，注重职业素养培养贯穿中高职衔接人才培养的全过程，中职阶段注重基本职业素养培养，高职阶段注重综合职业素养培养，在入学教育、课堂教学、校内外实训、轮岗实习、顶岗实习、协会活动、技能竞赛、素质拓展、毕业教育等环节开展素质教育，达到多途径、系统培养学生的综合职业素养的目的。

表1　计算机辅助设计与制造专业中高职衔接课程体系的课程构成表

| 一级模块 | 二级模块 | 主要科目课程 |
| --- | --- | --- |
| 基本职业素质模块课程 | 公共基础课程 | 思想政治、职业道德与法律、体育、语文、数学、英语、计算机基础、职业生涯规划、入学教育、军训、毛泽东思想和中国特色社会主义理论体系概论、高等数学 |
| | 专业基本素质课程 | 机械制图、机械基础、电工技术、机械制造技术、先进制造技术、行业英语、机械工程材料、公差配合与技术测量、机械创新设计、工业产品素描技法、家电产品制造与渲染、电器产品强制认证基础、工业产品结构设计、快速成型与手板制作 |
| 双证融通核心模块课程 | 计算机辅助设计绘图员（中级、高级） | 计算机绘图（AutoCAD）、计算机辅助设计绘图员（机械，高级）考证辅导 |
| | 数控车、铣床或加工中心操作工（中级、高级） | 数控编程加工工艺与实训、CAD/CAM技术应用、数控设备保养与维护基础、数控加工工艺 |
| | Pro/E零件设计与工程图（中级） | 产品造型（Pro/E） |
| | 模具制造工、模具设计师（注塑类，高级） | 模具制造基础模具 CAD/CAM/CNC（Cimatron，UG） |
| 职业定位顶岗实习模块课程 | 职业定位专项实训模块课程 | 职业生涯规划专题讲座、就业指导专题讲座、就业面试指南等 |
| | 顶岗实习就业模块课程 | 企业轮岗实习、顶岗实习、顶岗实习与毕业设计、毕业教育等 |

表2  计算机辅助设计与制造专业中高职阶段考取的职业资格证书

| 阶段 | 职业资格证书 | 备注 |
| --- | --- | --- |
| 中职阶段 | （1）计算机辅助设计绘图员中级证书<br>（2）Pro/E 零件设计与工程图中级证书<br>（3）模具制造工中级证书<br>（4）数控车、铣床或加工中心操作工中级证书<br>（5）普通车、普通铣操作工中级证书 | 至少获取一个证书 |
| 高职阶段 | （1）计算机辅助设计绘图员高级证书<br>（2）数控车、铣床或加工中心操作工高级证书<br>（3）模具设计师（注塑类）高级证书 | 至少获取一个证书 |

3. 课程内容的衔接

中高职的专业教师，联合行业企业技术人员，共同探讨企业对计算机辅助设计与制造专业人才的要求，工作岗位和在中高职两个阶段应该具备的能力和素质，统一制定五年贯通中高职衔接的课程标准，在课程设置、教材选用及开发、内容衔接上进行统筹安排，避免中高职课程内容上的重复。较好的做法是划分课程模块，中职和高职期间所学的课程内容在广度、深度和难度上应有明显的差别，双方专业教师共同进行课程设计与课程开发，中高职阶段可以选取相应的课程内容。例如，对于机械设计这门课程，中职阶段安排的是"机械基础"课程，重点是讲述机械基础知识，为高职阶段打基础；而高职阶段安排的是"机械创新设计"课程，重点侧重于机械设计、特别是创新设计方面的知识。

4. 转段升学的衔接

为保持学生学习的积极性，衔接转段设立"优胜劣汰"机制，按照"转段遴选、综合评价、择优录取"思路进行。即转段时，采取过程监控与专业水平考核相结合的方式，开设"学分银行"，进行动态化的"学分制"管理。采取"知识 + 技能 + 素质"的考核办法，根据中职学段学生的过程学习情况、专业技能测试成绩以及综合素质测评三方面内容综合评价学生，考核总分满分为100分。其中，知识结构考核，根据计算机辅助设计与制造专业中高职衔接一体化人才培养方案要求，按照学习模块，每学期选取一门专业主干课程，对中职学校对口专业学生进行统一测试，确保教学质量。本专业测试的五门课程分别为：计算机基础、机械制图、机械基础、模具制造技术、CAD/CAM 技术应用；专业技能水平考核，根据学生在中职阶段参加由广东省教育考试中心指定的广东省中等职业技术教育专业技能课程考试成绩来评定；综合素质考核，根据佛山职业技术学院制定的综合测评体系，对中职学校试点专业学生做出写实性的综合素质测评意见。最后，根据以上三部分成绩之和，转段遴选从高分到低分排序，按照实际招生计划进行录取。

5. 教学与学生管理的衔接

"三二分段中高职衔接"培养模式学制五年，实行"2.5 + 0.5 + 2"的分段培养学制,按照"高职主导、依托中职、共同实施"的原则推进落实。其中在中职学习三年,在高职学习两年,中职阶段主要完成文化基础课和专业基础(含初、中级技能考核和课程实习)学习任务;高职阶段主要完成专业知识、高级专业技能及顶岗实习的任务。中职学习年限分为"2.5 + 0.5","2.5"指五个学期的常规学习时间,根据中职阶段人才培养方案,掌握必要的专业知识技能;"0.5"指中高职过渡学习时间,学校提供行业企业交流机会或学生实习、实践,主要了解行业企业对专业技能的要求,从而根据自身特点进行职业生涯规划,对于"学分制"管理中没有通过的学生,可对应到相应级段重新学习参加考核。

学生入学后的教育教学与学生管理工作由佛山职业技术学院和中职试点学校分段负责。中职学校负责实施前三年的学生管理工作和教学任务,其中第六学期为过渡学期;高职院校负责实施后两年的学生管理工作和教学任务。并成立计算机辅助设计与制造专业"三二分段中高职衔接"培养模式的教学指导委员会,负责制定相应的专业标准和课程标准,协调制定五年一贯制的专业人才培养方案和招生遴选方案。

## 三、结语

计算机辅助设计与制造专业根据上述思路制定了五年一体化人才培养方案,2013年与南海信息技术学校、顺德陈村职业技术学校、三水工业中专三所对口中职学校实行"2.5 + 0.5 + 2"中高职五年贯通分段培养,9月本专业合计正式招收3个班的学生,共150人,按一体化的人才培养方案正式开始实施培养。实施过程中将不断完善优化该人才培养方案,为其他专业中高职衔接一体化人才培养方案制定提供一定的借鉴和指导作用,同时为中高职衔接一体化人才培养提供实践经验。

**参考文献**

[1] 李海东. 适应珠三角产业需求,强力推进中高职衔接 [J]. 广州职业教育论坛,2013,12 (2):1 - 5.

[2] 穆士华. "3 + 2"机电一体化专业中高职衔接的探索与实践 [J]. 漯河职业技术学院学报,2013,12 (5):119 - 120.

[3] 范爱民,张晓雷,赵良红,等. 汽车检测与维修技术专业中高职三二分段一体化人才培养方案的设计 [J]. 职业技术教育,2013,34 (8):12 - 14.

[4] 邓桂萍,宋烨. 电子类专业中高职衔接一体化设计探索 [J]. 职业技术教育,2013,34 (14):31 - 33.

[5] 刘大勇. 职业能力导向的模具专业中高职衔接课程体系构建与实施 [J]. 广东教育(职教),2012 (5):13 - 14.

# 以职业能力为本位的高职外科护理课程内容教学的重构[①]

金松洋　冼昶华　蔡艳芳　潘映霞　徐玲丽[②]

清远职业技术学院护理专业从 2012 年起，选取部分中等职业技术学校开展对口自主招生三二分段中高职衔接试点工作。然而，目前缺乏中高职衔接的教材，中高职也没有统一的课程标准，中职学校和高职院校都是按照自己的实际情况设置教学内容，在上课过程中有很多学生反映所学内容与中职阶段教学内容重复。通过调研发现，就"外科护理"课程而言，学生普遍认为很多课程内容在中职阶段已经学过，这严重影响了他们的学习积极性。然而，在教学的过程中不难发现，学生对专业认识深度不够，经常眼高手低，对课程的细节把握也不够全面。"外科护理"是护理专业的核心课程，然而该课程在目前传统的教学模式下已不能更好地培养符合临床护理岗位要求的高素质技能型人才[1]，学生学习效果欠佳，解决实际问题的能力下降，已很难实现"以服务为宗旨，以就业为导向，以能力为本位"的高等职业教育教学目标。为凸显职业教学特色，有利于学生的就业和未来发展，实现职业教育与临床护理工作岗位的无缝连接，本课程引入了基于岗位胜任力的任务引领型教学改革，通过教学项目设置、教学方法手段、教学评价机制的改革，课程教学更接近临床护理工作实际，提高学生解决临床护理实际问题的能力，提高学生的学习积极性，培养能胜任临床护理工作岗位要求的高素质技能型人才。

## 一、基于职业能力的教学模式设置

### 1. 重建课程体系

通过对学校各级教学医院进行外科相关岗位职业能力调研，邀请来自不同护理领域和从事护理教育多年的资深专家讨论分析，确立工作项目，进行工作任务分析和工作能力分析，以职业能力为基础，确立教学内容，编写课程标准，以任务为引领，以岗位工作为本位，构建新的课程体系，如表 1 所示。

---

[①] 广东省重点专业建设项目，广东省护理专业现代学徒制教学标准研制项目。
[②] 金松洋，男，讲师，护理专业负责人，主要从事外科护理、急救护理理论、实践教学。
金松洋、冼昶华、潘映霞、徐玲丽，清远职业技术学院；蔡艳芳，清远市人民医院。

表1 以护理工作任务为中心的课程体系构建

| 护理岗位群 | 工作项目 | 职业能力 | 课程群 | 课程体系 |
| --- | --- | --- | --- | --- |
| 临床护理 | 专业照顾 | 评估观察 | 公共课 | 前导课程 |
| 手术室护理 | 病情观察 | 分析判断 | 医学基础课 | 核心课程 |
| 养老护理 | 治疗处置 | 治疗护理 | 临床护理课 | （任务引领） |
| 社区护理 | 心理护理 | 人文沟通 | — | 拓展课程 |
| 麻醉护理 | 健康教育 | 临床思维 | — | — |

2. 重组教学内容

以职业能力为基础，以护理工作任务为中心，确立教学内容，如表2所示。

表2 以护理工作任务为中心的外科护理教学内容

| 工作项目 | 工作任务 | 工作内容 |
| --- | --- | --- |
| 外科围手术期护理 | 患者入院 | 理论：外科损伤患者的护理、休克患者的护理<br>实训（一体化）：专科护理入院评估 |
| | 术前护理 | 理论：颅脑损伤，胸部、腹部损伤，骨与关节损伤，烧伤的术前护理，体液平衡失调的护理<br>实训（一体化）：术前皮肤准备、术前消化道准备、绷带包扎 |
| | 术中配合 | 理论：麻醉患者的护理、手术室护理<br>实训（一体化）：手术室护理技术、手术患者体位的摆放、外科手术器械的识别与传递、外科手消毒、穿无菌手术衣和戴无菌手套、消毒、铺巾、器械台的管理、手术中的配合、外科缝合、打结技术 |
| | 术后护理 | 理论：颅脑损伤，胸部、腹部损伤，骨与关节损伤，烧伤的术后护理，外科感染患者的护理<br>实训（一体化）：外科术后常见引流管的护理（胸腔闭式引流、腹腔双套管、T管、膀胱冲洗管、人工肛门），术后伤口换药、拆线 |
| | 患者出院 | 实训（一体化）：健康宣教 |

## 二、基于职业能力的教学方法与手段

基于职业能力的教学要打破原有的按照章节内容实行理论和实践教学各自独立进行的传统教学模式，应结合课程对应的职业岗位特征，结合职业能力要素，运用能积极提升岗位胜任力的教学方法[2]。任务引领就是按照实际工作任务、工作过程和工作情景组织教育、教学的形式，并以此为依据确定课程目标、课程内容、教学活动等环节，使学生具备与护理岗位相一致的职业能力和综合素质[3]。将学生置于工作任务之中（见

表3），促使他们主动学习，发挥其主体作用。

表3 外科护理学习任务单

| 任务步骤 | 任务内容 | 教师活动 | 学生活动 |
| --- | --- | --- | --- |
| 任务导入 | 课程简介 | 1. 采用提问导出课程的定位<br>2. 告知本门课程是根据护理工作过程在完成项目任务中学习<br>3. 由任务介绍引出知识的处理方式及任务内容的安排<br>4. PPT展示本次课学习目标<br>5. 通过医院外科护理人员构成图进行师生的角色分配 | 1. 记录课内任务相关信息点和课后资料查找任务<br>2. 了解护理工作岗位结构图，知道自己在任务中担任的角色 |
| 任务引入 | 介绍项目背景引入任务 | 1. 向学生展示临床外科护理的具体情境，引导学生注意观察医护人员的救护场景<br>2. 介绍与展示本次课主线任务的情境 | 1. 感受护理过程<br>2. 领会情境，明确要求<br>3. 讨论拟定救护措施，扮演医护人员执行"口头医嘱" |
| 任务准备 | 根据任务情景拟定救护措施 | 1. 引导学生拟定"救护措施"<br>2. 巡查各组任务准备情况<br>3. 解答学生可能提出的问题 | 1. 扮演医护人员执行"口头医嘱"<br>2. 角色扮演正确执行口头医嘱 |
| 任务实施 | 根据任务情景完成救护措施 | 1. 要求各组"医师""护士"根据拟定"救护措施"反复训练<br>2. 巡视、解决可能出现的问题 | 1. 写出执行"口头医嘱"的注意事项<br>2. 反复训练，直至全组达成共识 |
| 任务展示 | 根据学生拟定救护措施对病人实施护理 | 1. 观看"医生"和"护士"表演执行"口头医嘱"，展示注意事项<br>2. 发现在完成任务过程中的错误 | 1. 扮演"医师""护士"完成任务<br>2. 回答教师的问题 |
| 任务总结 | 归纳本任务知识点、技能 | 1. 总结完成任务的情况及问题<br>2. 归纳本次任务的任务目标 | 1. 小组讨论，代表总结发言<br>2. 倾听、思考，做适当记录 |

## 三、基于职业能力的教学效果评价

基于职业能力的外科护理课程引领型教学评价不仅要求学生得到较为理想的知识结果，而且更要注重在教学过程中对职业能力要素的考评，从而综合评价教学和学习成果。基于职业能力的外科护理课程引领型教学评价，可分为过程考核和结果考核两个方面共8个指标，如表4所示。

（1）过程考核：在教学过程及操作过程中对学生的综合表现进行考核，重点在学生对知识的掌握程度、思维能力、反应能力、操作技能、团队合作、身心素质等各方面考核。

（2）结果考核：在成果展示阶段重点考核的内容，可以反映学生对任务实施的质量和效率以及结论是否正确等。

表4　外科护理职业能力考核指标

| 职业能力 | 考核指标 |
| --- | --- |
| 专业知识 | 医学基础知识、基础护理知识、扩展知识、社会知识等 |
| 临床护理 | 病情评估、护理诊断、护理实施、医疗设备使用等 |
| 学习能力 | 运用专业知识、接收新知识、创新能力等 |
| 评判思维 | 灵活运用知识技能、临床思维等 |
| 沟通能力 | 语言表达能力、理解与被理解、解决分歧等 |
| 团队合作 | 团队合作意识、共同协作分工、共同承担任务等 |
| 管理能力 | 有效的管理方法、有效的决策执行、有领导潜质等 |
| 人文素养 | 慎独、积极的态度、自信与良好的职业道德等 |

## 四、结论

1. 优化了课程体系

基于职业能力的外科护理任务引领型教学，以工作过程为导向，教学内容密切联系临床实际，强调工作过程系统化，突出体现急救护理工作岗位的职业能力。工作任务驱动教学过程，工作项目按照临床急救护理工作岗位真实工作过程设计，将工作学习融为一体，将职业要求的基本知识与技能以及行业科技发展前沿的新知识与新技术整合为课程内容[4]，使学生在完成学习任务的同时，学会完成工作任务，掌握岗位所需的职业能力，以适应培养贴近职业实际要求的应用型人才的需要，体现高职教育的职业性。

2. 培养学生批判性思维和创新能力

传统教学法中学生没有工作任务，缺少工作情境体验，感觉内容抽象，难以记忆，操作时无从下手。而且教师讲学生听，教师做学生看，学生处于被动学习。新模式中让学生带着目标学习，课前尝试完成任务，在完成任务的过程中，学生需要运用所学的基础医学知识和基础护理、临床护理等专业知识对任务进行综合分析，然后做出临床判断，采取及时正确的急救护理措施[5]。这样有利于培养学生运用所学基础知识综合分析、发现和解决临床问题的能力，促进学生知识、能力、思维和素质协调发展，理论、实验、创新能力全面提高。

3. 教学评价能力驱动

任务引领型教学模式的效果评价采用多元化评价方法，改变了传统的理论考核加实践考核的模式。任务引领教学模式的评价是过程式评价，即教学过程中学生自我评价、小组评价，对教学过程进行系统的评价，能真实反映学生的真实能力和素质[6]。自我评价是让学生参照过程评价标准逐项给自己评定；小组评价是各学习小组参照评价标准给予核实评价。运用多种评价途径和方法，激发学生的学习兴趣，使学生在主动、积极的心理状态下学习知识，培养能力，进而全面提高学生素质，使他们有效地发展自身的岗位能力。

4. 提高了学生的职业能力

护理职业能力是护理知识、操作技能、临床思维、职业态度等的综合体现。通过不同临床护理情景的模拟练习，强调具备过硬操作技能的重要性，以及操作过程中对意外事件处理的应变能力，加强学生护理职业道德、护理临床工作、科学思维、独立解决问题、灵活运用理论知识、观察与分析、应急应变、健康教育、与人合作、护患交流等能力的培养，使学生掌握从事外科护理工作所必备的职业能力。

## 参考文献

[1] 詹杰，任刚，李晶，等. 谈营养高职课程改革中任务导向式教学的探索与实践田 [J]. 中国医学教育技术，2008（6）：535-537.

[2] 李彦丽，孙殿凤，张杨，等. 高职教育中《儿童护理》任务驱动式教学方法的应用 [J]. 中外医疗，2009（7）：96-97.

[3] 徐益荣，高薇，卢玉仙. 任务引领法在《外科护理学》实验教学中的应用效果 [J]. 中华现代护理杂志，2009，15（29）：3046-3048.

[4] 郭书芹，张海燕，林秀芝，等. "学案导学"在外科护理教学中的应用研究 [J]. 护理管理杂志，2014（4）：261-262.

[5] 杨艺，李璐寰，丛小玲，等. 基于能力培养为本位的急救护理实验教学的实践与研究 [J]. 护理管理杂志，2015（1）：44-46.

[6] 康晓凤，陈京立，绳宇，等. 以临床能力为基础构建护理专业本科实践教学体系 [J]. 中华护理教育，2015（1）：63-65.

# 能力本位国际经济与贸易专业中高职课程衔接设计与实践[①]

## 左 锋[②]

《国家中长期教育改革和发展规划纲要（2010—2020 年）》明确提出："到 2020 年，形成适应经济发展方式转变和产业结构调整要求、体现终身教育理念、中等和高等职业教育协调发展的现代职业教育体系。"教育部《关于推进中等和高等职业教育协调发展的指导意见》中提出的中、高职一体化人才培养的"十个衔接"中，课程结构衔接是其中最关键、最核心的内容。本文将就国际经济与贸易专业的中高职课程结构衔接设计进行探讨。

## 一、国际经济与贸易专业中高职课程衔接现状

1. 中高职课程设置各自为政，缺乏一体化对口衔接，内容脱节，重复严重

由于中高职专业目录设置的不统一，中高职课程衔接本就存在先天缺陷，中高职人才培养目标的不同必然会导致课程目标的脱节，中高职文化基础课程脱节。受学生生源质量和部分中职学校办学定位的影响，部分中职学校重技能、轻文化现象严重，导致中职学生文化基础课薄弱。中高职专业课程内容重复严重，主要体现在课程科目、课程内容、教学目的和要求上。中高职课程知识点和技能点重复率为 30% ~ 60%，个别专业甚至更高，而教学目的和教学要求大体相同（黄彬等，2012）。许多在中职阶段开设过的课程，在高职阶段还必须学习，由此造成教育资源和学习时间的严重浪费。以广东省国际经济与贸易、国际商务、商务英语等国际贸易类专业为例，如表 1 所示。

表 1 中高职国际贸易类专业主干课程对比

| 中职国际贸易类专业 | 高职国际贸易类专业 |
| --- | --- |
| 国际金融 | 国际贸易地理 |
| 国际贸易原理 | 国际贸易实务 |
| 商品经营 | 国际商务英语信函写作 |

---

① 此文全文发表在《对外经贸》杂志 2014 年第 9 期。
② 左锋，男，河南安阳人，汉族，经济学硕士，广东科学技术职业学院讲师，研究方向为国际贸易。本文是广东科学技术职业学院 2012 年校级科研项目"国际贸易类专业中高职课程结构一体化衔接研究"部分成果，项目编号：XJMS201214；广东省高等职业教育研究会课题"广东省国际贸易专业中高职衔接的研究与实践"部分成果，项目编号：GDGZ12Y147。

续上表

| 中职国际贸易类专业 | 高职国际贸易类专业 |
|---|---|
| 国际贸易实务<br>国际商法<br>报关实务<br>国际商务单证<br>国际商务英语<br>国际贸易地理<br>国际贸易单证实务<br>市场营销<br>经济法<br>外贸综合业务<br>商务谈判 | 商务英语沟通<br>国际市场营销<br>国际结算业务操作<br>国际贸易法律应用<br>国际电子商务平台操作<br>报关业务操作<br>进出口商品归类<br>国际商务单证缮制<br>跟单业务处理<br>国际会展策划与实施<br>企业经营模拟综合实训 ERP |

2. 中高职课程衔接缺乏必要的基础和手段

虽然我国职业教育改革已经进行很多年,但受传统课程观的影响,目前中高职课程内容选择仍然无法摆脱学科框架模式下知识结构的影响,强调的是学科知识的完整性、系统性和逻辑性,课程的职业性和实践性特征不明显,限制了中高职课程衔接的内涵。我国职业教育体系尚未完整构建,高职的高等性在中高等职业教育的课程开发与设置、教学计划、人才培养等过程中并不凸显,致使中高职培养目标层次不清,专业设置口径不一,课程的连续性和整合性不够,造成衔接上的实际困难。职业教育课程开发理论是中高职课程衔接的重要基础,但目前我国所学习和引进的课程开发理论都是基于西方发达国家的经济条件和人口条件下形成的,必须经过漫长的中国化之后才能适合我国职业教育发展的实际,因此,导致我国现阶段职业教育课程衔接相关理论严重缺乏。

## 二、基于职业能力的国际经济与贸易专业中高职一体化课程结构

职业能力的英语是"competence",是个人能力在具体工作和任务中的体现。一般来讲,个体职业能力的高低主要取决于职业关键能力和职业专业能力整合的状态。职业关键能力包括交际沟通和表达能力、团队合作能力、持续学习能力、解决问题能力、信息技术处理能力以及创业创新能力;职业专业能力是指从事具体职业岗位工作所需要具备的专业能力,它又进一步分为职业通用能力和职业专用能力。职业通用能力是指在不同岗位群工作领域中需要的通用性职业能力模块,适用范围大于职业专用能力;职业专用能力指某个具体工作领域中所需要的只适用于该工作领域的特定职业技能。对于简单工作任务可由一个能力模块独立实现,对于复杂任务可以划分为不同级别的模块,逐级递进以满足工作领域岗位任务所需。

1. 外贸职业岗位工作任务和职业能力分析

国际经济与贸易专业中高职一体化课程结构衔接必须以专业为基础,组建由中高职院校、行业企业专家、教育行政部门、职业教育专家组成的团队,借鉴英国职业教育与培训课程开发经验,开展国际经济与贸易专业职业岗位能力分析,以中高职职业课程的

整体开发和设计为出发点，实现中高职课程目标和内容的衔接。职业教育课程开发一般包括三个核心环节，即职业岗位分析、工作任务分析与职业能力分析。对于国际经济与贸易专业来讲，首先是确定专业所面向的职业岗位，然后分析这些职业岗位中的工作任务，最后分析完成这些工作任务所需要的职业能力，具体如表2所示。以此来确定层次化职业教育的课程内容，从而实现以职业能力为核心构建一体化课程结构体系的目标。

表2 国际经济与贸易专业职业岗位工作任务和职业能力分析

| 职业岗位群 | | 外销服务岗位群 | | | 涉外跟单岗位群 | 关务船务处理岗位群 | | |
|---|---|---|---|---|---|---|---|---|
| 工作领域 | | 国际商务会展参展策划 | 国际电子商务员 | 外销员 | 外贸跟单员 | 报关员 | 国际货运代理员 | 国际商务单证员 |
| 工作任务 | 高职 | 国际商务会展策划和宣传；<br>国际商务会展的实施与管理；<br>国际商务会展商情分析；<br>培训与指导；<br>电子商务平台作业策划与管理；<br>国际电子商务事务管理；<br>员工培训与指导；<br>国际客户开发；<br>国际客户关系维护与管理 | | | 外贸合同审查；<br>内购合同跟单；<br>原材料采购跟单；<br>生产进度跟单；<br>国际标准体系认证；<br>来料检验；<br>制程检验；<br>出货检验；<br>计量及理化设备管理 | 报关单证准备与管理；<br>报关作业实施与管理；<br>报关核算；<br>进出口商品归类与原产地确定；<br>报关事务管理；<br>货代作业实施与管理；<br>货运事故处理；<br>货代事务管理；<br>全方位培训与指导；<br>全方位培训与指导 | | |
| | 中职 | 国际商务会展前期调研和准备；<br>国际商务会展策划和宣传准备；<br>国际商务会展的实施与管理；<br>国际商务会展商情反馈；<br>国际电子商务平台作业实施；<br>国外客户、市场信息分析与管理；<br>国际电子商务事务管理；<br>国际客户开发前的准备 | | | 外贸合同的填制；<br>样品跟单；<br>生产进度跟单；<br>包装跟单；<br>国际标准体系认证；<br>品质计划；<br>质量检验；<br>计量及理化设备管理 | 货代单证复核与管理；<br>运费核算；<br>外贸单证缮制前的准备；<br>审核货运单据；<br>审核结汇单据；<br>单证事务管理；<br>培训与指导 | | |
| 职业能力 | 高职 | 能制定会展市场调查方案，并能进行客户结构分析；<br>能撰写会展活动可行性报告；<br>能撰写会展参展和招商赞助文案，并进行宣传管理；<br>能制定项目实施日程表和团队工作规则，协调做好现场服务管理工作；<br>能够制定和实施展场及展台现场的布置方案； | | | 能够跟客户、企业各部门顺利交流样品相关要求；<br>能够指导与安排跟单助理的具体工作；<br>能够与生产加工企业就加工合同进行谈判；<br>能够跟踪包装材料的生产与入库； | 能够获取和审核报关随附单证；<br>能够处理电子报关单并完成现场业务；<br>能够办理货物放行手续；<br>能够办理进出口货物的转关运输手续；<br>能够办理加工贸易合同备案、外发加工、核销等手续； | | |

续上表

| 职业岗位群 | 外销服务岗位群 | | | 涉外跟单岗位群 | 关务船务处理岗位群 | | |
|---|---|---|---|---|---|---|---|
| 工作领域 | 国际商务会展参展策划 | 国际电子商务员 | 外销员 | 外贸跟单员 | 报关员 | 国际货运代理员 | 国际商务单证员 |
| 职业能力 — 高职 | 能够审核下级商情反馈报告，并结合公司实际形成结论性提案向上级递交；能够制定各种促销方案和销售方案；能够设计业务部运营方案；能够提供电子商务业务咨询、策划和指导；能够完成国际市场调研工作并撰写市场调研报告；能够做好产品成本分析和价格核算工作；能妥善处理不同客户的寄样等相关要求；能够协助经理制作和签订外贸合同；能够对客户的要求有效快速反应；能够为客户提供订单跟踪服务 | | | 能够为企业通过国际标准认证准备相关文件，解决认证中的一般问题；能够收集行业相关标准和认证信息，并进行整理分析；能够协助主管制定质量管理体系的计划；能够负责原材料、外购、外协件的进货检验并及时将检验结果反馈给供应商和上级主管；能够对质检部门的仪器、设备以及公司的计量器具进行校正，编写维护计划并实施维护 | 能够办理货物进出海关保税场所、特殊监管区域和其他海关监管场所手续；能够办理特定和临时减免税货物的减、免税申请手续；能够办理暂时进出境货物的核准申请、销案手续；能够完成应税货物完税价格核算和税费计算；能够完成进出口商品归类信息收集和编码的确定；能够完成报关资格管理事项；能够组织制定和实施货运质量管理制度；能够制定企业货运业务实施方案；能够处理货运费用估价争议；能够处理事故索赔争议；能够组织制定和实施单证业务质量管理制度 | | |
| 职业能力 — 中职 | 能够策划并撰写会展策划书；能够独立完成部分展场及展台的设计；能够完成小型宴会会务及礼仪策划；能够完成店铺装饰相关工作；能够利用平台和国外客户磋商报价，达成电子订单；能够分析国内外最新的电子商务法律法规动态；能够整合国际市场信息，撰写国际市场分析报告；能够跟踪客户满意度，并对客户投诉进行正确处理；能够协助制作产品报价单；能够完成客户接待及磋商准备工作；能够协助完成样品确认工作；能够收集并处理客户反馈的信息；能够建立客户档案 | | | 能够协助业务员填制外销合同；能够跟客户沟通确定样品制作和寄送费用承担问题；能够协助跟单员草拟内购/生产加工合同；能够进行简单的生产进度跟单；能够正确描述产品包装要求，并初步选择合适的包装材料；能够协助检验人员撰写质量管理体系的计划书等工作；能够认真执行质量检验制度，认真做好记录存档 | 能够对货运单和随附单证进行复核和确认；能够根据货物的交接方式选择场装或者拖装；能够根据货物的重量的体积进行配舱，合理利用舱位；能够核算每票进出口货物的货运成本；能够审核商业发票；能够审核出口托运单；能够缮制和审核外汇核销单；能够缮制和审核海运提单；能够审核信用证开证申请书；能够完成审证和改证相关工作；能够缮制和审核汇票等结算单据；能够与货代、保险、报关等部门沟通，实现单证顺利流转 | | |

## 2. 国际经济与贸易专业中高职一体化课程结构构建

在充分调查和研究现行中高职国际经济与贸易专业课程体系的基础上，基于中高职学生的毕业标准，按照一体化设计的"3+2"模式（即中职3年+高职2年），参照国际经济与贸易专业国家职业资格和中高职教育基本定位，完成国际经济与贸易专业中高职一体化课程结构的技术设计，包括衔接层次结构和各类课程的比例结构，采用纵向延伸和纵横延伸扩展模式确定衔接层次结构，确定专业课程衔接的接口标准。

中高职的接口标准为学生学完基本素质课程、专业基础能力课程、专业核心能力课程、专业综合性实践课程、专业拓展能力课程达到规定的要求。其中，基本素质课程按照国家对中职和高职院校专业教学要求开设，属于必修模块；对于专业基础能力课程，属于专业必备基础，中职和高职应该存在深度和广度上的差异，中职阶段应该构造相对基础的课程模块，高职阶段可以构造深化和拓宽知识面的课程模块。对于专业核心能力课程、专业综合性实践课程和专业拓展能力课程，中高职在专业课程的设置上要避免重复和交叉。应该根据中高职专业培养目标和职业定位，按照职业技能培养要求和职业资格考证要求进行教学内容的序化排列，符合中职职业岗位定位和职业资格考证要求的课程模块安排在中职阶段完成，符合高职职业岗位定位和职业资格考证要求的、技能综合性、知识复杂性的课程模块安排在高职阶段完成，从而实现高职教育是中职教育的拓展和提高中高职的有效衔接。

表3 国际经济与贸易专业中高职一体化专业课程结构

| 中高职课程模块结构 | 中职 | 高职 |
| --- | --- | --- |
| 基本素质课程 | 职业生涯规划<br>经济政治与社会（经济基础）<br>职业道德与法律<br>哲学与人生<br>语文<br>体育与健康<br>公共艺术<br>计算机应用基础<br>历史 | 毛泽东思想和中国社会主义理论概论<br>思想道德修养与法律基础<br>大学英语<br>计算机应用基础<br>体育<br>军训和入学教育（含军事理论）<br>就业指导 |
| 专业基础能力课程 | 英文应用写作<br>商务礼仪<br>英语<br>公共关系<br>办公自动化<br>国际贸易原理与实务<br>市场营销 | 国际贸易地理<br>国际贸易实务<br>国际市场营销<br>国际电子商务平台操作 |

续上表

| 中高职课程模块结构 | 中职 | 高职 |
| --- | --- | --- |
| 专业核心能力课程 | 外贸函电<br>外贸单证（含考证）<br>电子商务知识<br>外贸概论 | 报关业务操作<br>进出口商品归类<br>跟单业务处理<br>国际会展策划与实施<br>国际商务英语信函写作<br>商务英语沟通 |
| 专业综合性实践课程 | 入学教育<br>国防教育<br>国际贸易综合实训<br>企业岗位实习<br>毕业教育<br>职业资格证书 | 国际贸易职业和岗位认知<br>进出口业务综合操作<br>市场调查<br>顶岗实习及毕业论文 |
| 专业拓展能力课程 | 办公室实务<br>演讲口才<br>会统应用知识<br>商业心理学<br>茶艺 | 创业与职业通用能力<br>创业启动与运营<br>社会创业<br>管理学基础 |

现代职业教育的发展要求职业教育应面向职业岗位设置专业和课程体系，对于国际经济与贸易专业来讲，中高职衔接课程体系应摒弃以知识的逻辑关系来构建，转向以外贸职业岗位群和职业岗位的行动领域分析为基础。基于外贸职业能力的分析为主线构建，由不同岗位到行动领域，再由行动领域到学习领域转化。同时将外贸职业资格证书考证内容融入课程结构，实现中高职学历教育与外贸职业资格考证的有效衔接，为学生综合职业素养的培养和职业技能的提高打下基础。

## 参考文献

［1］教育部. 关于推进中等和高等职业教育协调发展的指导意见［EB/OL］.（2011－08－30）. http://www.moe.gov.cn/srcsite/A07/s7055/201112/t20111230_171564.html.
［2］陈鹏. 职业能力观演变的历史逻辑及其理论评述：基于能力本位教育与培训发展的研究［J］. 中国职业技术教育，2010（6）.
［3］姜大源. 职业教育学研究新论［M］. 北京：教育科学出版社，2007.
［4］徐国庆，石伟平. 中高职衔接的课程论研究［J］. 教育研究，2012（5）.
［5］刘育锋，陈鸿. 中高职课程衔接：我国职业教育政策的历史诉求［J］. 职教论坛，2012（1）.
［6］蒋新革，王韶清. 构建中高职一体化职业教育体系的探索［J］. 南方职业教育学刊，2012（7）.

# 浅谈基于职业能力的学习任务开发[①]

## ——以汽车底盘机械维修教材研发为例

**林根南　邱志华**[②]

现代职业教育不仅要求学生具备专业知识和技能,更要求培养学生具备适应将来职业发展变化的综合职业能力。要实现这一目标,需要构建工学结合课程,其有效的学习载体就是学习任务。我们如何基于职业能力要求来研究和开发更贴近工学结合要求的学习任务呢? 本文从现代职业教育体系视野中的汽车底盘机械检修教材开发研究的实践出发,介绍基于职业能力的学习任务开发背景、流程,职业能力的调查收集及层级分析,学习任务的难度划分、目标设计与体例构建等,为学习任务的开发研究与编写提供方法及思路。

## 一、学习任务的开发背景及流程

### 1. 学习任务的开发背景

学习任务来源于企业,获取学习任务首先要通过企业调查,再经过实践专家和教育专家的加工处理才能形成。因此,学习任务的开发必须基于一定的研究背景及调查基础,汽车底盘机械维修教材的开发就是基于中高职衔接专业教学标准和课程标准的研制以及后续的教材开发研究。广东省教育厅于2013年启动中高职衔接专业教学标准和课程标准的研制工作,历经两年广泛的企业学校调研,进行职业能力分析,完成9个中高职专业教学标准的制定、课程体系的构建和课程标准的编制。为了将专业教学标准和课程标准落实到教学层面,进一步启动现代职业教育体系视野中的教材开发研究,尝试开发出一种能适合新课程标准,集技能、工具、方法、要求和知识为一体的教材。

### 2. 学习任务的开发流程

汽车底盘机械维修教材(学习任务)研究与开发基于广东省教育厅和广东省教育研究院主持的课题:广东省首批中高职衔接专业教学标准和课程标准研制项目"汽车

---

[①] 基金项目:现代职业教育体系视野中的汽车底盘机械检修教材开发研究(编号:GDJY-2015-F-b087),主持人:林根南。广东省首批中高职衔接专业教学标准和课程标准研制项目:汽车运用技术专业中高职衔接专业教学标准和课程标准研制(编号:JYYZ201302),主持人:郭海龙。

[②] 林根南,男,广东省揭阳人,广州市交通运输职业学校汽车运用与维修专业中高职三二分段项目负责人,汽车讲师,工学学士,研究方向:专业教学与研究,中高职课程衔接。

邱志华,男,江西省临川人,广州市交通运输职业学校汽车高级讲师,工学学士,研究方向:专业教学与研究。

运用技术专业中高职衔接专业教学标准和课程标准研制"（主持人：郭海龙）和现代职业教育体系视野中的汽车底盘机械检修教材开发研究（主持人：林根南）。按照职业能力分析、汽车运用技术专业中高职衔接专业教学标准和课程标准，参考和借鉴当前主流汽车底盘教材，研究开发汽车底盘机械检修教材（学习任务），其研究与开发流程如图1所示。

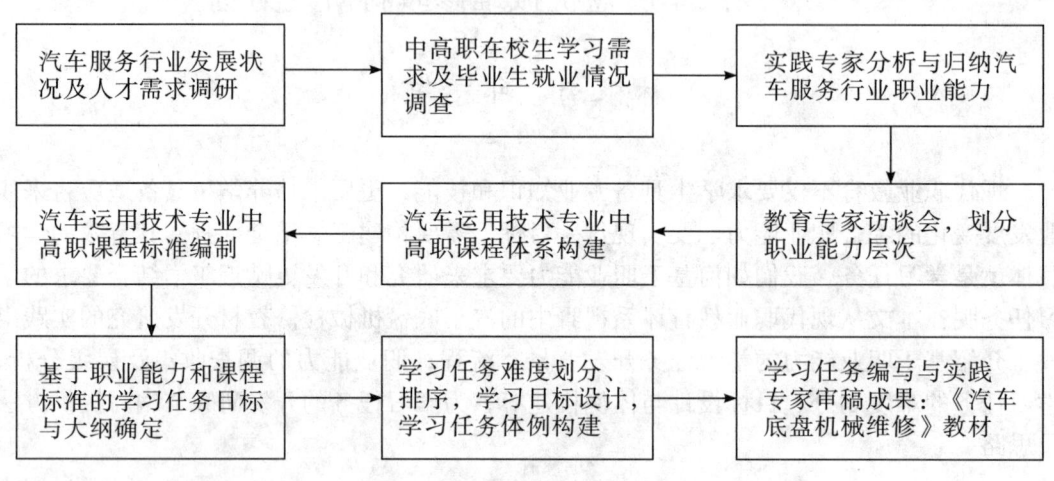

图1  学习任务研究开发的流程

## 二、职业能力的调查收集与层级分析

1. 市场调查收集分析

为了使汽车运用与维修专业课程学习任务的教材开发更具科学性及时效性，了解汽车维修企业当前对人才能力的需求显得尤为重要。通过汽车服务行业发展状况及人才需求调研、职业能力问卷调查，召开实践专家分析会，邀请来自华晨宝马、东风本田、北京现代、上海通用、长安福特、雷克萨斯、一汽丰田、东风日产、沃尔沃、大众等专业维修站点共18位企业技术实践专家，讨论分析汽车服务行业需要具备的职业能力点。经过分类、归纳和整理，得出"汽车运用技术岗位职业能力分析表"，如表1所示。

表1  汽车运用技术岗位职业能力分析表（汽车底盘机械维修部分）

| 编号 | 工作项目、工作任务及职业能力 | 职业能力层级要求 | | |
|---|---|---|---|---|
| 1 | 6S管理 | L1 | | |
| 2 | 检查传动系统、行驶系统、制动系统、转向系统技术状况 | L1 | | |
| 3 | 检测底盘部件各零件磨损状态 | L1 | | |
| 4 | 检测底盘部件零件变形程度 | L1 | | |
| 5 | 底盘故障部件更换 | L1 | | |
| 6 | 根据客户反映情况（底盘异响，检查并判断是否大修） | | L2 | |

续上表

| 编号 | 工作项目、工作任务及职业能力 | 职业能力层级要求 | |
|---|---|---|---|
| 7 | 会使用底盘维修专业工具（如拆装变速器专用工具等） | L2 | |
| 8 | 使用制动系统测试、检修设备 | L2 | |
| 9 | 测试、判断制动系统性能 | L2 | |
| 10 | 按步骤检修、排除制动故障（维修手册） | L2 | |
| 11 | 使用工、量具检修制动总泵 | L2 | |
| 12 | 使用工、量具检修制动分泵 | L2 | |
| 13 | 使用工、量具检修制动盘（鼓）、制动摩擦片 | L2 | |
| 14 | 使用工、量具检修驻车制动器 | L2 | |
| 15 | 汽车转向系统检修 | L2 | |
| 16 | 汽车行驶系统检修 | L2 | |
| 17 | 使用传动系统测试、检修设备 | L2 | |
| 18 | 检修、安装离合器（间隙、摩擦片变形、厚度） | L2 | |
| 19 | 检修手动变速器（维修手册） | L2 | |
| 20 | 检修、调整自动变速器（迟滞、失速实验等，维修手册） | L2 | |
| 21 | 使用工、量具检修离合器 | L2 | |
| 22 | 使用工、量具检修手动变速器 | L2 | |
| 23 | 使用工、量具检修自动变速器 | L2 | |
| 24 | 使用工、量具检修驱动桥 | L2 | |
| 25 | 使用工、量具检修万向传动装置 | L2 | |
| 26 | 懂得传动系统原理及故障诊断方法 | | L3 |
| 27 | 会运用专用工具和设备，诊断传动系统故障 | | L3 |
| 28 | 懂得行驶系统原理及故障诊断方法 | | L3 |
| 29 | 会运用专用工具和设备，诊断行驶系统故障 | | L3 |
| 30 | 懂得转向系统原理及故障诊断方法 | | L3 |
| 31 | 会运用专用工具和设备，诊断机械转向系统故障 | | L3 |
| 32 | 诊断制动系统故障 | | L3 |
| 33 | 懂得制动系统原理及故障诊断方法 | | L3 |
| 34 | 会运用专用工具和设备，诊断常规制动系统故障 | | L3 |
| 35 | 分析底盘系统故障 | | L4 |
| 36 | 诊断分析底盘系统疑难故障 | | L4 |
| 37 | 关键能力（通用能力、核心技能） | | L4 |

## 2. 职业能力层级分析

通过教育专家分析会，邀请来自广东省内各中高职院校 16 名汽车维修专业资深教师，参考《汽车 4S 店岗位说明书》《中职院校汽车专业人才培养方法汇编》《英国汽车职业教育研究总结报告》等文献，对收集的职业能力进行能力要求层级划分。职业能力共分为 6 个级别，用 $Li$（$i=1\sim6$）表示，如表 1 所示。这样，通过分析专业人才的就业岗位和应达到的级别，既能够明确学习任务确定的方向，也可以界定学习任务中涉及专业理论、技能和应用技术的层次、深度和广度，为学习任务的开发提供了最有效的职业能力依据。

## 三、确定基于职业能力的学习任务

职业能力点来源于汽车维修企业实践中的工作任务，企业实践专家提出的工作任务是企业常见的工作任务，有些很零碎，并不完全是具有学习价值的工作任务（学习任务）。学习任务需要展现完整的工作过程，不仅体现专业的知识与技能，而且还能使学生获得相应的职业方法；需要配合小组合作，促进学生学会沟通与交流，并最终获得综合的职业能力。因此，必须通过教育专家的归纳整合将职业能力点转变为学习任务。为使学习任务能符合人才成长规律，将学习任务进一步分析与处理，最终将汽车底盘机械维修部分确定为 12 个学习任务，如表 2 所示。

表 2　汽车底盘机械维修学习任务与职业能力对照表

| 职业能力要求 | 学习任务 | 职业能力层级要求 |
| --- | --- | --- |
| （1）6S 管理；（2）检查传动系统、行驶系统、制动系统、转向系统技术状况；（3）检测底盘部件各零件磨损状态；（4）检测底盘部件零件变形程度；（5）底盘故障部件更换；（6）根据客户反映情况（底盘异响，检查并判断是否大修） | 汽车底盘的维护 | L1、L2 |
| （1）6S 管理；（7）会使用底盘维修专业工具（如拆装变速器专用工具等）；（17）使用传动系统测试、检修设备；（18）检修、安装离合器（间隙、摩擦片变形、厚度）；（21）使用工、量具检修离合器；（26）懂得传动系统原理及故障诊断方法；（27）会运用专用工具和设备，诊断传动系统故障 | 离合器的检修 | L1、L2、L3 |
| （1）6S 管理；（7）会使用底盘维修专业工具（如拆装变速器专用工具等）；（17）使用传动系统测试、检修设备；（19）检修手动变速器（维修手册）；（22）使用工、量具检修手动变速器；（26）懂得传动系统原理及故障诊断方法；（27）会运用专用工具和设备，诊断传动系统故障 | 手动变速器的检修 | L1、L2、L3 |

续上表

| 职业能力要求 | 学习任务 | 职业能力层级要求 |
|---|---|---|
| （1）6S管理；（17）使用传动系统测试、检修设备；（20）检修、调整自动变速器（迟滞、失速实验等，维修手册）；（23）使用工、量具检修自动变速器；（26）懂得传动系统原理及故障诊断方法；（27）会运用专用工具和设备，诊断传动系统故障 | 自动变速器的使用与维护 | L1、L2、L3 |
| （1）6S管理；（7）会使用底盘维修专业工具（如拆装变速器专用工具等）；（17）使用传动系统测试、检修设备；（25）使用工、量具检修万向传动装置；（26）懂得传动系统原理及故障诊断方法；（27）会运用专用工具和设备，诊断传动系统故障 | 万向传动装置的检修 | L1、L2、L3 |
| （1）6S管理；（7）会使用底盘维修专业工具（如拆装变速器专用工具等）；（17）使用传动系统测试、检修设备；（24）使用工、量具检修驱动桥；（26）懂得传动系统原理及故障诊断方法；（27）会运用专用工具和设备，诊断传动系统故障 | 驱动桥的检修 | L1、L2、L3 |
| （1）6S管理；（7）会使用底盘维修专业工具（如拆装变速器专用工具等）；（28）懂得行驶系统原理及故障诊断方法；（29）会运用专用工具和设备，诊断行驶系统故障 | 车轮检修与四轮定位 | L1、L2、L3 |
| （1）6S管理；（7）会使用底盘维修专业工具（如拆装变速器专用工具等）；（16）汽车行驶系统检修；（28）懂得行驶系统原理及故障诊断方法；（29）会运用专用工具和设备，诊断行驶系统故障 | 悬架的检查与维修 | L1、L2、L3 |
| （1）6S管理；（7）会使用底盘维修专业工具（如拆装变速器专用工具等）；（15）汽车转向系统检修；（30）懂得转向系统原理及故障诊断方法；（31）会运用专用工具和设备，诊断机械转向系统故障 | 转向系统的检修 | L1、L2、L3 |
| （1）6S管理；（8）使用制动系统测试、检修设备；（9）测试、判断制动系统性能；（10）按步骤检修、排除制动故障（维修手册）；（11）使用工、量具检修制动总泵；（12）使用工、量具检修制动分泵；（13）使用工、量具检修制动盘（鼓）、制动摩擦片；（32）诊断制动系统故障；（33）懂得制动系统原理及故障诊断方法；（34）会运用专用工具和设备，诊断常规制动系统故障 | 行车制动系统的检修 | L1、L2、L3 |

续上表

| 职业能力要求 | 学习任务 | 职业能力层级要求 |
| --- | --- | --- |
| (1) 6S管理;(14) 使用工、量具检修驻车制动器;(32) 诊断制动系统故障;(33) 懂得制动系统原理及故障诊断方法;(34) 会运用专用工具和设备,诊断常规制动系统故障 | 驻车制动系统的检查与调整 | L1、L2、L3 |
| (1) 6S管理;(7) 会使用底盘维修专业工具(如拆装变速器专用工具等);(35) 分析底盘系统故障;(36) 诊断分析底盘系统疑难故障(37) 关键能力(通用能力、核心技能) | 车辆跑偏故障的诊断与排除 | L1、L2、L3、L4 |

## 四、学习任务的难度与排序

1. 学习难度 A——"定向和概括性知识"与"基础技能"

在所有学习任务中,"汽车底盘的维护"的工作内容既是企业经常性、强制性的作业,也是所有维修人员必需的入门工作。该任务能总体概括汽车底盘的基本内容,又是所有任务中最外围的知识,具有概括性,也是汽车底盘维修中最基本的工作。因此,将该学习任务定位为学习难度 A,对应的职业能力层级 L1 的要求。

2. 学习难度 B——"关联性知识"与"专业技能"

此难度等级的特征之一是学生必须清楚系统工作、系统和效果的关系,能够解决较小的专业难题,提供不同的解决方法和必要的答案。遵循这一特征,在 12 个学习任务中,"离合器的检修""自动变速器的使用与维护""万向传动装置的检修""悬架的检查与维修"和"驻车制动系统的检查与调整"属于汽车底盘小修工作,相对其他汽车底盘总成的维修而言,完成这些工作难度较小。因此,将这些学习任务定位为学习难度 B,对应的职业能力层级 L2 的要求。

3. 学习难度 C——"具体与功能性知识"与"技能实践应用"

此难度等级的特征是要求通过对无固定答案的、比较复杂的总成进行检修,并获得相应的学科知识。在所有任务中,"手动变速器的检修""驱动桥的检修""车轮检修与四轮定位""转向系统的检修"和"行车制动系统的检修"的工作难度较大且属于汽车底盘大修范畴,通过完成总成修理,获得关于系统的具体与功能性知识和专业维修技能。因此,将这些学习任务定位为学习难度 C,对应的职业能力层级 L3 的要求。

4. 学习难度 D——"基于经验的学科系统化深入知识"与"综合职业能力"

此难度等级的教学目标是开发学生完成不可预见的工作任务的职业能力,完成这类任务要求理解学科系统化知识层面的各种关系。在所有任务中,"车辆跑偏故障的诊断与排除"是属于最具开放性的、没有固定答案的学习任务。完成该学习任务难度最大,涉及汽车底盘中的转向、行驶、制动等系统多方面的知识内容和工作经验。在没有固定解决方案的前提下,学生需要自主制订相应的工作计划并实施。这就要求学生熟悉汽车传动系统的学科性知识和已有的工作经验进行灵活运用,甚至是创造性发挥。因此,将此学习任务定位为学习难度 D,对应的职业能力层级 L4 的要求。

按照学习难度(基于职业能力)兼顾汽车底盘的传动、行驶、转向、制动的知识体系,我们将汽车底盘机械维修的 12 个学习任务进行难度划分与排序,如图 2 所示。

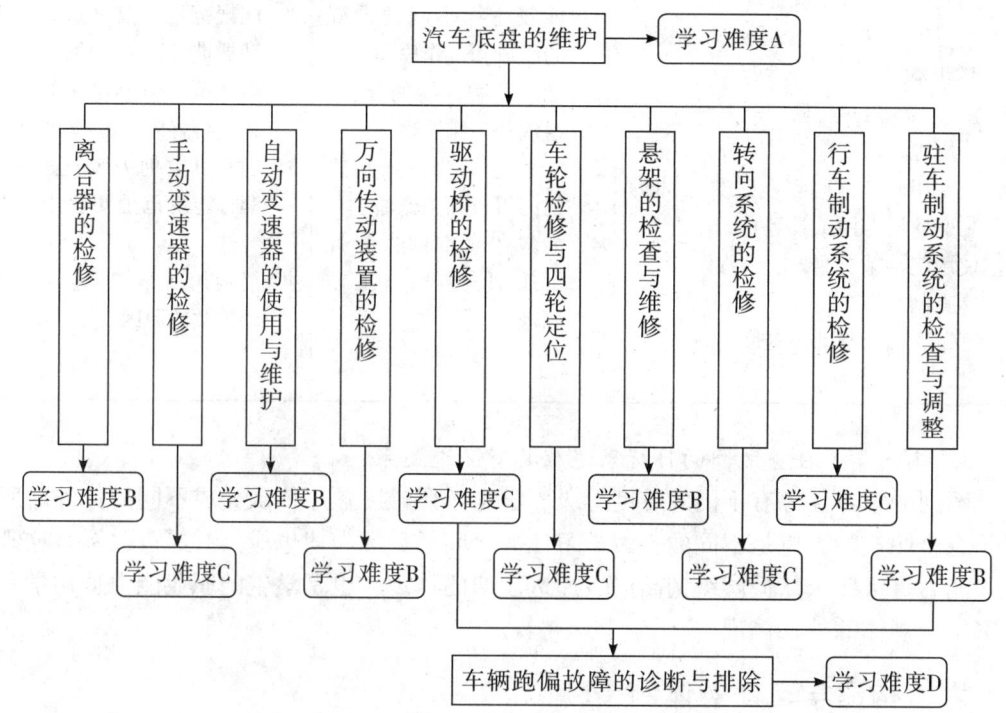

图 2　汽车底盘机械维修课程学习任务的难度与排序

## 五、设计基于职业能力的学习目标

在明确所有的学习任务并确定进行难度划分与排序后,为了使学生在完成学习任务后能达到预期的教学效果,实现职业能力的培养目标,还必须准确、清晰地表述出每个学习任务的学习目标。有效学习任务的学习目标描述需要符合以下原则。

1. 职业能力表述的明确性

即在学习目标中要说明学生学习的主要意图是什么,为达到要求需要做什么,怎么知道学生的职业行为达到了要求。目标表述呈现的应该是能力(知识与技能)要求,而不仅是知识技能的输入状态;既要有专业能力的要求,还要有关键能力的要求,关键能力的内容要与职业能力紧密结合。

2. 目标表述必须明确体现理论知识与实践技能的关系

在学习任务中,学科性的理论知识是为实践技能服务的,通过一个个具体的学习任务建立起两者之间的直接联系,因此在目标的表述中也必须体现这一特点。如学习任务"行车制动系统的检修",依据职业能力要求,得出理论知识学习目标,而理论知识目标的确立是为了更好地完成实践技能学习目标,从而形成综合职业能力,如表 3 所示。

表3 基于职业能力的学习目标表述中的理论知识与实践技能的关系

| 职业能力要求 | 理论知识目标 | 实践技能目标 |
| --- | --- | --- |
| 1. 汽车制动系统检修<br>2. 更换底盘部件相应部件<br>3. 使用工、量具检修制动盘（鼓）、制动摩擦片<br>4. 使用工、量具检修制动总泵<br>5. 使用工、量具检修制动分泵<br>6. 会使用底盘维修专业工具（如拆装变速器专用工具等）<br>7. 使用制动系统测试、检修设备<br>8. 检查制动系统技术状况<br>9. 测试、判断制动系统性能<br>10. 诊断制动系统故障 | 1. 能叙述行车制动系统的组成和工作原理<br>2. 能叙述制动器的分类、组成和工作原理<br>3. 能叙述制动主缸和轮缸的组成和工作原理<br>4. 能叙述真空助力装置的作用、结构与工作原理 | 1. 能规范地对盘（鼓）式制动器进行维护与检修<br>2. 能规范地对制动主缸和轮缸进行解体与检修<br>3. 能对真空助力装置进行检测，能规范地更换真空助力器<br>4. 能运用所学知识，分析制动失效的原因 |

3. 不同学习任务之间的目标表述应具有递进关系

不同的学习任务有不同的难度等级，学生按照难度顺序依次完成不同的任务后所获得的综合职业能力也是不同的，故学习任务之间的目标表述也应具有递进关系。这既是职业能力等级要求从低层级到高层级递进规律的体现，也是学生的职业能力从初学者到专家发展规律的外在体现。

## 六、构建学习任务体例

基于职业能力开发的学习任务在编写上，应秉承学习内容与工作任务统一、教材与学材统一、市场调研成果与学习任务统一的原则。学习任务体例构建及具体编写说明如下。

学习目标：结合"广东中高职衔接专业教学标准研制"的专业标准和教学标准，参照汽车专业职业能力分析，提出该学习任务知识、技能的学习目标。

学时建议：给出建议学时。

内容结构：利用思维导图展示整个学习任务的基本内容与关系，知识点与技能点分列两侧，如图3所示。

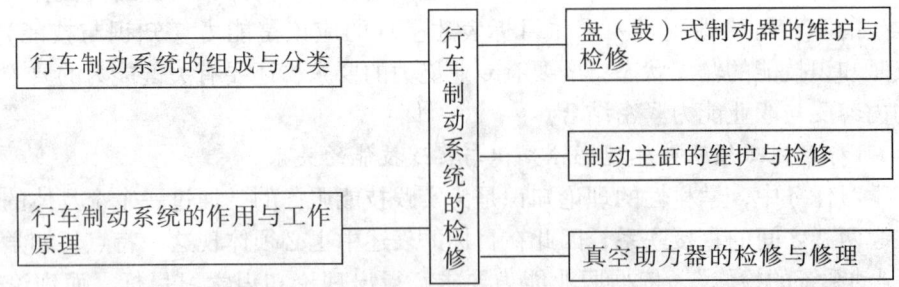

图3 学习任务"行车制动系统的检修"内容结构导图

情境导入：导入该学习任务，图文并茂，增强趣味性和吸引力。

知识准备：呈现相关知识，为后续任务实施打下基础。以引文的形式展开，在完成知识准备后，列出工作前需准备工具、设备、辅料等和车辆信息查询内容。一般的知识准备要尽量简洁，部分跟实操任务结合紧密的知识点可在后面计划与实施中补充。

实操任务：在每个学习任务下面开设2~3个典型工作任务，提出任务目标，描述工作任务主要内容，并按一定计划实施。

（1）任务目标：提出该学习任务的知识、技能学习目标。

（2）任务描述：按企业岗位实际，描述任务要求，让学生进行"咨询、计划和决策"。

（3）计划实施：按照企业工作任务开展顺序，安排学习任务逻辑顺序，实现"做中学、学中做"，理实一体，教材、学材一体，计划实施以引导文引导实施。

案例分析：案例分析中的案例具有与学习任务相关性和代表性，案例配有若干个引导性问题，引导学生完成案例分析，让学生思考，做到举一反三。锻炼学生的案例分析能力，培养学生获取维修信息能力：设计引导学生自主查阅维修手册，或者上网查找维修资料，获取知识以解决问题。

评估反馈：设置自我评价、学习自测题、互评、师评等多方评估反馈学生学习成果。

（1）自我评价：学习达成度的自我评价及总结反思。

（2）学习自测题：根据知识和技能的重要性进行强化训练。

（3）互评：组内合作者相互评价，体现过程评价。

（4）师评：设计教师评价表格，由教师进行勾选，作为本部分学生的成绩。

知识技能拓展：针对知识准备、实操任务、活动安排中没有涵盖，且较为重要的知识和技能，安排知识技能拓展模块，或者展现相关联领域的新技术、新知识。

参考答案：针对知识准备、实操任务、学习自测题等留下的问题，提供参考答案。

其他小模块：任何部分都可以增加一些小模块，体现工作安全、环保生态以及趣味性与活泼性。例如一些延伸知识点设置"小词典"；涉及工作要点提供"小提示"；涉及工作安全步骤的有"安全警告"；补充知识和技能点有"读一读"；一些与知识点相关联的设置"想一想"；一些需要查阅资料的设置"查一查"，此外还有"做一做""练一练"等等。

## 七、结束语

现代职业教育体系视野中的教材研究开发是基于职业能力的学习任务设计，教材的开发不仅要求教育专家熟悉本专业的知识，还要有企业实践专家的参与，才能得出有学习价值和符合人才成长规律的学习任务。学习任务源于企业工作任务的实践，其在教学实施过程中，必须适时根据企业情况、学习任务设计存在的问题，对学习任务进行改编升级，配合学校设备建设，在教学实践中不断修正，以达到更好的教学效果，促进现代职业教育课程深入有效地实施，培养具有综合职业能力的人才。

## 参考文献

[1] 李海东,杜怡萍. 中高职衔接标准建设新视野:从需求到供给[M]. 广州:广东高等教育出版社,2014.

[2] 广东省教育厅,广东省教育研究院. 广东中高职衔接专业教学标准研制:职业能力分析[M]. 广州:广东高等教育出版社,2014.

[3] 广东省教育厅,广东省教育研究院. 中高职衔接专业教学标准和课程标准:汽车运用技术专业[M]. 广州:广东高等教育出版社,2015.

[4] 赵志群. 职业教育工学结合一体化课程开发指南[M]. 北京:清华大学出版社,2009.

[5] 邱志华. 工学结合课程中学习任务的开发:以汽车传动系统工作页为例[J]. 职教通讯,2010(5):78-81.

[6] 庞柳军,曾晖泽. 汽车制动系统维修工作页[M]. 北京:人民交通出版社,2013.

# 对国际商务类专业制定专业标准的思考

## 刘红燕 楼 洁[①]

深圳职业技术学院国际商务专业承接了广东省制定专业标准的项目,前期在广东省教育研究院的领导下,做了很多调研工作,现把在调研中发现的问题和一些思考与大家分享。

### 一、当前省内国际商务专业呈现的特点

在项目的调研阶段,通过对大量学生进行问卷调查,走访相关院校的同类专业,访谈相关企业,我们较好地了解了企业和学生的现状,对学生的岗位情况、同类专业的办学情况、企业的要求等有了更多更深的了解,应该说对我们而言是一次不可多得的深入了解和学习的机会。

经过大量的调研和相关数据的分析,我们发现国际商务类专业呈现以下特点。

1. 专业国际化成为趋势,学生就业前景看好

在当今全球一体化的大背景下,国际商务专业企业对于人才的需求种类繁多,主要集中在外贸类人才、营销类人才与物流货代类人才。随着我国出口贸易额稳步提高,加之国家对于跨境电商的扶持力度加大,大量岗位虚位以待。这些业务的开展很大程度依赖于中外合作往来,从而对毕业生的国际化程度与跨文化交流能力提出了很高的要求。为了顺应时代潮流,高职院校必须加强国际化程度,培养适合企业需求的人才。

调研组发现,国际商务相关企业最倾向于聘用高职、本科学生,尤其愿意招聘专业对口的学生。一方面,由于高职学生在校内接触大量实际、应用知识,进入工作以后可以较快地适应工作岗位,使得他们在就业市场中有着良好的前景;另一方面,国际商务专业毕业生由于接受较多外语方面教育,同时也掌握大量商务专业知识,对于进入国际化企业有先天的优势,也有很强烈的意愿。鉴于企业、学生需求强烈,相关高职院校更应该大力加强专业的国际化建设,以顺应市场需求。然而,调研组也发现,当前企业对于国际商务高职毕业生的评价并不理想,大部分企业认为毕业生的实操能力、沟通能力以及团队合作能力仍需大力提升。

2. 广东省内各城市国际商务发展水平参差,业态繁多,人才培养难度较大

广东省内分布着大大小小众多国际商务相关企业,其中大部分集中在深圳、广州、

---

[①] 作者单位:深圳职业技术学院。

东莞等地，粤东、粤北等地区则较少。这些企业从事的业务也各不相同，其中最常见的包括外贸类、营销类、物流货代类、财务类、电子商务类。不同业务的企业设置的岗位千差万别，对毕业生的需求也大相径庭，导致学生技能培养难度大大提升。如何总结、归纳不同岗位群的工作内容与能力要求，从而加强毕业生的竞争力，是国际商务专业人才培养计划制订中急需解决的课题。

3. 当前高职院校国际商务专业的国际化程度总体不高

虽然地域特色、行业的变化与发展对高职毕业生与相关院校的国际化水平提出了很高的要求，但是通过对在校生与毕业生的调查，本课题组发现，当前开办国际商务专业的高职院校国际化程度尚不理想。离学生满意、企业满意的目标还有较大的距离。虽然国际商务专业冠以"国际"之名，但是如何体现国际性却并不明确。专业国际化与否关系着学生的切身利益，是提升学生软实力的重要因素。然而，大部分院校当前只停留在开设外语课、国际贸易、国际营销等理论课程，没有真正实现学生国际化交流、国际化贸易实务能力的落地。如何提升专业的国际化水平还需要相关院校进一步探索。

4. 部分院校积极探索国际化建设道路，取得突破

虽然相关院校的总体国际化水平不如人意，但是有部分院校已经在探索国际化建设道路中迈出了一大步。例如，在当前产业与互联网深度融合的背景下，一些院校都在跨境电商方面加大投入，与大型网络平台如敦煌网、阿里巴巴等加强合作，开展实际贸易业务，开设了国际电子商务平台操作、在线国际贸易实战、网络营销实务、电子商务实务等课程。有些院校依托行业、校企合作的专业优势，将校企合作落实到专业的国际化建设，如与企业共建在线国际贸易实战中心、网络营销中心等。还有一些院校与国外大学、教育机构合作，探索中外合作办学，引入原版教材等。这些举措都为国际商务教学标准与课程标准建设国际化打下了良好的基础。

5. 国际商务企业对外语能力、沟通能力有较高的要求

通过调研发现，由于岗位需要，国际商务企业不仅对毕业生的英语听说能力有较高的要求，对学生的沟通能力也要求较高。然而相关企业普遍反映，当前很多毕业生的外语能力、沟通能力尚不能满足企业需求。毕业生也反映，现在高职院校的外语教育仍然不能显著提高他们的外语水平。他们提出，外语水平的提高对于他们的长期发展极为有利。另外，在沟通能力方面，纵观各大院校的课程设置，针对学生的沟通、交流能力设置的课程与实训基本空白。因此，高职院校极有必要对当前课程进行改革，强调外语课程的应用性以及沟通交流能力的培养。

6. 学生认为高职院校的教学过于理论化

高职院校的教育目标是培养生产一线的工作人员，因而课程设计需要以实践为导向，通过对国际商务学生的调研发现，大部分学生仍然认为学校的教学过于理论化。同时，企业也反映学生的动手能力、实操教育仍然较为缺乏。由此可见，高职院校对于课程改革和校企合作进一步深入开展势在必行。

7. 国际商务学生对于高职院校认可度欠佳，但对专业兴趣强烈

通过对在校生的调研发现，大部分学生选择高职院校是出于考不上本科的无奈之举，这对他们的学习积极性是较大的打击。然而值得欣喜的是，学生对于专业的选择，

大部分是出于自己的爱好，说明学生对于专业有较高的认可度。这与国际商务专业较高的就业率、薪酬水平不无关系。

另外，高职毕业生在就业岗位中大部分充当普通工作人员的角色，较少毕业生成为公司中层与高层管理者，说明高职学生由于知识结构偏重实际，缺乏对事物抽象的理解能力，在长期职业生涯上升通道中相较于本科院校毕业生、研究生会存在瓶颈。与此相关的，课题组也注意到，很大一部分的毕业生都表示，出于对当前现状的不满，希望争取进一步深造或者跳槽以获得更好的机会。

## 二、针对上述特点在制定专业标准时应注意的问题

针对上述的问题，课题组建议在未来制定专业标准时，要注意以下几个方面的问题。

1. 关注行业趋势，及时调整课程体系

对一个专业来说，专业标准是培养人才的重要基础，而课程体系则是核心，通过调研，我们发现国际商务类专业的学生普遍在外贸行业、货代行业、国际营销行业就业，而随着信息化的发展，跨境电商逐渐补充或者取代传统的外贸方式，国际结算的方式和物流的形式也发生变化，国际营销中新媒体营销、整合营销、直复营销也日益广泛，这些产业变化应该及时反映在专业课程体系的调整中，以保证我们培养的人才能顺应产业的变化。

此外，信息化也同样给教育行业带来变化和影响，慕课、微课的发展渐渐成为一种趋势，学分互认、弹性学分制将会成为必然，如何针对这种趋势，在课程体系中进行体现也应该是专业教学标准应该考虑的问题。

2. 联合企业，制定分层的专业标准

通过调研，我们发现广东省内的国际商务类专业发展水平参差不齐，建议在未来联合一些优秀国际化企业参与专业标准的制定，针对国际商务相关行业业态繁多、岗位繁多且差异大的情况，根据每个学校的具体情况，进行分层专业标准的设计，比如说对于典型行业能力需求中的共性，例如学生沟通能力、外语能力、实操能力等能力，可以设计通识课统一培养，在专业拓展课上，可以根据学校不同的差异，根据用人单位岗位的差异，进行分层设计，以满足各个层面学校的需求。

3. 引进行业标准和国际标准，提升国际商务类专业人才培养质量

在众多企业走访调研中，企业多次提到学生的动手能力仍然欠佳，并且存在理论知识与实践脱节的情况，也提到用人不仅看学历，更关注学生的职业精神、团队合作、沟通能力等综合素质。调研中学生也反映了学校设置的课程实用性不强等问题。要解决这些问题，在未来把行业标准引进专业标准，同时借鉴国际标准将是有价值的探索与实践。

建议深入了解行业、企业的要求，引进行业标准；同时多方比较国际商务类专业在职业教育发达区域的做法与实践，尤其是职业教育发达程度较高的国家，如德国、澳大利亚等国相关行业标准和专业标准，取长补短，进行必要的借鉴与创新。

同时，结合广东省对国际商务类人才的需求现状，加强课程设置及提高内容的适用

性、实用性、应用性，探索新的校企合作模式，利用信息化的契机，进行"厂中校""校中厂"的探索，例如，利用国家对跨境电商大力扶持的契机，加大在跨境电商方面的投入，具体可以与大型跨境电商合作，将网络营销实务、国际电子商务等课程的设置与跨境电商的实操高度融合，真正让课程的设置与内容及要求落地，在校企共育中提升人才的培养质量。

4. 鼓励部分中外合作办学专业进行"本土化"与"国际化"融合的探索与实践

此次调研中发现中外合作办学是一些国际商务类专业国际化发展的途径，学校采用全部或者部分的国外专业标准培养学生，学生全部或者部分学习外方课程，该部分课程全部使用英文教材，学生较好地提升了英语能力、跨文化交际能力，并且成绩合格可以获得双文凭，为学生就业及出国升学带来了更多机会。应该说，这种模式对于提升学生与专业的国际化水平都有重要意义，这类学校的国际商务类专业的国际化也走在全省前列。但是这些专业也面临一些问题，如按照外方体系进行人才培养，"国际化"的同时忽略了"本土化"的课程改造，因为有些外方课程并不适应国内学生的学习和培养，而毕业后国内就业的学生仍然是多数。对于这类走在前面的专业，建议未来在专业教学标准的调整中能根据学生就业的岗位能力，对外方课程进行适度整合，进行本土化改造，增加本土化的教学资源；同时在专业教学标准中适度增加本土化的课程，提升学生就业能力，通过"国际化"和"本土化"课程的融合，为国际商务类专业的国际化人才培养提供经验。

5. 加大英语课的教学改革力度，提高对国际商务类专业英语水平的要求

从调研结果可以看出，学生普遍对国际化的专业有浓厚兴趣，这与全球经济一体化的发展是密不可分的，也和广东地区国际化的程度及较好的就业市场分不开，但是学生普遍感觉在校期间课程的国际化程度和应用性都不够，这说明我们的课程体系在国际化和应用性方面亟待提高。

英语是国际化发展的一个重要工具，因此，学校要加大英语课的教学改革力度。首先，在必要时可以在录取时增加对英语水平的要求；其次，建议国际商务类专业要增加英语课程的学时，提高对专业英语水平的要求，促进该专业的学生更好地掌握国际化的工具；最后，建议有条件的学校专业课采用双语教学，适度选用英文教材，让英语进一步与专业课有机结合，通过这种融合，提升学生英语水平。

6. 培养一支"双师型"、专兼结合的国际化教学队伍

国际商务类专业的国际化，离不开一支国际化的队伍，一批优秀的"双师型"教师是保证教学质量的关键因素。因此，在专业标准设置中，应设置有效机制，促进高职教师与企业、行业的有效互动，例如，对于教师下企业制定一定的激励机制，让教师了解、熟悉企业的要求，可以在教学中贴近企业实际，同时通过校企合作，提升专业在行业中的影响力，为行业提供力所能及的服务。

同时，要和合作企业建立有效机制，通过"订单培养""企业进校"等方式促进企业专家走进课堂，实现校企共育的人才培养模式。

再者，专业国际化的建设有赖于教师队伍国际化水平的提高，因而相关院校需要提高专业教师的国际化程度，可以通过聘用有留学经历的教师或者外教，派遣教师去国外

院校交流访学等提升团队的国际化水平,保证专业国际化教学的实施。

### 三、对后期研制相关专业教学标准的建议与思考

在后期研制专业教学标准中,要注意以下几个问题。

1. 关于课程体系

在职业能力分析完成的基础上,再组织研讨专业的课程体系,讨论如何实现课程和职业能力的呼应。总之这个课程体系应该体现与核心岗位的对接,与核心职业能力的对接。在课程上要进行大胆的解构和重构,构建以学生为中心、以实践为中心的课程体系。同时探索如何进一步压缩学时学分,把更多的时间留给学生和课堂外的学习。

2. 关于专业教学标准

在后续研制专业教学标准中,要关注国际上同类专业的建设情况,争取借鉴国际经验在专业标准中予以体现,通过一些国际比较,增加专业的"国际特色"。

同时,针对调研的省内相关院校和专业发展不均衡的现状,进行分类、分层的专业标准设计,让研制的标准有更大的适用性。在可能的情况下,与职业标准或者技能考证进行关联。

3. 关于课程标准

在前期调研中,已经反映出课程内容的实用性欠缺,且与企业的要求有较大的距离,主要问题还是在于课程改革还没有深化,大多数教师还停留在传统教学的思路里。因此,省级标准的制定要起到引领作用,在研制课程标准时,应进行大的突破和改革,能拿出体现工学结合特色的标准,能体现课程的发展趋势,能把好的模式和设计在课程标准中予以体现,要体现先进性和方向性,在省内起到示范与引领作用。

同时对于一些特色课程,争取在这次项目研制中,尝试进行项目化课程、翻转课堂、移动学习的探索与实践,争取把这些反映到课程标准中,为兄弟院校的课程建设提供一个有价值的参考。

# 企业对电子商务专业人才需求现状与对策研究[①]

## 杨 军[②]

### 一、前言

2013年年初,广东省教育厅启动了职业教育标准研制工程,通过招标,首批推出9个中高职衔接专业教学标准和课程标准研制,取得了众多成果,受到全国同行的强烈关注与教育部的高度肯定。本次企业调研是为广东省教育厅第二批职业教育标准研究系列"中高职衔接电子商务专业教学标准研究与实践"课题研究需要而开展的。该课题是以广东女子职业技术学院、广东轻工职业技术学院、广东省对外贸易职业技术学校、广东省海洋工程职业技术学校为牵头单位,联合顺德职业技术学院、广东农工商职业技术学院、广东省财经职业技术学校、广州番禺职业技术学校、深圳头狼电子商务有限公司、广州苏锐科技有限公司、广东省网商协会等院校、企业和协会,共有4所高职学院、4所中职学校、2家企业、1家行业协会,课题参与人员达46人。

本次企业人才需求调研于2015年1月开始筹备,制订详细的调研方案和企业调查问卷,确定调研目的与意义、调研步骤、调研工作安排。调研工作于2015年3月1日正式启动,2015年4月30日结束,历时61天,直接参与调研人员以及统计分析工作人员共有28人,其中高职12人、中职8人、企业2人、在校学生(参与问卷统计)6人。

### 二、研究方法与调研样本分布

本次调研样本主要以网上填报(网络问卷星)、现场填报(纸质版问卷)和现场企业调研等三种方式获取。研究采用了调查问卷法、访谈法、文献研究法、统计分析法和座谈法(头脑风暴)。

电子商务企业类型分为应用型企业、服务型企业、商贸型企业和平台类企业。由于平台类企业,诸如淘宝网、京东商城、阿里巴巴等企业,直接招收电子商务毕业生人数极少,不具代表性。因此本次调研一共调研企业122家,收到有效调查问卷105份,走访调研了36家企业,分别涉及电子商务应用型企业、服务型企业和商贸型企业。地域

---

[①] 基金项目:广东省高等教育教学改革立项课题:中高职衔接电子商务专业教学标准的研究与实践(项目编号:201401142)。

[②] 杨军,男,湖南怀化人,广东女子职业技术学院教授,主要从事电子商务人才培养与高等职业教育研究。

分布遍及珠江三洲角地区，粤东、粤西和粤北地区。

## 三、调研资料分析

### （一）企业对人才的需求现状

1. 当前企业招聘电子商务岗位技能人才的主要来源

从统计结果来看，目前企业招聘电子商务岗位技能人才的主要来源是人才招聘市场和招聘中介，其次是"其他"来源渠道，这包括了网上招聘、网络视频面试、校园招聘会、招聘软件等其他形式，见图1。

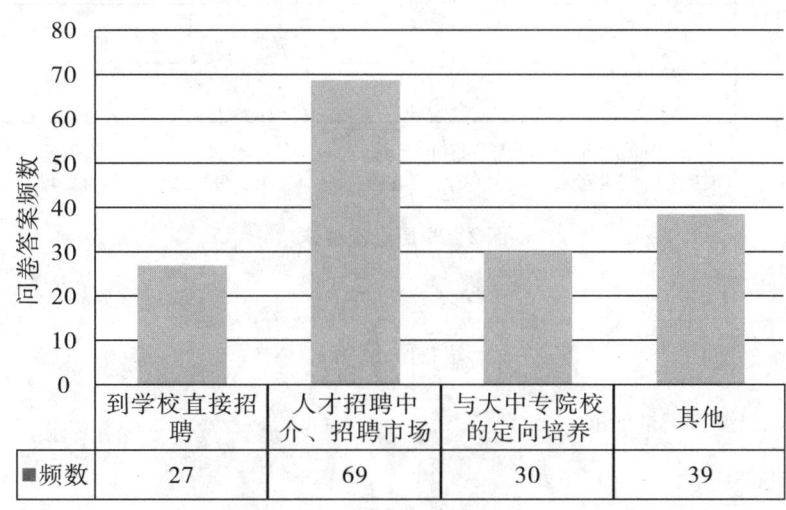

**图1　企业招聘人才主要渠道**

2. 企业对电子商务人才的学历层次要求

统计结果如图2所示（因问卷中是多选题，图中比例之和不能归为100%），可见企业对高等职业教育的毕业生情有独钟，对于高等职业教育培养出来的人才实践操作技能强、工作上手快等持肯定态度。但大量的报道与文献资料也显示，企业认为高职教育培养的学生，其岗位的针对性不强。他们希望学校以行业岗位群定位培养改成以特定岗位培养，其针对性更强。这是专业普遍性培养与企业个性化需求的供需矛盾，当前校企合作订单式培养正在探索解决这一供需矛盾。

3. 企业对获取职业资格证书的要求

企业在招聘电子商务专业毕业生时，对他们是否取得职业资格证书、取得什么等级的资格证书有何要求？问卷反馈的信息显示，有45.5%的企业对是否取得职业资格证书无任何要求，有34.7%的企业只注重是否有资格证书，至于是什么等级不感兴趣（见图3）。这充分说明现在的企业非常注重毕业生的实际能力与水平，对社会各个部门、单位、协会所发的"证出多门"的资格证书失去信心、缺少辨识力。值得一提的是有个别企业在"其他"选项里加填了四级英语证书的要求，经过了解是该企业对跨境电子商务岗位的英语水平要求。

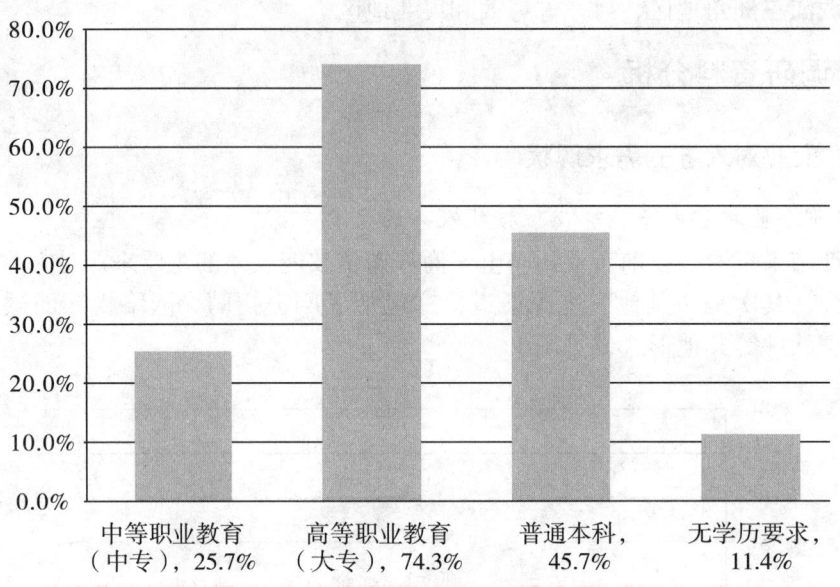

图2 学历层次要求

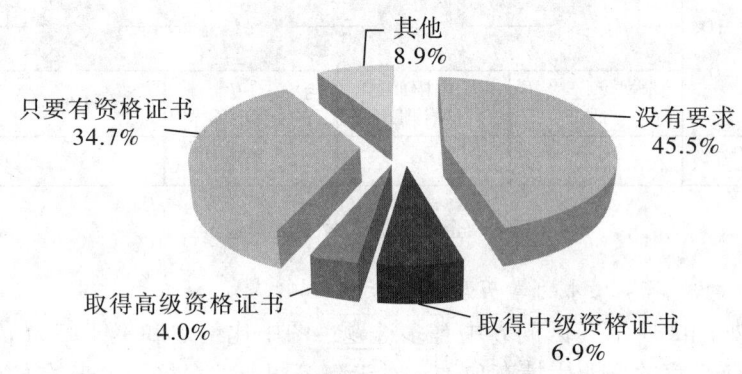

图3 企业对职业资格证书的态度

4. 企业对人才综合素质的要求

企业对人才综合素质的要求，首先是要有工作责任心，其次是具有团队精神和专业水平（见图4）。而组织协调能力、开拓创新能力、诚信度则要求最低。分析其原因，主要因为企业招聘的是首次入职的新员工，对新员工的素质要求首先考虑的是能否有较强的专业水平和足够的责任心，能否胜任工作岗位，这是对普通员工基本素质的要求。至于组织协调、开拓创新等能力则是企业中高层管理人员所应具备的素质，企业可以有足够的时间进行内部培养。

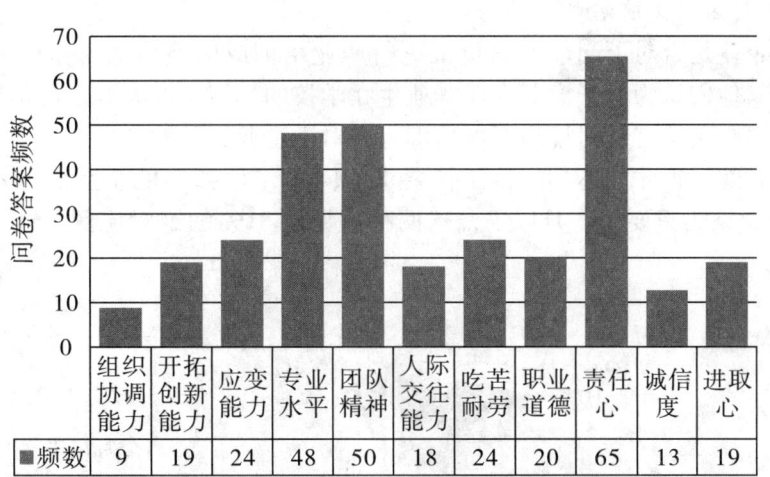

图 4　人才综合素质要求

## （二）企业对电子商务专业毕业生的评价

### 1. 毕业生的最大不足

用人单位认为当前电子商务专业毕业生存在的最大不足是"眼高手低、流失率高"和"专业知识不扎实"，分别占 58.3% 和 42.7%（见图 5）。这充分说明了在如今普遍浮躁的社会，专业知识学得不扎实、"半桶水"的现状很普遍，反映出企业对员工因为专业知识与技能不强而导致的不能胜任工作任务的担忧。同时在社会人才竞争异常激烈的今天，保持企业员工稳定、公司可持续发展也是当务之急。问卷中有一家公司在"其他"选项中，认为"遇事总说不会"也是现在毕业生初入岗位时的最大不足，值得深思。

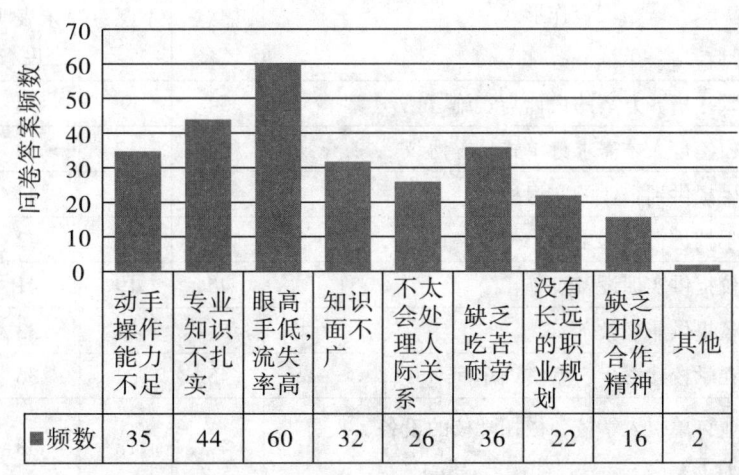

图 5　毕业生的最大不足

## 2. 入职前需要岗前培训

在调查企业是否对上岗前的新员工进行职业培训或岗前培训时，有 77.1% 的企业持肯定态度。他们认为电子商务专业毕业生在学校的学习，最大的不足是缺乏实践训练的机会，上岗前必须有针对性地开展培训。而对于企业招聘的电子商务毕业生，一般需要经过多长时间培训才能达到岗位工作要求的问题，有 42% 的企业认为是 1~3 个月，而 39% 的企业认为只要 1 个月以下，这两种意见以 81% 的绝对比例，远远高于其他意见，见图 6。

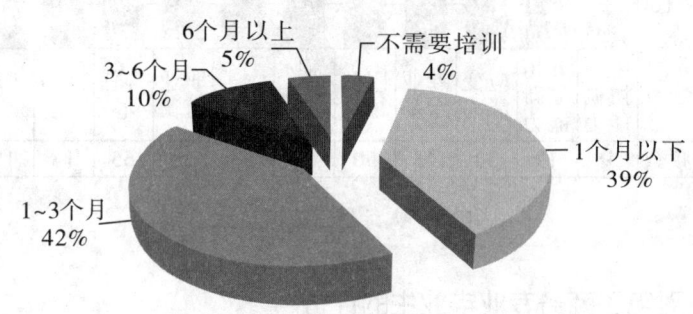

图 6　岗前培训时间

### （三）企业参与校企合作的情况

#### 1. 企业参与校企合作的意愿

企业参与校企合作的意愿，如表 1 所示。

表 1　企业参与校企合作的意愿

| 序号 | 合作形式 | 企业的意愿 | | | |
| --- | --- | --- | --- | --- | --- |
| | | 愿意/家 | 不愿意/家 | 未表明态度/家 | 愿意参与的比例/% |
| 1 | 参与人才培养方案的设计与实施 | 54 | 9 | 42 | 51.4 |
| 2 | 与学校签订人才需求订单式培养协议 | 54 | 12 | 39 | 51.4 |
| 3 | 为师生提供到企业的实习机会 | 55 | 6 | 44 | 52.4 |
| 4 | 委托学校进行员工培训 | 50 | 13 | 42 | 47.6 |
| 5 | 为学校提供实训设备设施 | 45 | 19 | 41 | 42.9 |
| 6 | 为学校提供兼职教师 | 51 | 21 | 33 | 48.6 |
| 7 | 企业在学校建立生产型实训车间 | 45 | 24 | 36 | 42.9 |
| 8 | 把企业订单引入学校，依托学校的设备、人员进行生产加工 | 49 | 18 | 38 | 46.7 |
| 9 | 出资联合办学 | 43 | 34 | 28 | 41.0 |

2. 希望政府为校企合作提供政策支持

希望政府提供哪些优惠政策来推动企业参与职业教育的积极性，如图7所示。

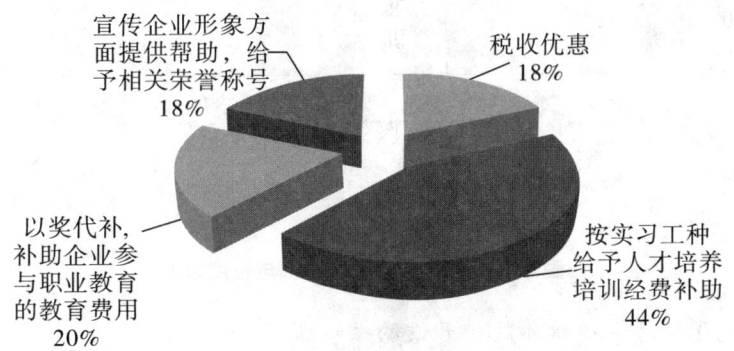

图7　希望政府提供的优惠政策

### （四）企业对电子商务人才培养的建议

1. 建议毕业生应该掌握的知识与技能

企业能在激烈竞争环境中生存下来，在实践中肯定有不断摸索总结出的经验，在用人上更有自己独到的见解。企业建议电子商务专业的毕业生首先要掌握的是客户关系管理和信息资源管理，其次是市场营销与网络营销，如图8、图9所示（考量指标太多，因此分解为上下两张图，其比例关系完全一致）。在客户至上的今天，掌握了人脉资源，维护和管理好客户关系，就掌握了市场制胜的先机。而市场营销与网络营销是电子商务专业的核心技能，其在电子商务运营中所起的重要作用可想而知。

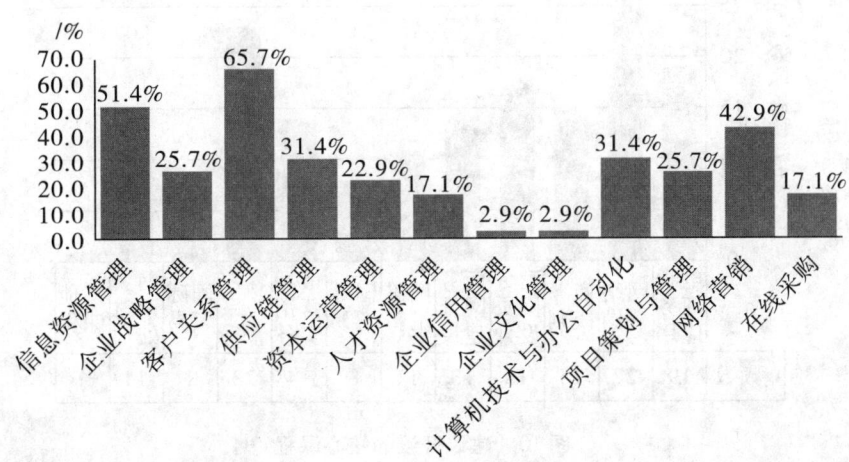

图8　毕业生应掌握的知识与技能（1）

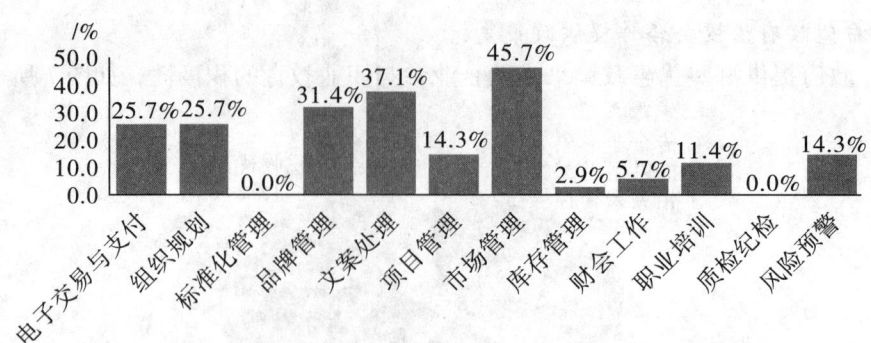

图 9　毕业生应掌握的知识与技能（2）

2. 建议电子商务人才培养院校开设的核心课程

按照企业的建议，建议量由高到低的 5 门核心课程是：网络营销、客户关系管理、电子商务应用、商务网页设计、商务谈判，见图 10。客户关系管理排在第二位，对于长期从事教育的教师们来说有点匪夷所思，因为目前大多数院校的电子商务课程体系中未将客户关系管理列入核心课程的行列，甚至有的还列在选修课之列。但从企业的角度，客户至上才能集聚人脉资源和合作伙伴，形成良好的买卖关系。怎样维护和管理好客户关系，就必须依靠一门客户关系管理课程来支撑人才的培养。这个观点在上一点企业建议毕业生应该掌握的知识与技能中，客户关系管理技能遥遥领先，形成了相互呼应，企业观点高度一致。值得一提的是在其他课程中，有企业提到增加一门 ECRM 课程，即美国一家著名的商业培训机构的课程，广大教育工作者可以参考和关注。

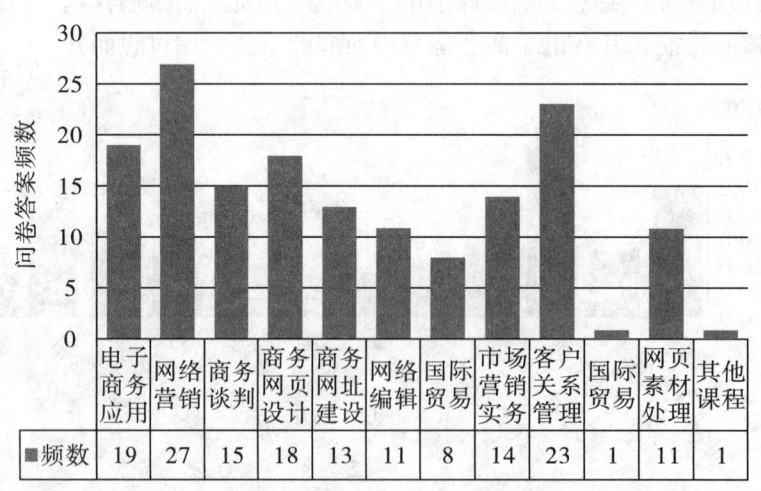

图 10　建议开设的核心课程

3. 建议考取的职业资格证书

在调查中，有 45.5% 的企业在招聘人才时对是否取得职业资格证书无任何要求，有 34.7% 的企业只注重是否有资格证书，至于是什么等级则不感兴趣。企业在人才招聘时虽然不强调职业资格证的重要性，但还是给中高职院校电子商务专业推荐了以下一系列的职业资格证书，如图11所示。按推荐量由高到低排列，有62.9%的企业推荐了电子商务师资格证书，有51.4%的企业推荐了图像处理Photoshop资格证书，还有42.9%的企业推荐了网页设计师资格证书。另外在问卷选项以外，有企业推荐了跟单员和PMP（项目管理专业人士资格认证，由美国项目管理协会鉴定和颁发）资格证书，这一点值得关注。

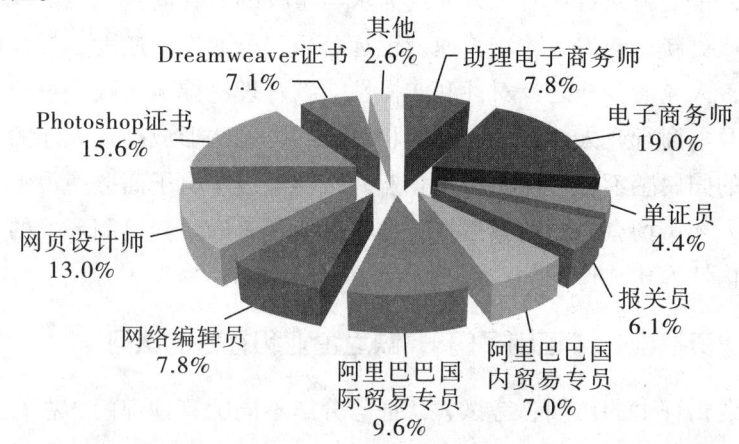

**图11　建议考取的资格证书**

## 四、调研结论

### （一）电子商务发展迅猛，新业态不断涌现

1．O2O线下渗透趋势明显

O2O模式是一种新型的网络营销模式，O2O即Online To Offline，线下销售与服务通过线上推广来揽客。随着互联网上本地化电子商务的发展，信息和实物之间、线上和线下之间的联系变得愈加紧密，迅速构建了一条"资讯→生产→供应链→门店前端体验（线下）→购买（线下线上结合）→评价→售后服务"的服务流程。

2．电子商务岗位趋向细分化

随着电子商务的快速增长和不断成熟，原来粗放型的"一岗到底"的"电子商务专员"岗位逐渐细分为运营、推广、营销、美工等分工更细的专业岗位。这为电子商务人才培养定位带来了新的方向。

3．跨境电商、移动电商进一步升温

在国家层面诸多推进政策和试点工程的引领下，我国跨境电子商务除了交易总额继续爆发式攀升外，产品品类和销售市场也日趋多元化。同时智能手机的不断普及以及移动通信4G的带宽速度大幅度提升，催生了利用手机、iPad移动端等无线端新媒体电子商务营销的形式，2014年出现了井喷式地增长。随之而来的是跨境电商专员、外贸专员、无线端推广等新兴电子商务岗位的涌现。

## （二）电子商务人才存在结构性缺口

除近年来全国电子商务人才总体数量上供不应求以外，更大的问题在于局部电子商务发达地区存在一方面毕业生找不到专业对口的工作，另一方面企业却招不到人的现象。究其原因，一是新兴行业对于人才的需求与学校的教育周期不匹配，加之电子商务知识体系的快速更新，使得人才培养速度远远落后于行业发展速度；二是电子商务教育体系不够完善，人才培养缺乏针对性和实操性，教育理论课与实践严重脱节；三是较高的生活成本以及电商行业人才认证机制的相对滞后，无法形成高端人才的全面持续性服务体系，人才的归属感不强；四是传统企业升级转型进军电子商务使得本来就已经白热化的电子商务人才市场竞争更加激烈。总体来看，现有的培养机制环境的不够完善造成了电子商务结构性人才缺口。

## （三）职业资格证书"证出多门"，缺乏企业和社会的认可

在我国，资格证书的培训、考试、认证等分属不同的管理部门，在行业准入方面要求也不一样，直接造成了企业对各种"证出多门"的资格证书的不信任，导致各种资格证书含金量下降。在调查中发现，有45.5%的企业在招聘时对应聘者是否取得职业资格证书无任何要求，有34.7%的企业只注重是否有资格证书，至于是什么证书什么等级不感兴趣。

## （四）电子商务人才职业生涯发展路径

从企业调查问卷以及企业座谈中，普遍了解电子商务专业毕业生工作以后的任职情况，包括就业单位、企业类型、岗位及变迁、职务晋升以及各段经历的工作时间，毕业生职业生涯发展路径，如表2所示。

表2　电子商务人才职业生涯发展路径图

| 岗位层级 | 就业岗位 | | | | | 学历层次 | 发展时间/年（参考时间） | | |
| --- | --- | --- | --- | --- | --- | --- | --- | --- | --- |
| | 运营类岗位 | 推广营销类岗位 | 客服类岗位 | 编辑设计类岗位 | 策划类岗位 | | 中职 | 高职 | 本科 |
| V | 运营总监 首席运营官（COO） | 推广总监 | 客服总监 | 设计总监 | 策划总监 创意总监 | 本科 | — | — | 5~8 |
| IV | 运营经理（店长） | 推广经理 | 客服经理 | 设计经理 美工经理 | 策划经理 | 高职、本科 | — | 5~8 | 3~4 |

续上表

| 岗位层级 | 就业岗位 | | | | | 学历层次 | 发展时间/年（参考时间） | | |
|---|---|---|---|---|---|---|---|---|---|
| | 运营类岗位 | 推广营销类岗位 | 客服类岗位 | 编辑设计类岗位 | 策划类岗位 | | 中职 | 高职 | 本科 |
| Ⅲ | 运营主管 资深运营 | 推广主管 视觉营销 | 客服主管（组长） | 设计主管 高级文案 视觉设计 美工设计师 平面设计师 | 策划主管 | 高职 | — | 3~4 | 1~2 |
| Ⅱ | 运营专员 分销专员 移动运营 跨境电商专员 外贸专员 | 网络营销专员 微信营销 推广专员 商品专员（无线端推广） SEO专员 数据分析专员 | 客服专员（售前、售中、售后） VIP客服 | 网店美工 产品摄影 网络编辑专员 文案专员 | 策划专员 文案策划 视觉策划 | 中职、高职 | 1~2 | 0.5~1 | — |
| Ⅰ | 运营助理 | 推广助理 | — | 美工助理 编辑助理 | 策划助理 | 中职 | 0.5 | — | — |

## 五、对策与建议

### （一）加强对跨境电商、移动电商人才的培养

随着跨境电子商务在国内不断升温，由于电子商务人才培养的滞后性，当前跨境电子商务人才已经到了奇缺的地步。一些企业将招聘条件甚至降低到了"懂英语、会电脑"的程度，可见人才市场缺口之大。跨境电商人才需要兼具外贸人才和国内电商人才的双重能力，而且由于电商工作有着很强的本土特点，因此企业很难从外部直接招聘。微信、微博及智能手机、iPad 平板电脑的快速发展和普及，移动电商营销人才也同样奇缺。建议各个院校尽早修改电子商务人才培养方案，研讨增加专业方向，甚至直接申报教育部专业目录以外的新专业。

## （二）注重对电子商务岗位及能力分析，及时调整课程体系

由于电子商务岗位趋向细分化，过去传统企业尝试涉足电子商务时就设立一个电子商务专员岗位。随着电子商务市场的不断成熟，过去"一岗鼎立"的局面不复存在，随之而来的是电子商务岗位的不断细分，目前已形成了运营类、推广营销类、客服类、编辑设计类和策划类等五类岗位群。因此，建议中高职院校要注重及时调研分析各岗位的典型工作任务和能力要求，转换为教学情境，最后对应到支撑的课程，重构课程体系，让人才培养及时跟上市场变化。

## （三）职业资格证书的混乱只能通过国家层面的顶层设计来解决

职业资格证书制度是国际通行的行业准入制度，是我国劳动就业制度的一项重要内容，同时也是一种特殊的国家考试制度。它是按照国家制定的职业技能标准或任职资格条件，通过政府认定的考核鉴定机构，对劳动者的技能水平或职业资格进行公证、科学规范的评价和鉴定。然而，现在不仅仅是电子商务资格证书出现培训、认证、发放、管理的混乱以及社会认可度差，其他职业资格证书也普遍存在同样问题。建议在国家层面加强顶层设计，建立与学历互通的国家职业资格证书体系，加强管理，建立具有可操作性的国家职业标准等，促进职业资格证书制度的良性发展。

**参考文献**

［1］教育部职业教育与成人教育司. 高等职业学校专业教学标准（试行）：财经大类　文化教育大类［M］. 北京：中央广播电视大学出版社，2012.

［2］温福军，郭海龙，刘越琪，等. 中高职汽车专业职业教育课程衔接研究［J］. 职业技术教育，2014（5）：25－28.

［3］李成刚，董新平. 企业电子商务人才需求特征分析［J］. 电子商务，2014（3）：63－64.

［4］王锦. 基于涉外电子商务岗位能力导向的英语翻译能力培养探析［J］. 职业技术教育，2014（17）：50－52.

［5］邓之宏，钟利红. 中国企业电子商务岗位人才核心技能需求实证研究：基于招聘广告的内容分析［J］. 企业经济，2013（9）：97－100.

［6］王昌滨. IT职业生涯发展路径［J］. 软件工程师，2011（10）：45－46.

［7］张再生，肖雅楠. 职业生涯发展理论及中国本土新现象：隐喻视角分析［J］. 东北大学学报（社会科学版），2008（4）：319－326.

［8］姜大源. 现代职业教育与国家资格框架构建［J］. 中国职业技术教育，2014（21）：23－34.

［9］龙洋. "3＋2"中高职衔接课程体系设计的实践探索［J］. 中国职业技术教育，2014（5）：67－70.

附录

1. 广东省教育厅关于开展中高职衔接专业教学标准和课程标准研制工作的通知

# 广 东 省 教 育 厅

特　急　　　　　　　　　　　　　　　粤教教研函〔2013〕7号

## 广东省教育厅关于开展中高职衔接
## 专业教学标准和课程标准研制工作的通知

各地级以上市及顺德区教育局，有关高职院校、省属中等职业技术学校，有关单位（机构）：

　　为深入贯彻落实党的十八大精神，加快发展现代职业教育，推进广东特色现代职业教育体系建设，提高技术技能型人才培养质量和水平，我厅将组织教育部门、职业院校及其他相关单位（机构）开展中高职衔接专业教学标准和课程标准研制工作。现将有关事项通知如下：

　　一、工作目的

　　为适应我省经济发展方式转变、产业结构升级和社会发展需要，以及建设广东特色现代职业教育体系的要求，大力推进以服务为宗旨，以技能为核心，以就业为导向，对接行业产业发展的中高职一体化人才培养体系建设，构建基于职业能力、职业素养发展的专业标准化建设和课程建设，进一步明确中高职人才培养定位,研制一批中高职衔接的专业教学标准和课程标准,促进技术技能型人才培养的衔接性、针对性和适用性。

二、工作原则

(一)统筹规划,整体推进。围绕"中高职衔接三二分段"试点工作,在前期开展的 16 个专业中高职衔接高职段人才培养方案研究,以及 46 个专业中职段专业教学指导方案研究的基础上,统筹规划中高职衔接专业教学标准及课程标准研制工作,整合政府、行业企业、职业院校和研究机构的资源,整体推进专业教学标准和课程标准研制。

(二)对接产业,校企合作。服务我省经济发展方式转变和产业结构升级,适应先进制造业、现代服务业和战略性新兴产业发展要求,坚持对接产业校企合作研制中高职衔接专业教学标准和课程标准。

(三)学习借鉴,实践创新。坚持职业教育国际交流与合作方向,学习借鉴国内外先进经验,从我省产业体系建设的需要和现代职业教育改革发展的要求出发,研制广东特色、国家需求、国际水准的中高职衔接专业教学标准和课程标准。

三、研制专业

2013 年拟选取与我省现代产业对接紧密、中高职衔接工作基础好、规模大的专业,开发专业教学标准和核心课程标准。首批试点的 10 个专业(见附件 1)包括:数控技术、汽车运用技术、计算机网络技术、模具设计与制造、旅游管理、艺术设计、物流管理、电子商务、会计、学前教育。每个专业须完成中高职衔接专业教学标准的研制和中高职核心课程标准的研制。

**四、工作流程**

（一）单位申请。2013年5月中旬，由高职院校、中职学校或其他相关单位（机构）联合行业企业申报，填写《广东省中高职衔接示范专业教学标准及课程标准研制项目申报书》（见附件2），纸质（加盖公章）一式3份，电子文档1份，于2013年5月13日前寄送广东省教育研究院职业教育研究室杜怡萍同志收（广州市越秀区广卫路14号，邮编：510035，联系电话：020-83323013，邮箱：jyydyp@foxmail.com）。

（二）项目评审及培训。2013年5月，由省教育研究院组织评审，并针对申报书中存在的问题及项目研制的要求，组织集中培训与研讨。

（三）研制进度。

1. 2013年6月，各项目完成社会调研，确定专业岗位群及职业生涯路径，召开阶段性交流会议；

2. 2013年7—10月，开展职业能力标准分析，确定各专业的职业能力、职业素养标准，省教育研究院组织开展中期检查；

3. 2013年10—12月，确定各专业的课程体系，完成专业教学标准制定，召开阶段性交流会议；

4. 2014年1月，制定各专业中高职核心课程标准，召开阶段性交流会议。

（四）项目验收。2014年5月，省教育研究院组织召开各项目成果专家论证及验收会，各项目负责单位完成专业教学标准和课程标准的修改、完善和提交。省教育研究院于6月初发布这10个专业的教学标准和相关课程标准。

五、其他事宜

（一）研制要求。

1. 坚持科学先进理念。借鉴国内外先进的职业教育理念，在技术技能型人才培养目标、职业能力和职业素养标准、专业课程体系、教学条件、职业资格证书等方面体现广东特色、国家需求、国际水准。

2. 注重发挥团队作用。依托"中高职衔接三二分段"试点工作，高职院校、中职学校、行业企业联合研制，相关研究机构参与，体现教育研究机构主导。研制的全过程体现项目带动、团队运作。

3. 科学设计研制路径。采取调查研究、定性定量、实证实验、比较借鉴等方法，明确中高职衔接专业的职业生涯路径，确定职业能力和职业素养标准，设计专业课程体系，制定核心课程标准，提出专业设置条件。

（二）工作机构。

1. 省教育厅成立中高职衔接专业教学标准和课程标准研制工作领导小组：

组长：叶小山　省教育厅副厅长

成员：黄　崴　省教育研究院副院长
　　　吴艳玲　省教育厅高中与中职教育处调研员
　　　吴念香　省教育厅高等教育处调研员
　　　李海东　省教育研究院职业教育研究室负责人

领导小组下设办公室，设在省教育研究院职业教育研究室，负责研制及试点推广等的日常工作。

2. 成立项目评审、验收专家组，成员由国内外职业教育专家及行业企业代表等组成，下设若干个专业专家小组。

（三）研制经费。对于准予立项的承担单位，省教育厅将给予一定经费支持，具体办法另行制定。

附件：1.首批试点专业名称及代码
　　　2.广东省中高职衔接专业教学标准和课程标准研制申报书

广东省教育厅
2013年4月19日

附件1

# 首批试点专业名称及代码

| 序号 | 高职段专业名称 | 专业代码 | 中职段专业名称 | 专业代码 |
|---|---|---|---|---|
| 1 | 数控技术 | 580103 | 数控技术应用 | 051400 |
| 2 | 汽车运用技术 | 520104 | 汽车运用与维修 | 082500 |
| 3 | 计算机网络技术 | 590102 | 计算机网络技术 | 090500 |
| 4 | 模具设计与制造 | 580106 | 模具设计与制造 | 51500 |
| 5 | 旅游管理 | 640101 | 旅游服务与管理 | 130100 |
| 6 | 艺术设计 | 670101 | 工艺美术 | 142000 |
| 7 | 物流管理 | 620502 | 物流服务与管理 | 121900 |
| 8 | 电子商务 | 620405 | 电子商务 | 121100 |
| 9 | 会计 | 620203 | 会计 | 120100 |
| 10 | 学前教育 | 660214 | 学前教育 | 160100 |

2. 广东省教育厅关于公布首批中高职衔接专业教学标准和课程标准立项名单的通知

# 广 东 省 教 育 厅

粤教教研函〔2013〕20号

## 广东省教育厅关于公布首批中高职衔接专业教学标准和课程标准立项名单的通知

各有关市及顺德区教育局,有关高职院校、省属中等职业技术学校、单位(机构):

根据我省开展中高职衔接专业教学标准和课程标准研究的工作进度安排,广东省教育研究院组织专家对申报项目进行了评审。现将首批中高职衔接专业教学标准和课程标准立项名单予以公布(见附件)。请各立项单位严格按照《广东省教育厅关于开展中高职衔接专业教学标准和课程标准研制工作的通知》(粤教教研函〔2013〕7号)要求,开拓思路,整合资源,完善方案、扎实推进,尽快启动研制工作。

附件:广东省首批中高职衔接专业教学标准和课程标准立项名单

广东省教育厅
2013年6月7日

附件

## 广东省首批中高职衔接专业教学标准和课程标准立项名单

| 项目名称 | 中高职衔接专业名称及专业代码 | 立项单位 | 负责人 |
|---|---|---|---|
| 数控技术专业中高职衔接专业教学标准和课程标准研制 | 高职段：数控技术（580103）<br>中职段：数控技术应用（051400） | 广东机电职业技术学院<br>深圳市宝安职业技术学校<br>深圳市金凯进光电仪器有限公司 | 漆 军<br>卓良福<br>寒 剑 |
| 汽车运用技术专业中高职衔接专业教学标准和课程标准研制 | 高职段：汽车运用技术（520104）<br>中职段：汽车运用与维修（082500） | 广东交通职业技术学院<br>广州市交通运输职业学校<br>广州沙河丰田汽车销售服务有限公司 | 郭海龙<br>刘建平<br>阮少宁 |
| 计算机网络技术专业中高职衔接专业教学标准和课程标准研制 | 高职段：计算机网络技术（590102）<br>中职段：计算机网络技术（090500） | 广州番禺职业技术学院<br>广州市番禺区新造职业技术学校<br>广州市金禧信息技术服务有限公司 | 余明辉<br>李惠华<br>秦湘军 |
| 模具设计与制造专业中高职衔接专业教学标准和课程标准研制 | 高职段：模具设计与制造（580106）<br>中职段：模具设计与制造（51500） | 中山火炬职业技术学院<br>中山市建斌中等职业技术学校<br>中山联合光电科技有限公司 | 王 龙<br>林良颖<br>邱盛平 |

| 项目名称 | 中高职衔接专业名称及专业代码 | 立项单位 | 负责人 |
|---|---|---|---|
| 旅游管理专业中高职衔接专业教学标准和课程标准研制 | 高职段：旅游管理（640101）<br>中职段：旅游服务与管理（130100） | 广州番禺职业技术学院<br>广州市旅游商务职业学校<br>广东省旅游协会 | 郭盛晖<br>黄 珩<br>李进茂 |
| 工艺美术（家具设计与制作方向）专业中高职衔接专业教学标准和课程标准研制 | 高职段：艺术设计（670101）<br>中职段：工艺美术（142000） | 顺德职业技术学院<br>佛山市顺德区龙江职业技术学校<br>佛山市斯帝罗兰实业发展有限公司 | 王明刚<br>黄及新<br>周子鹏 |
| 物流管理专业中高职衔接专业教学标准和课程标准研制 | 高职段：物流管理（620502）<br>中职段：物流服务与管理（121900） | 深圳职业技术学院<br>广东省财经职业技术学校<br>深圳市国际采购与物流配送协会<br>深圳市国泰安信息技术有限公司 | 姜 洪<br>黄文苑<br>陈骊璐<br>房巧红 |
| 会计专业中高职衔接专业教学标准和课程标准研制 | 高职段：会计（620203）<br>中职段：会计（120100） | 广东农工商职业技术学院<br>广州市财经职业学校<br>用友新道科技有限公司 | 张 凯<br>张立波<br>张海燕 |
| 学前教育专业中高职衔接专业教学标准和课程标准研制 | 高职段：学前教育（660214）<br>中职段：学前教育（160100） | 广东省外语艺术职业学院<br>广州市幼儿师范学校<br>广东省育才幼儿院一院 | 张 莉<br>魏 敏<br>陈 蕾 |

3. 广东省教育厅关于公布第二批中高职衔接专业教学标准和课程标准研制立项名单的通知

# 广 东 省 教 育 厅

急 件　　　　　　　　　　　　　　粤教职函〔2015〕24号

## 广东省教育厅关于公布第二批中高职衔接专业教学标准和课程标准研制立项名单的通知

有关地级以上市及顺德区教育局，有关高等职业院校，有关省属中等职业学校，有关单位（机构）：

　　为扎实推进我省现代职业教育综合改革试点省建设，进一步明确中高职人才培养目标定位，构建基于职业能力标准的中高职衔接课程体系，根据《广东省教育厅 广东省财政厅关于开展第二批中高职衔接专业教学标准和课程标准研制申报工作的通知》（粤教职函〔2014〕104号）及《广东省中等职业教育学校服务产业能力提升计划专项资金管理办法》要求，依据公开公正、坚持标准、宁缺毋滥的原则，省教育厅会同省财政厅按照规定程序，组织专家对申报第二批中高职衔接专业教学标准和课程标准研制的项目开展了评审。

　　根据评审结果，现对广东省电子职业技术学校、广东交通职业技术学院、国光电器股份有限公司联合申报的应用电子技术专业中高职衔接专业教学标准和课程标准研制等13个项目予以立项（具体名单见附件）。请各立项单位按照《广东省教育厅 广东省财政厅关于开展第二批中高职衔接专业教学标准和课程标准研制申报工作的通知》要求，积极整合资源，扎实推进相关研制工作，并严格按照《广东省中等职业教育学校服务产业能力提升计划专项资金管理办法》要求管理和使用项目资金，做好绩效自评工作。

附件：第二批中高职衔接专业教学标准和课程标准研制立项名单

广东省教育厅
2015年2月10日

（联系人：詹宗超，联系电话：020-37626863）

**公开方式**：主动公开

附件

### 第二批中高职衔接专业教学标准和课程标准研制立项名单

| 项目名称 | 中高职衔接专业名称及专业代码 | 单位名称 | 负责人 |
| --- | --- | --- | --- |
| 1. 应用电子技术专业中高职衔接专业教学标准和课程标准研制 | 高职学段：应用电子技术 590202<br>中职学段：电子技术应用 091300/电子电器应用与维修 053200 | 广东省电子职业技术学校 | 匡忠辉 |
| | | 广东交通职业技术学院 | 徐　超 |
| | | 国光电器股份有限公司 | 谭钻平 |
| 2. 市场营销专业中高职衔接专业教学标准和课程标准研制 | 高职学段：市场营销 620401<br>中职学段：市场营销 121000 | 广东省商业职业技术学校 | 曾　洁 |
| | | 广东农工商职业技术学院 | 张丽华 |
| | | 广东营销学会 | 张珀维 |
| 3. 广告设计与制作专业中高职衔接专业教学标准和课程标准研制 | 高职学段：广告设计与制作 670112<br>中职学段：工艺美术 142000/计算机平面设计 090300/美术设计与制作（视觉传达）142200 | 顺德职业技术学院 | 廖荣盛 |
| | | 广州市海珠商务职业学校 | 蔡　蕾 |
| | | 盛初广告公司 | 席海强 |
| 4. 烹饪工艺与营养专业中高职衔接专业教学标准和课程标准研制 | 高职学段：烹饪工艺与营养 640202<br>中职学段：中餐烹饪（130700）/西餐烹饪（130800） | 顺德职业技术学院 | 李东文 |
| | | 广东省贸易职业技术学校 | 王　刚 |
| | | 顺德梁銶琚职业技术学校 | 宋匀一 |
| | | 顺德厨师协会 | 罗福南 |
| 5. 国际经济与贸易专业中高职衔接专业教学标准和课程标准研制 | 高职学段：国际经济与贸易 620303<br>中职学段：国际商务 121200 | 广东科学技术职业学院 | 万承刚 |
| | | 广东省贸易职业技术学校 | 余世明 |
| | | 中国珠海外轮代理有限公司 | 吴杰光 |
| 6. 供热通风与空调工程技术专业中高职衔接专业教学标准和课程标准研制 | 高职学段：供热通风与空调工程技术 560402<br>中职学段：制冷和空调设备运行与维修 052900 | 深圳职业技术学院 | 王寒栋 |
| | | 深圳市沙井职业高级中学 | 周家兴 |
| | | 深圳市嘉力达实业有限公司 | 李海建 |

续上表

| 项目名称 | 中高职衔接专业名称及专业代码 | 单位名称 | 负责人 |
|---|---|---|---|
| 7. 通信技术专业中高职衔接专业教学标准和课程标准研制 | 高职学段：通信技术 590301<br>中职学段：通信技术 091500/电子与信息技术（移动通信技术方向）091200 | 广东邮电职业技术学院 | 伍杰明 |
| | | 广东省电子职业技术学校 | 肖晓琳 |
| | | 广东南方通信建设公司 | 黄杏云 |
| 8. 药物制剂技术专业中高职衔接专业教学标准和课程标准研制 | 高职学段：药物制剂技术 530305<br>中职学段：药剂 101100/生物技术制药 102100/制药技术 102000/中药制药 101900 | 广东食品药品职业学院 | 张健泓 |
| | | 广东省食品药品职业技术学校 | 虎松艳 |
| | | 广东岭南制药有限公司 | 徐庆忠 |
| 9. 畜牧兽医专业中高职衔接专业教学标准和课程标准研制 | 高职学段：畜牧兽医 510301<br>中职学段：畜牧兽医 012000 | 广东科贸职业学院 | 姜文联 |
| | | 惠州工程技术学校 | 季艳菊 |
| | | 清远市龙发种猪有限公司 | 李剑豪 |
| 10. 环境监测与治理技术专业中高职衔接专业教学标准和课程标准研制 | 高职学段：环境监测与治理技术 600101<br>中职学段：环境监测技术 021800/环境治理技术 022000 | 广东环境保护工程职业学院 | 钟真宜 |
| | | 广东省海洋工程职业技术学校 | 林桂炽 |
| | | 广东省环境保护产业协会 | 李苑彬 |
| 11. 应用化工技术专业中高职衔接专业教学标准和课程标准研制 | 高职学段：应用化工技术 530201<br>中职学段：化学工艺 060100 | 茂名职业技术学院 | 车文成 |
| | | 茂名市第二职业技术学校 | 吴锦霞 |
| | | 茂名石化实华股份有限公司 | 袁国强 |
| 12. 医学检验技术专业中高职衔接专业教学标准和课程标准研制 | 高职学段：医学检验技术 630401<br>中职学段：医学检验技术 100700 | 惠州卫生职业技术学院 | 江海东 |
| | | 潮州卫生学校 | 曾顺良 |
| | | 惠州市第一人民医院 | 刘集鸿 |
| 13. 工业分析与检验专业中高职衔接专业教学标准和课程标准研制 | 高职学段：工业分析与检验 530208<br>中职学段：工业分析与检验 060200 | 广东轻工职业技术学院 | 薛 萍 |
| | | 广东省石油化工职业技术学校 | 赵 刚 |
| | | 国家糖业质量监督检测中心 | 郭剑雄 |

4. 广东省教育厅关于公布 2014 年度广东省高等职业教育教学改革立项项目的通知

# 广 东 省 教 育 厅

粤教高函〔2014〕205 号

## 广东省教育厅关于公布 2014 年度广东省高等职业教育教学改革立项项目的通知

各有关高校，广东省教育研究院：

根据《广东省教育厅 广东省财政厅关于开展 2014 年省高等职业教育专项资金申报工作的通知》（粤教高函〔2014〕86 号）要求，经学校申报、形式审查、专家评审等程序，确定广东省教育研究院《校企合作背景下高职院校校园文化建设模式研究与实践》等 351 个项目作为 2014 年度广东省高等职业教育教学改革项目进行立项，项目周期为 2-3 年。现予以公布，并就有关事项通知如下：

一、请严格按照《关于公布 2012 年度广东省高等职业教育教学改革立项项目的通知》（粤教高函〔2012〕202 号）有关要求，加强对项目的日常管理。对项目管理不规范、开（结）题材料未按时提交且又未作说明的，省教育厅将视情况予以推迟结题、撤销立项和减少学校下年度申报名额。

二、请在本通知发布之日起的两个月内，组织召开开题会，并于开题后两周内向省教育研究院提交修改后的项目申报书和开题报告书。开题会专家组成员不得少于 5 人，本校专家限 1 人。

三、请采取必要措施，保证项目正常开展和研究质量。省财政资助项目（见粤财教〔2014〕440 号）经费的管理和使用，应严格执行国家和省有关规定。其他项目所需经费，由你单位根据实际情况安排解决。

附件 2 不印发，请在省教育厅网站（http://www.gdhed.edu.cn）查阅下载。

  附件：1. 2014 年度广东省高等职业教育教学改革立项项目一览表
     2. 省高等职业教育教学改革项目项目管理有关材料

广东省教育厅
2014 年 12 月 27 日

（联系人：张谦明，联系电话：020-37627715；
省教研院联系人：席春玲，联系电话：020-83525476）

**公开方式**：主动公开

附件1

### 2014年度广东省高等职业教育教学改革立项项目（标准研制项目）一览表

| 项目编号 | 项目名称 | 中高职衔接专业名称及专业代码 | 单位名称 | 项目负责人 |
|---|---|---|---|---|
| 201401005 | 高职本科一体化会计学专业教学标准研究与实践 | 本科学段：会计学 120203<br>高职学段：会计 620203 | 广东技术师范学院 | 向 凯 |
| | | | 广东工程职业技术学院 | 陈 颖 |
| | | | 广东正中珠江会计师事务所 | 蒋洪峰 |
| 201401006 | 机械设计制造及其自动化专业高职与本科协同育人一体化教学标准研制 | 本科学段：机械设计制造及其自动化 80202<br>高职学段：数控技术 580103 | 广东技术师范学院 | 周 莉 |
| | | | 广东工程职业技术学院 | 罗杜宇 |
| | | | 广州生力模型制造有限公司 | 付凯旋 |
| 201401007 | 电子信息工程专业高职与本科协同育人一体化教学标准研制与实践 | 本科学段：电子信息工程 80701<br>高职学段：电子信息工程技术 590201 | 广东技术师范学院 | 钟 旭 |
| | | | 广东工程职业技术学院 | 吴 永 |
| | | | 广州市清大智能系统机电工程有限公司 | 魏淑馆 |
| 201401008 | 学前教育专业高职和本科一体化专业教学标准研究与实践 | 本科学段：学前教育 040102<br>高职学段：学前教育 660214 | 广东技术师范学院 | 陶 红 |
| | | | 广东省外语艺术职业学院学前教育系 | 张 莉 |
| | | | 暨南大学幼儿园 | 王艳艳 |
| 201401025 | 电子商务专业中高职一体化专业教学标准研究与实践 | 高职学段：电子商务 620405<br>中职学段：电子商务 121100 | 广东轻工职业技术学院 | 李 先 |
| | | | 广东省海洋工程职业技术学校 | 罗朝霞 |
| | | | 深圳头狼电子商务有限公司 | 朱加宝 |
| 201401142 | 中高职衔接电子商务专业教学标准研究与实践 | 高职学段：电子商务 620405<br>中职学段：电子商务 121100 | 广东女子职业技术学院 | 杨 军 |
| | | | 广东省对外贸易职业技术学校 | 詹益生 |
| | | | 广东省网商协会 | 黄子荣 |

续上表

| 项目编号 | 项目名称 | 中高职衔接专业名称及专业代码 | 单位名称 | 项目负责人 |
|---|---|---|---|---|
| 201401027 | 食品加工技术高本一体化专业教学标准研究与实践 | 本科学段：食品科学与工程 82701<br>高职学段：食品加工技术 610301 | 广东轻工职业技术学院 | 顾宗珠 |
| | | | 仲恺农业工程学院 | 赖 健 |
| | | | 广州味研生物科技工程有限公司 | 邱燕翔 |
| 201401028 | 软件技术中高职一体化专业教学标准研制 | 高职学段：软件技术 590108<br>中职学段：软件与信息服务、计算机应用 090800/090100 | 广东轻工职业技术学院 | 古凌岚 |
| | | | 广东省理工职业技术学校 | 肖少英 |
| | | | 广东华际友天信息科技有限公司 | 陈 丹 |
| 201401046 | 商务英语专业教学标准研制项目 | 高职学段：商务英语 660108<br>中职学段：商务英语 121300 | 广东省外语艺术职业学院 | 袁 洪 |
| | | | 广州市贸易职业高级中学 | 邓 献 |
| | | | 广州市亮节电子科技有限公司 | 廖复河 |
| 201401054 | 高职（模具设计与制造专业）—本科（机械设计制造及其自动化专业）衔接专业教学标准研制 | 本科学段：机械设计制造及其自动化 80202<br>高职学段：模具设计与制造 560113 | 广东机电职业技术学院 | 戴护民 |
| | | | 广东技术师范学院 | 徐 伟 |
| | | | 深圳金凯进光电仪器有限公司 | 寒 剑 |
| 201401077 | 建筑工程技术专业中职、高职和本科一体化专业教学标准研究与实践 | 本科学段：建筑环境与能源应用工程 81002<br>高职学段：建筑工程技术 560301<br>中职学段：建筑工程施工 40100 | 广东建设职业技术学院 | 赵琼梅 |
| | | | 番禺职业技术学院 | 叶 雯 |
| | | | 佛山科学技术学院 | 周锡武 |
| | | | 佛山市顺德区北滘职业技术学校 | 杨 晖 |
| | | | 广东腾越建筑工程有限公司 | 邓培初 |
| 201401103 | 轨道交通运营管理专业教学标准研制 | 本科学段：城市轨道交通运营管理 81202<br>高职学段：城市轨道交通运营管理 520108<br>中职学段：城市轨道交通运营与管理 40100 | 广东交通职业技术学院 | 黎新华 |
| | | | 五邑大学 | 肖 蒙 |
| | | | 广东省交通运输高级技工学校 | 郭英明 |
| | | | 广州地铁 | 谢小星 |

续上表

| 项目编号 | 项目名称 | 中高职衔接专业名称及专业代码 | 单位名称 | 项目负责人 |
|---|---|---|---|---|
| 201401104 | 道路桥梁工程技术专业中职、高职和本科一体化专业教学标准研制 | 本科学段：交通工程（道路与桥梁工程）81202<br>高职学段：道路桥梁工程技术520108<br>中职学段：建筑工程施工40100 | 广东交通职业技术学院 | 徐凯燕 |
| | | | 五邑大学 | 刘红军 |
| | | | 广东省交通运输高级技工学校 | 邝青梅 |
| 201401105 | 汽车运用技术专业高职与应用本科衔接专业教学标准和课程标准研制 | 本科学段：汽车服务工程80208<br>高职学段：汽车运用技术520104 | 广东交通职业技术学院 | 李　军 |
| | | | 广东技术师范学院 | 杨　勇 |
| | | | 广州丰田汽车特约维修有限公司 | 阮少宁 |
| 201401207 | 社会工作专业教学标准研制 | 本科学段：社会工作30302<br>高职学段：社会工作650101<br>中职学段：康复技术、社会文化艺术100500/140100，社区公共事务管理181000 | 深圳职业技术学院 | 倪赤丹 |
| | | | 广东工业大学 | 谭　磊 |
| | | | 深圳市第二职业技术学校 | 冯　颖 |
| | | | 深圳市鹏星社工服务社 | 易松国 |
| 201401208 | 中职—高职—本科衔接物流管理专业教学标准研制 | 本科学段：物流管理120601<br>高职学段：物流管理620505<br>中职学段：物流服务与管理121900 | 深圳职业技术学院 | 姜　洪 |
| | | | 东莞理工学院城市学院 | 张　洪 |
| | | | 广东省财经职业技术学院 | 徐　馥 |
| | | | 深圳市国泰安信息技术有限公司 | 房巧红 |
| 201401240 | 服装与服饰设计专业中高职"3+2"衔接教育一体化教学标准研制 | 高职学段：服装与服饰设计650108<br>中职学段：服装设计与工艺142400 | 中山职业技术学院 | 刘周海 |
| | | | 广东职业技术学院 | 王家馨 |
| | | | 中山市沙溪理工学校 | 陈仕富 |
| | | | 东莞纺织服装学校 | 李　军 |
| | | | 广州春晓信息科技有限公司 | 陈　波 |

续上表

| 项目编号 | 项目名称 | 中高职衔接专业名称及专业代码 | 单位名称 | 项目负责人 |
|---|---|---|---|---|
| 201401257 | 高职本科衔接计算机科学与技术专业教学标准研究 | 本科学段：计算机科学与技术 80901<br>高职学段：计算机应用技术 590101 | 佛山职业技术学院 | 黄雄波 |
| | | | 佛山科学技术学院 | 王 东 |
| | | | 佛山软件行业协会 | 钟晓庆 |
| 201401275 | 高职—本科一体化护理专业教学标准研究与实践 | 本科：护理学 101101<br>高职：护理 630201 | 肇庆医学高等专科学校 | 陈晓霞 |
| | | | 广东医学院 | 谢培豪 |
| | | | 肇庆市第一人民医院 | 陈玉霞 |
| 201401290 | 艺术设计（家具）专业中职、高职和本科衔接专业教学标准研制 | 本科学段：艺术设计学 130501<br>高职学段：艺术设计（家具设计与制作）670101<br>中职学段：工艺美术 142000 | 顺德职业技术学院 | 王明刚 |
| | | | 龙江职业技术学校 | 黄及新 |
| | | | 华南农业大学 | 陈 哲 |
| | | | 佛山市斯帝罗兰实业发展有限公司 | 周子鹏 |

## 5. 广东省教育厅关于公布 2015 年度省高等职业教育专业教学标准立项项目的通知

# 广 东 省 教 育 厅

粤教高函〔2015〕96 号

## 广东省教育厅关于公布 2015 年度省高等职业教育专业教学标准立项项目的通知

各有关高校：

根据《广东省教育厅 广东省财政厅关于开展 2015 年省高等职业教育专项资金申报工作的通知》（粤教高函〔2015〕14 号）要求，经学校申报、形式审查、专家评审等程序，确定广东轻工职业技术学院牵头申报的《精细化学品生产技术/化学工程与工艺高本衔接专业教学标准研制》等 32 个项目作为 2015 年度省高等职业教育专业教学标准研制项目，现予以公布，并就有关事项通知如下：

### 一、项目管理要求

（一）牵头单位负责专业教学标准的研制、实践和在全省的推广应用工作。项目日常管理工作由牵头单位负责。项目建设期为 2-3 年，自 2015 年 1 月起计算。牵头单位负责组织项目开题，并于开题后两周内提交修改后的项目申报书和开题报告书。开题论证会专家组成员不得少于 5 人，本校专家限 1 人。项目实施期间，牵头单位应每年提交项目年度报告书。项目完成后，由项目主持人提出结题申请，牵头单位组织专家组进行校级结题论证，并提交项目管理报告、结题验收登记表和项目相关成果材料。牵头单位要切实加强对省财政补助资金（见粤财教〔2015〕115号）的管理，确保专款专用，加快支出进度，提高使用效益。

（二）省教育厅负责组织结题验收，并委托省教育研究院负责项目过程管理。对项目管理不到位，或未按时提交相关材料，或未在规定期限内完成且又未作说明的，将撤销项目立项，三年内项目负责人不得再申报新的教改项目，并减少项目牵头单位的教改项目申报名额，同时会同省财政厅追回省财政补助资金。

**二、研制工作要求**

（一）坚持科学先进理念。要借鉴国内外先进的职业教育理念，在技术技能人才培养目标、职业能力和职业素养标准、专业课程体系、教学方式方法改革、职业资格证书等方面体现广东特色、国际水准。积极探索职业教育等级证书。

（二）注重发挥团队作用。要依托"中高职衔接三二分段"、"四年制应用型本科人才培养"、"三二分段专升本应用型人才培养"、"现代学徒制"等试点项目，本科高校、高职院校、中职学校、行业企业、高职教指委等单位共同参与，联合研制，边研制、边实践、边完善。

（三）科学设计研制路径。要采取比较研究、实证研究、个案研究等方法，明确研制思路，制定科学合理的技术路线，确保项目高质量顺利完成。

三、其他事项

牵头单位负责按要求将开题报告材料和项目年度报告书寄送广东省教育研究院职业教育研究室（地址：广州市越秀区广卫路14号，邮编：510035，联系人：杜怡萍；联系电话：020-83323013，邮箱：jyydyp@foxmail.com）。其中：开题报告材料（纸质一式3份，电子文档1份）应于2015年7月10日前报送，项目年度报告书（纸质一式3份，电子文档1份）应于项目实施期间每年12月31日前报送。

附件：2015年度广东省高等职业教育专业教学标准研制立项项目一览表

广东省教育厅
2015年5月8日

（联系人：张坚雄，联系电话：020-37627715）

附件

## 2015年度广东省高等职业教育专业教学标准研制立项项目一览表

| 项目编号 | 项目名称 | 专业名称及专业代码 | 单位 | 主持人 | 备注 |
|---|---|---|---|---|---|
| BZ201501 | 精细化学品生产技术/化学工程与工艺高本衔接专业教学标准研制 | 高职段：精细化学品生产技术（530205）<br>本科段：化学工程与工艺（081301） | 广东轻工职业技术学院 | 揭雪飞 | 牵头单位 |
| | | | 仲恺农业工程学院 | 冯光炷 | |
| | | | 广东省高职教育化工类专业教学指导委员会 | 胡智华 | |
| | | | 广州环亚化妆品科技有限公司 | 陈庆生 | |
| | | | 广东省化工学会高等学校化学化工专业委员会 | 刘自力 | |
| BZ201502 | 环境工程专业高本一体化教学标准的研究与实践 | 高职段：环境监测与治理（600101）<br>本科段：环境工程（083002） | 广东轻工职业技术学院 | 秦文淑 | 牵头单位 |
| | | | 仲恺农业工程学院 | 刘 晖 | |
| | | | 广州市净水有限公司 | 冯 新 | |
| BZ201503 | 基于国际标准的航海类专业"中高职衔接"教学标准研究与实践 | 高职段：航海技术（520401）轮机工程技术（520405）<br>中职段：船舶驾驶（081100）轮机管理（081200） | 广东交通职业技术学院 | 关腾飞 | 牵头单位 |
| | | | 广东省交通运输高级技工学校 | 钱 文 | |
| | | | 广州大洋船务有限公司 | 叶育林 | |
| | | | 航海类专业教学指导委员会 | 林 敏 | |
| BZ201504 | 德国机电一体化专业IHK证书教学标准本土化研制与实践 | 高职段：机电一体化（580201） | 广东机电职业技术学院 | 郑伟光 | 牵头单位 |
| | | | AHK（德国工商大会） | 陈丽玮 | |
| BZ201505 | 基于现代学徒制人才培养模式的投资与理财专业教学标准研制与实践 | 高职段：投资与理财（620111） | 广东理工职业学院 | 杨翠友 | 牵头单位 |
| | | | 中国人寿保险股份有限公司中山公司 | 陈建国 | |
| BZ201506 | 汽车检测与维修专业现代学徒制专业教学标准项目 | 高职段：汽车检测与维修技术（580402） | 广东机电职业技术学院 | 李百华 | 牵头单位 |
| | | | 广州元丰丰田汽车销售服务有限公司 | 阮少宁 | |

续上表

| 项目编号 | 项目名称 | 专业名称及专业代码 | 单位 | 主持人 | 备注 |
|---|---|---|---|---|---|
| BZ201507 | 高职本科一体化计算机应用技术专业（嵌入式技术应用）教学标准研制与实践 | 高职段：计算机应用技术（嵌入式技术应用方向）（590101） | 广东科学技术职业学院 | 李 力 | 牵头单位 |
| | | 本科段：计算机科学与技术（嵌入式系统方向）（080901） | 肇庆学院 | 邵 平 | |
| BZ201508 | 应用电子技术专业现代学徒制教学标准研制与实践 | 高职段：应用电子技术（590202） | 广东科学技术职业学院 | 王红梅 | 牵头单位 |
| | | | 珠海市鑫润达电子有限公司 | 连小兰 | |
| BZ201509 | 基于现代学徒制人才培养模式的高职汽车整形技术专业教学标准的研制 | 高职段：汽车整形技术（600210） | 广东科学技术职业学院 | 孙宝文 | 牵头单位 |
| | | | 珠海市欧亚汽车技术有限公司 | 刘劲松 | |
| BZ201510 | 高职冶金技术专业现代学徒制教学标准研制 | 高职段：冶金技术（550102） | 广东松山职业技术学院 | 罗国民 | 牵头单位 |
| | | | 宝钢集团韶关钢铁有限公司 | 温志红 | |
| BZ201511 | 机电设备维修与管理专业现代学徒制教学标准研制 | 高职段：机电设备维修与管理（580301） | 广东松山职业技术学院 | 杨 宇 | 牵头单位 |
| | | | 宝钢集团韶关钢铁有限公司 | 胡占民 | |
| BZ201512 | 高职本科一体化生物技术及应用专业教学标准研制 | 高职段：生物技术及应用（530103） | 广东科贸职业学院 | 何 敏 | 牵头单位 |
| | | | 广东轻工职业技术学院 | 邓毛程 | |
| | | 本科段：生物技术（071002） | 韶关学院 | 曾松荣 | |
| | | | 广州市微生物研究所 | 明飞平 | |
| BZ201513 | 基于现代学徒制畜牧兽医人才培养模式的高职教育专业标准研制 | 高职段：畜牧兽医（510301） | 广东科贸职业学院 | 张 君 | 牵头单位 |
| | | | 广东万禾农牧有限公司 | 林 雪 | |
| BZ201514 | 运动训练高职本科一体化人才培养专业教学标准研制 | 高职段：运动训练（660302）本科段：运动训练（040202K） | 广东体育职业技术学院 | 王小康 | 牵头单位 |
| | | | 广州体育学院 | 赖勇权 | |

续上表

| 项目编号 | 项目名称 | 专业名称及专业代码 | 单位 | 主持人 | 备注 |
|---|---|---|---|---|---|
| BZ201515 | 高职—本科一体化动漫设计与制作专业教学标准项目 | 高职段：动漫设计与制作专业（610207）<br>本科段：动画专业（130310） | 广东女子职业技术学院 | 谢盛嘉 | 牵头单位 |
| | | | 肇庆学院 | 梁善 | |
| | | | 佛山华材职业技术学校 | 刘爱清 | |
| | | | 广州虹猫蓝兔动漫科技有限公司 | 王忠良 | |
| BZ201516 | 现代学徒制皮具设计专业教学标准研制与实践项目 | 高职段：皮具设计（670124） | 广州番禺职业技术学院 | 张来源 | 牵头单位 |
| | | | 广州皮都皮具发展股份有限公司 | 熊金红 | |
| BZ201517 | 现代学徒制高职市场营销专业教学标准的研制项目 | 高职段：市场营销（620401） | 广州番禺职业技术学院 | 阚雅玲 | 牵头单位 |
| | | | 深圳市百果园实业发展有限公司 | 熊自先 | |
| BZ201518 | 现代学徒制高职市政工程技术专业教学标准的研制项目 | 高职段：市政工程技术（560601） | 广州番禺职业技术学院 | 叶雯 | 牵头单位 |
| | | | 广东质安建设工程技术有限公司 | 黄俊泉 | |
| BZ201519 | 基于现代学徒制的计算机应用技术专业教学标准研制 | 高职段：计算机应用技术（590101） | 广州铁路职业技术学院 | 林锦章 | 牵头单位 |
| | | | 国家数字家庭应用示范产业基地 | 陈玉琪 | |
| | | | 广州合立正通信息科技有限公司 | 李振伟 | |
| BZ201520 | 借鉴国外先进经验，构建国际商务类专业教学标准研制 | 高职段：国际商务（620305） | 深圳职业技术学院 | 刘红燕 | 牵头单位 |
| | | | 澳大利亚TAFE集团北悉尼学院 | Claire Finch | |
| | | | 全国外经贸职业教育教学指导委员会 | 王乃颜 | |
| | | | 深圳市恩普电子技术公司 | 丘德利 | |
| BZ201521 | 通信技术专业教学标准研制 | 高职段：通信技术（590301） | 深圳职业技术学院 | 马晓明 | 牵头单位 |

续上表

| 项目编号 | 项目名称 | 专业名称及专业代码 | 单位 | 主持人 | 备注 |
|---|---|---|---|---|---|
| BZ201522 | 电梯维护与管理专业教学标准研制项目 | 高职段：电梯维护与管理（580316） | 中山职业技术学院 | 肖伟平 | 牵头单位 |
| | | | 广东菱电电梯有限公司 | 黄英 | |
| | | | 中山市广日电梯工程有限公司 | 冯斌 | |
| | | | 中山市一爽电梯有限公司 | 李宗钻 | |
| | | | 中山市电梯行业协会 | 龙晓斌 | |
| BZ201523 | 电子信息工程技术专业教学标准研制项目 | 高职段：电子信息工程技术专业（590201） | 中山职业技术学院 | 闫胜利 | 牵头单位 |
| | | | 韩山师范学院 | 陈洪财 | |
| | | 本科段：电子信息工程专业（80701） | 广东电子学会 | 彭志聪 | |
| | | | 广东高职信息教指委 | 王世安 | |
| BZ201524 | 基于现代学徒制人才培养模式酒店管理专业教学标准研制 | 高职段：酒店管理（640106） | 佛山职业技术学院 | 陈瑞萍 | 牵头单位 |
| | | | 高明碧桂园凤凰酒店 | 朱石群 | |
| BZ201525 | 酒店管理专业国际化专业教学标准项目 | 中职段：高星级饭店运营与管理（130100） | 顺德职业技术学院 | 陈健 | 牵头单位 |
| | | 高职段：酒店管理（640106） | 南开大学 | 白长虹 | |
| | | 本科段：旅游管理（110206） | 顺德区中等专业学校 | 梁吉昌 | |
| BZ201526 | 制冷与空调技术专业教学标准项目 | 中职段：制冷和空调设备运用与维修（051400） | 顺德职业技术学院 | 余华明 | 牵头单位 |
| | | 高职段：制冷与空调技术（550205） | 仲恺农业工程学院 | 陈姝 | |
| | | 本科段：能源与动力工程（080501） | 广东省海洋工程职业技术学校 | 卢清华 | |
| BZ201527 | 应用化工（涂料技术）技术专业教学标准项目 | 高职段：应用化工技术（530201） | 顺德职业技术学院 | 周强 | 牵头单位 |
| | | 本科段：应用化学（070302） | 仲恺农业工程学院 | 刘展眉 | |

续上表

| 项目编号 | 项目名称 | 专业名称及专业代码 | 单位 | 主持人 | 备注 |
|---|---|---|---|---|---|
| BZ201528 | 护理专业现代学徒制教学标准研制 | 高职段：护理（630201） | 清远职业技术学院 | 冼昶华 | 牵头单位 |
| | | | 清远市城区卫计局 | 蔡艳芳 | |
| | | | 清远市人民医院 | 何金洪 | |
| BZ201529 | 医疗美容技术专业现代学徒制教学标准研制 | 高职段：医疗美容技术（630408） | 清远职业技术学院 | 吴琼 | 牵头单位 |
| | | | 广东伊丽莎白美容健身有限公司 | 傅润红 | |
| BZ201530 | 机电一体化技术专业现代学徒制教学标准研制 | 高职段：机电一体化技术（580201） | 清远职业技术学院 | 郭汉桥 | 牵头单位 |
| | | | 清新海螺水泥有限责任公司 | 刘海斌 | |
| | | | 清远市美亚宝铝业有限公司 | 林凌涛 | |
| | | | 新玛基（清远）实业有限公司 | 沈雁生 | |
| BZ201531 | 电气工程及其自动化专业高职本科一体化人才培养专业教学标准研制 | 本科段：电气工程及其自动化（080601）高职段：电气自动化技术（580202）电力系统自动化技术（580204） | 广东技术师范学院 | 周卫 | 牵头单位 |
| | | | 广东工程职业技术学院 | 张新政 | |
| | | | 广东机电职业技术学院 | 佘少华 | |
| | | | 东莞雄丰供配电设备有限公司 | 李业志 | |
| BZ201532 | 本科—高职高分子材料加工技术专业教学标准衔接与研制 | 本科段：高分子材料加工技术（080204）高职段：高分子材料加工技术（610102） | 广东石油化工学院 | 史博 | 牵头单位 |
| | | | 广东轻工职业技术学院 | 杨崇岭 | |